甘肃省文化资源名录

（第三十三卷）

地名文化 IV

村、社区

总 主 编：陈 青　王福生
副总主编：马廷旭
总 校 对：刘玉顺
本卷主编：李 骅　胡圣方

中国书籍出版社
China Book Press

图书在版编目(CIP)数据

甘肃省文化资源名录. 第三十三卷 / 陈青, 王福生总主编; 甘肃省社会科学院编. — 北京: 中国书籍出版社, 2018.1

ISBN 978-7-5068-6717-7

Ⅰ. ①甘… Ⅱ. ①陈… ②王… ③甘… Ⅲ. ①文化遗产—甘肃—名录 Ⅳ. ①K294.2-62

中国版本图书馆CIP数据核字(2018)第027840号

甘肃省文化资源名录　第三十三卷

陈　青　王福生　总主编
甘肃省社会科学院　编

责任编辑	王志刚
责任印制	孙马飞　马　芝
封面设计	东方美迪
出版发行	中国书籍出版社
地　　址	北京市丰台区三路居路 97 号（邮编：100073）
电　　话	（010）52257143（总编室）　　　（010）52257140（发行部）
电子邮箱	eo@chinabp.com.cn
经　　销	全国新华书店
印　　刷	三河市顺兴印务有限公司
开　　本	787毫米×1092毫米　1/16
字　　数	390千字
印　　张	17
版　　次	2018 年 1 月第 1 版　2018 年 1 月第 1 次印刷
书　　号	ISBN 978-7-5068-6717-7
定　　价	212.00元

版权所有　翻印必究

甘肃省文化资源普查和分类分级评估工作领导小组

组　　长　　连　辑

副组长　　张广智

成　　员　　俞建宁　张建昌　范　鹏　武来银　伏晓春　赵海林
　　　　　　　王智平　周继尧　史志明　李宗锋　阿　布　李　塬
　　　　　　　曹玉龙　陈　汉　梁文钊　陈德兴　妥建福　樊　辉
　　　　　　　肖立群　王兰玲　肖学智　宋金圣　拜真忠　卢旺存
　　　　　　　石生泰　柳　民　吴国生　火玉龙　车安宁　马少青
　　　　　　　王福生　张智若

甘肃省文化资源普查和分类分级评估工作领导小组办公室及下设机构

主　　　任　　范　鹏

常务副主任　　王福生

副　主　任　　李　堋　　王兰玲　　柳　民

执行副主任　　侯拓野　　马廷旭　　陈月芳　　廖士俊

成　　　员　　杨文福　　丁　禄　　田锡如　　李含荣　　路晓峰　　刘效明
　　　　　　　张建胜　　徐麟辉　　马志强　　张春锋　　梁朝阳　　方剑平
　　　　　　　黄国明　　王银军　　刘志忠　　李拾良　　王登渤　　赵艳超
　　　　　　　席浩林　　王　钢　　刘　晋　　李军林　　王景辉　　邵　斌
　　　　　　　杨彦斌　　李素芬　　李才仁加　王　旭　　王治纲

综合协调组

　　组　　长　　王灵凤

　　成　　员　　庞　巍　　马争朝　　吴绍珍　　巨　虹　　王彦翔　　唐莉萍
　　　　　　　段翠清

普查业务组

　　组　　长　　谢增虎

　　成　　员　　马东平　　侯宗辉　　马亚萍　　戚晓萍　　魏学宏　　李　骅
　　　　　　　买小英　　梁仲靖　　王　屹　　海　敬

技术保障组

　　组　　长　　刘玉顺

　　成　　员　　胡圣方　　王　荟　　谢宏斌　　张博文　　宋晓琴

专家联络组

　　组　　长　　郝树声　　马步升

　　成　　员　　金　蓉　　赵　敏

甘肃省文化资源名录编纂委员会

主　　任　陈　青　郝　远

副 主 任　范　鹏　彭鸿嘉　俞建宁　王福生

委　　员　朱智文　安文华　刘进军　马廷旭
　　　　　王俊莲　王　琦　陈双梅

总 主 编　陈　青　王福生

副总主编　马廷旭

总 校 对　刘玉顺

成　　员　谢增虎　马东平　侯宗辉　马亚萍　戚晓萍
　　　　　魏学宏　赵国军　谢　羽　金　蓉　买小英
　　　　　巨　虹　吴绍珍　胡圣方　李　骅　鲁雪峰
　　　　　梁仲靖　王　荟　王　屹　海　敬　段翠清
　　　　　李志鹏　尹小娟　姜　江

前 言

丝绸之路三千里，华夏文明八千年。甘肃是华夏文明的重要发祥地之一，是中华民族重要的文化资源宝库，是国务院认定的"华夏文明传承创新区"。为了保护和传承甘肃恢宏的历史与当代文化资源，使之能够汇总展示给世界，并永久流传，甘肃省从2013年4月启动了全省文化资源普查工作。在甘肃省文化资源普查和分类分级评估工作领导小组组织下，动员全省各市（州）县（区）、31个厅局及省直单位的专业人员，数十位专家学者，历时两年，完成了普查和数据录入工作。对于全省文化资源普查成果，甘肃省社会科学院又经过两年时间整理完善、分类编辑、拾遗补阙、校对编排，现在终于有了《甘肃省文化资源名录》的付梓出版。

《甘肃省文化资源名录》集中展现了甘肃历史悠久、丰富多样的文化资源。甘肃历史文化遗存位列全国前茅，民族民俗文化特色鲜明，现代文化颇具实力。伏羲文化、大地湾文化、马家窑文化、齐家文化、寺洼文化、彩陶文化、周秦早期文化、长城文化、汉简文化、三国文化、五凉文化、敦煌文化、石窟文化、黄河文化等历史文化资源积淀深厚；道教文化、西夏文化、伊斯兰文化、藏传佛教文化等民族宗教文化资源星罗棋布；大革命文化、根据地文化、长征文化、抗日文化、解放区文化等红色文化资源耀眼夺目；工业文化、科技文化、歌舞文化、大众文化等现代文化资源特色鲜明。可以说，文化资源是历代生活在甘肃的华夏儿女留给这块大地的永不磨灭的最辉煌印记。

就甘肃省文化资源的精华而言，截至2017年初，全省馆藏可移动文物为195.84万件，各类不可移动文物16895处。有世界文化遗产7处，全国重点文物保护单位131处，省级文物保护单位556处，国家级非物质文化遗产代表性项目68项。有国家级历史文化名城4座，国家级历史文化名镇7座，中国历史文化名村2座，中国传统村落36个。莫高窟、嘉峪关、伏羲庙、麦积山、炳灵寺、阳关、玉门关、锁阳城、崆峒山、拉卜楞寺、中山桥……，都是甘肃文化的历史见证；敦煌汉简、悬泉汉简、铜奔马、牛肉面、剪纸、花儿、皮影、羊皮筏子、黄河水车……，都是甘肃永恒的文化名片；腊子口、哈达铺、会师楼、南梁……，都是甘肃代表性红色文化遗产；酒泉卫星发射中心、刘家峡水电站、玉门油田、《读者》《丝路花雨》《大梦敦煌》……，都是甘肃之所以为甘肃的鲜明标志；祁连山、雪山冰川、河西走廊，大漠戈壁、高原草原、天池梅园……，都是如意甘肃的生动写照。众多的历史、自然和现代文化资源犹如满天繁星，镶嵌在广袤的甘肃大地上熠熠生辉。

《甘肃省文化资源名录》汇总甘肃省文化资源的精华，完成了打造华夏文明传承创新区的基础工作。《名录》将文化资源分为二十大类，分别是：文物；红色文化；重要历史事件与人物；重要历史文献；民族语言文字；非物质文化遗产；自然景观文化；宗教文化；文学艺术；饮食文化；建筑文化；节庆、赛事文化；文化之乡；地名文化；文化传媒；社科研究；文化类高等教育；文化艺术机构团体；文化产业；文化人才。每类文化资源按属性又分若干子分类，每个子分类都有严格的界定。同时，将文化资源级别分为省级和市州级。省级文化资源是指国务院、国家有关部委、甘肃省政府和省直部门已经明确命名、认定、管理（或委托管理）的国家级和省级文化资源，以及甘肃省文化资源普查办公室评估认定并核定公布、报送备案的文化资源。市州级文化资源是指甘肃省各市州、县级政府及其管理部门已经明确命名、认定、管理的市县文化资源，以及甘肃省文化资源普查办公室评估认定并核定公布、报送备案的市县文化资源。甘肃省内世界级文化资源（遗产）纳入省级文化资源管理范围，暂未认定级别和不需认定级别的文化资源统一纳入市州级文化资源范围。

推出《甘肃省文化资源名录》，对于推进华夏文明传承创新区建设、甘肃文化大省建设、丝绸之路黄金段建设意义深远。《名录》不仅仅记录了甘肃文化资源的种类和数量，也使甘肃文化资源的资源类别、品相级别、蕴藏情况、流布地域、传承范围和衍变情况得以准确和清晰化。通过编辑出版《甘肃省文化资源名录》，形成一个科学完整的文化资源数据库、文化资源研究的学术平台、文化资源传承保护和开发利用的指南，有助于更好地挖掘那些具有世界影响、国家价值、显著特点、唯一仅存、开发潜力巨大的代表性文化资源，为文化资源的有效保护提供科学依据，为重点文化资源找到开发的机遇并重塑生长的价值，为文化产业项目的开发利用提供可靠的参考。所以，《名录》的推出，是甘肃省文化资源普查成果面向世界迈出的第一步，是文化实力助推甘肃转型发展的坚实步伐，它为甘肃省今后对文化资源进行保护传承、专题研究、数字展示、市场开发奠定了基础。

甘肃省社会科学院

2017 年 7 月

目 录

前　言 　　　　　　　　　　　　　　　　　　　001

村、社区　　　　　　　　　　　　　　　　　　001

白银市

（一）白银区　　　　　　　　　　　　　　　　002
（二）平川区　　　　　　　　　　　　　　　　021
（三）会宁县　　　　　　　　　　　　　　　　034
（四）靖远县　　　　　　　　　　　　　　　　098
（五）景泰县　　　　　　　　　　　　　　　　141

平凉市

（一）泾川县　　　　　　　　　　　　　　　　162
（二）灵台县　　　　　　　　　　　　　　　　206
（三）崇信县　　　　　　　　　　　　　　　　239
（四）华亭县　　　　　　　　　　　　　　　　247
（五）静宁县　　　　　　　　　　　　　　　　254

后　记　　　　　　　　　　　　　　　　　　　257

甘肃省文化资源名录
第三十三卷
地名文化 IV

村、社区

白银市
（一）白银区
（二）平川区
（三）会宁县
（四）靖远县
（五）景泰县

平凉市
（一）泾川县
（二）灵台县
（三）崇信县
（四）华亭县
（五）静宁县

白银市

（一）白银区

0001 公园路街道稀土新村社区

简　　介：白银区公园路街道稀土新村社区位于白银城区以东44公里，东距平川区30公里，南距靖远县城23公里，距刘白高速公路吴家川出口3公里。辖区面积0.35平方公里，居民2094户，5250人，驻甘肃稀土集团有限责任公司1家，学校1家，医院1家，商业网点43个。稀土新村社区自2000年10月成立以来，设立了社区党支部、居民委员会、居务监督委员会等机构，办公地址位于甘肃稀土公司家属区综合楼三楼，办公面积120余平方米，现有工作人员8名，主要有自治职责、协管职责、监督职责。

0002 公园路街道胜利路社区

简　　介：白银区公园路街道胜利路社区位于公园路以东，红星路以南，东山路以西，王岘东路以北；辖区面积0.6平方公里，居民5333户，14969人；驻科级以上单位8家、商业网点570个。2001年1月社区成立，并相继成立了社区党支部、社区居民代表大会、居民委员会、协商议事会等机构。2009年成立了社区党总支，下设5个党支部，共有党员228名。

0003 公园路街道东星园社区

简　　介：公园路街道东星园社区成立于2001年1月，地处市中心繁华地段，以金鱼公园为中心，公园路、红星街、东山路、四龙路四条沿街为周边，地域成正方形，区域总面积0.7平方公里，辖区现有居民总户数3865户，居民总人数8956人。辖区单位14家，大型集贸市场2个（园林路市场和文化路市场），商铺430余家，2012年2月被区委、区政府命名为文明社区。

0004 公园路街道银水巷社区

简　　介：公园路街道银水巷社区地处东山路以东，红星路以北，四龙路以南，东到白银公司铜业有限公司大门口，辖区面积0.7平方公里。辖区内有白银公司铜业有限公司、动力厂、白银公司机械厂、白银鸿运热力公司、二十一冶5家企业单位。家属楼91栋，常住户4428户，10873人。自2001年成立以来，先后被授予市级"白银区双拥先进单位""先进基层党组织""白银区统战先进社区""双优创建先进社区"、省级"示范社区""平安社区""白银区统战工作示范社区"、被省残联授予"甘肃省残疾人工作基层示范点"、市残联授予"十一五全市残疾人工作先进社区"。

0005 公园路街道建银社区

简　　介：公园路街道建银社区成立于2001

年1月，东起氟化盐厂，西至东山路和银光路，南至109国道线，北至红星街，辖区面积0.9平方公里，楼房116栋，住户5321户，总人口9835人。

0006 公园路街道银光社区

简　　介：公园路街道银光路成立于2001年1月，社区地处白银市东南角，109国道以南，支三路以东，辖区面积3.2平方公里，现有居民小区4个，楼房180栋，平房28栋，共6385户，常住人口13473人，流动人口1138人。辖区有银光公司、银光中学、银光小学等3家单位，是典型的"一厂一家"型社区。社区文化活动场地有银光公园、银光体育馆、职工文化活动室、银光俱乐部、银光退休办。社区综合办公楼于2011年12月底投入使用，建筑面积540平米，办公楼共两层。社区设有文化大院、一站式服务大厅、综合文化活动室、图书室、书画室、连心室。

0007 公园路街道悦民社区

简　　介：公园路街道悦民社区经白银区政府2012年3月批准成立，2013年1月开始对外办公。社区地处白榆公路以东，银光公司西围墙以西，国道109线城区过境段以南，产业园规划内纬三路以北。辖区面积10.6平方公里，辖区内有中科院白银高新技术产业园，非公企业101家，5家行政事业单位，商业网点46家，居民楼房31栋。现有常住居民1767户，5483人，流动人口398人，低保人员530户，1422人。社区办公和活动场所650平方米，办公场所450平方米，内设党群组织，综治安临、计划生育、民政司法、劳动保障、城市管理等一站式服务大厅。

0008 公园路兰包路社区

简　　介：公园路街道兰包路社区位于白银城区东南部，东起银光路，西至公园路，南邻109国道，北至王岘东路。社区成立于2001年，辖区面积0.4平方公里，常住居民3689户，8358人。

0009 纺织路街道警苑社区

简　　介：纺织路街道警苑社区位于白银西区，辖区面积33424亩。现有4个居民小区，住户1300户，常住人口3610人，辖区单位1个。社区党支部成立于2007年5月，社区居委会8人，社区现有公益性岗位人员32人，社区党员26名。社区办公场地由辖区单位（白银监狱）提供，办公场所5间和会议室1间，面积有300多平方米，配备了电脑、打印机等办公设备。建立社区党员服务站1个，社区建立了市民学校、党员活动室、流动党员服务站，现有200多平方米的室内文化活动室、乒乓球室、健身房和3000多平方米的室外文化活动场地，另建有标准化篮球场2个，羽毛球场4个，乒乓球台4个，门球场2个，有200平方米的图书阅览室，藏书2万多册。

0010 王岘镇东台村

简　　介：王岘镇东台村地处白银市白银区北郊，白景公路横穿而过，交通便利，是典型的城郊村。全村矿产资源种类多、储量大，其中以砂、石、石灰石等资源储量最多，具有长期开采价值。全村现辖东台、涝池2个自然村，346户，829人，劳动力572名。共有党员65名，其中，女党员有9名。共有耕地1085亩，其中水地411亩，旱地674亩。现有"农家书屋"1所，可供借阅图书3万册；村卫生院1所，设施健全；村活动室2所，开展各种活动数十次；篮球场1个；乡村小学1座，在校学生78人，专职教师22人。

0011 水川镇金锋村

简　　介：水川镇金锋村东邻桦皮川村，西与张庄村接壤，南与青城镇隔河相望，北与强湾乡刘家湾村相连。有6个村民小组。村委会驻吴家台94号。2013年年底全村总人口2567人，耕地3000亩，人均1.17亩。粮食作物以小麦、玉米为主，2013年粮食产量287吨。畜牧业以猪、羊为主，生猪饲养量1701头，羊饲养量2031只。农民人均纯收入10435元。有文化艺术团体2个，会员36人；图书馆1个，幼儿园2所，在园幼儿48人，专任教师6人；小学1所，在校生158人，专任教师36人；初中1所，在校生132人，专任教师62人。村级公路3条，邮政网点1个，城乡公交畅通，居民自来水普及率100%。

0012 武川乡武川新村社区

简　　介：武川乡武川移民新村于2006年起开始实施建设，位于白银市白银区北京路以南，卡森皮革厂以西，狄家台以东，会宁路两侧，占地面积140亩，辖东西两个小区4个居民小组，39栋楼，1422户，6400人。现有劳动力2880人，占人口总数的45%，其中男劳动力1699人，占总劳动力59%，女劳动力1181人，占总劳动力41%。居民主要从事客货运输、餐饮、家政、工程建设、个体经营等服务行业。为了实现"搬得出、稳得住、能致富"的搬迁要求，于2009年成立了武川新村社区党支部和社区居民委员会，于2012年成立了居务监督委员会，为社区居民提供各种服务，方便群众办事。社区内设党员活动中心、一站式便民服务大厅、图书阅览室、书画室和科普展览室等场所。同时，配套建设了居民健身广场、活动中心、武川新村学校、幼儿园、农村信用社、社区卫生服务室以及人口和计划生育服务室，辖区内餐饮、娱乐、百货、零售等商业网点共78家。社区机构健全，服务功能齐全，组建有锣鼓队、秧歌队、舞蹈队、文艺队等群众娱乐组织，有丰富多彩的群众自娱自乐活动，各个节日和不同季节都有活动和庆典，活动有各种创新特色，深受居民群众好评。

0013 四龙镇双合村

简　　介：四龙镇双合村东临剪金山，南与四龙镇永丰村相连，西邻白银区强湾乡，北靠靖远县刘川乡。1958年称双合大队，1985年更名双合村。村委会驻李台社，辖李台、杨湾2个自然村，2个村民小组。2013年年底，全村总人口1076人，其中女性503人，男性573人。耕地1855亩，人均1.67亩。粮食作物以小麦、玉米为主。当年，粮食产量465吨。畜牧业以猪、牛、羊为主。农民人均纯收入8610元。2013年有文化艺术团体1个，图书室1个，村卫生室1个。新型农村合作医疗参保人员1044人，参合率达94.4%。李台黄河战鼓，距今已有500多年的历史，是本地民众重大节庆和庙会活动期间举行庆典活动的重要文化项目。据当地刘、李两宗族家谱记载，黄河战鼓于大明成化年间（公元1465年）由四十八门军户带到本地，原用于与敌交战时的扬威助阵。后来，随着地方小曲、社火的发展，黄河战鼓又被作为娱乐器具广泛应用，而鼓点仍沿用古战场战鼓的击打法，延续传承至今。2007年11月13日，经白银市人民政府同意，被市级非物质文化遗产专家论证小组编入第一批市级非物质文化遗产名录。2008年6月13日经甘肃省人民政府同意批准为甘肃省第二批非物质文化遗产。

0014 水川镇莺鸽湾村

简　　介：水川镇莺鸽湾村东邻大川渡，西与西峡口村接壤，南与榆中县青城镇隔河相望，北于皋兰县相连，辖4个村民小组，村委会驻张家坪19号。2013年年底，全村总户数367户，总人口1473人，其中男性754人，女性719人，耕地1656亩，其中旱地827亩，人均0.56亩，水浇地829亩，人均0.563亩，日光温室536亩，果园95亩，粮食作物播种面积1191亩。

0015 水川镇均安村

简　　介：水川镇均安村东邻黄河，西与顺安村接壤，南与顺安村毗邻，北与熙春村相连。1961年称均安大队，1983的年更名均安村。辖2个自然村，4个村民小组，村委会驻路西29号。2013年年底，全村总人口1284人，其中女性604人，男性680人。耕地1030亩，人均0.8亩。粮食作物以玉米为主。

0016 纺织路街道大坝滩村

简　　介：纺织路街道大坝滩村地处白银西区开发中心地段，是市委、市政府党政机关所在地，国道109线、白兰高速越境而过，与白银西火车站相邻，交通十分便利，有得天独厚的区位、市场、资源、交通四大优势。全村有大坝滩、狄家台两个自然社，总户数824户，总人口1648人。该村曾先后被区委、区政府、街道评为"先进党支部""五好标兵村""重点项目建设"先进单位光荣称号，在群众中享有良好的信誉，干群关系和谐融洽。

0017 王岘镇三合村

简　　介：王岘镇三合村地处白银市区以南，白金公路纵穿而过。土地肥沃，交通便利。现辖甘沙河、许家窑、刘家窑3个村民小组，共305户，755人，劳动力362人。耕地面积1092亩，其中水浇地435亩，旱地657亩。有党员43名，女党员11名。2013年，农民人均纯收入达到8933元。

0018 王岘镇红星村

简　　介：王岘镇红星村地处白银市区近郊，是典型的城郊村，兰白高速公路南北穿越，109国道东西横贯，乡村公路四通八达，交通极为便利。全村共有桐口、大地滩、前坡、后湾、高台、张台6个村民小组，共有农户931户，总人口2247人。总耕地面积2002亩（其中水浇地1445亩，旱地557亩）。全村现有党员100名，党小组6个，其中预备党员1名，女党员17名。村"三委"班子成员共16名（女性1名），平均年龄43岁。全村现有"农家书屋"1座，有图书2万册；现有村卫生室1座，各种配套设施健全。全村群众的收入主要依靠种植业和养殖业，农作物种植以蔬菜、玉米、小麦、胡麻为主，养殖业以猪、牛、羊、鸡为主，兼以采沙、石料加工等简单加工业为辅，第三产业餐饮、娱乐、商贸流通业占比较优势。2013年底，全村农民人均纯收入达到9105元。

0019 工农路街道火车站社区

简　　介：工农路街道火车站社区位于城区西北角，东起货场路，西至公司技校，南起建设东路，北至建设北路，辖区面积约2平方公里，现有楼房31栋，平房60栋，居民1549户，4155人。辖区驻有企事业单位8家，商业网点54家。社区设有党总支和居委会两个机构，党总支下设3个党支部，共有党员102人，社区居委会工作人员16人，社区占地面积502平方米。

0020 工农路街道永丰街社区

简　　介：工农路街道永丰街社区面积0.3平方公里，共有居民住宅楼65栋，常住人口3040户，5344人。社区党总支部共有党员 72 名，现有工作人员 18 人，公益性岗位 48 人。社区现有办公用房 500 平方米，一楼 195 平米，政务大厅 72 平米，设有残联、民政救助、信访民调、劳动保障、信息公开、计划生育工作站，日间照料中心 72 平米；二楼设有警务室、综合治理、居务监督委员会、办公室、司法行政、城市管理、安全生产、计划生育等办事机构；三楼 42 平米，设留守儿童之家和图书室。辖区拥有餐饮、娱乐、百货、修理、医疗等各类社会服务网点 121 个。辖区现有工农路街道办事处、白银市第十一中学两个行政事业单位。服务工程有红色党建服务、银色安全服务、蓝色创业就业服务、紫色社会福利服务、绿色卫生健康服务、金色文化活动服务、橙色志愿服务，社区全力打造项目齐全、专业优质的社区综合性服务平台，组建专业化与志愿者相结合的社区服务队伍，建立多层次的社区服务体系，提供优质便民服务，形成了以服务促管理的社会管理模式。

0021 工农路长通社区

简　　介：工农路长通社区位于白银市城乡结合部的西北角，面积约 0.375 平方公里，现有居民 2696 户，6276 人。现共有工作人员 17 名，公益性岗位人员 33 人。近年来，建成社区一站式服务大厅、爱心养老院、图书阅览室、流动儿童之家、文体活动中心、残疾人康复中心等。长通社区一站式服务大厅设有党建、劳动保障、城管卫生、民政司法、计划生育等工作服务窗口，为居民提供公开、透明、便捷的服务。大厅设有触摸式服务屏幕和滚动式服务大屏。

0022 四龙镇永兴村

简　　介：四龙镇永兴村东邻靖远县北湾镇，西与四龙镇金山村接壤，南面毗邻黄河，北靠剪金山。1958 年称永兴大队，1985 年更名永兴村，村委会驻永兴村盐锅坡社。辖 4 个社，4 个村民小组。2013 年年底，全村总人口 1524 人，耕地 1976 亩，粮食作物以小麦、玉米、大豆、油料为主，经济作物有林果、反季节林果、日光温室大棚蔬菜种植，2013 年粮食产量 675 吨，畜牧业以猪、牛、羊、鸡为主。2013 年造林 714 亩，其中经济林 583 亩，渔业以养殖草鱼、黄河鲤鱼为主，年产量 120 吨。拥有大型农业机械 527 台（辆）。2013 年全村社会总产值 2.585 亿元，农民人均纯收入 9028 元。逐步形成以日光温室种植、优质林果栽培、畜禽养殖及休闲农家乐为一体的特色产业。社会商品销售额 678 万元。有文化艺术团体 2 个，会员 110 人，农家书屋 1 个，幼儿园 1 所，村级卫生室 1 个，病床 3 张，新型农村合作医疗参保人员 1417 人，参合率达 93%。村级公路 3 条，邮政网点 1 个，日通行班车 35 趟，居民自来水普及率 97%。加大永兴广场及永兴大道两旁观光花草和绿化树木的补植补栽；建立保洁队伍，开展农民趣味运动会等活动。

0023 强湾乡强湾村

简　　介：强湾乡强湾村地处白银市区南部 14 公里处，面积 20.76 平方公里，是强湾乡政府所在地。强湾村共有 7 个村民小组，442 户，1561 人。耕地面积 3713 亩。强湾村作为强湾乡高原夏菜示范基地，把产业结构调整作为增加农民收入的突破点，带领广大党员群众主攻日光温室、露地蔬菜、畜禽养殖等三大支柱产业，大力发展劳务经济。

0024 人民路街道中心街社区

简　　介：人民路街道中心街社区地处市区中心地带，位于公园路以西，人民路以东，红星街以北，四龙路以南，占地面积约 1.5 平方公里。辖区总户数为 4506 户，总人口为 13072 人，辖区所管理楼栋数为 118 栋，平房 2 栋，辖区单位 17 个。

0025 四龙路街道四龙路社区

简　介：四龙路街道四龙路社区东至康乐街，西至什字街，友好路向西至公园路，南至四龙路，北至冶金路，占地面积约 0.8 平方公里。社区现有楼房 64 栋，居民常住户 2574 户，5093 人。辖区有企事业单位 5 家，个体工商户 206 家。社区党支部下设 3 个党小组，支部委员 2 人，现有党员 89 名。社区居委会下设 5 个居民小组，工作人员 15 人。自 2012 年以来，社区以创先争优为契机，以"落实科学发展观，构建和谐社区"为主题，积极打造"向日葵关爱工程"，建立了知民情、解民忧、暖民心、顺民意的民意倾诉站、爱心捐助站；丰富老年人精神文化生活的老年活动室和"夕阳红"文艺表演队；高品质、全方位的居家养老服务站。

0026 强湾乡麦地沟村

简　介：强湾乡麦地沟村地处白银市区南 14 公里处，南与水川镇毗邻，东北与强湾乡强湾村、西沟村连接，西北与皋兰县接壤，总面积 52.77 平方公里，共有农户 269 户，812 人。全村下辖 4 个村民小组，全村总耕地面积 2566 亩，其中水地 785 亩，旱地 1781 亩。收入来源以养殖、种植为主，种植结构以小麦套玉米为主，辅以少量的日光温室。

0027 四龙路街道红卫村社区

简　介：四龙路街道红卫村社区成立于 2001 年 1 月，东起火烧沟，西至煤场，北到东台子，南接运输部铁路线，面积约 1.5 平方公里。常住居民 171 人。棚户区改造工程新建楼房 83 栋，分南北两区，共有 2793 套住房，于 2013 年 7 月竣工。今年，社区结合"四知四清四掌握"工作，以网格化管理为抓手，以心连心服务为宗旨，以"关爱社会、服务大众"为主题，着力打造"五心"社区（即：通过开展"五访五问"活动，打造"贴心"社区；通过开展"红色星期五、温暖老人心、关爱孤残儿童"活动打造"爱心"社区；通过开展"群众文体"活动，打造"怡心"社区；通过开展"社区志愿服务"活动，打造"舒心"社区；通过开展"平安工程"活动，打造"安心"社区）。社区阵地实现了硬件升级，软件提档。利用现有阵地优势，社区经常举办一些丰富多彩的文化娱乐活动。如舞蹈、健身操表演等活动，充实了居民的生活。

0028 武川乡独山村

简　介：武川乡独山村地处武川乡中部，总面积 120 平方公里，属武川乡所辖 7 个行政村之一，包兰铁路和白景公路横穿而过，交通便利。该村现辖 8 个社，共有农户 457 户，1834 人，现有耕地 7451 亩，2013 年农民人均纯收入 7086 元，村党支部下设 7 个党小组，共有党员 59 名。近年来，以促进农民增收为目标，以深化农业结构调整为重点，一是发展经济林果产业，2013 年栽植旱砂田枣林 1435 亩，栽植核桃树苗 250 亩。二是推动畜牧业的发展。2013 年发展专业养羊 24 户，存栏量分别为 2128 头，年末出栏 586 头，专业养鸡户 2 户，存栏 10000 只。三是加大产业结构调整力度。有运输产业从业人员 180 人，全村大客车 3 辆，出租车 30 辆，极大的增加了农民收入。现已注册的农民合作社 13 家，土地流转 850 亩，旱砂田枣林种植 1435 亩，沼气池 150 口。

0029 四龙路街道友好路社区

简　　介：四龙路街道友好路社区成立于2001年10月。辖区范围南起友好路，北至白银公司专用铁路线，西起中学巷小区，东至小什字，总面积0.45平方公里。现有楼房64栋，住户3331户，平房4栋，辖区常住人口6617人，驻社区企业单位6家（白银公司机关办公楼、白银公司一中、白银公司宏达公司、建行、甘肃银行、十字街医药门市部）。社区工作人员16名，平均年龄35岁，均为高中以上文化程度，社区党支部下设两个党小组，有党员101名，其中预备党员2名。2012年6月在街道党委、办事处的支持下，社区整体搬迁至原友好路粮库院内，社区办公面积达到330平方米，完成了房屋改造装修、办公设施配备等工作，活动场所设立"一站式"办公服务大厅，内设党群组织、计划生育、综合治理、安全生产、劳动保障、民政救助、司法民调、城市管理等服务窗口。

0030 人民路街道水川路社区

简　　介：人民路街道水川路社区成立于2000年8月，所辖区域东至公园路以西，南至矿冶院基地（与王岘镇接壤），西至原烟草公司（与王岘镇接壤），北至王岘东、西路。辖区总面积1.5平方公里，现有2个居民小组，居民住宅楼61栋，住户1820户，人口5727人，辖区单位39个，非公有制经济组织1个，个体商业网点221个。

0031 水川镇西峡口村

简　　介：水川镇西峡口村，东邻黄河，西与石洞乡接壤，南与泥湾沟毗邻，北与关家沟村相连。1956年称西峡口大队，1982年更名西峡口村。村委会驻西峡口42号，辖2个村民小组。2013年年底，全村总人口323人，其中女性176人，男性147人。耕地443亩，人均1.37亩。粮食作物以玉米为主。

0032 武川乡红岘村

简　　介：武川乡红岘村位于武川东北部，东与景泰县接壤，西与武川村相接，南与宋梁村毗邻，西南与独山村相接。东西长约14公里，南北宽约9公里。现辖8个社，共849户，3320人。总土地面积126平方公里，耕地面积11018亩，人均耕地3.3亩。村党支部下设8个党小组，共有党员83名。全村现有出租车120辆，大型客车2辆，运输大汽车20辆，三轮车220台，小四轮70台，摩托车150辆。年初生猪在栏1621头，羊在栏3167只，大畜生在栏543头。红岘村属于干旱区，海拔1700米，降水稀少，日照充足。很适合玉米、胡麻、小麦的生长。在支委组织下开展了思想道德教育、普法教育和科技文化教育，不断丰富和深化了文明村创建活动，完善了工作机制和激励机制。红岘村已有多次被白银区评为"先进村"的荣誉称号，在构建和谐新农村方面成绩突出。

0033 武川乡宋梁村

简　　介：武川乡宋梁村位于武川乡东部，有8个自然村，人口459户，1246人，劳动力553人。其中219户已分三批逐步搬入武川移民小区。全村有耕地5041亩，其中水浇地1260亩，人均1亩；旱地3781亩，人均3亩。宋梁村"两委"班子共13人，其中村党支部委员5人，村民委员会委员5人，村财务监督委员会委员3人。

0034 人民路街道人民路社区

简　　介：人民路街道人民路社区地处白银市市区中心地带，东至人民路，西邻西山公园，南至东星街，北邻万盛公园，辖区面积1.0平方公里，辖区内有科级以上企事业单位8

家，现有 5 个一级网格，15 个二级网格，85 个三级网格，形成了网格分布图和平面示意图。现有居民楼 85 栋，居民 2289 户，5535 人。

0035 水川镇白茨滩村

简　　介：水川镇白茨滩村，东连张庄村，西接大川渡村，南和榆中县青城乡隔河相望，北与强湾乡麦地沟村接壤。辖 14 个村民小组，村委会驻洞槽子 18 号。2013 年年底，全村总人口 2880 人，其中女性 1358 人，男性 1522 人。耕地 3869 亩，人均 1.34 亩。粮食作物以小麦、玉米为主。

0036 纺织路街道狄家台社区

简　　介：纺织路街道狄家台社区于 2001 年成立，成立之初由工农路街道管理。自 2003 年纺织路街道成立以后又从工农路街道划拨过来。辖区总面积 43 万平方米，东起诚信大道，西至白银西火车站，北接万盛路，南邻 109 国道线。现有 6 个住宅小区 76 个楼栋，平房 17 栋（建材新村 17 户，旧狄家台 20 户）。居民 1691 户，4146 人。行政事业单位有 20 家，企业 8 家，商铺 105 家。有苹果街一个小市场。辖区流动人口共有 543 人。社区共有工作人员 54 名，其中正式干部 5 名，委员 7 名。劳保专干 2 名、劳动保障监察协管 1 名。公益性岗位 39 人。

0037 强湾乡聂家窑村

简　　介：强湾乡聂家窑村地处白银市区东南 15 公里处，南与水川镇毗邻，北与王岘乡接壤，东与四龙镇连接，西与白崖子村、月亮湾村相连，总面积 26.9 平方公里。下辖 7 个村民小组，农户 423 户，1627 人。全村总耕地面积 4302 亩，人均 1.74 亩。近几年，随着全乡产业结构调整步伐的加大，结合聂家窑村自然环境实际，在乡党委、乡政府的正确领导下，聂家窑村拟建设"千亩枣林"、金鹿养殖场。以增加人民收入和提高人民生活水平为根本目标，坚持综合、快速、高效的原则，结合我村村民增收致富过程中所遇到的具体困难及发展的现实问题，提出我村发展的主体思路"四个一百"工程，即百户种植，百户养殖，百户运输，百户务工，努力做到家家有特色，户户有技能。

0038 强湾乡西沟村

简　　介：强湾乡西沟村位于强湾乡的西北部，距市区大约 6 公里路，面积 31.39 平方公里。现辖 6 个村民小组，281 户，965 人，总耕地面积 4441 亩。其中水浇地 1268 亩，人均 1.3 亩。近年来，西沟村狠抓基础设施建设，衬砌渠道 9 公里，新建倒虹吸一座；积极调整产业结构，推广大棚蔬菜种植，大力发展沼气建设项目。近几年，随着全乡的产业结构的调整步伐的加大，特别是针对西沟村农业产业架构不合理，农业收入过低的现状，结合西沟村自然环境实际，在乡党委、乡政府的正确领导下，西沟村拟建设"千亩核桃林"，首批建设预计种植优质核桃苗木 2.7 万株，种植面积 600 余亩。以增加人民收入和提高人民生活水平为根本目标，坚持综合、快速、高效的原则，通过全面实施参与式整村推进项目，加快脱贫致富奔小康的步伐。

0039 水川镇关家沟村

简　　介：水川镇关家沟村东邻莺鸽湾，西与西峡口村接壤，南与榆中县青城镇隔河相望，北于皋兰县石河镇国国村相连。1960 年 3 月称关家沟大队，1968 年 11 月 18 日并到莺鸽湾大队，属莺鸽湾大队五、六生产队，1980 年从莺鸽湾大队分离，设为关家沟大队，1983 年更名为关家沟村。村委会驻关家沟

79号，辖2个自然村，4个村民小组。2013年年底，全村总人口702人，其中女性348人，男性354人。耕地617亩，人均0.88亩，粮食作物以玉米为主，2013年粮食产量154.2吨，其中玉米138吨。畜牧业以猪、牛、羊为主，生猪饲养量2534头，羊饲养量1984只。造林200亩，其中经济林200亩。小学1所，在校学生53人，专任教师14人。有村卫生室1所，病床3张，新型农村合作医疗参保人员622人，参合率达88.6%。农村最低生活保障66户，118人。村级公路1条，居民自来水普及率100%。村内有300年以上的枣树500余棵。村内有九级岗岗沟瀑布，雨季可形成瀑布。

0040 人民路街道五一街社区

简　　介：人民路街道五一街社区位于人民路以西，北京路以北，永丰街以南，西山路以东，原针布厂家属院内，建于2001年10月。辖区面积1.5平方公里，现有3个居民小区，居民住宅楼70栋，总户数3206户，9620人。

0041 纺织路街道长安路社区

简　　介：纺织路街道长安路社区成立于2010年1月，位于白银市西区二七九小区，东起导弹营，西至兰州路，南邻机动车检测中心，北接长安路，辖区总面积82.6亩。辖区现有住宅小区3个，居民楼22栋，住户802户，拥有常住人口2110人，流动人口111人，60周岁以上老人共562人。辖区有企事业单位1家，个体经营户26家。社区现有工作人员30名，平均年龄35岁以下。目前社区共有党员46人，其中在职党员6人，居民党员40人。社区现办公面积110平米，环境整洁、美观，"一站式"服务、"一厅式"办公已形成，社区标准化建设正迈上新台阶。

0042 强湾乡新村社区

简　　介：强湾乡新村社区位于中科院白银高技术产业园创业大厦以北，国道109线以南，支三路以西，公园路以东区域。强湾新村社区于2009年2月经区政府批准成立，承担强湾移民小区基层党建、社会保障、物业管理、公共服务等各项职能。自2006年起，先后实施四期移民安居工程。建成后的小区完成总投资2.59亿元，总建筑面积17.8万平方米，可安置移民1802户，5297人（占强湾乡总人口的55%）。在做好小区主体建设的同时，强湾新村社区积极争取项目资金支持，从道路硬化、绿化亮化、文化健身、安全防护等方面，着力加强小区配套设施建设，让农民也像城市人一样，享受到整洁、优美、舒适的生活环境。为进一步加强对居民的服务，强湾新村社区通过采取"五零四化"工作举措，不断提升为居民服务的质量与水平，新村社区正由一个以进城农民为主的移民小区向功能完善、舒适便捷的城市居民社区转变。

0043 纺织路街道大井子村

简　　介：纺织路街道大井子村地处兰白经济圈中心城区—白银市西区中心地段与市委市政府比邻相连。大井子村分别由窑上和东塘子两个自然小组组成，面积约2平方公里，因属于村民自主搬迁户，原村坐落于白银公司三冶炼厂西和武川乡的宋家梁村相连，面积约100平方公里左右，自然资源有石灰石矿山，储量约1亿吨，民族均为汉族，287户，人口876人，综合办公楼一栋，住宅楼9栋，位于天津路217号。在长安路新开发的住宅商业楼6栋，村级卫生所两所，床位12床，医疗人员4名。文化图书室1间，各类图书约1千册，活动中心两处，道教宗教场所1处，名称为四圣宫。

0044 强湾乡月亮湾村

简　　介：强湾乡月亮湾村位于强湾乡东北部，距市区大约9公里，白榆公路东侧，与聂家窑村比邻。月亮湾村共有4个村民小组，298户，928人，总耕地面积1609亩，其中水浇地1096亩（有效保灌面积729亩），旱地513亩。粮食作物主要有小麦、玉米、豌豆、糜谷等，经济作物主要有蔬菜、水果等，养殖业种类主要有猪、鸡和羊等，名优特产有冬果梨、红枣、李子等。

0045 王岘镇崖渠水村

简　　介：王岘镇崖渠水村，地处市、区近郊，东临白靖公路，西以东大沟为界，北与厂矿为邻，南边四龙镇、强湾乡，地貌属黄土高原低丘陵沟壑区，多为黄土覆盖层，黄土层之下多为砂砾石或红砂岩。海拔1610-1705米；当地干旱多风，多年平均气温9.5℃，最高气温39.1℃，最低气温-24.7℃，多年平均降雨量199.00毫米，多年平均蒸发量2074毫米，多年平均风速1.8米/秒，无霜期180天。崖渠水村辖4个自然社，全村288户，1150口人，劳动力428个；耕地总面积2026亩，其中水浇地1119亩，旱地907亩，种植农作物主要有小麦、玉米、胡麻、芹菜、胡萝卜、黄瓜、蕃茄。

0046 四龙镇梁庄村

简　　介：四龙镇梁庄村东邻金山村，西与双合村接壤，南与四龙村毗邻，北与永丰村相连，辖4个村民小组。2013年年底，全村总人口1479人，其中女性715人，男性764人。耕地2254亩，人均1.5亩。粮食作物以小麦、玉米、胡麻、豌豆为主。畜牧业以猪、牛、羊为主。有文化艺术团体1个，会员40人。农家书屋1个，幼儿园1所，在园幼儿182人，专任教师8人，有村卫生室1个，病床3张。

0047 人民路街道五星街社区

简　　介：人民路街道五星街社区位于白银饭店以南，东至公园路，南至王岘东路，西至人民路，北至红星街，占地面积1.4平方公里，辖区内有居民住宅楼64栋，常住人口2648户，8060人。

0048 水川镇熙春村

简　　介：水川镇熙春村东邻五柳村，西与均安村接壤，南与均安村毗邻。1961年称熙春大队，1970的年更名熙春村。辖丁庄、吊庄、青号、太号4个自然村，6个村民小组。村委会驻青号81号。2013年年底，全村总人口2037人，其中女性958人，男性1079人。耕地1912亩，人均0.94亩。粮食作物以小麦、玉米为主。

0049 四龙镇民乐村

简　　介：四龙镇民乐村东邻金山、永兴村，西与梁庄村接壤，南与黄河毗邻，北至剪金山村相连。1958年称民乐大队，1985年更名为民乐村。村委会驻民乐村家滩摊子，有5个村民小组。2013年年底，全村总人口1492人，其中女性708人，男性784人。耕地1704亩，人均1.142亩。粮食作物以小麦、玉米、蔬菜为主。2013年，粮食产量697吨。其中，小麦202吨，玉米495吨，蔬菜4826吨。畜牧业以猪、羊、鸡为主。生猪饲养量1750头，羊饲养量2200只，鸡1.4万只。2013年，造林463亩，其中经济林370亩，渔业以草鱼为主，年产量81吨。农民人均纯收入9252元。有文化艺术团体1个，会员40人，农家书屋1个，有村卫生室1个，病床2张，新型农村合作医疗参保人员1417人，参合率达96.86%。村级公路3条，居民自来水普及率100%。

0050 四龙镇四龙村

简　　介：四龙镇四龙村东邻梁庄村，南与靖远县平堡乡毗邻，北与永丰村相连。1958年称四龙大队，1985年更名四龙村。村委会驻四龙村二社李家沟。辖1个自然村，4个村民小组。2013年年底，全村总人口1511人。耕地2344亩，人均1.55亩。粮食作物以小麦、玉米为主。2013年粮食产量812吨。畜牧业以猪、羊为主。累计种植槐树8500余株，沙枣树4800余株，枣树4000株，优质经济林苹果树苗9000余株。配套滴灌设施铺设管网4.5万米，绿化雷神山面积350余亩，农民人均纯收入9216元。有文化艺术团体1个，农家书屋1个，幼儿园1所，有村卫生室1个，病床2张，新型农村合作医疗参保人员1419人，参合率达94%。村级公路1条，日通行班车30趟，居民自来水普及率90%。有四龙度假村1座。四龙度假村前身是原白银公司疗养院，位于白银区四龙镇黄河南岸，距白银市区25千米，距兰州80千米。建于80年代初，占地84118平方米，由松林别墅区、四合院、方壶池、娱乐场、小高尔夫球场等部分组成，是集休闲、度假、旅游、疗养、办公、商务活动于一身，亭、台、楼、阁、廊、榭、假山、别墅、宾馆为一体，风景秀丽，设施齐备的高规格旅游休闲度假村，被誉为"陇上小江南"。

0051 水川镇五柳村

简　　介：水川镇五柳村东邻四龙镇四龙村，西与水川镇熙春村相连，南和榆中县青城乡隔河相望，北与强湾乡聂家窑村接壤。全村辖5个村民小组。村委会驻刘庄20号。2013年年底，全村总人口1373人，其中女性695人，男性678人。全村耕地面积1913亩，其中水浇地1187亩，旱地726亩，人均耕地1.4亩。粮食作物以小麦、玉米为主。2013年，粮食产量392.4吨。其中，玉米351吨。畜牧业以猪、羊为主。当年，生猪饲养量135头，羊饲养量2200只。有文化艺术团体1个，会员36人。图书室1个。幼儿园1所，在园幼儿12人，专任教师4人；小学1所，在校生30人，专任教师10人。有村卫生室1所，病床3张，新型农村合作医疗参保人员1289人，参合率达93.9%。村级公路3条。日通行班车8趟，居民自来水普及率98%。

0052 四龙路街道十字街社区

简　　介：四龙路街道十字街社区成立于2001年6月，东至火烧沟，西至十字街，南至冶金路，北至运输部铁路线。社区下设5个居民小组，居民住宅楼55栋，居民常住户2427户，总人口6152人。社区设立党支部和居委会，成员共22人，其中党支部3人，居委会20人，交叉任职1人，现有党员80人。辖区内享受低保家庭有188户，共计414人。辖区流入人口197人，流出人数76人。现有公益性岗位工作人员53人，其中综治员33人，保洁员20人。社区成立以来，坚持以人为本，以社区党建为龙头，以社区服务为重点，以社区文化为主线，走出了一条依托社区居民和共建单位共同参与社区建设的新路子，逐步形成了以服务型、便民型、学习型社区为主要特色的创建格局。

0053 武川乡武川村

简　　介：武川乡武川村地处白银市区西北部，北与景泰县接壤，南与武川乡崖渠村相连。武川村辖8个社，一社沈家庄，98户，430人；二社吴家窑，102户，458人；三社火家台，村委会所在地，56户，203人；四社饮马沟，74户，303人；五社王家沟，108户，480人，六社石窖沟，113户，460人；七社火烧沟，65 户，240 人，八社火家台，43 户，180 人。武川村属于干旱区，降水稀少，农业基础设施薄弱，农作物种植以小麦、玉米、胡麻、马铃薯、蚕豆、豌豆为主。2011 年小麦种植面积 1730 亩，总产 51.9 万公斤；玉米种植面积 300 亩，总产 9 万公斤；胡麻种植面积 300 亩，总产 4.5 万公斤；豆类种植面积 500 亩，总产 15 万公斤；马铃薯 150 亩，总产 30 万公斤。养殖业以家庭养殖为主，规模养殖较少。2013 年养猪专业户达到 12 户，其中 200 头以上的 5 户。养羊专业户 26 户，其中 250 只以上的 3 户。养牛专业会 2 户，养鸡专业会 2 户，养兔专业户 2 户。

0054 四龙路街道向阳村社区

简　　介：四龙路街道向阳村社区办公地点位于冶金路 141 号四龙路街道办事处二楼南面。东至铜花巷，西至向阳村排洪沟，南至冶金路，北至东台路，占地约 0.82 平方公里。社区现有楼房 48 栋，平房 3 栋，住户 1974 户，4689 人。辖区单位有白银区第六小学 1 家。社区现有工作人员 12 人（正式干部 3 名），下设六个居民小组。其中社区党支部书记 1 人、社区主任 1 名、副主任 3 人、委员 4 人、招考干部 1 人、劳动保障专干 1 人、社会救助员 1 人、公益性岗位 32 人。辖区内的安民小区属白银区棚户区改造项目，于 2010 年 10 月竣工并交付使用，总面积 9.8 万平方米，共建设楼房 26 栋，总户数 1488 户，其中经济适用房 3 栋，264 户，廉租住房 12 栋，612 套，回迁户 11 栋，612 户，现入住率不到 80%；辖区内白银公司棚户区改造区已建成，共 6 栋楼，预计来年年初陆续入住；二十一冶棚户区改造项目也已开工建设，预计未来辖区居民可达到 10000 人左右。

0055 四龙路街道建设路社区

简　　介：四龙路街道建设路社区东至铜花巷，西至康乐街，南至四龙路，北至冶金路。辖区共有白银区第十三小学、二十一冶离退休人员管理工作站两个单位及个体工商户 105 家，辖区面积 2 平方公里，辖区内现有楼房 90 栋，平房 11 栋；常住户 2935 户，常住人口 7292 人，流动人口 380 户，640 人。辖区居民主要由白银公司、二十一冶职工及部分无业人员组成。社区党总支下设 3 个党支部，九个党小组，共有党员 161 名；社区现有工作人员 18 人，平均年龄 39 岁，其中大专以上文化程度占 60%。社区有综合服务楼 1 栋，总建筑面积 400 平方米，内设政务大厅、警务室、会议室、图书阅览室等，是一栋集社区服务、社区办公、社区活动为一体的综合性服务楼。一楼政务大厅设有综合治理、民政司法、计划生育、劳动保障、城市管理等服务窗口，实行"一站式"办公、"一条龙"服务，按照"高起点定位、高效率运行、高标准服务"的工作思路，采取管理集约化、服务窗口化、形式多样化的运行方式，各窗口之间密切合作、衔接连贯，简化办事程序、提高办事效率，为居民群众提供便利、快捷的服务。

0056 四龙路街道大型社区

简　　介：四龙路街道大型社区位于市区东北部，东起银山路，西至铜花巷，南邻四龙路，北与东台村接壤，辖区面积 4 平方公里。现有居民住宅楼 119 栋，4659 户，平房 34 栋，132 户，出租房屋 120 户。有常住人口 7654 人，流动人口 265 人；有企事业单位 6 家（白银市气象局、铜城公安分局、白银市天然气有限公司、白银有色渣资源综合利用有限公司、白银公司天诚选矿厂、加油站），个体工商户 87 家。近年来，在街道党委、办事处的正确领导下，在辖区单位和居民的共同努力下，大型区社区不断强化基础，建立健全规章制度，逐步形成了以党支部为领导核心，社区居民委员会为支撑的基层服务管理组织。依托"一站式"服务管理窗口，为辖区居民提供优质、高效、便民的党建、工青妇、统战、老龄、计划生育、社会管理、安全生产、劳动保障、民政低保（社会救助）、司法民调、城市管理等服务项目。通过不断转变干部作风，提高群众满意度，密切党群干群关系，努力实现社区各项事业的科学发展。

0057 纺织路街道银西社区

简　　介：纺织路街道银西社区成立于2001年，辖区总面积8.5平方公里，东起嘉华园，西至八冶锅炉厂，北接银长铁路，南邻北京路。现有人口7414户，15782人，企事业单位25家。社区党支部和居委会现有16名工作人员，党支部下设2个党小组，共有党员99人。银西社区组建了统一的办事平台和便民服务窗口，其中基层党建工作负责宣传贯彻党的路线、方针、政策，执行上级党组织的决议，团结组织党员和群众完成本社区所担负的各项任务；"四联四帮、为民富民"行动进一步深入开展，大力推动扶贫工作，努力为辖区困难群众干好事、解难事、办实事；民政救助工作实行"分类有色管理"，实现动态管理下的"应保尽保"；计划生育工作主要负责辖区常住人口和流动人口的计划生育；综合治理工作负责组织普法、治保、调解、帮教、消防、维稳等工作，确保辖区居民的安全；城管卫生工作在向辖区居民宣传环境保护法的同时，维护辖区的卫生环境；社区青年志愿者组织自成立以来，多次深入到辖区面向居民开展各色志愿服务活动，赢得居民的交口称赞。

0058 工农路街道工农路社区

简　　介：工农路街道工农路社区成立于2001年10月，东起人民路，南邻永丰街，西至北京路，北靠长通路，总面积约0.8平方公里，辖区现有居民4323户，8908人，有党员184名，工作人员16名。近年来，社区不断加强队伍建设和制度建设，健全社区管理和服务体系，实行了与辖区单位共建联系制度，通过定期走访、积极为社区居民办实事和组织公益文体活动，使社区精神文明创建和平安社区建设取得了一定成效。2008年被白银区城乡建设局评为园林化单位，2009年被白银区委统战部评为全区统战工作先进社区，2012年被白银市委组织部评为白银市"五星级"基层党组织，2012年3月被白银市残疾人联合会评为全市先进残联组织，2013年5月甘肃省残疾人联合会评为全省特奥活动示范社区。

0059 四龙路街道矿山路社区

简　　介：四龙路街道矿山路社区位于白银市区东北边缘，北起小铁山矿，南至汽运公司，占地面积约10平方公里。人口居住较分散，辖区有居住平房74栋，楼房16栋。辖区内共有161户，530人，有流动人口189人；设1个居民小组。现有居委会干部9名，社区党支部现有党员17名，分1个党小组。社区有企事业单位16个。社区办公用房300平方米，分别有一站式办公大厅1间，计划生育工作室1间，办公室2间，电教图书室1间，婚育学校1间，图书3000多册，室内外健身器材各1套。社区阵地已实现"三个一"目标。即一个文化活动室、一处户外活动场所、一所市民学校。其中房屋场地及室外健身器材均由白银公司铁运公司提供，实现共驻共建、资源共享。社区设立了协商议事会、计生、民政司法、综合治理、城市卫生、劳动保障服务站，社区卫生服务网点一个。几年来，社区坚持"以民为先、以人为本"的原则，注重与驻社区企事业单位的协作互动，实现了社区与企事业单位共驻共建，资源共享，打造出了一个尊老爱幼、安居乐业的新型和谐社区。

0060 纺织路街道黄茂井村

简　　介：纺织路街道黄茂井村地处西陇海兰新经济带中心城区—白银市新城区的中心地段，与市委、市政府襟肘相依。黄茂井村由东庄、西庄、王家湾3社组成，辖区面积960亩，耕地480亩，共有人口255户，712人，综合办公楼1栋，居民住宅楼11栋（其中，新建住宅区1处，住宅楼8栋），沿街商业服务网点2处，铺面63个。村级卫生所1个（面积40平方米，床位4张），村级图书室1个，使用面积21平方米，各类图书1200册，管理人员1人，文化活动站1个。

0061 四龙镇金山村

简　　介：四龙镇金山村邻永兴村，西与梁庄村接壤，南面毗邻民乐村，北靠剪金山。1982年从永兴大队析出，设立金山村。村委会驻金山村一社。辖3个社，3个村民小组。2013年年底，全村378户，1099人；有劳动力630人；总耕地面积1607亩，人均1.46亩；果园面积690亩，日光温室773亩。农业总产值470万元，农民人均纯收入9275元。粮食作物以小麦、玉米、大豆、油料为主。当年粮食总产量64万千克。畜牧业以猪、鸡、鱼为主。鱼塘100亩，六合养殖场1处（年出栏生猪0.5万头，存栏量3200头），生猪养殖户13户，福隆养鸡场1处（4万只），蛋鸡养殖户15户，农家乐8户，形成传统种植、规模养殖、优质林果、农家乐旅游为主体的特色产业。有文化艺术团体2个，会员50人。农家书屋1个。农村卫生室1个，病床4张，新型农村合作医疗参保人员1111人，参合率达95.86%。农村最低生活保障73户，159人。村级公路3条，邮政网点1个。日通行班车35趟，居民自来水普及率100%。白银区区级文物保护单位剪金山位于村北，剪金山庙会是白银区非物质文化遗产。

0062 水川镇大川渡村

简　　介：水川镇大川渡村南与榆中县青城镇隔河相望，东西分别是水川镇白茨滩村和顾家善村，全村有10个村民小组，村委会驻红庄子78号。2013年年底，全村总人口3159人，其中女性1481人，男性1678人。耕地3539亩，人均1.12亩。粮食作物以玉米为主。2013年，粮食产量296.8吨。其中玉米256吨，畜牧业以猪为主。当年生猪饲养量2586头，羊饲养量1526只。小学2所，村卫生室1所。新型农村合作医疗参保人员2982人，参合率达94.4%。养老保险人员2122人。居民自来水普及率98%。农民经济收入主要依靠温室蔬菜种植和劳务输出。2013年，人均纯收入9186元。

0063 工农路街道盘旋路社区

简　　介：工农路街道盘旋路社区办公楼位于白银区第十一小学西南角，辖区面积0.48平方公里，共分为4个片区，居民住宅楼56栋，常住人口2193户，5144人；辖区单位2家。社区党总支党员60人，社区工作人员13人，工会会员97人，统战成员278人。2011年被区委统战部评为"共同团结奋斗、共同繁荣发展"示范社区；2011年被评为白银市"五星级"基层党组织，白银区"先进基层党组织"，2012年2月荣获白银市计划生育协会先进单位。一楼为政务大厅，设有民政低保、残联、环境卫生、信访民调、计划生育、信息公开、劳动保障窗口，包括综治、司法办公室。二楼有书记、主任办公室、居务监督委员会办公室（有居务监督、基层党建、工青妇、统战、安全生产等工作）、会议室（包括党员活动室、现代远程教育）。三楼设有流动儿童之家、妇女之家。

0064 武川乡中山村

简　　介：武川乡中山村距白银市30公里，现辖6个社。全村245户，961人，总耕地面积4061亩，其中水浇地1295亩，人均1.35亩，旱地2766亩，人均2.88亩。村党支部下设6个党小组，共有党员49人，其中女党员7人。2014年人均纯收入6124元，处于全乡之末。农作物种植以小麦、胡麻、马铃薯、蚕豆为主。2014年小麦种植面积1882亩，总产18.43万公斤；豆类种植面积540亩，总产16.48万公斤；马铃薯273亩，其中水浇地75亩，总产4.22万公斤，旱地198亩，总产1.21万公斤；胡麻种植面积210亩，总产3.89万公斤。养殖以家庭养殖为主，结构单一且规模较小。2014年大牲畜307只，猪存栏698头，羊存栏3428只，鸡存栏468只。当前，中山村群众在"两委"班子的带领下，正在与时俱进、开拓创新、精诚团结、扎实工作，以奋发有为的精神，为全村实现政治文明、经济繁荣、人民富裕的全面小康社会和和谐社会而不懈努力。

0065 强湾乡川口村

简　　介：强湾乡川口村位于白银市西南，距离市中心11公里，面积69.6平方公里，白兰高速穿村而过，全村辖十个村民小组，603户，2032人，耕地面积6060亩，其中水浇地2749亩，山旱沟坝3311亩。近年，川口村积极调整塑料大棚种植结构，发展畜牧养殖，加大劳务培训和输出，为农民增收打下了坚实的基础。川口村重点建设反季节林果基地，主攻方向是引进反季节红提葡萄、油桃新品种，目前红提葡萄、油桃发展达到40个棚，已在六、七社普及。

0066 水川镇张庄村

简　　介：水川镇张庄村南与榆中县青城镇隔河相望，西接水川镇白茨滩村，北与强湾乡麦地沟村接壤，辖5个村民小组，村委会驻蔡家桥6号。至2013年底，全村有519户，1982人，其中劳动力1184人。全村总耕地面积2090亩，有效灌溉面积1930亩，人均0.97亩，旱地160亩，人均0.08亩。2013年人均纯收入9229元。

0067 武川乡崖渠村

简　　介：武川乡崖渠村位于白银市区西北18公里处，兰包铁路、白景公路横穿境内，现辖8个村民小组（一社西湾、二社崖渠、三社锈砂洞、四社红砂岘、五社地沟、六社西滩、七社东涧沟、八社白杨树沟），共464户，1918人，劳动力858人。全村总耕地面积7024亩，其中水浇地1780亩，人均0.8亩，旱地5244亩，人均2.3亩。2013年农民人均纯收入6838元。村党支部下设7个党小组，共有党员67人，女党员16人，高中以上学历33人。村党支部、村委会办公地点于2011年6月迁至原崖渠村西湾小学院内，现有办公楼三层，房间17间，建筑面积1000平方米。近年来，崖渠村"三委"坚持以人为本，搞好基础设施建设，开挖地沟至大坟沟隧洞，完成地沟土地平整1050亩，现已进行土地流转350亩。我村加大产业结构调整力度，重点扶持经济林栽植与经济作物种植，经济林栽植面积达到700亩，经济作物播种面积达到1100多亩，使经济作物与粮食作物的种植结构日趋合理；重点抓好规模养殖，发展养鸡专业户1户，存栏近10000只，发展养猪专业户2户，生猪年出栏1500头，发展养羊专业户14户，年出栏1600只；重点抓好以务工为主的劳务输出服务工作，推进村级集体经济的快速发展。

0068 水川镇顾家善村

简　　介：水川镇顾家善村南与榆中县青城镇隔河相望，东、西、北均与大川渡村毗邻。1958年称顾家善大队，1979年更名为顾家善村，辖4个村民小组，村委会驻对把子68号。2013年底，全村总人口903人，其中女性402人，男性501人。耕地596亩，人均0.66亩，粮食作物以玉米为主。

0069 纺织路街道育才路社区

简　　介：纺织路街道育才路社区成立于2003年，东起西山公园，西至兰州路，北接北京路，南邻109国道线，辖区总面积2.5平方公里。现有住宅小区16个，居民楼190栋，平房24间，居住人口14697人，60岁以上老人292人，有企事业单位29家，个体户工商户460家。2014年缴纳居民医疗保险829户，1288人（其中低保户242户，633人，居民587户，655人），缴纳城乡居民养老保险355人。社区办公场所位于纺织路街道办公楼一楼西侧，办公场所面积达150平方米，环境整洁、美观。社区政务服务中心设在街道二楼，"一站式"服务、"一厅式"办公已形成，社区标准化建设正迈上新台阶。

0070 人民路街道西村社区

简　　介：西村社区位于白银老城区西南角，辖区面积2平方公里，东至人民路，西至军分区，南至王岘西路，北至东星街。辖单位有白银军分区、白银供电局、白银市老年公寓、白银区计生局及白银区五校5家行政企事业单位，西村基督教堂1所，辖区内共有居民楼103栋，居民2801户，8503人。居民以二十一冶职工及家属为主，部分区属企业及供电局职工和家属。

0071 王岘镇五星村

简　　介：王岘镇五星村地处白银市西郊，东与兰包铁路白银西站毗邻，向南靠近国道109线。全村辖尾芨沟社和双崖社两个村民小组，共有209户，509人，有正式党员41名（其中女党员8名，约占党员总数的19.5%）；有耕地1096亩（其中水地425亩，旱地671亩）。全村群众收入主要靠种植小麦、玉米、胡麻等农作物和养殖生猪、蛋鸡等，兼营部分个体工矿业和运输业。2013年底，全村农民人均纯收入8420元。五星村坚持以"党建科学、文化领先、经济先行"为理念，确立了"两个区"的发展模式：即养殖区和居住区。坚持把党的富民政策与本村的村情、地理位置、资源优势紧密结合起来，投资1800余万元建成一期连体二层住宅楼21栋84套；投资20余万元改建硬化文化大院，大院面积720平方米；投资45余万元硬化双崖社道路1.5公里，完成危房改造、异地搬迁共计84户。投资5万余元改扩建双崖社老年活动中心。依托我村的区位优势，大力发展养殖业，将养殖业培育为我村的主导产业和阳光产业，养殖业的收入在我村经济总收入中占60%。

0072 水川镇顺安村

简　　介：水川镇顺安村东邻黄河，西与桦皮川村接壤，南与桦皮川村毗邻，北与均安村相连。1961年称顺安大队，1983的年更名顺安村。村委会驻石嘴子75号。辖石嘴子、魏家沟、十家堡3个自然村，5个村民小组。

2013年年底，全村总人口1487人，其中女性715人，男性772人。耕地1545亩，人均1.04亩。粮食作物以玉米为主。

0073 王岘镇雒家滩村

简　　介：王岘镇雒家滩村位于白银市区东南郊7公里处，境内沟壑相间，属丘陵沟壑区，海拔1520~1750米之间，隶属于白银市白银区王岘镇行政村，现有雒家滩、蓆芨沟及苏家湾3个村民小组，农户410户，1162口人。2013年全村人均纯收入8922元，现有耕地4167亩，其中水浇地1008亩，旱地1359亩，新开发平整土地1800亩，交通便利，有国道109线、兰白高速及白刘高速公路贯穿而过。村党支部现有党员58人，其中，女党员13名，占党员总数的22.4%，男党员45人，70岁以上的党员10人，75岁党员5人，外地上学及外出务工党员6人。

0074 工农路街道长通社区

简　　介：工农路街道长通社区位于白银市城乡结合部的西北角，面积约0.375平方公里，现有居民2696户，6276人。现共有工作人员17名，公益性岗位人员33人。近年来，长通社区始终本着"以人为本、服务群众、贴近民生"的理念，逐步完善了社区服务阵地建设，建成社区一站式服务大厅、爱心养老院、图书阅览室、流动儿童之家、文体活动中心、残疾人康复中心等多功能全方位服务居民的活动阵地，夯实了社区工作基础，推动社区各项工作深入开展。长通社区一站式服务大厅设有党建、劳动保障、城管卫生、民政司法、计划生育等工作服务窗口，为居民提供公开、透明、便捷的服务。大厅设有触摸式服务屏幕和滚动式服务大屏，每一位来办事的居民都可以通过触摸式服务屏幕和滚动式服务大屏详细了解到办理事项所需资料和流程图。社区工作人员严格落实一次性告知、一次性办结制度，为前来办事的居民提供最优质的服务。同时，为居民群众发放《便民服务卡》《警民联系卡》，方便居民办事。

0075 武川乡新安村

简　　介：武川乡新安村地处白银区西北部，南与中山村、皋兰县相接，北与武川村、景泰县中泉乡接壤，西与皋兰县白坡村相连，东与崖渠村相邻，东西长12公里，西北宽10公里。总耕地面积6706亩，其中水浇地2176亩，旱地4378亩。人均耕地4亩，人均占有水地1.4亩。现辖3个社，一社头道沟；二社二道沟；三社阳洼岔。全村共377户，1440人，劳动力770人。2013年农民人均纯收入6852元。全村共有党员51名（其中：正式党员50名，预备党员1名），女党员7名。大专以上文化程度11人，高中以上文化程度15人。新安村农业基础设施薄弱，农作物种植以小麦、胡麻、土豆等为主，畜牧养殖业规模较小，以家庭养殖猪、羊为主。近年来我村为加快种植业产业结构调整，发展以马铃薯为龙头产品，同时发展豌豆、胡麻等优质经济作物。新安村现有洋芋种植800亩，豆类1500亩；现有规模养羊户20户。村内建有文化广场，居家养老服务中心，丰富村民文化娱乐生活。全村经济收入以劳务输出为主，劳务收入占全村经济收入的70%，种植业收入及其它收入占30%。

0076 四龙镇永丰村

简　　介：四龙镇永丰村东邻剪金山，西与车路沟接壤，南与梁庄村毗邻，北与双合村相连。1958年称永丰大队，1985年更名永丰村。村委会驻强家台，辖5个自然村，5个村民小组。2013年年底，全村总人口

1617 人，其中女性 712 人，男性 905 人。耕地面积 3315 亩（其中奶牛场占地 1000 亩），人均 2.1 亩，果园 575 亩，日光温室 246 座。粮食作物以小麦、玉米为主。生猪饲养量 1400 头，羊饲养量 500 只。2013 年造林 470 亩，农民人均纯收入 9713 元。有文化艺术团体 1 个，会员 40 人。农家书屋 1 个。有村卫生室 1 个，病床 3 张，新型农村合作医疗参保人员 1460 人，参合率达 95.61%。农村最低生活保障 77 户，182 人。村级公路 4 条，邮政网点 1 个。日通行班车 35 趟，居民自来水普及率 100%。

0077 王岘镇东星村

简　　介：王岘镇东星村地处白银市区近郊，是典型的城郊村，兰包铁路南北穿越，109 国道东西横贯，乡村公路四通八达，交通极为便利。全村共有刘家梁、郝家川、苏家墩、生活岘、吊地沟 5 个村民小组，共有农户 1022 户，常住人口 2326 人。总耕地面积 547 亩（其中水浇地 447 亩，旱地 100 亩）。全村现有党员 84 名，其中女党员 29 名，占总体党员 34%，70 岁及以上党员 16 名，占总体党员 19%；40 至 69 岁党员 36 人，占 42.8%；40 岁以下党员 32 人，占 38%。其中大专及以上文化程度 29 人，占 34.5%；高中、初中文化程度 43 人，占 51.2%；小学及以下文化程度 12 人，占 14.3%。外出求学、务工党员 18 人占党员总数 21.4%。村"三委"班子成员共 19 名（女性 3 名），平均年龄 46 岁。全村现有"农家书屋"1 座，有图书 3 万册；现有村卫生室 1 座，各种配套设施健全；有乡村小学 1 座，在校学生 173 人，专职教师 31 人。全村群众的收入主要依靠种植业和养殖业。农作物种植以蔬菜、玉米、小麦、胡麻为主；养殖业以猪、牛、羊、鸡为主，兼营运输、餐饮以及出租房屋等。

0078 四龙镇民勤村

简　　介：四龙镇民勤村西邻强湾乡聂家窑村，东南与双合村毗邻，北与王岘镇雒家滩村相连。1981 年称一堵墙大队，同年更名民勤村。有一堵墙、对坝子、麻拉牌 3 个村民小组，村委会驻对坝子社。2013 年年底，全村总人口 737 人，其中女性 377 人，男性 360 人。耕地 1879 亩，人均 2.5 亩。粮食作物以小麦、玉米为主，畜牧业以猪、牛、羊为主。当年，造林 208 亩，其中经济林 188 亩。农民人均纯收入 8304 元。有农家书屋 1 个。有村级卫生室 1 个，病床 2 张，村级公路 3 条。

0079 工农路街道西铜社区

简　　介：工农路街道西铜社区地处白银区西北边郊，系一居一厂一校（甘肃白银西北铜加工有限公司、中材水泥有限公司、白银区十五小学）。辖区总面积 1.31 平方公里，辖区有常住居民 1728 户，人口 4875 人。享受最低生活保障 306 户，716 人。居民办理医疗保险 1100 名。社区设有 1 个党总支，下设 3 个党支部，共有党员 53 名，社区居委会有工作人员 16 名。近年来，西铜社区在推进科学发展观"争先创优"，促进和谐社区的进程中，始终把文化活动作为社区建设的重要特色来抓，在文化阵地建设中与西北铜加工有限公司共筑共建，以整合文化资源为龙头，以文化爱好者为支撑，以文化专职人员为骨干，以文化志愿者为基础。社区结合自身的特点，积极搭建文化活动平台，发挥企业文艺人才作用，利用企业文艺骨干，吸纳社区文化活跃分子，先后组建了乒乓球队、武术队、舞蹈队、老年健身队、腰鼓队、柔力球队、合唱团等 13 个群众文化活动队伍，有组成人员 300 余人。

0080 强湾乡白崖子村

简　　介：强湾乡白崖子村位于强湾乡政府南郊2.5公里处，共653户，1704人，有党员97名。粮食作物主要有小麦、玉米、黄豆等；经济作物主要有苹果、核桃、枣、梨等；养殖业种类主要有鸡、猪、羊和牛等。全村耕地5353亩，其中水地2876亩，旱地2477亩。通过城乡一体化建设，积极组织实施整村推进、道路硬化、安全饮水等项目工程，建成综合性办公楼1栋，为开展活动、服务群众创造了更加优越的条件。另外，2012年挂牌成立了甘肃省农村信用社白崖子村便民金融服务点，村便民金融服务点开通以来，得到了村民的普遍认可，极大方便了农村留守老人、留守妇女进行业务办理。2012年，积极争取项目资金，建成了老人幸福互助院一处，完善相关配套设施，丰富了老年人的生活。

（二）平川区

0081　复兴乡上汉村

简　　介：复兴乡上汉村位于复兴乡西部，距政府5公里，海拔为1921~2263米，全村现有4个社，171户，805人，中共党员21名。耕地面积4400亩，该村是典型的雨养农业干旱山区，无霜期186天，年日照时数2614小时，年平均降雨量200毫米左右，年蒸发量为2000毫米以上，是降雨量的10倍，气候干燥，风多雨少。该村现有村学1所，在校学生100人。群众受教育程度小学以上文化程度51%，初中以上文化程度40%，高中以上文化程度9%。现有村部始建于1999年6月，于2005年5月进行了改扩建工程，总投资4.5万元，其中乡村自筹资金1.5万元。建筑面积130平方米，设有村党支部办公室1间20平方米，村委会办公室1间20平方米，会议室1间30平方米，计生办公室1间20平方米，仓库1间20平方米，村卫生所1间20平方米。

0082　复兴乡西川村

简　　介：复兴乡西川村位于复兴乡西北部，距乡政府12公里，海拔为1921~2263米，全村现有5个社，212户，1085人，中共党员42名。耕地面积6100亩，该村是典型的干旱山区，无霜期186天，年日照时数2614小时，年平均降雨量200毫米左右，年蒸发量为2000毫米以上，是降雨量的10倍，气候干燥，风多雨少。该村现有村学1所，在校学生107人。群众受教育程度小学以上文化程度50%，初中以上文化程度41%，高中以上文化程度9%。现有村部始建于2000年4月，总投资6万元，全为乡村自筹资金。建筑面积120平方米，设有村党支部办公室1间20平方米，村委会办公室1间20平方米，会议室1间40平方米，村卫生所（计生办公室）1间40名方米。

0083　水泉镇牙沟水村

简　　介：水泉镇牙沟水村位于水泉镇南部，地处刘白高速公路出口和国道109线交汇处，面临黄河，东靠尖山，国道109线横穿全村，村内硬化道路15公里，交通便利，距离平川城区约13公里，距水泉镇政府约4公里。牙沟水村现管辖11个村民小组，共829户，3649人，现有耕地4000亩，全部为水浇地，种植粮食作物3100亩，产量1148吨，产值296.5万元，特色种植600亩，产值180万元。养猪户134户，其中50头以上26户，存栏4100头；养鸡户30户，存栏2万只；养羊户36户，存栏3100只。全村共有机井10眼，提灌工程2处，即南台山水利工程和月河社小提灌工程。牙沟水村旅游资源非常丰富，有平川八景之称的"月河晚照""鹯阴古城"

位于牙沟水村，村庄现有农家乐 15 家，正在着手开发"百年枣园农家乐"旅游项目。近年来，牙沟水村依据自己的产业优势，积极响应政府号召，重点利用现有的农业条件和百年枣树林，发展现代观光农业和旅游业，提高村民的经济收入，创造具有时代特点的新农村。

0084 水泉镇枣园村

简　　介：水泉镇枣园村位于白银市平川区水泉镇东部，国道 109 线贯穿村西，交通便利，光热资源丰富，属大陆性温带半干旱气候，年平均气温为 8℃，年降雨量为 270 毫米，冬春季节风沙较大。村区域总面积 29.6 平方公里，现辖 9 个村民小组，736 户，3493 人。总耕地面积 4842 亩，全部为水浇地，配套黄灌机井 6 眼，粮食种植面积 2842 亩，果蔬种植面积 2000 亩，主要特色农产品有大枣、红萝卜、枸杞等，牛羊猪等家禽养殖农户 230 户，全村年人均收入 3435 元。

0085 宝积乡冯园村

简　　介：宝积乡冯园村距平川区政府所在地约 5 公里，该地域为黄河上游黄土高原的腹地。该地区夏季炎热干燥，受常年季风气候影响，冬季严寒少雪，春秋两季多风，具有降水量少，蒸发量大，雷雨天气强盛，连续性降水少的特点。这里海拔 1546~1596 米，该地区平均气温 10.1℃，最高气温 38.5℃，最低气温 -18℃，降水量主要集中在 7、8、9 月份，占全年降水量 60% 以上。全年日照时间 2899 小时，无霜期 120 天左右，封冻期 90 多天，冻结深度 120 cm。该村现辖 3 个村民小组，450 户，2150 人。耕地面积 6745 亩，其中有水浇地 4745 亩，旱沙地 2000 亩，机井 13 眼，养鸡户 4 户，养羊户 17 户。种植的农作物主要有小麦、油料、玉米，经济作物有西瓜、西甜瓜、棉花、枸杞、番茄，林业作物以大枣为主。

0086 水泉镇杨岭村

简　　介：水泉镇杨岭村共有耕地 4800 亩，大枣种植和生猪养殖成为该村的特色产业。2011 年全村枣树矮化密植 500 亩，粮食作物种植面积 3100 亩（其中小麦 800 亩，胡麻 300 亩，玉米 1800 亩，其他 200 亩），总产量 1900 吨，产值 380 万元。经济作物种植面积 1200 亩（其中黄豆 900 亩，其他 300 亩），总产量 300 吨，产值 75 万元。共有养猪 240 户，年出栏 2.5 万头，产量约 2625 吨，产值 4700 万元；养羊 19 户，存栏 1670 只，产值 120 万元；养鸡 14 户，年存栏 3 万只，年产蛋 340 吨，产值 310 万元。全村共有农灌渠道 40 公里，村社道路 15 公里。今年，在村党支部、村委会与有关部门的协调下，硬化村内主干道 4.5 公里，衬砌渠道 4 公里。

0087 王家山镇于大川村

简　　介：王家山镇于大川村地处王家山镇北部，距镇政府所在地 6 公里，面积 53 平方公里。于大川原名下大川，原本荒无人烟，后搬迁来于姓人家且逐渐发展成为此地大户，随改名于大川。于大川现有 5 个村民小组，198 户，986 人，土地 6236 亩，其中水浇地 2720 亩，人均 2.76 亩。农作物以小麦、玉米、洋芋为主。现有养殖户 22 户，其中养猪 2 户，猪存栏 25 头；养羊 24 户，羊存栏 3000 只；养懒兔 1 户，500 余只；成立养殖专业合作社 2 个。2013 年农民人均纯收入 4706 元。于大川村党支部下设 4 个党小组，共有党员 25 名，其中预备党员 1 名，女党员 4 名，大专以上学历党员 3 名。35 岁以下党员 6 名，60 岁以上党员 6 名。

0088 宝积乡响泉村

简　　介：宝积乡响泉村地处平川区中部，南与白银市平川经济开发区紧紧相连，西南与靖煤公司水电处和国电靖远第一、第二发电有限公司等大型企业连接，刘白高速公路越境而过，是典型的城郊村。全村现辖4个社，461户，2164人，有党员50名。现有耕地3988亩。2012年农民人均纯收入5174元。2013年扩大核桃种植面积500亩。在大力发展传统种植、养殖产业的基础上，充分发挥区位优势，在响泉村至水电处路与高速引线交汇点西北方向建设响泉物流中心，初步规划建筑面积15万平方米，总投资约为1.5亿元。其主要功能是提供仓储、转运、加工、包装、配送、信息等物流服务。至今为止，有村阵地1处，全村主要干道道路硬化12公里，衬砌渠道13公里，机井10眼，远程教育设施1套，广播设备1套，喇叭8个，全村通信率92%，自来水覆盖率98%，通电率100%。

0089 黄峤乡牛拜村

简　　介：黄峤乡牛拜村位于黄峤乡西北部，距乡政府12公里。省道308线穿境而过，交通便利。全村下辖2个村民小组，367户，1462人（主要劳力720人）。有党员43人。全村总耕地面积4821亩，人均3.3亩；全村现有低保户182户，772人。2013年全村人均纯收入5067元。种植结构：水地以种植玉米、籽瓜、西瓜为主，以油料和其他经济作物为辅。养殖情况：现有200头以上养猪户1户，100头以上的养猪户4户，养羊50只以上的5户，养鸡500只以上的1户。同时养殖户自发组织成立养殖合作社。农田、水利方面：现有机井6眼，其中人饮工程机井2眼。鹁鸽淌拦洪坝确保1000亩新增耕地的灌溉。同时进行1600亩的平田整地工程。

移民搬迁方面：按照乡党委、乡政府移民搬迁实施方案，现已对牛拜二社28户，一社12户进行了搬迁。合作医疗方面：为了解决群众看病难等问题，今年对全村1428人的合作医疗缴费进行垫付，除免费人员，共计垫付资金66200元。

0090 复兴乡山李村

简　　介：复兴乡山李村位于复兴乡西南部，距乡政府8公里，海拔为1921~2263米，全村现有5个社，240户，1139人，中共党员23名。耕地面积6205亩，该村是典型的干旱山区，无霜期186天，年日照时数2614小时，年平均降雨量200毫米左右，年蒸发量为2000毫米以上，是降雨量的10倍。该村现有村学1所，在校学生156人。群众受教育程度小学以上文化程度51%，初中以上文化程度38%，高中以上文化程度11%。现有村部始建于2000年5月，总投资3.5万元，其中乡村自筹资金2万元。建筑面积70平方米，设有村党支部办公室1间20平方米，村委会办公室1间20平方米，会议室（计生办公室）1间20平方米，仓库1间10平方米。

0091 种田乡拉排村

简　　介：种田乡拉排村位于种田乡政府西南部，距乡政府约8公里，境内平川八境之一的崖腰山石窟，现辖5个村民小组，237户，1170人，共有87户，213人享受农村低保，共有党员26名。现有梯田1300亩，耕地5800亩，其中旱地5800亩，退耕还林3251.3亩，荒山造林3288亩。粮食生产以全膜双垄沟播玉米、小麦、豆类为主，经济作物以洋芋、油料和小杂粮为主，耕作方式为典型的粗放式经营，广种薄收，农业综合生产能力很差，难以走上自我积累、自我发展的正常轨道。全村养羊 50 只以下 38 户，50 至 100 只 8 户，养能繁母猪 5 头以下 1 户，5 至 10 头 2 户，10 头以上 1 户。

0092 种田乡小川村

简　　介：种田乡小川村位于种田乡政府西部，是全乡最小的行政村，现辖上小川、中小川、下小川、墩底 4 个社。全村共有 180 户，700 人，共有党员 24 名。现有梯田 800 亩，耕地 4200 亩，其中旱地 4200 亩，退耕还林 300 亩，荒山造林 800 亩。全村通村硬化道路 1 条 3 公里，村社道路 1 条 2 公里。2012 年全村粮播面积 4150 亩，其中玉米 1723 亩，马铃薯 1475 亩，其他作物 952 亩。全村养羊 50 只以下 4 户，50 至 100 只 18 户，100 只以上 2 户，养能繁母猪 5 至 10 头 4 户。

0093 共和镇中和村

简　　介：共和镇中和村位于平川区东南部，东部接黄峤乡，南、北部与靖远县接壤，西部与宝积乡毗邻，距区政府 25 公里，国土面积 38.75 平方公里，现有 7 个村民小组，692 户，2777 人。现有耕地 4365 亩，其中水地 2694 亩。

0094 水泉镇下村

简　　介：水泉镇下村位于黄河沿岸，水泉镇政府西北方向，距镇政府 15 公里。全村现辖 8 个村民小组，260 户，1193 人，中共党员 41 名，其中女党员 2 名。总耕地面积 4200 亩，其中水浇地 1225 亩。大枣、西甜瓜种植是全村两大特色优势产业。目前全村种植枣树 2700 余亩，养猪专业户 6 户，560 头，养羊 10 户，羊存栏 2000 只。

0095 黄峤乡焦口村

简　　介：黄峤乡焦口村位于平川区东部 53 公里，乡政府以东 6 公里处，是一个以农牧业为主的山区村。平均海拔 2200 多米，年均气温 7.8℃，年降雨量 230~280 毫米，年蒸发量 1200 毫米，无霜期 150 天。耕地面积 9700 亩（其中水地 696 亩，旱地 9004 亩），人均 4.2 亩。其中退耕还林共计 800 亩。全村下辖 6 个村民小组，535 户，2093 人（主要劳力 1000 人）。有党员 58 人，其中女党员 8 名，大专以上文化程度党员 4 名，中专文化程度 3 名，初中以上文化程度党员 32 名，60 岁以上党员 12 名。完全制村级小学 1 座（在校学生 275 人），村级卫生医疗点 2 个。

0096 水泉镇双岔村

简　　介：水泉镇双岔村位于平川区西北部，海拔 1350 米，距镇政府 3 公里，毗邻国道 109 线，耕地面积 6500 多亩。交通便利、光热水土资源丰富，发展农业生产的条件得天独厚。现辖 11 个村民小组，640 户，2980 人，2010 年底人均收入达 4500 元。近年来，该村以打造千亩韭菜基地建设为基础，着力发展日光温室、枸杞种植、大枣种植、舍饲养殖为主的支柱产业。

0097 宝积乡魏家地村

简　　介：宝积乡魏家地村位于宝积乡东部，距乡政府约 10 公里，全村共有耕地面积 2400 亩，其中水浇地 440 亩。辖 2 个村民小组，农户 305 户，1390 人，党员 35 名。一、日光温室发展迅速。2010 年魏家地村实施了整村推进扶贫项目，建设完成饮水灌溉、渠道衬砌两大工程，很大程度上解决了魏家地村民饮水、灌溉难的问题。2011 年，魏家地村又在整村推进项目的基础上实施了日光温室项目。截止目前，已有日光温室墙体 54 座，其中 34 座已于 2012~2014 年在种植。二、基础设施逐步完善。我村的综合服务设施在逐步配置中，现已拥有农家书屋（藏书2000余册）、卫生室、互助老人院（配有棋牌室、休息室等）、文化广场、太阳能路灯30座、村办公用房210平方米。三、新农村建设有序推进。2012年建成了村民文化休闲广场，占地3098.2平方米。已硬化道路3.9公里，中心道路已实现路灯亮化，平整1500亩高标准农田正在实施中。通过实施各种项目，魏家地村虽然有了很大的改变，村民的经济收入也有了很大的提高。然而，要想彻底摆脱贫困的面貌。还需要各级政府的大力帮助与支持。

0098 水泉镇陡城村

简　　介：水泉镇陡城村位于水泉镇西面，黄河沿岸，属黄河提灌区，现有耕地8000亩，泉水灌溉区耕地2000多亩。村辖20个社，总户数688户，总人口3450人。全村现有主渠道8000米，支渠20000米，提灌工程两处，总机300千瓦。有主道路8条，总长15公里，全年人均纯收入3500元。

0099 水泉镇玉碗泉村

简　　介：水泉镇玉碗泉村位于黄河东岸。全村现有4个村民小组，230户，1123人，2800亩耕地。种植业以玉米制种、西甜瓜、洋芋种植为主。为了稳定粮食生产，玉碗泉村以围绕村民增收，积极调整产业结构，通过各种舆论宣传引导村民发展各种农业，重点以种养业结构发展。粮食作物以玉米、小麦、油籽为主，争取枣树密植500亩，种植玉米1800亩，小麦500亩，其他经济作物400亩。

0100 水泉镇旱平川村

简　　介：水泉镇旱平川村坐落在平川区水泉镇的正北方，是2000年从贾庄分出来成立的新村。现有人口1790多人，共3个社，385户，全村有耕地2200多亩。自成立以来，在区政府、乡镇府及村委会的领导下，全村人民齐心协力，经济有了明显的好转，村民们的日子比以前更富裕了

0101 宝积乡大湾村

简　　介：宝积乡大湾村位于宝积乡东南部，距离城区10公里左右，是一个典型的井灌区。全村辖3个村民小组，123户，574人。村干部12人，党员26人。现有耕地2680亩。新一届班子上任后，以精神文明创建为主要抓手，狠抓经济建设，推进构建和谐新农村。一、抓基层组织建设，促进社会全面进步。乡党委、政府高度重视村"三委"建设，在村三委换届中，针对基层组织软弱涣散的状况，把党性强、人品好、在群众中威望高的人选为班子带头人，提高村党组织的凝聚力和战斗力。二、抓精神文明建设，推动社会主义新农村建设。在文化活动开展方面，一是以现代化远程教育电教室为载体，举办各类培训。二是深入开展"十星级文明户""好儿媳""五好文明家庭创建"评选活动。三是大力宣传社会主义荣辱观。四是制定村环境卫生公约，组织动员群众自觉维护村内卫生，对违规建筑进行了专项整治，起到了明显的效果。五是抓好社会管理创新工作，推动民主管理建设。三、抓产业，促进经济发展。一是种植以小麦、玉米为主，间作番茄、苹果、西甜瓜等经济作物。二是养殖业以养猪、羊、鸡为主，全村猪养殖量达到1000头以上，羊养殖量达到1600只以上，鸡养殖量达到14000只以上。

0102 宝积乡周家地村

简　　介：宝积乡周家地村位于平川区中部，属于典型的城中村，全村现辖2个村民小组，共173户，总人口760人。粮食以小麦、玉

米为主，经济作物主要有瓜果、蔬菜等。乡党委带领广大群众积极调整产业结构，努力发展农村经济，并取得了显著成绩。一、改变了"议事无场所、办公无地点"的局面。周家地村分两次对村级组织活动场所进行了建设，实现网络化活动场所。大规模培训全村党员、村社干部和农民群众，提高农村党员干部和农民群众的素质。二、夯实基础，做靓集体经济。在商品一条街中段筹建农贸市场，日交易约 27 万余元，直接解决村民就地转移劳动力 80 余人。三、调整种植结构，增加农民收入。争取扶贫项目，发展种仔猪养殖项目，与特奥特番茄厂签订订单农业，番茄种植 120 亩。四、村庄建设起高潮。引商投资"家家乐"连锁超市现已在周家地村开始修建，村集体出资解决了污水排放的问题，硬化道路，建成乡文化站，建成出租房屋近 800 多间，租住人口达 900 人之多，年收入 80 多万元。五、关心村民，尊老爱幼。为 70 岁以上老人送去面粉累计 260 袋，大米 40 袋，督促危房改造 12 户 960 平米，危房改造资金 4.8 万元，使村民真正享受到党的阳光和政府的温暖。

0103 王家山镇大营水村

简　　介：王家山镇大营水村位于平川区政府以北 35 公里，距王家山镇政府所在地 5 公里处，辖区面积为 66 平方公里，国道 109 线横穿全境，交通便利，兴电工程主干穿境而过，发展水浇地便利。据传红军抗战时期曾路过此地，在此安营扎寨，为驮粮草的牲口饮水吃草，红军临走时候将此地改名大营水。现辖 6 个社，510 户，2133 人，总耕地面积 6450 亩，其中水地 1300 亩。农作种植以玉米、洋芋、小麦为主，经济林 2000 亩，现有养殖户 63 户；其中养猪 10 户，猪存栏 1935 头；养羊 53 户，羊存栏 6379 只。并成立了 10 个养殖专业合作社，2013 年农民人均纯收入 5720 元。大营水村党支部下设 4 个党小组，共有党员 58 名，其中女党员 6 名，大专以上学历党员 9 名。35 岁以下党员 14 名，60 岁以上党员 20 名。

0104 共和镇兄弟村

简　　介：共和镇兄弟村是一个回汉聚居村，位于镇政府所在地打拉池，共有 7 个村民小组，总户数 731 户，总人口 2976 人，其中回民 214 户，952 人，占全村人口的三分之一。总耕地面积 4438 亩，其中水浇地 2064 亩，人均 0.7 亩。

0105 宝积乡黑水村

简　　介：宝积乡黑水村位于宝积乡东北部。全村地貌为山地丘陵，常年降雨量稀少，陶土资源丰富，砖瓦业发展迅速。全村 5 个村民小组，各社分布比较分散。现有 496 户，2132 人，劳动力人数 1140 人。

0106 水泉镇水泉村

简　　介：水泉镇水泉村位于平川区西北部，距镇政府 12 公里，四面环山，国道 109 线穿越全村。全村有 4 个村民小组，共 530 户，2360 人。现有中共党员 63 名，其中女党员 4 名。耕地面积 9200 亩，其中水地 3000 亩。现有正常运行机井 6 眼，灌溉面积 1000 亩，黄河灌溉面积 2000 亩。种植结构以粮食作物为主。在各级党委、政府的正确领导下，充分利用当地资源优势，不断调整产业结构，大枣种植和规模养殖成为该村的特色产业。2011 年全村粮食作物种植面积 1500 亩，经济作物种植面积 2600 亩，共有养猪 210 户，存栏 1 万头，养羊 19 户，存栏 1970 只。

0107 水泉镇丰源村

简　　介：水泉镇丰源村位于水泉镇东北部，白宝铁路穿境而过，距镇政府、109国道5公里，是平川区实施易地扶贫搬迁项目而成立的移民村。居民是从平川区复兴乡、种田乡、黄峤乡等三乡迁移而来。项目由区发改局负责实施，于2006年在水泉镇东北部车轮沟口开始建设，2007年丰源村被列为市级新农村试点。丰源村一期搬迁移民188户，843人，现有5名党员，平整农田900亩。建成村级活动场所300平方米，村级卫生室65平方米；由兰州三元敦煌医学科技有限公司董事长王芝意先生捐资60万元建成意秀源小学1座，面积1055平方米，现有学生74名，教职工11名。

0108 宝积乡墩墩滩村

简　　介：宝积乡墩墩滩村位于平川区以南，距区政府仅1公里，是一个典型的城郊村。省道308线穿境而过，距离长兰铁路段长征车站、挺进车站不过3公里，交通十分便利，区位优势明显。全村131户，579人。村党支部有党员31名，其中女性党员6名。墩墩滩村耕地面积为1200亩，粮食作物主要有小麦、玉米、糜子等；经济作物主要有棉花、胡麻、豆类等。全村主要饲养牛、生猪、鸡等。墩墩滩村现有机井4眼，人、畜安全饮用自来水率达到100%；住房砖瓦化率达到85%以上。目前完成村级道路硬化2公里，安装程控路灯12座，彩门1座。

0109 黄峤乡马饮水村

简　　介：黄峤乡马饮水村位于黄峤乡西南部，距乡政府4公里。省道308线穿境而过，交通便利。全村下辖6个村民小组，473户，2780人，有党员64人，正式党员63名，大专以上文化程度党员13名，60岁以上党员名。全村总耕地面积8529亩，完全制村级小学3座，2013年人均纯收入达到5606多元。目前，该村支柱产业以玉米、小麦、瓜类和生猪、羊、鸡等养殖为主。农业生产方面，大力调整产业结构。积极推广全膜双垄沟播技术推广项目，瓜类、玉米、规模养殖等产业不断发展壮大。水利方面，完成渠道衬砌4公里，更新机井13眼，建成3.2公里人饮工程1处，解决了全村1200人的饮水问题。道路建设群众满意，共硬化村社道路3.3公里，群众生产生活畅通无阻，建成户用沼气池68座，村级服务网点1处。植树造林，全民行动，农田林网全村达60%，村庄绿化率达到48%。合作医疗参保率96%，养老保险工作稳步推进。2006年建成260平方米的村级活动场所，实现了村干部办公有场所、党员学习有阵地、群众文化体育活动年年开展。精神文明建设不断深入，全村人人都争做孝敬父母、尊老爱幼、邻里团结的星级文明户，全村社会稳定发展。

0110 宝积乡吊沟村

简　　介：宝积乡吊沟村位于宝积乡南部，总面积35平方公里，平均海拔1540米，年降水量190毫米左右，主要分布在七、八月份，年平均气温9.8℃，属于干旱气候，日照3057小时，昼夜温差大，是一个典型的农业村。平高公路穿境而过，交通非常便利。全村现有3个村民小组，267户，共1218人，有党员41名，初中以下文化程度20名，高中以上文化程度15名，大专以上文化程度6名；村干部队伍14人，其中支部委员5人，村委委员5名；村委会及水管所共建有办公场地700平方米，全村现有固定电话100多部，移动电话430多部，通讯十分方便。该村现有耕地5385亩，人均4.2亩，有机井11眼，人饮工程运行良好，自来水入户率

98%，全村全部使用清洁能源沼气；衬砌渠道27公里，该村主打品牌经济是西瓜和甜瓜，目前全村共有西甜瓜示范基地2300亩，经济林1080亩，日光温室120座；养殖户12户，其中养猪年出栏百头以上的6户。

0111 复兴乡汉口村

简　　介：复兴乡汉口村位于复兴乡西南部，是乡政府所在地，海拔为1921~2263米，全村现有5个社，276户，1355人，中共党员39名。耕地面积6073亩，该村是典型的干旱山区，无霜期186天，年日照时数2614小时，年平均降雨量200毫米左右，年蒸发量为2000毫米以上，是降雨量的10倍。该村现有村学2所，在校学生303人。群众受教育程度小学以上文化程度52%，初中以上文化程度38%，高中以上文化程度10%。现有村部始建于2006年9月，总投资4万元，全为乡村自筹资金。建筑面积130平方米，设有村党支部办公室1间20平方米，村委会办公室1间20平方米，会议室1间60平方米，计生办公室1间30平方米。

0112 宝积乡贺家川村

简　　介：宝积乡贺家川村位于宝积乡南部，北临靖煤公司及周家地村，南隔沙河与吊沟村相望，西毗冯园村，东临133队，省道308线公路穿境而过，交通便利，是一个典型的城郊村。该村现辖3个村民小组，226户，1056人。现有耕地1800亩，均为水地，共有机井10眼，人均耕地1.78亩，粮食作物以小麦、玉米为主；经济作物主要有瓜果、蔬菜等，其中以加工型番茄种植面积较大。农民收入主要依靠务农、外出打工和自主创业（养牛、开商店、办沙场、包工程），人均纯收入3120元。

0113 水泉镇贾庄村

简　　介：水泉镇贾庄村临近国道109线和五级街，交通便利，零售、饮食等个体私营经济发展迅速。现辖3个村民小组，529户，2673人，共有耕地4940亩，人均占有耕地1.9亩。自2006年被列为全省新农村建设试点村以来，贾庄村共投入各类建设资金1209.6万元，推广大枣种植2400亩；举办农民实用技术培训12期；共发展养殖户315户，年出栏猪2万余头，建成占地100亩的万头无公害猪生产基地。整修村级道路16公里，硬化村内道路6条12.4公里，衬砌渠道15.5公里，安装路灯44个，绿化道路3公里；建成占地面积70平方米的村级医疗卫生室1处，完成村委会建设456平方米，硬化贾庄小学操场2000平方米，完成农民文化广场建设1300平方米，配备健身器械8件，建成图书室、老年活动室80平方米，满足了农民的文化娱乐需求。

0114 种田乡北庄村

简　　介：种田乡北庄村位于平川区种田乡政府西部，距乡政府驻地15公里，东与本乡五星村接壤，西南部分别于本乡拉排村、百丰村相邻，北面紧靠崛吴山。平均海拔2040米，气候干燥，多风少雨，属典型的黄土丘陵干旱山区。全村现辖屈庄、北庄、野崖、连圈、黑水、花道6个社，共有328户，1320人。有104户，328人享受农村低保，有党员41名。耕地面积7400亩，其中川地1200亩，沟坝地700亩，山地4600亩，梯田900亩。退耕还林面积3357亩，荒山造林3028亩。机井1眼，人饮浅井5眼，大牲畜400头，小家畜3000只（头）。粮食生产以全膜双垄沟播玉米、小麦、豆类为主，经济作物以洋芋、油料和小杂粮为主。耕作方式为典型的粗放式经营，广种薄收，农业综合生产能力很差，难以走上自我积累、自我发展的正常轨道。村内有六年制小学2所，在校学生190人，教职工16人。村内道路基本畅通。村内建有移动通讯塔1座，移地信号覆盖全村。

0115 黄峤乡玉湾村

简　　介：黄峤乡玉湾村位于黄峤乡西北部，距乡政府10公里。省道308线穿境而过，交通便利。全村下辖2个村民小组，228户，935人。有党员33人，全村总耕地面积2430亩。支柱产业以玉米、小麦、籽瓜、枸杞和生猪、羊、鸡等养殖为主，适宜枸杞种植。下一步主要做好以下几方面工作：1、大力发展特色种植和规模养殖。一是以集体林权制度改革为契机，采取农户联户承包的方式，进行枸杞、文冠果种植，枸杞种植面积达到1000亩。二是积极推广无公害种植技术，扩大瓜类（西甜瓜、籽瓜）种植面积，提高产品品质。三是引导扶持发展养殖业，每年发展50头以上规模养猪户7户，100只以上规模养羊户6户，成立农民专业合作社3家。2、夯实农业生产发展基础。建成26万立方米的蓄水池1座，每年推广农田节水技术1500亩；更新机井3眼，衬砌渠道10公里，更换11公里人饮工程管道；完成村内道路硬化2公里；开通村村通线路，方便群众出行；完成有线电视村村通工程。3、拓宽农民增收渠道。根据全区旅游发展规划，积极争取王将军墓地修复建设项目，探索发展农家乐，走发展乡村旅游业的路子；加大劳务技能培训，有效输转农村剩余劳力，发展劳务经济，多渠道增加农民收入。

0116 种田乡五星村

简　　介：种田乡五星村位于种田乡北部，现辖崖曲、吴庄、新庄、麻滩、安湾、刘井6个社，共有455户，1729人。村党支部下设4个党小组，共有党员58名。现有梯田2000亩，耕地8900亩，其中水地2508亩，旱地6392亩，退耕还林4172亩，荒山造林9989亩，机井14眼。全村硬化道路1条，村社道路全长14公里。2013年全村粮播面积8792亩，其中玉米3643亩，马铃薯3118亩，其它作物2031亩。全村养羊50只至100只35户，养能繁母猪5至10头4户。全村共有小学两所，在校学生50人。村内有变电所、鼠防站等驻地单位。

0117 共和镇老庄村

简　　介：共和镇老庄村位于平川区东部，屈吴山脚下，距镇政府所在地5公里。现有4个村民小组，共417户，1969人，其中少数民族36人。村党支部现有党员53人，其中女党员6人，大专以上文化程度党员10名。土地总面积35.46平方公里，总耕地面积5623亩，其中水地3200亩，机井10眼。农业种植以小麦、玉米为主。

0118 共和镇毛卜拉村

简　　介：共和镇毛卜拉村位于平川区东南，距区政府所在地25公里，现有9个村民小组，689户，3290人。土地总面积44.76平方公里，现有耕地9578亩，其中水地4972亩。

0119 水泉镇下堡村

简　　介：水泉镇下堡村距镇政府15公里，国道109线从东面通过，下堡村现有4个社，辖人口415户，1776人，总耕地面积2810亩，其中水地面积1230亩，人均占有水地不足0.7亩，经济来源以外出搞副业和畜牧业为主。

0120 水泉镇砂流水村

简　　介：水泉镇砂流水村位于平川区西北

部，距镇政府约 15 公里。全村现辖 6 个村民小组，503 户，2508 人，共有耕地 4100 亩，其中水地 1730 亩。

0121 共和镇西合村

简　　介：共和镇西合村位于红会四矿地区西格拉滩地带，平均海拔 1918 米，年降雨量 200 毫米，属典型的干旱山区农村。全村现有 4 个村民小组，442 户，1975 人，其中少数民族居民 209 人。土地总面积 51.25 平方公里，耕地总面积 3336 亩，人均占有耕地不足 2 亩。

0122 种田乡种田村

简　　介：种田乡种田村是乡政府驻地村，东与宁夏海原县接壤，南与复兴乡毗邻，四面环山，海拔较高，人居集中。现辖中街、东街、新南、井滩、上湾、下南、小岔 7 个社，共有 425 户，1565 人。村党支部下设 4 个党小组，共有党员 42 名。现有梯田 3600 亩，耕地 7600 亩，其中川坝地 6000 亩，山地 1600 亩，退耕还林 4710 亩，荒山造林 5213 亩，全村共有村社道路 3 条 6 公里。村内有农贸市场 1 处，每逢农历三、六、九逢集日，参与交易的群众达 2000 多人。村内主要街道分布着 44 家个体私营商户和中小学、卫生院、信用社、邮政所、派出所等多家单位。粮食生产以全膜双垄沟播玉米、小麦、豆类为主，经济作物以洋芋、油料和小杂粮为主。333 线穿境而过，村社道路状况较差。全村养羊 50 只以下 22 户，50 只至 100 只 2 户，养能繁母猪 5 头以下 17 户，5 至 10 头 17 户。

0123 种田乡百丰村

简　　介：种田乡百丰村位于种田乡政府西部，该村地处屈吴山的东南山脚下，平均海拔 1880~2320 米之间，是典型的农业旱作区。现辖百丰、石沟、常崖、上寨、下寨 5 个社，共有 324 户，1296 人。共有党员 37 名。现有梯田 3700 亩，耕地 7500 亩，其中旱地 7500 亩，退耕还林 3363 亩，荒山造林 3620 亩。2012 年全村粮播面积 7409 亩，其中玉米 3077 亩，马铃薯 2633 亩，其他作物 1690 亩。全村村社道路共计 3 条 12 公里。全村养羊 50 只以下 17 户，50 至 100 只 15 户，100 只以上 4 户，养能繁母猪 5 头以下 4 户，5 至 10 头 6 户。

0124 共和镇红沟村

简　　介：共和镇红沟村位于平川区南 20 公里处，现有 3 个村民小组，335 户，1600 人，总耕地面积 5777 亩，其中水浇地 4800 亩，现有机井 7 眼。该村地处干旱地带，年降水量约 201 毫米，蒸发量高达 1810 毫米。

0125 黄峤乡神木头村

简　　介：黄峤乡神木头村位于黄峤乡东南部，距乡政府 5 公里，是一个以农牧业为主的山区村。全村辖 4 个村民小组（神木头社、大湾社、水家坪社、姚沟社），共 375 户，1527 人，其中儿童 548 人，老人 56 人；耕地面积 7900 亩。全村群众基本以农业生产和牧业养殖为主，有一部分剩余劳动力外出务工，大多数群众有退耕还林。

0126 水泉镇中村

简　　介：水泉镇中村位于镇政府西北方向，距乡政府 14 公里。全村现辖 5 个村民小组，519 户，2011 人，中共党员 64 名。总土地面积 2.3 万亩，其中总耕地面积 4800 亩，水浇地 3000 亩。大枣、玉米制种是全村两大特色优势产业。目前全村种植枣树 500 亩，玉米制种 2500 亩，亮化工程中路灯安装 3 公里，村委会建设投资 3 万元，水利工程维修投资 3 万元。

0127 共和镇常崖村

简　　介：共和镇常崖村位于平川东南部 35 公里处，属典型的偏远干旱山区，共 4 个村民小组，235 户，1028 人。现有耕地 3260 亩，人均耕地 3 亩，均为山坡耕地。

0128 宝积乡小川村

简　　介：宝积乡小川村位于宝积乡东北部，现有 3 个村民小组，212 户，总人口 823 人，耕地面积 1615 亩，机井 5 眼，泉水 1 眼，全村以旱砂地为主，水地仅有 30 亩，是一个典型的干旱村。全村现有党员 24 人。小川村现有村小学、村卫生室、村文化活动广场各 1 所。境内有丰富的陶土、焦煤、石灰石、泥干石和花岗岩等矿藏。近年来，村民充分利用以上资源发展了采矿、采沙、建材业和劳务输出等产业。

0129 黄峤乡峤山村

简　　介：黄峤乡峤山村位于平川区东部 67 公里，乡政府以东 10 公里处，与宁夏海原县西安乡相连，是一个以农牧业为主的山区村。平均海拔 2200 多米，年均气温 7.8℃，耕地面积 9217 亩，全部是旱土地。全村 6 个社居住零散，双界公路贯穿 2 个社。全村辖 6 个村民小组，共 348 户，1557 人。绝大多数为初中以下文化水平。农民生活主要依靠种植马铃薯、玉米及外出务工。目前，全村有养羊户 30 户 1117 只，40 头规模养猪户 1 户。

0130 复兴乡甘涝村

简　　介：复兴乡甘涝村位于复兴乡东北部，距乡政府 5 公里，海拔为 1921~2263 米，全村现有 6 个社，136 户，430 人。耕地面积 5800 亩，该村是典型的干旱山区，无霜期 186 天，年日照时数 2614 小时，年平均降雨量 200 毫米左右，年蒸发量为 2000 毫米以上。

0131 复兴乡川口村

简　　介：复兴乡川口村位于复兴乡南部，距复兴乡政府 10 公里，海拔为 1921~2263 米，全村现有 7 个社，380 户，1800 人，党员 33 名。耕地面积 9900 亩，该村是典型的干旱山区。无霜期 186 天，年日照时数 2614 小时，年平均降雨量 200 毫米左右，年蒸发量为 2000 毫米以上，是降雨量的 10 倍，气候干燥，风多雨少。该村现有村学 2 所，在校学生 310 人，群众受教育程度为小学以上文化程度 50%，初中以上文化程度 40%，高中以上文化程度 10%。

0132 水泉镇野麻村

简　　介：水泉镇野麻村地处平川区西北黄河左岸，水泉镇西南部，南距靖远县刘川乡 10 公里，西距景泰县中泉乡 7 公里，北距靖远县石门乡 7 公里，离国道 109 线 17 公里，至白银 100 公里，属黄河流域片，是典型的内陆干旱区，光、热资源充足，自然条件独特，是平川区海拔最低的一个村，黄河从该村南向北流经而过，灌溉条件极为优越。其境内有著名的黄河岩画，深得省内外游客的关注。野麻村现辖 3 个村民小组，即野麻社、白杨林社、空心楼社，共有 213 户，总人口为 1016 人，党员 19 名，其中女党员 1 名。总耕地面积为 3448 亩，其中水浇地 730 亩，人均不足 0.7 亩，主要种植小麦、玉米、枣树等作物。

0133 水泉镇小黄湾村

简　　介：水泉镇小黄湾村位于水泉镇政府

西北方向，距镇政府约15公里，处黄河西岸，有两个自然社，耕地1300亩，共有189户，936人，党员23人，其中女党员2人。小黄湾村靠近黄河，光、热、水、土资源丰富，适于种植大枣、西甜瓜等作物。小拱棚双膜早熟西甜瓜是特色主导产业，有黄河作为自然屏障，养猪和养羊产业也是农民增收的主要渠道。现有小提灌4处，渡船是村民外出办事、走亲访友的唯一交通工具。2009年人均纯收入2600元。有水利工程4处（其中高扬程2处，地扬程2处）。

0134 共和镇小水村

简　介：共和镇小水村位于平川区东南部，北与小水村接壤，南邻老庄村，距镇政府所在地5公里。现有村民小组6个，642户，3043人，土地总面积22.56平方公里，总耕地面积9658亩，其中水浇地8000亩。

0135 共和镇毛河洛村

简　介：共和镇毛河洛村位于平川区南部，距镇政府所在地15公里（砂路），地处旱地带，土地贫瘠，气温日差大，年降水量约200毫米，蒸发量高达1800毫米。全村共有两个村民小组，134户，700人，无少数民族居民。全村土地总面积20.91平方公里，总耕地面积3083亩，其中水地1600亩。

0136 王家山镇井尔川村

简　介：王家山镇井尔川村地处王家山镇北部，距镇政府所在地10公里，面积47平方公里。相传此地甚为干旱，一马平川，后有一大官路过此地，见民生疾苦，甚是可怜，就捐资在此地挖井，后人忘记此官姓名，只记得有个"尔"字，故起名井尔川。井尔川辖区内有丰富的煤炭、陶土、风力等资源，有装机容量为94.5MW的国投捡财塘风力发电场。现有7个村民小组，307户，1203人，总耕地面积4519亩，其中水浇地2200亩，人均1.83亩。农作物以小麦、玉米、洋芋、砂田晚熟西瓜为主，砂田晚熟西瓜种植面积达到2500亩，经济林500亩。现有养殖户29户。其中养猪6户，猪存栏408头；养羊23户，羊存栏1930只。2013年农民人均纯收入4890元。井尔川村党支部下设4个党小组，共有党员48名，其中女党员9名，大专以上学历党员13名。35岁以下党员15名，60岁以上党员11名。

0137 宝积乡广沿沟村

简　介：宝积乡广沿沟村位于平川区宝积乡东南部，北靠省道308线，西临华辰生态园，南至吊沟村，是由原魏家地村党家水社采煤塌陷区搬迁的移民新村。境内平均海拔1495米，自然条件优越，环境状况良好，土地开阔，离平川城区约4公里，交通便利，是果树的最佳栽植区域。全村共2个村民小组，198户，774人，有村干部11人，有党员17人。全村耕地总面积1500亩。有学校1所，村委会1所。2013年争取项目资金新建1座文化广场，整治村容村貌，进一步抓好新农村建设。广沿沟村农家书屋内容丰富，能够很好的满足广大村民的学习各种知识需求。针对广沿沟村连年持续干旱和煤矿开采造成耕地减少的实际，广沿沟村党支部和村委会及时转变工作思路，把移民搬迁土地整理工程项目作为改造农户脱贫致富的关键措施，把发展经济林作为保障农业收入的主要途径，申请了中低产田改造项目，发展千亩果园节水滴灌农业示范基地，积极发展养羊、养鸡、养猪等畜牧养殖业。经过大力发展，使农村产业结构得到调整优化，基础条件进一步改善，荒山荒坡的绿化，使生态环境有较大改观，农民科技致富能力明显增强，群众观念有较大改变，生活水平有较大提高，民主法制建设有较大进步。

0138 王家山镇万庙村

简　　介：王家山镇万庙村位于平川区北部、王家山镇腹地，辖区面积69平方公里。相传唐代年间此地盛行兴建庙宇且规模宏大，多到数不胜数，故而改名为万庙。境内有丰富的煤炭资源和粘土资源，有年产260万吨的靖远煤电股份有限公司，有不同产量的煤矿2家，有砖瓦厂23家。国道109线横穿全境、刘白高速公路留有出口，交通便利。兴电工程总干渠道穿境而过，为发展水浇地提供便利。现辖7个村民小组，480户，1856人，现有耕地5568亩，其中水浇地1230亩。农作种植以玉米、洋芋、小麦为主。现有养殖户62户，其中养猪24户，猪存栏2452头，并成立了6个养殖专业合作社；养羊38户，羊存栏1866只。2013年农民人均纯收入6210元，村集体经济收入为55万元。万庙村党总支下设4个党支、6个党小组，共有党员73名，其中预备党员1名，女党员14名，少数民族党员1名，大专以上学历党员16名。35岁以下党员17名，60岁以上党员11名。

（三）会宁县

0139 新添堡回族乡大寺村

简　　介：新添堡回族乡大寺村属新添堡回族乡管辖的行政村之一，是一个纯回民村。距新添堡回族乡政府所在地14公里，到新添堡回族乡道路主要为油路，交通比较方便，距县城29公里。辖白家庄、北堡子、大庄、刘家湾、花牛湾5个村民小组。现有农户420户，有人口2143人，劳动力1258人。耕地面积6298亩，人均纯收入4354元。种植业主要为小麦、玉米、马铃薯、荞麦、胡麻。养殖业主要为牛、羊、鸡。全村养牛500头，养羊1500只，养鸡12500只，全村都能用上电，全村设党支部1个、村委会1个，有农民党员30名。全村有村干部3名，社干部5名。

0140 新添堡回族乡芦岔村

简　　介：新添堡回族乡芦岔村是一个纯回民村，位于会宁县城25公里处，属半干旱温凉区，年均降水量432.7毫米。全村有耕地面积7025亩（全部为旱地），其中梯田面积800亩，占全乡耕地面积的11%，有退耕还林1015亩，退耕还草605亩。全村共有5个村民小组，274户，1341人，其中回族1341人，占总人口的100%，现有贫困人口1071人，占全村总人口的80%。玉米种植、肉牛养殖和劳务经济是该村的三大支柱产业，2013年农民人均纯收入达到2190元，较上年增长1.2%。

0141 郭城驿镇八百户村

简　　介：郭城驿镇八百户村位于郭城驿乡（镇）西南方向，地势开阔，地形以川台地和塬地为主。辖有六百户社、七百户社、八百户社、九百户社、安沟社等5个村民小组，辖区总人口2873人，其中男1443人，女1430人。辖区东西最大距离6千米，南北最大距离3千米，总面积4.08平方千米。多年平均气温8.4℃，年最高气温32.8℃，年最低气温-26.5℃；年平均降水量262.8毫米，年平均蒸发量1583毫米。全村耕地面积5100亩，人均1.78亩。粮食作物以小麦、玉米、洋芋为主，经济作物以黑瓜籽、油料、蔬菜、瓜类为主。全村目前羊4800只，猪2600头，鸡9400只。有规模养殖户80户，蔬菜日光温室100座，塑料大棚1800座，面积达600亩。人均纯收入达到5800元。有文化活动场所1处，党员活动室1处，农家书屋1个，文化活动室1个。有小学1所，在校学生171人，专任教师14人。

0142 党家岘乡吕堡村

简　　介：党家岘乡吕堡村位于会宁县城以南10公里处，窝华公路穿村而过，交通较为便利。全村有4个村民小组，509户，2078人，劳动力1247人，耕地面积7838亩。村党总支下设4个组党支部，共有党员58名。近年来，梁堡村以双联行动为载体，理清发展思路，调整产业结构，完善基础设施，实现了全村经济社会的快速发展。一、理清发展思路。村"两委"确立了"种植业调结构，养殖业上规模，劳务经济提收入"的发展致富路子，种植全膜玉米，加大劳务输转与培训。二、壮大富民产业。在深入分析发展形势、统筹谋划长远发展的基础上，把培植富民产业作为加快群众脱贫致富步伐的重要举措。一是种植业调结构。二是养殖业上规模。三是劳务经济提收入。三、完善基础设施。按照联村单位帮扶一点、组织部门解决一点、项目支撑一点和乡村自筹一点的办法，新建了村级组织活动场所，配套建设了7000平方米的文化广场1处。今后，村"两委"将按照村级发展规划，在产业结构调整方面，把延伸产业链条，增加农产品的附加值作为发展的重点，吸引和鼓励有条件的企业进村办厂，引进先进技术和经验，把本地的产业资源运出去，实现资源互补、合作共赢的发展局面。

0143　新添堡回族乡回河村

简　　介：新添堡回族乡回河村是一个纯汉民村，位于会宁县城东南13公里处，属半干旱温凉区，年均降水量432.7毫米，全村共有6个村民小组，304户，1388人。有耕地面积6500亩，其中梯田面积2000亩，有退耕还林500亩，退耕还草300亩。玉米种植、肉牛养殖和劳务经济是该村的三大支柱产业，2013年农民人均纯收入达到4197元。近年来，回河村以科学发展观为指导，以调整产业结构，增加农民收入为目标，以"夯基础、抓项目、育产业、促民生"为重点，聚精会神搞建设，一心一意谋发展，使全村呈现出经济发展、政治稳定、村民团结、社会和谐的良好局面。

0144　四房吴乡蔺家湾村

简　　介：四房吴乡蔺家湾村位于四房吴乡西部，全村辖4个村民小组，237户，1040人。总流域面积为14.6平方公里，有耕地6045亩，其中机修梯田和沟坝地面积为1200亩。地下水资源匮乏，年降水量300毫米左右，年蒸发量1700毫米左右，属旱山塬区。有村级小学1所，在校学生102人、教师6人。全村有党员35名，其中男28名，女7名。

0145　新塬乡杨家坪村

简　　介：新塬乡杨坪村位于新塬乡东南部，共305户村民，1489口人。劳动力882人，贫困户250户，贫困率82%，上年转移劳动力278人。人均耕地6.2亩，经济作物面积占35%，人均纯收入2560元。海拔1900~2240米之间，年降雨量不足300毫米。全村有耕地面积14600多亩，均为坡地。种植作物主要有马铃薯、小麦、荞麦、豌豆、玉米、胡麻。2013年全村种植马铃薯3200亩，小麦2400亩，荞麦2150亩，豌豆2000亩，玉米1250亩，胡麻1000亩，种草种树及其它作物2600亩。

0146　侯家川乡邢郡村

简　　介：侯家川乡邢郡村地处侯家川乡东南部，东与党家岘乡接壤，南与通渭县义岗镇毗邻，距侯川乡集镇地8公里。全村总流域面积为17.2平方公里，辖10个社，14个自然村庄，共有村民402户，1876人，劳动力850人。总耕地8858.36亩，其中梯田面积3500亩，山地5358.36亩。邢郡村属典型的干旱贫困山区，年降雨量300毫米，主要集中在7、8、9三个月，蒸发量高达1800毫米，海拔1850~2410米之间。全村被东西走向的邢郡河沟划开，大致呈"一梁一河"的丘陵地貌。邢郡河地下水储藏量较为丰富，适宜于发展规模养殖。农作物种植以冬小麦、玉米、马铃薯等作物为主。

0147 八里湾乡芦坪村

简　　介：八里湾乡芦坪村位于八里湾乡最北边，平均海拔1946米，年降雨量不足300毫米，年蒸发量高达1800毫米以上。整个地形以梁峁山地和丘陵沟壑区为主，属于典型的黄土高原地形，是旱作农业区。境内只有几条季节性的小溪，流量甚微，且水质咸苦，人畜饮水全靠打窖蓄水。全村现辖李咀、大坪、华沟、砚台、芦子坪、龙王川、何堡等7个村民小组，共303户。全村总人口1230人，现有劳动力610人。有7个党小组，有党员38人。全村总耕地面积6698亩，其中梯田2000亩。农民收入以种植业、养殖业以及劳务输出为主。种植业历史悠久，作物种类繁多，品种资源丰富。其中粮食作物有小麦、玉米、谷子、糜子、莜麦、洋芋、荞麦等，豆类作物有豌豆、扁豆、大豆、蚕豆等；油料类作物主要有胡麻、麻子等；瓜果蔬菜方面有叶菜类、葱蒜类；药材主要有党参、甘草等。养畜产业发展较快，养羊业发展已经初具规模。有规模养殖户5户。

0148 太平店镇万沟坪村

简　　介：太平店镇太平店镇万沟坪村位于太平店镇北面，地势开阔，地形以川台地和塬地为主。辖有中庄、侯庄等8个村民小组，辖区总人口1560人，其中男802人，女758人。辖区东西最大距离3千米，南北最大距离2.8千米，总面积9.6平方千米。多年平均气温7℃，年最高气温38℃，年最低气温-17℃；年平均降水量430毫米，年平均蒸发量1700毫米。全村耕地面积6377亩，人均4.1亩。粮食作物以小麦、玉米、洋芋为主，经济作物以油料、蔬菜、药材为主。全村目前牛饲养量1000头，羊30000只，猪3000头，鸡20000只。有规模养殖户5户。人均纯收入达到2700元。有文化活动场所1处，党员活动室1处，农家书屋1个，文化活动室1个。2014年末全村农村最低生活保障户数92户，371人，农村五保供养3人，农村医疗救助345人次。社会事业方面，适龄儿童入学率达到100%；新型合作医疗参保率达到98%。

0149 翟家所乡塬坪村

简　　介：翟家所乡塬坪村位于翟家所乡东北位置，距乡政府所在地14公里，全村辖9个村组，462户，2067人。全村流域面积25111.5亩，耕地面积8051.5亩，有劳动力1140人。现有党员43名，其中女党员3名。针对杜湾至塬坪道路等级低，出行难的问题，今年采取"社会各界捐一点、施工企业垫一点、乡政府筹一点"的筹资方式，启动建设杜湾至塬坪道路及高填土钢管涵建设工程，杜湾至塬坪道路及高填土钢管涵建设工程的实施解决了塬坪、杜湾两村以及周边八里、平头、老君3乡两万多人的生产生活问题，也解决了2000多名学生行路难的问题，为促进群众增收产业的发展奠定了坚实基础。

0150 白草塬乡二百户村

简　　介：白草塬乡二百户村辖西淌社、刘岭社、四百户社、北社、南社、二塬社共6个社，453户，2091人。全村党支部共有党员33人，其中女1人，35岁以下13人，30岁到60岁11人，60岁以上9人，本科生2人，大中专16人，初中及以下15人。全村以种植、养殖业为主，有耕地面积 5445 亩，其中水地占 4354 亩，有泵房 3 座，支渠 10 公里，村址 1 处，小学 1 所。

0151 韩家集乡袁家咀村

简　　介：韩家集乡袁家咀村位于韩家集乡东部 7 公里处，韩八公路穿村而过，全村流域面积 26.7 平方公里，全村共辖赵曲、中湾、列胡、东韩湾、郭岔、西湾、小岔、陈岔、贾沟、山沟等 10 个村民小组，423 户，2072 人，其中男性 1180 人，女性 892 人。有党员 48 人，其中女党员 4 人，35 岁以下 10 人，36~45 岁 4 人，46~54 岁 11 人，55~59 岁 3 人，60 岁以上 20 人，农户居住分散。全村种植业以全膜玉米为主，目前在大力发展养殖业。全村现有耕地面积 12109 亩，退耕还林 8359 亩，荒山造林 3050 亩，水窖 1392 眼。2014 年种植全膜玉米 6444 亩，紫花苜蓿种植面积 8721 亩。有文化活动场所 1 处，党员活动室 1 处，农家书屋 1 个，文化活动室 1 个。

0152 大沟乡郭家庄村

简　　介：大沟乡郭家庄村位于大沟乡东南部，全村辖 4 个村民小组，246 户，1110 人，其中贫困户 195 户，880 人。多年平均气温 8-10℃，年最高气温 33℃，年最低气温零下 20℃。全村耕地面积 5652 亩，其中农作物面积 5642 亩，经济作物面积 10 余亩。该村产业以种植业和养殖业为主，经济收入主要为种养业和劳务输出，经济作物以洋芋、玉米为主，全村目前牛饲养量 8 头，羊 500 只左右，猪 300 头，鸡 2000 只。有规模养殖户 4 户；人均纯收入 2100 元；农家书屋 1 处。小学 1 所，在校学生 7 人，专任教师 3 人。

0153 汉家岔乡杨家山村

简　　介：汉家岔乡杨家山村位于汉家岔乡东南方向，地势开阔，地形以川台地和塬地为主。辖有上庄等 7 个村民小组，辖区总人口 2122 人，其中男 1050 人，女 1060 人。辖区东西最大距离 11 千米，南北最大距离 6.5 千米，总面积 31 平方千米。多年平均气温 6.7℃，年最高气温 31℃，年最低气温 −21.2℃；年平均降水量 430 毫米，年平均蒸发量 2300 毫米。全村耕地面积 9430 亩，人均 5.1 亩。粮食作物以小麦、玉米、洋芋为主，经济作物以黑瓜籽、油料、蔬菜、瓜类为主。全村目前牛饲养量 10 头，羊 1100 只，猪 600 头，鸡 2200 只。有规模养殖户 1 户，人均纯收入达到 2300 元。有文化活动场所 1 处，党员活动室 1 处，农家书屋 1 个，文化活动室 1 个。有小学 1 所，在校学生 2 人，专任教师 1 人。

0154 头寨子镇老鸦沟村

简　　介：头寨子镇老鸦沟村位于头寨镇西北方向，地势开阔，地形以山地为主。辖有上湾社、下湾社等 5 个村民小组，辖区总人口 1321 人，其中男 720 人，女 601 人。辖区东西最大距离 5 千米，南北最大距离 2 千米，总面积 5.2 平方千米。多年平均气温 11℃，年最高气温 30℃，年最低气温 −20℃；年平均降水量 220 毫米，年平均蒸发量 180 毫米。全村耕地面积 5990 亩，人均 5.3 亩。粮食作物以小麦、玉米、洋芋为主，经济作物以黑瓜籽、瓜类为主。全村目前牛饲养量 1 头，羊 1120 只，猪 302 头，鸡 10000 只。有规模养殖户 3 户，人均纯收入达到 3965 元。党员活动室 1 处，有小学 1 所，在校学生 5 人，专任教师 1 人。

0155 郭城驿镇郭城驿村

简　　介：郭城驿镇郭城驿村位于镇政府南行 1 公里，地势开阔，地形以川台地为主。辖有堡子、南坪、吉坪、北坪、树王、南社、北社等7个村民小组，辖区总人口3890人，其中男2090人，女1800人。辖区东西最大距离4.9千米，南北最大距离5.2千米，总面积26平方千米。多年平均气温6-9℃，年最高气温30℃，年最低气温-12℃；年平均降水量430.5毫米，年平均蒸发量1559.3毫米。全村耕地面积8900亩，人均2.28亩。粮食作物以小麦、玉米、洋芋为主，经济作物以果树、沙田西瓜、仔瓜、蔬菜为主。全村目前牛饲养量120头，羊6500只，猪4000头，鸡2200只。有规模养殖户43户。有党员活动室1处，农家书屋1个。农村医疗救助640人次。有郭城驿小学1所，在校学生536人，专任教师50人，郭城初中1所，在校学生1340人，专任教师75人。

0156 党家岘乡毛坪村

简　　介：党家岘乡毛坪村位于党家岘乡东南部，南靠梁河村，北与杨集乡相邻，耕地面积5840亩，农业人口1158人，住户255户。毛坪村现有7个村民小组，分别为毛坪、张坪、山洼、滕刘、树湾、回沟、大湾。村内共有小学1所，村卫生室1处，村医1名。毛坪村委会位于张坪社，两委班子成员4人，社长7名，村计划生育自管小组长7名。村址建设在2009年完成，现有党员活动室1间，计划生育工作室1处，支部办公室、村委会办公室1处。在加强基层阵地建设的同时，村党支部紧紧围绕乡党委工作安排，大抓村级组织建设，现全村有党员27名，其中女党员1名。

0157 白草塬乡总堡村

简　　介：白草塬乡总堡村辖一社、二社、三社、四社、五社、咀头社、上堡社、蒉庄社、油坊社共9个社，640户，3094人，党员46人。有耕地8200亩，其中水地7300亩，旱地900亩。泵房4座，支渠4条，共21公里。村址1处，小学1所。

0158 甘沟驿镇甘沟驿村

简　　介：甘沟驿镇甘沟驿村位于会宁县甘沟驿镇中部，地势开阔，属水川区。辖有甘沟驿村一社、二社、三社和范坪4个村民小组，辖区总人口1901人，其中劳动力1236人。辖区总面积19898亩。其中水浇地3919亩，退耕还林1896亩，还草4306亩，天然林2690亩。海拔1800~2000米，自然条件比较优越。粮食作物以小麦、玉米、洋芋为主。全村目前牛饲养量326头，羊856只，猪650头，鸡1.5万只。有规模养殖户35户，蔬菜塑料大棚7座，有文化活动场所1处，党员活动室1处，农家书屋1个，文化活动室1个。

0159 汉家岔乡南湾村

简　　介：汉家岔乡南湾村位于汉岔乡东北方向，地势开阔，地形以川台地和山地为主。辖有朱梁、上去、咀头、庙川、南湾、散岔、关同岘等7个村民小组，辖区总人口1343人，其中男653人，女690人。辖区东西最大距离10千米，南北最大距离6千米，总面积60平方千米。多年平均气温18℃，年最高气温33℃，年最低气温-15℃；年平均降水量300毫米，年平均蒸发量450毫米。全村耕地面积6550亩，人均5亩。粮食作物以小麦、玉米、洋芋为主，经济作物以黑瓜籽、油料、蔬菜、瓜类为主。全村目前牛饲养量50头，羊500只，猪270头，鸡600只。有规模养殖户4户。人均纯收入达到2700元。有文化活动场所1处，党员活动室1处，农家书屋1个，文化活动室1个。农村医疗救助28人次。有小学1所，在校学生28人，专任教师 8 人。

0160 会师镇东河村

简　　介：会师镇东河村位于会师镇东部，地势开阔，地形以梯田为主。下辖有三里铺、七里铺、东花坪、唐川、武下、前山、冯湾、孙岔等 8 个村民小组，辖区总人口 2460 人，其中男 1020 人，女 1440 人。辖区东西最大距离 10 千米，总面积 30 平方千米。多年平均气温 8℃，年最高气温 35 ℃，年最低气温 −25℃；年平均降水量 410 毫米，年平均蒸发量 1510 毫米。全村耕地面积 5300 亩，人均 6 亩。粮食作物以小麦、玉米、洋芋、紫花苜蓿为主，其中粮食面积 5300 亩（小麦 300 亩，全膜玉米 2900 亩，洋芋 2000 亩），紫花苜蓿种植面积 3000 亩。经济作物以油菜、蔬菜、瓜类为主。全村目前牛饲养量 60 头，羊 1200 只，猪 50 头，鸡 12000 只。有规模养殖户 2 户，人均纯收入达到 2600 元。有文化活动场所 1 处，党员活动室 1 处，农家书屋 1 个，文化活动室 1 个。有小学 1 所，现已撤销。

0161 新庄乡巩昌卫村

简　　介：新庄乡巩昌卫村处于会宁县东部，距县城以北 88 公里处，属典型的干旱贫困山塬村，全村辖巩昌、阴坡、阳坡、欧窝、霍塬 5 个村民小组，304 户，1625 人，其中劳动力 1073 人。总流域面积 21.3 平方公里，耕地面积 10600 亩，海拔 1890 米，无地表水，无地下水，年降雨量 200mm 左右，年蒸发量 1800mm。农业种植以全膜玉米、马铃薯为主，夏秋粮种植比达到 1∶9；同时大力发展养殖业和劳务输出。

0162 八里湾乡苟家川村

简　　介：八里湾乡苟家川村位于乡政府东北方向，地势开阔，地形以川台地和塬地为主。辖有张埂、中庄、马咀、掌里、苟川、散岔、西湾、阳岔等 8 个村民小组，辖区总人口 1289 人。辖区东西最大距离 2.5 千米，南北最大距离 9 千米，总面积 12.5 平方千米。多年平均气温 6.4℃，年最高气温 33.5℃，年最低气温 −16℃；年平均降水量 400 毫米，年平均蒸发量 1720 毫米。全村耕地面积 6587 亩，人均 5.1 亩。粮食作物以小麦、玉米、洋芋为主，经济作物以黑瓜籽、油料、蔬菜、瓜类为主。全村目前牛饲养量 95 头，羊 1250 只，猪 521 头，鸡 3210 只。有规模养殖户，2 户。人均纯收入达到 3650 元。有文化活动场所 1 处，党员活动室 1 处，农家书屋 1 个，文化活动室 1 个。有小学 1 所，在校学生 30 人，专任教师 5 人。

0163 柴家门乡宝川岔村

简　　介：柴家门乡宝川岔村紧邻县城东郊，有 6 个村民小组，共 387 户，1980 人。全村总流域面积 24 平方公里，耕地面积 9800 亩，退耕还草 513 亩，退耕还林 1400 亩，粮播面积 9176 亩。农作物以小麦、玉米、洋芋、荞麦为主。2012 年种植小麦 450 亩，全膜双垄沟播玉米 5600 亩，洋芋 800 亩，养殖业以蛋鸡、生猪、肉羊、肉牛为主，肉羊存栏 500 只，肉牛存栏 200 头。

0164 白草塬乡景家庄村

简　　介：白草塬乡景家庄村位于白草塬乡东北部，总流域面积 29 平方公里，属高扬程黄灌区。全村现辖 13 个村民小组，849 户，4208 人，现有耕地面积 11886 亩，其中水浇地 8967 亩，旱地 2919 亩，有发展水浇地潜力的旱地 1014 亩；村内支渠 20.4 公里；有小十泵站 1 座已完成改造（各社详细情况附后）。村内现有小学生 356 人，中学生 318

人，高中生180人，在校大中专院校80人，大中专院校毕业且未就业55人。全村劳动力2769人，其中男劳动力1436人，女劳动力1333人；村党支部现有党员90人，其中男党员78人，女党员12人；大学本科文化程度3人，大学专科文化程度6人，高中、中专文化程度18人，初中及以下文化程度63人；35周岁以下23人，36~59周岁41人，60岁以上26人。近年来，经过合理调整产业结构，种植以马铃薯、玉米为主，2013年底，种植马铃薯3600亩，玉米2500亩，全村羊饲养量8000只以上，猪饲养量达1200头以上，现有规模养羊户34户，880只，规模养猪户2户，100头，规模养鸡户1户，10000只；实现输转劳务760人。

0165 河畔镇半岔村

简　　介：河畔镇半岔村位于河畔镇东南方向，属于旱山塬区。辖有8个村民小组，辖区总人口1530人，多年平均气温9℃，年最高气温33℃，年最低气温-17℃；年平均降水量250毫米，年平均蒸发量210毫米。海拔高度1500米左右。全村耕地面积8500亩，人均5亩。粮食作物以、玉米、洋芋为主，经济作物以黑瓜籽、油料、瓜类为主。全村目前牛饲养量4头，羊3200只，猪1200头。有规模养殖户2户，蔬菜日光温室1座，面积达10亩。人均纯收入达到3700元。有党员活动室1处，农家书屋1个。村"两委"班子共有8名成员，大专文化程度以上1名，高中文化程度3名，平均年龄45岁。

0166 丁家沟乡梁庄村

简　　介：丁家沟乡梁庄村位于乡政府西北部，南邻荔峡村，北接会师镇，东连金滩村。海拔在1750~2500米之间，平均气温6~7℃，年降雨量350毫米左右。全村共辖梁庄、咀头、沟滩、张沟、魏沟、吴川、李川7个村民小组，383户，1724人，全村共有党员40名，女党员4名。劳务输出480人，耕地面积8878亩，人均5.1亩，其中旱川地800亩，梯田5400亩。村内有六年制小学1所，在校学生8人，专任教师5人。村文化活动场所1处，党员活动室1处，农家书屋1个，村卫生室1个。梁庄村经济收入以农业为主，全村种植冬小麦、马铃薯、玉米等小杂粮，冬小麦1600亩，年产量1.6万公斤，全膜双垄沟播玉米面积1700亩，年产量68万公斤，马铃薯1400亩以上，年产量14万公斤；副业及养殖业为辅助经济收入。紫花苜蓿留床面积850亩，天然草原面积6480亩，其中10亩以上种草面积18户。牛饲养量达到320头，羊饲养量达到550只。

0167 丁家沟乡马家岔村

简　　介：丁家沟乡马家岔村位于丁沟乡西南边缘，紧邻通渭县华家岭乡，距乡政府驻地10公里。全村共辖9个村民小组（马岔、赵岔、蛮岔、大湾、小湾、马连、马河、马湾、闫山），492户，2432人，党员48名，其中大专以上学历2名。村内有六年制小学1所，在校学生117人，专任教师10人。党员活动室1处，农家书屋1个，村卫生室1个。耕地10766亩，其中梯田4000亩，占总耕地的37%。紫花苜蓿留床面积1380亩，天然草原面积6900亩。牛饲养量202头，羊饲养量425只，猪饲养量700头。劳务输出816人。全村地处华家岭林带北麓属二阴山区地带，海拔在1800~2500米之间，平均气温5~6℃，年降雨量8750px左右，村域的主导产业以种草业为主，2013年人均收入3810元，居全乡中等水平。

0168 甘沟驿镇东岔村

简　　介：甘沟驿镇东岔村位于甘沟驿镇东南 30 公里处，全村共辖马莲、边湾等 9 个村民小组，辖区总人口 402 户，1513 人。流域面积面积 2100 公顷，有耕地 11813.2 亩，人均 7.8 亩，土地贫瘠经济落后，属旱山塬区贫困村。全村现有水窖 420 眼，梯田 3000 亩退耕还林 1183 亩，年种植全膜玉米 2600 亩。饲草种植面积 3000 亩，规模养殖户 2 户。粮食作物以玉米、洋芋为主，经济作物以玉米为主，人均纯收入达到 2800 元。多年平均气温 8℃，年最高气温 34℃，年最低气温 -17℃；年平均降水量 340 毫米，年平均蒸发量 1800 毫米。有村委会 1 处，农家书屋 1 个，文化活动室 1 个，村卫生室 1 个。

0169 四房吴乡大南岔村

简　　介：四房吴乡大南岔村位于四房吴乡东部，距乡政府驻地 8 公里。全村辖 7 个村民小组，265 户，2338 人。总流域面积为 32.5 平方公里，有耕地 11020 亩，其中机修梯田和沟坝地面积为 8560 亩。有村级小学 1 所，在校学生 137 人，教师 11 人。

0170 甘沟驿镇大窑村

简　　介：甘沟驿镇大窑村位于甘沟驿镇北面，地势开阔，地形以川台地和塬地为主。国道 207 线穿境而过，辖有大窑、张坪等 7 个村民小组，辖区总人口 1663 人，其中男 813 人，女 850 人，劳动力 647 人。辖区东西最大距离 10 千米，南北最大距离 8 千米，总面积 72 平方千米。多年平均气温 8℃，年最高气温 35℃，年最低气温 -17℃；年平均降水量 340 毫米，年平均蒸发量 1800 毫米。全村耕地面积 8220 亩，人均 4.9 亩。粮食作物以小麦、玉米、马铃薯为主，经济作物以马铃薯、胡麻为主。全村目前牛饲养量 30 头，羊 4300 只，猪 2860 头，鸡 380 只。有规模养殖户 6 户，面积达 25 亩。人均纯收入达到 4600 元。有文化活动场所 1 处，党员活动室 1 处，农家书屋 1 个，文化活动室 1 个。2014 年末全村农村最低生活保障户数 69 户，296 人。有小学 1 所，在校学生 38 人，专任教师 9 人。

0171 韩家集乡云台山村

简　　介：韩家集乡云台山村云台村位于乡政府西部，距离乡政府 12 公里，距离县城 47 公里，甘韩公路穿村而过，交通相对便利。全村辖大李、杨曲、菜科、佛店、窑儿、庙湾、老庄、陈曲、李湾、东坡、李曲等 11 个村民小组，有农户 649 户，2835 人，其中男 1350 人，女 1485 人。有党员 87 人。全村耕地面积 15305 亩，退耕还林 9412.3 亩。云台村耕地类型为山川相加，山川地面积相当，退耕还林面积大，自然条件相对较好，年平均降雨量 200 毫米。种植业以全膜玉米为主，近年来大力发展养殖业，全村人民生活水平显著提升。2014 年，全村全膜玉米种植面积达到 8280 亩，马铃薯种植面积达到 4880 亩。有文化活动场所 1 处，党员活动室 1 处，农家书屋 1 个，文化活动室 1 个。有小学 1 所，在校学生 47 人，专任教师 13 人。

0172 丁家沟乡慢湾村

简　　介：丁家沟乡慢湾村位于丁家沟乡西南部，海拔在 1789-2500 米之间，平均气温 6-7℃。年降雨量 350 毫米左右。会慢公路穿村而过，全村辖 10 个村民小组，共 449 户，2032 人，其中劳动力 1020 人，耕地面积 8889 亩，人均 4.8 亩。村内有六年制小学 1 所，两年制教学点 1 个，在校学生 104 人，专任教师 13 人。村文化活动场所 1 处，党员活动室 1 处，农家书屋 1 个，文化活动室1个，村卫生室1个。2014年末全村农村最低生活保障户数131户，430人，农村五保供养8人。本村经济收入以农业为主，种植以冬小麦、马铃薯和玉米等小杂粮。全村养殖情况，牛饲养量达到380头，羊饲养量550只，有养殖专业合作社1个。慢湾村发展种草造林独特条件和优势，以五台山百亩户为示范，种草面积达2000亩。2013人均纯收入为种植业3830元，居全乡中等水平。2014年投资25万元新建了慢湾村村址，占地面积1000平米。

0173 中川乡老鸦岔村

简　　介：中川乡老鸦岔村是中川乡六个山区村之一，位于会宁县城以南28公里处，距乡政府5公里。全村有7个村民小组，276户，1198人，耕地面积6410亩，其中山地4990亩，机整梯田3000亩，退耕还草81.7亩。2013年全村农民人均收入4130元，较上年增长12.8%。村党支部，共有党员42名。近年来，老鸦村以双联行动为载体，理清发展思路，调整产业结构，完善基础设施，实现了全村经济社会的快速发展。

0174 新添堡回族乡三岔村

简　　介：新添堡回族乡三岔村属新添堡回族乡管辖的行政村之一，是一个纯回民村。全村共辖北村、岔口、堡子、安湾4个村社，226户，1069人，总耕地面积6284亩，上年人均纯收入2700元，属半干旱温凉区，年均降水量421.2毫米，该村产业以种植、畜禽养殖和劳务输出为主。上年有515人参加新型农村合作医疗，286人参加了农村养老保险。村"两委"始终把经济发展当作头等大事来抓，持续优化产业结构，逐步形成了种植业、养殖业和劳务输出三大支柱产业。种植业以全膜双垄沟播玉米为主，年均推广

全膜双垄沟播玉米2600亩以上。目前，全村肉牛饲养量达到560头，肉羊饲养量达到1200只。全村现有农村低保人口47户，179人，一级残疾1人。全村养老保险参保率达到95%以上，新农合参合率达98%以上，合作医疗报销比例达到70%以上，基本解决了农民群众看病难、看病贵的问题。

0175 郭城驿镇腰井村

简　　介：郭城驿镇腰井村位于郭城驿镇东北方向，地势开阔，地形以旱山塬地为主。辖有腰井、韩口、焦河3个村民小组，辖区总人口1380人，其中男700人，女680人。辖区东西最大距离13千米，南北最大距离6千米，总面积78平方千米。多年平均气温10℃，年最高气温38℃，年最低气温－15℃；年平均降水量150毫米，年平均蒸发量200毫米。全村耕地面积7500亩，人均5.4亩。粮食作物以瓜类、玉米、马铃薯为主，经济作物以黑瓜籽、瓜类为主。全村目前饲养羊1500只，猪700头，鸡1000只。有规模养殖户3户，人均纯收入达到5000元。有文化活动场所1处，党员活动室1处，农家书屋1个，文化活动室1个。

0176 八里湾乡富家岔村

简　　介：八里湾乡富家岔村位于八里湾乡（镇）正南方向，地势狭长，地形以山地为主。辖有田家湾、富岔、新坪、大涝池、半岔、丰下川、马湾、三湾等8个村民小组，辖区总人口1240人，其中男634人，女606人。总面积9平方千米。多年平均气温6.4℃，年最高气温33.5℃，年最低气温－16℃；年平均降水量450毫米，年平均蒸发量1700毫米。全村耕地面积7193亩，人均5.8亩。粮食作物以小麦、玉米、洋芋为主，经济作物以药材、大豆类为主。羊1105只，猪606

头，鸡 2850 只，有规模养殖户 2 户，人均纯收入达到 3204 元。有文化活动场所 1 处，党员活动室 1 处，农家书屋 1 个，文化活动室 1 个。

0177　郭城驿镇黑虎岔村

简　介：郭城驿镇黑虎岔村位于郭城驿镇东北方向，地势开阔，地形以川台地和塬地为主。辖有 4 个村民小组，辖区总人口 2208 人，其中男 1000 人，女 1208 人。辖区东西最大距离 4 千米，南北最大距离 6.5 千米，总面积 26 平方千米。多年平均气温 16℃，年最高气温 38℃，年最低气温 -15℃；年平均降水量 150 毫米，年平均蒸发量 130 毫米。全村耕地面积 9880 亩，人均 4.5 亩。粮食作物以小麦、玉米、洋芋为主，经济作物以黑瓜籽、油料、蔬菜、瓜类为主。全村目前羊 8000 只，猪 1200 头，鸡 3000 只。有规模养殖户 10 户，塑料大棚 2 座，面积达 2 亩。人均纯收入达到 5500 元。有文化活动场所 1 处，农家书屋 1 个，文化活动室 1 个。有小学 1 所，在校学生 43 人，专任教师 11 人。

0178　新塬乡上塬村

简　介：新塬乡上塬村位于新塬乡东北，距政府所在地 2 公里，平均海拔 2180 米，流域面积 24.9 平方公里；耕地 9123 亩，其中：水平梯田 2000 亩，山塬地 1910 亩，山坡地 5213 亩；现有 4 个村民小组，农业户 264 户，人口 1231 人，劳动力 675 人；全村共有农村党员 40 名；外出务工 113 人，其中有组织输出 43 人。人均纯收入 2580 元。农村合作医疗参合率 96%，新型农村养老保险参保率 96%，人口计生率 80%。粮播面积 6277.5 亩，夏粮面积 2462 亩，秋粮面积 3815.5 亩；全膜覆盖面积 2200 亩，其中，玉米种植 1080 亩，洋芋 600 亩，豆类 520 亩。油料 500 亩。现有退耕还林 789.5 亩，牧草种植 2450 亩，其中：退耕还林套种 394 亩，保留天然草原面积 11937 亩，林改面积 6376 亩。农作物以玉米、洋芋为主，油料作物以胡麻为主；养殖业以养羊为主。

0179　大沟乡韩家岔村

简　介：大沟乡韩家岔村位于大沟乡北部，地形以山地为主，与孟窑、刘沟村、宋坪村相邻，辖内有曹咀、路山、西坡、东坡、韩岔、堡子、页山、候、庙川共 9 个村民小组，共 470 户，2265 人，其中男 1165 人，女 1100 人。辖内东西最大距离 10 千米，南北最大距离 15 千米，全村总面积 28 平方千米，平均海拔 1800 米，年平均降水量 380 毫米，平均蒸发量 1600 毫米。全村耕地面积 10642 亩，人均 4.7 亩。粮食作物以荞麦，糜，谷类为主，经济作物以蔬菜，洋芋，玉米等为主。全村目前羊饲养量 3000 只，猪 660 头，鸡 5000 只。

0180　刘家寨子乡李家寨子村

简　介：刘家寨子乡李家寨子村是乡政府驻地，东靠刘寨街道，西接二塬村，北连陈庄村，南临刘寨村，全村有 7 个村民小组（分别是：李寨、上后川、后川、北庄、东塬曲岔、下川）。全村总户数 368 户，总人口 1584 人，有劳动力 828 人。耕地面积 10800 亩，全村农作物以小麦、玉米、洋芋为主。近年来，全村积极发展养殖业，以生猪、肉羊为主，现生猪存栏 550 头，肉羊存栏 3100 只。

0181　中川乡化合村

简　介：中川乡化合村是中川乡六个山区村之一，位于会宁县城以南 29 公里处，距乡政府 6 公里。全村有 6 个村民小组，196 户，918 人，劳动力 530 人，耕地面积 4542 亩，其中机整梯田 4378 亩，退耕还草 484.9 亩。

2013年全村农民人均收入4116元，较上年增长12.8%。村党支部，共有党员38名。近年来，化合村以双联行动为载体，理清发展思路，调整产业结构，完善基础设施，实现了全村经济社会的快速发展。

0182 老君坡乡高石崖村

简　　介：老君坡乡高石崖村地处二阴山区，全村辖庄坪、小沟、沈湾、高石等4个村民小组，共有农户202户，人口1103人，中共党员33人，入党积极分子1名。粮食作物以小麦、玉米、洋芋为主，确保种植收入达到农民收入的30%以上。经济作物以药材、草蓄、蔬菜为主。近年来草蓄产业发展尤为突出，大大增加村民经济收入。耕地面积5680.6亩，梯田3235亩，参加新型合作医疗1098人，参加养老保险786人。全村已全面实施整村推进，共养牛368头，养猪250头，养羊121只；全村共有水窖262眼，卫生改厕50座。

0183 韩家集乡苟岘村

简　　介：韩家集乡苟岘村位于韩家集乡西南部，距离乡政府2公里，交通相对便利，全村共辖西湾、苟岘、韩岔、眼突山、堡子、高岔、上曲、中庄、唐河等9个村民小组，504户，2548人，其中男1199人，女1349人，有劳动力1347人。全村现有耕地面积11909亩，退耕还林8231.5亩，种植业以全膜玉米和马铃薯为主，经济类作物为油料，养殖业以养牛、养羊为主。有党员活动室1处，农家书屋1个，文化活动室1个。

0184 大沟乡新坪村

简　　介：大沟乡新坪村位于大沟乡北部，全村辖7个村民小组，389户，1681人，其中贫困户24户，130人。多年平均气温18℃年最高气温38℃，年最低气温零下20℃。全村耕地面积9076亩，其中农作物面积1560亩，经济作物面积6100余亩。该村产业以种植业和养殖业为主，经济收入主要为种养业和劳务输出，经济作物以洋芋、玉米为主，全村目前牛饲养量80头，养4200只，猪450头，鸡3890只。有规模养殖户22户；文化活动场所1处，农家书屋1处，老人日间照料中心1处。小学1所，在校学生15人，专任教师2人。

0185 头寨子镇坪岔村

简　　介：头寨子镇坪岔村位于头寨子镇乡西北方向，地势开阔，地形以川台地和塬地为主。辖有李家山、颗粒台等5个村民小组，辖区总人口1030人，其中男530人，女500人。辖区东西最大距离10千米，南北最大距离9千米，总面积90平方千米。多年平均气温7℃，年最高气温32℃，年最低气温-20℃；年平均降水量28毫米，年平均蒸发量20毫米。全村耕地面积9680亩，人均7.7亩。粮食作物以小麦、玉米、洋芋为主，经济作物以中药材，胡麻为主。全村目前羊5000只，猪300头，鸡1000只。

0186 侯家川乡下川村

简　　介：侯家川乡下川村位于会宁县侯家川乡北部，属渭河流域，总流域面积为14.8平方公里，全村辖7个社，共有村民358户，1817人。总耕地面积6900亩，其中梯田6100亩。海拔在1800~2000米之间，属会宁南部半湿润气候区，年降雨量500毫米左右，年蒸发量1400毫米。现有村级小学1座，农作物种植以小麦、玉米、马铃薯等作物为主；饲草有紫花苜蓿、红豆草、高粱等，全村以种植业为主。

0187 翟家所乡陈家崖湾村

简　　介：翟家所乡陈家崖湾村地处翟家所乡南部，距乡政府驻地15公里。流域面积24平方公里，有村民小组12个，辖396户，2014人，劳动力1245人。有耕地面积12600亩，其中15度以上坡地2500亩，25度以上坡地2600亩，山地7500亩。共有党员24名，其中女党员2名。近年来，陈湾村村两委对现有主干道进行硬化。尤其是翟所村和王川社至陈湾村址之间的道路拓宽加固硬化。二是利用全村土地多，常驻人口少的特点，调整种养殖业结构，实现多元化种养植，引导农民大规模种植红葱、洋芋、小杂粮、中药材等特色产业和经济作物。

0188 新庄乡杜家岘村

简　　介：新庄乡杜家岘村处于全乡中东部，距县城以北90公里处，属典型的干旱贫困山塬村，全村辖杨沟、杨岘、杜岘、岘子、代峇、罗马、刘沟7个村民小组，273户，1399人，其中劳动力960人。总流域面积24.5平方公里，耕地面积9990亩，其中梯田3200亩，人均2.6亩。自2008年以来，自来水入户230户，入户率达到80%。农业种植以全膜玉米、马铃薯为主，夏秋粮种植比达到1∶9；近两年有效利用退耕还林、还草工程建设，大面积种植籽花苜蓿和玉米秸杆等丰富的饲草资源，大力发展养殖业，充分发挥养殖企业和养殖大户的带动作用，促进全村养殖产业进一步发展；劳务输出也是该村的主要经济收入来源。

0189 平头川乡张家咀村

简　　介：平头川乡张家咀村位于平头川乡西南方向，地势开阔，地形以川台地和山地为主。辖有红岘、姚坪、料湾、雪川、王湾、芦庄、泉头、罗岔8个村民小组，辖区总人口1901人，其中男968人，女933人。辖区东西最大距离4千米，南北最大距离5千米，总面积20平方千米。多年平均气温17℃，年最高气温35℃，年最低气温-12℃；年平均降水量300毫米，年平均蒸发量310毫米。全村耕地面积8550亩，人均4.5亩。粮食作物以小麦、玉米、洋芋为主，经济作物以油料为主。全村目前牛饲养量320头，羊1300只，猪450头，鸡280只。有规模养殖户7户，有文化活动场所1处，党员活动室1处，农家书屋1个，文化活动室1个。有小学1所，在校学生33人，专任教师8人。

0190 韩家集乡袁家坪村

简　　介：韩家集乡袁家坪村位于韩家集乡东部6公里处，全村流域面积32.3平方公里，全村共辖袁坪、沈坪、石湾、董岔、关山、杨湾、杨坪、马岔、罗岔9个村民小组，440户，2251人，其中男性1131人，女性1120人。有耕地11568亩，退耕还林7943.8亩，全村流域面积大，农户居住分散，耕地类型以山坡地为主，属典型的干旱贫困山区。近年来，该村切实加强基础建设，全面推广全膜双垄沟播技术，大力发展草畜产业，加大劳务输出力度，农民收入明显增加。全村现有水窖1415眼，荒山造林4112亩。全村种植全膜玉米6072亩，牛饲养量达到440头，羊饲养量达到5597只，猪达到2709头，鸡饲养量达到3988只。有党员活动室1处，农家书屋1个，文化活动室1个。

0191 会师镇蒲杏村

简　　介：会师镇蒲杏村位于会师镇东南部，距县城15公里，属于山区村。全村共辖6个村民组，287户，1201人，其中劳动力598人。全村总土地面积5842亩，其中耕地面积4582亩，退耕还林1260亩。截止目前，蒲杏村所有村民组已正常通电并安装了卫星电视和固定电话，全部进行了农网改造。蒲杏村建有学校 1 所，村卫生室 1 所。蒲杏村现有正式党员 33 名，其中女党员 3 名，入党积极分子 2 名。60 岁以上农村籍退役士兵 3 人。

0192 翟家所乡夏阳村

简　　介：翟家所乡夏阳村位于会宁县城东南 13 公里处，平定高速公路和 312 国道穿行而过，西兰乌光缆通信过境，交通便利，信息畅通，区位优势明显。全村辖 10 个村民小组，574 户，2622 人，党员 54 名，其中女党员 3 名。近年来，夏阳村始终坚持"依托双联行动，强化基础设施，发展主导产业，增加农民收入"的总体思路，在乡党委、乡政府的坚强领导和联村单位的大力帮扶下，各项工作进展比较顺利。今年新扶持养殖户 5 户，带动发展全村养殖业，使牛饲养量达到 1440 头，羊 7472 只，猪 2090 头，鸡 7600 只，每年推广全膜种植 3900 亩，每年输转农村富余劳动力 400 人次以上，每年完成科技培训 500 人以上。

0193 柴家门乡冯严村

简　　介：柴家门乡冯严村位于乡政府以东 15 公里处，距会宁县城 10 公里，共有 9 个村民小组，405 户，2021 人，有劳动力 1200 多人。全村总流域面积 29.7 平方公里，耕地面积 19786 亩（人均耕地面积 9.8 亩），梯田面积 15000 亩（人均梯田达到 7 亩以上），退耕还草 2180 亩，退耕还林 701 亩，粮播面积 14200 亩（人均 7 亩），属典型的旱山塬村。农作物以小麦、玉米、洋芋、荞麦为主，2012 年种植小麦 900 亩，全膜双垄沟播玉米 4200 亩，洋芋 3100 亩，荞麦 2600 亩。养殖业以生猪、肉羊、肉牛为主，现生猪存栏 500 头，肉羊存栏 2000 只，肉牛存栏 120 头。人畜饮水主要靠雨水集流，水窖存储为主，全村现有水窖 1030 眼，户均已达到 2.5 眼。

0194 八里湾乡复兴村

简　　介：八里湾乡复兴村位于八里湾乡西南方向，地势开阔，地形以川台地和塬地为主。辖有马湾、大庄等 7 个村民小组，辖区总人口 1464 人，其中男 778 人，女 686 人。辖区东西最大距离 2.5 千米，南北最大距离 2 千米。多年平均气温 9℃，年最高气温 28℃，年最低气温 -16℃；年平均降水量 200 毫米，年平均蒸发量 350 毫米。全村耕地面积 7416 亩，人均 5.1 亩。粮食作物以小麦、玉米、洋芋为主，经济作物以玉米、洋芋、杂粮为主。全村目前牛饲养量 24 头，羊 200 只，猪 290 头，鸡 30 只。有规模养殖户 3 户。有文化活动场所 1 处，党员活动室 1 处，农家书屋 1 个，文化活动室 1 个。有小学 1 所，在校学生 5 人，专任教师 2 人。

0195 四房吴乡刘家湾村

简　　介：四房吴乡刘家湾村位于四房吴乡中北部，全村辖 7 个村民小组，454 户，2196 人。总流域面积为 30.9 平方公里，有耕地 12050 亩，其中机修梯田和沟坝地面积为 8000 亩。有村级小学 1 所，在校学生 120 人、教师 13 人。全村有党员 46 名，其中男 39 名，女 7 名。

0196 韩家集乡韩家集村

简　　介：韩家集乡韩家集村地处乡政府驻地，是全乡政治经济文化中心，连接八里、甘沟的县乡公路与正在建设的河蒿公路在此交汇，交通相对便利。全村共辖红湾、大湾、韩湾、曹咀、大坑、腰巴、关岔、韩集、耐阳、武坪、阴坡、阳坡等 12 个村民小组，农户 638 户，人口 3325 人，其中男 1463 人，女 1862 人。全村耕地面积 12095 亩，共有退耕还林 7769.4 亩，荒山造林 3804 亩。韩家集村耕地类型为山川相加，以山坡地居多，退耕还林面积大，自然条件相对较好，土壤为黄绵土类和黑垆土类，土体比较均匀，耕层可形成一定的结构，疏松、透气性能好，可蓄一定的水分和肥料，质地适中，土性绵软，耕性良好，有机质含量较少，适应小杂粮等经济作物的生长。年均气温 13℃，年平均降雨量 200 毫米。2014 年，全村全膜玉米种植面积达到 6562 亩，马铃薯种植面积达到 3000 亩。有文化活动场所 1 处，党员活动室 1 处，农家书屋 1 个，文化活动室 1 个。有小学 1 所，在校学生 245 人，专任教师 30 人。

0197 柴家门乡鸡儿嘴村

简　　介：柴家门乡鸡儿嘴村位于县城西部，国道 312 线，平定高速公路贯通该村，交通便利，会宁县农业科技示范园区在这里建设，形成了该村境内的一大亮点，该村辖有 8 个村民小组，共有 666 户，2890 人，党员 60 人，总耕地面积 1.4 万亩，园区建设已征用土地近 4000 亩。

0198 甘沟驿镇田家坪村

简　　介：甘沟驿镇田家坪村位于甘沟驿镇东北部，辖有田岔、商岔等 4 个村民小组，全村 230 户，1100 人。海拔高度 1680 米，年平均降水量 340 毫米，多年平均气温 7.9℃。全村耕地面积 6540 亩，人均 5.9 亩。粮食作物以小麦、玉米、洋芋、谷子为主，经济作物以胡麻为主。全村目前羊饲养量 1690 只，猪 350 头，鸡 4050 只。有专业养殖合作社 7 个。有党员活动室 1 处，农家书屋 1 个，文化活动室 1 个。

0199 杨崖集乡红土坡村

简　　介：杨崖集乡红土坡村位于杨崖集乡中南部，与旧国道 312 线毗邻。现辖红土、韩堡、王岔、夏岔、李岔、老坪、李坪 7 个村民小组，401 户，1850 人。现有村党支部 1 个，党员 42 人，其中女性党员 5 人。村干部 3 人，村党支部委员 3 人，村委会委员 5 人，平均年龄 42 岁。村小学 1 所，村卫生室 1 所。红土村地理位置偏僻，其中红土、韩堡两社地下水位低，水源充足，水质甘甜，适宜于人畜饮水。其余各社水源较深，多以水窖为主。现有耕地总面积 8557.5 亩，其中梯田面积 3000 亩，人均 4.6 亩，粮食作物种植面积 8450 亩，人均占有粮食 250 斤。全村现有退耕还林面积 2380 亩，天然草原面积 5330 亩，荒山造林面积 1140 亩，紫花苜蓿种植面积 3789 亩。2013 年参加新型农村合作医疗 1765 人，参合率 95%，新型农村养老保险 1300 人，参保率 90%。全村有养殖大户 4 户，其中生猪养殖大户有 1 户，养羊大户有 3 户。村内民风淳朴，崇尚科学，群众发展致富的愿望极为迫切。

0200 新塬乡老庄村

简　　介：新塬乡老庄村位于新塬乡东部，地形以山地和丘陵为主。辖有老庄、堡坪等 8 个村民小组，辖区总人口 1820 人，村组干部 12 人，党员 54 人。村流域面积 28.4 平方公里，总耕地面积 10010 亩，25 度坡度下耕地面积 8000 亩，占总耕地面积的 80%。村内有小学 2 所，其中六年制小学 1 所，有教职工 9 名，在校学生 110 人。村卫生室 1 所，村医 1 名。

0201 翟家所乡杜家大湾村

简　　介：翟家所乡杜家大湾村位于会宁县城东南 16 公里处，村政治文化活动中心距翟家所乡政府驻地6公里，交通较为便利，信息相对畅通。自然条件严酷，境内地下水资源匮乏，年降水量为350毫米左右，属半干旱偏旱山区，干旱是主要灾害。全村辖7个村民小组，318户，1388人，有劳动力847人。近年来，杜湾村从实际出发，抢抓机遇，因地制宜，积极调整农业结构，大力发展以全膜玉米和草畜产业，不断加强基础设施建设，加强农业实用技术培训，全面推广全膜双垄沟播技术，农民收入不断增加。全村现有水窖500眼，通组公路达到100%，硬化率达到20%。有退耕还林1992.6亩，荒山造林1567亩，农网改造到户率100%，完成"一池三改"农村户用沼气150户。每年种植全膜玉米4100亩以上，户均达12.8亩。有规模养殖户13户，羊、猪、鸡饲养量分别达到5300只、1980头、5750只。年输转劳动力400多人，劳务收入达到80多万元。

0202　翟家所乡张家岔村

简　　介：翟家所乡张家岔村辖6个村民小组，316户，1351人。村党支部有党员34名，其中女2名，2013年新发展党员5名。该村党支部紧紧围绕创建"五好"村党支部的目标要求，以"五星级党组织"创建活动为契机，在机整梯田、造林绿化等基础设施项目建设中充分发挥战斗堡垒作用，制定发展规划，明确主攻方向，精心组织实施，积极带领群众致富奔小康。2013年，完成全膜玉米种植3000亩；新增紫花苜蓿种植220亩；完成危旧房改造21户；完成"千村万户"绿化工程村屯绿化1个，庭院绿化60户，折合造林面积100亩。

0203　八里湾乡八里湾村

简　　介：八里湾乡八里湾村位于八里湾乡中部，地势开阔，以典型的黄土高原地形为主，沟壑纵横。辖有八里、芦坪、姚湾、毛湾、阳坪、冯去、南湾、年坪、阳后、张岔10个村民小组，辖区总人口2723人，其中男1360人，女1363人。辖区东西最大距离5千米，南北最大距离3千米，总面积24.5平方千米。多年平均气温6.4℃，年最高气温33.5℃，年最低气温－16℃；年平均降水量400毫米，年平均蒸发量1720毫米。全村耕地面积11070亩，人均4.1亩。粮食作物以小麦、玉米、洋芋为主，经济作物以苜蓿、胡麻、中药材、糜子为主。全村目前牛饲养量175头，羊2800只，猪1818头，鸡2200只。有规模养殖户4户。人均纯收入达到3680元。有文化活动场所1处，党员活动室1处，农家书屋1个，文化活动室1个。有小学1所，在校学生312人，专任教师26人。

0204　新添堡回族乡涝池沟村

简　　介：新添堡回族乡涝池沟村是一个回汉杂居村，位于会宁县城南面15公里处，属半干旱温凉区，年均降水量432.7毫米，全村共有4个村民小组，204户，832人。有耕地面积4545亩，其中梯田面积2000亩，有退耕还林1023亩，退耕还草512亩。玉米种植、肉牛养殖和劳务经济是该村的三大支柱产业，2013年农民人均纯收入达到3515元。全村在外务工人员达到500多人，年均创收250万元。全村修通通村土路20.8公里，连年修建整片梯田2000多亩，饮水主要是自家汗窖，基本解决了全村的吃水问题。全村养老保险参保率达到95%以上，新农合参合率达98%以上，合作医疗报销比例达到70%以上，基本解决了农民群众看病难、看病贵的问题。全村现有小学1所，有教职工4人，在校学生仅有30人，学龄儿童入学率达到100%。建成农家书屋1个，藏书达到 3000 多册，为初级教育营造了浓厚的氛围。

0205 柴家门乡小西岔村

简　　介：柴家门乡小西岔村位于会宁县柴家门乡政府以西 20 公里，东靠甘沟镇辽坡村，西接甘沟镇段岔村，北连甘沟镇吉酉村十字社，南邻阳坡村，距会宁县城 33 公里，共有 4 个村民小组，272 户，1226 人。全村总流域面积 21.3 平方公里，耕地面积 10300 亩（人均耕地面积 8.4 亩），梯田面积 1310 亩（人均梯田 1 亩），退耕还草 2300 多亩，退耕还林 3082 亩，农作物以小麦、玉米、洋芋、荞麦为主，2012 年种植小麦 360 亩，全膜双垄沟播玉米 3000 亩，洋芋 1000 亩，荞麦 545 亩。养殖业以肉羊为主，肉羊存栏 1200 只。人畜饮水靠雨水集流，水窖存储为主，全村现有水窖 680 眼，户均已达到 2.5 眼。

0206 侯家川乡古道岔村

简　　介：侯家川乡古道村位于侯家川乡中部，这里群山环抱，风景秀丽。古道村南与侯川村接壤，东和党家岘毗邻，北连芦河村，西靠白顾村，总流域面积为 14.2 平方公里。辖 8 个村民小组，298 户，1643 人，现有耕地 7989 亩，其中梯田 3100 亩，年降雨量 500 毫米左右。农作物以冬小麦、玉米、胡麻、洋芋为主，地下水资源较为丰富，属会宁南部二阴山区。

0207 太平店镇贾家铺村

简　　介：太平店镇贾家铺村位于太平店镇东，地势开阔，地形以山地台地为主。辖有贾铺社、姜川社、陈东社、陈沟社、崖坡社、杨湾社、上社、下社、二阴湾社 9 个村民小组，辖区总人口 2192 人，其中男 1138 人，女 1054 人。辖区东西最大距离 22 千米，南北最大距离 19 千米，总面积 9.6 平方千米。多年平均气温 8℃，年最高气温 36℃，年最低气温 -24℃；年平均降水量 350 毫米，年平均蒸发量 1680 毫米。全村耕地面积 11106 亩，人均 5.06 亩。粮食作物以小麦、玉米、洋芋为主，经济作物以黑瓜籽、油料、蔬菜、瓜类为主。全村目前牛饲养量 680 头，羊 740 只，猪 853 头，鸡 315 只。有规模养殖户 3 户，蔬菜日光温室 1 座，塑料大棚 1 座，面积达 3.6 亩。有文化活动场所 1 处，农家书屋 1 个。

0208 河畔镇冯家堡村

简　　介：河畔镇冯堡村位于河畔镇西南，地势开阔，地形以川地和山地为主。辖有冯北、冯中、冯南、金川、西南、西北、峡门、湾儿 8 个村民小组，共 540 户，辖区总人口 2449 人，其中男 1248 人，女 1201 人。辖区总面积 26 平方千米。多年平均气温 6-9℃，年最高气温 35℃，年最低气温 -17℃；年平均降水量 300 毫米，年平均蒸发量 200 毫米。全村耕地面积 7600 亩，人均 3.1 亩。粮食作物以小麦、玉米、洋芋为主，经济作物以黑瓜籽、油料、蔬菜、瓜果类为主。全村目前牛饲养量 67 头，羊 800 多只，猪 400 多头。有规模养殖户 24 户，塑料大棚 2 座，面积达 1 亩。人均纯收入达到 6450 元。有文化活动场所 1 处，党员活动室 1 处，农家书屋 1 个，文化活动室 1 个。有村幼儿园 1 所，在校学生 15 人，专任教师 3 人。

0209 丁家沟乡荔家峡村

简　　介：丁家沟乡荔家峡村位于丁家沟乡西面。海拔在 1758~2500 米之间，平均气温 6~7℃。年降雨量 350 毫米左右。全村辖 9 个村民小组，全村共 405 户，1697 人，其中，劳动力 960 人，当年劳务输出 329 人。耕地面积9084亩，人均5.3亩，全村退耕还林面积1134亩，天然草6300亩。村内有六年制小学1所，在校学生34人，专任教师14人。荔峡村经济收入以农业为主，全村种植冬小麦、马铃薯、玉米等小杂粮。副业及养殖业为辅助经济收入。有养殖专业合作社2家，全村牛饲养量达到280头，羊饲养量达到1900只。

0210 刘家寨子乡后湾村

简　　介：刘家寨子乡后湾村位于乡政府以北5公里处，是典型的旱川村，东靠海原县，西接刘寨村，北连陈庄村，南临寨柯村。总土地面积19.7平方公里。全村有6个村民小组（分别是庙三、庙中、梁圈、后湾、史梁、前梁）。全村总户数214户，总人口1060人。全村农作物以小麦、玉米、洋芋为主。近年来，全村积极发展养殖业，以生猪、肉羊为主，现生猪存栏500头，肉羊存栏3000只。

0211 大沟乡宋坪村

简　　介：大沟乡宋坪村位于大沟乡中北部，现有宋岔组、张坪组、蒲曲组、邹岔组、丰坪组5个村民小组，325户，1542人，其中男842人，女740人。多年平均气温8-12℃，最高气温34℃，年最低气温-20℃。全村耕地面积6845亩，人均4.44亩。粮食作物以玉米、洋芋为主，全村目前羊饲养量2600只，猪325头，鸡4000只。有规模养殖户1户，人均纯收入2700元。全村共有党员25人，其中女党员2人，60岁以上的老党员18人。农家书屋1个，有小学1所，在校学生52人，专任教师8人。

0212 头寨子镇香林山村

简　　介：头寨子镇香林山村位于头寨镇东部，地势开阔，地形以山地为主。辖有香林、山庄等4个村民小组，辖区总人口1780人，其中男960人，女820人。辖区东西最大距离6千米，南北最大距离6千米，总面积36平方千米。多年平均气温11℃，年最高气温30℃，年最低气温-20℃；年平均降水量220毫米，年平均蒸发量180毫米。全村耕地面积5542亩，人均3.2亩。粮食作物以小麦、豌豆、洋芋为主，经济作物以玉米、胡麻为主。全村目前饲养羊2000只，猪400头，鸡600只。有规模养殖户10户，党员活动室1处，有小学1所，在校学生5人，专任教师3人。

0213 党家岘乡杨家湾村

简　　介：党家岘乡杨家湾村位于党岘乡北部，南靠吕堡村，北与庙儿村相邻，耕地面积9830.11亩，农业人口2396人，住户497户。杨湾村现有12个村民小组。辖区内共有小学1所，村卫生室1处，村医1名。杨湾村位于范湾社，村两委班子成员4人，社长12名，村计划生育自管小组长12名。村址建设在2006年完成，现有党员活动室1间，计划生育工作室1处，支部办公室、村委会办公室1处，农家书屋1处，藏书6000册。在加强基层阵地建设的同时，村党支部紧紧围绕乡党委工作安排，大抓村级组织建设，现全村有党员54名，其中女党员7名，党员队伍不断壮大。近年，全村群众依据市场形式，抢抓经济，跟着政策，抓机遇，谋发展。农业上，以冬小麦、玉米、马铃薯为主，苜蓿面积上升的格局，并形成三合、张岔为主的全膜玉米种植点。养殖上，依托玉米秸秆、苜蓿等原料储存上升的优势，积极发展养羊及能繁母猪。涌现出了大批的养殖大户，其中现猪存栏70头以上的养猪大户1户，因养殖的发展，促进了全村苜蓿种植的发展，现全村紫花苜蓿面积累计为530亩。同时全村积极依托项目建设，带动全村经济发展。近年来，全村累计完成机整梯田 1000 亩，沼气建设 150 户，新修村组道路 1 条，共计 3 公里，同时加大危旧房改造项目建设力度，极大改变了全村的基础设施及农民的人居环境。

0214 柴家门乡阳坡家村

简　　介：柴家门乡阳坡家村位于县城西 30 公里，是典型的城郊旱塬村。全村辖 4 个村民小组，247 户，1106 人，有劳动力 498 人。阳坡村共有耕地面积 4952 亩（人均 4.48 亩），其中粮播面积 4434 亩（粮播面积人均 4 亩，基本梯田 1600 亩，人均梯田 2.3 亩），退耕还林 518 亩，退耕还草 1182.5 亩，宅基地 106 亩，其他用地 27.5 亩。全村农作物以小麦、玉米、洋芋、荞麦为主，2012 年种植小麦 500 亩，全膜双垄沟播玉米 2400 亩，洋芋 1100 亩，荞麦 1100 亩。近年来，全村积极发展养殖业，主要是生猪、肉羊，现生猪存栏 200 头，肉羊存栏 1000 只。

0215 大沟乡通安城村

简　　介：大沟乡通安城村位于大沟乡正南方向，地势开阔，地形以川台地和塬地为主，辖有 6 个村民小组，辖区总人口 2474 人，其中男 1253 人，女 1221 人，辖区东西最大距离 5 千米，南北最大距离 4 千米，总面积 20 平方千米，多年平均气温 18℃，年最高气温 36℃，年最低气温 -20℃，年平均降水量 120 毫米，年平均蒸发量 300 毫米。全村耕地面积 8320 亩，人均 5.7 亩。粮食作物以小麦、玉米、洋芋为主，经济作物以油料为主。全村目前牛饲养量 5 头，羊 1580 只，猪 342 头，鸡 1278 只。人均纯收入达 3100 元，有党员活动室 1 处，农家书屋 1 个。

0216 翟家所乡焦家河村

简　　介：翟家所乡焦家河村位于会宁县城东南 30 公里，翟家所乡政府 10 公里处，桃吊公路穿行而过，交通较为便利。焦河村自然条件严酷，境内地下水资源匮乏，年降水量为 350 毫米左右，属半干旱偏远山区。全村辖 10 个村民小组，560 户，2721 人，劳动力 1480 人。全村流域面积 20 平方公里，基本农田面积 12755.7 亩，耕地基本实现梯田化，天然草原面积 11350 亩。有村组道路 45 公里，农网改造到户率 94%。年种植全膜玉米 5560 亩，户均达 9.9 亩。年种植马铃薯 2600 亩，户均达 4.6 亩。近年来，焦河村紧跟调整优化步伐，逐步改变了单一的种植方式，大力发展玉米、马铃薯、中药材等及核桃树种植，尤其加大了优质牧草种植，主要是紫花苜蓿，并建成 3000 亩以上整流域人工种草，全面实现了种养结合，全村建成专业合作社 18 个，有规模养殖户 117 户，形成了草畜产业规模，不断提高了农民收入。

0217 新庄乡杨赵家村

简　　介：新庄乡杨赵家村地处靖远、会宁、榆中三县交界处，辖 5 个村民小组，306 户，1563 人，劳动力 1032 人。总流域面积 20.2 平方公里，耕地面积 9981 亩。无地表水、无地下水，气候干燥，雨量稀少，年平均降雨量 180 毫米。全村完成自来水入户 5 个村民小组，220 户，入户率达到 70%。农业种植以马铃薯、籽瓜和玉米为主，夏秋粮种植比达到 1:8，全膜种植面积 3295 亩。2013 年，全村农民人均纯收入 3351 元。

0218 翟家所乡六房岔村

简　　介：翟家所乡六房岔村属典型的干旱山区村，流域总面积 36.8 平方公里，平均海拔 1826 米，年降雨量 300 毫米左右，有耕地5592亩。辖7个村民小组，376户，1485人，其中劳动力1010人。村党支部下设党小组7个，有支部委员3人，党员33名。2014年，六房村围绕民生工程主要做了以下几方面的工作。硬化六房村烂山滩至东坡村组道路4.5公里，在六房村实施巩固退耕还林成果基本口粮田建设项目，新修梯田1000亩；安装户户通240户。建立100~500亩全膜种植示范点1个，示范种植核桃40亩，高原夏菜1000亩，支持发展养殖合作社3家。积极创造条件，团市委投资5万元启动改扩建村"两委"办公场所，目前，140平方米的村级办公场所已投入使用。

0219 党家岘乡大寨子村

简　　介：党家岘乡大寨子村位于党岘乡（镇）东南方向，地势开阔，地形以川台地和塬地为主。辖有刘李社、中心社、车谎社、阳坡社、大寨社社5个村民小组，辖区总人口1490人，其中男770人，女720人。辖区东西最大距离25千米，南北最大距离25千米，总面积525平方千米。多年平均气温7℃，年最高气温37℃，年最低气温-12℃；年平均降水量300毫米，年平均蒸发量1800毫米。全村耕地面积10000亩，人均6.7亩。粮食作物以小麦、玉米、洋芋为主，经济作物以黑瓜籽、油料、蔬菜、瓜类为主。全村目前牛饲养量684头，羊800只，猪460头，鸡1680只，有规模养殖户12户。有文化活动场所1处，党员活动室1处，农家书屋1个，文化活动室1个。有小学1所，在校学生48人，专任教师5人。

0220 柴家门乡何家门村

简　　介：柴家门乡何家门村位于乡政府南1公里，距县城13公里，总流域面积25.4平方公里，耕地面积6700亩，其中水浇地3600亩，属黄灌区。有6个村民小组，531户，2320人，其中农村低保户92户，456人；共有党员40名，其中：女党员3名；高中以上文化程度11名；大专以上文化程度4名；党员中的致富能人3名。有规模养殖户3家，农业合作社5家，全村拥有沼气的农户150户。

0221 会师镇范家湾村

简　　介：会师镇范家湾村位于会师镇正南方向，地势较高，地形以山地为主。辖有刘咀、何咀、范湾、何窝、上窝、党咀共6个村民小组，辖区总人口1184人，其中男611人，女573人。辖区总土地面积9760亩。多年平均气温6~9℃，年最高气温31℃，年最低气温-18℃；年平均降水量340毫米，年平均蒸发量1800毫米。全村耕地面积8000余亩，人均7亩。粮食作物以小麦、玉米、洋芋为主，经济作物以油料、药材、蔬菜为主。全村目前牛饲养量100余头，羊饲养量2000多只，猪饲养量300多头，鸡饲养量1800余只。有规模养殖户30户，中药材种植面积100多亩，目前没有蔬菜日光温室和塑料大棚。有文化活动场所1处，党员活动室1处，农家书屋1个，文化活动室1个，群众戏台1座。有小学1所，现已撤销。

0222 杨崖集乡罐子峡村

简　　介：杨崖集乡罐子峡村位于杨集乡东南部，辖沿川、高山、孙峡、罐峡、大战场、芦沟、阳川7个村民小组，295户，1225人，有劳动力802人。通电、通信295户，通电视广播295户。参加新型合作医疗1163人，参合率为95%，参加新型农村社会养老保险507人、参保率96%；全村有耕地面积5469亩，人均4.4亩，其中梯田面积2400亩。有退耕还林2643亩，宜林地207.5亩，未成林地2296.8亩。全村种植小麦1200亩，玉米1082亩，薯类2558亩，油料430亩，人均占有粮食200公斤，全村现有党员47人，入党积极分子3人，有村干部3人；党支部1个，党员49人，其中女党员6人、村党支部委员3人、村委会委员5人；有卫生所1所，村小学1所，村阵地1处。全村312国道横穿罐峡、高山、沿川3个组，交通状况较为便利，村组公路基本畅通。人畜用水以集雨窖水为主，户均1眼水窖。养殖业以羊为主，其中40只以上的规模养殖户10户，大型规模砖厂1处。

0223 汉家岔乡大庄村

简　　介：汉家岔乡大庄村位于汉家岔乡西北方向，地势开阔，地形以川台地和山地为主。辖有大庄、曲子等8个村民小组，辖区总人口1824人，其中男904人，女920人。辖区东西最大距离14千米，南北最大距离12.5千米，总面积175平方千米。多年平均气温7℃，年最高气温28℃，年最低气温-20℃；年平均降水量350毫米，年平均蒸发量1800毫米。全村耕地面积7936亩，人均4.35亩。粮食作物以小麦、玉米、洋芋、扁豆、荞麦等为主，经济作物以黑瓜籽、油料、蔬菜、瓜类为主。全村目前羊5680只，猪500头，鸡1000只。有规模养殖户18户。全村有硬化路12.3公里，有文化活动场所1处，党员活动室1处，农家书屋1个。有小学2所，在校学生5人，专任教师4人。

0224 甘沟驿镇钟家岔村

简　　介：甘沟驿镇钟家岔村位于甘沟驿镇东北4公里处，国道309线穿村而过，全村共辖上中、下中等6个村民小组，辖区总人口319户，1416人。辖区总面积21.687平方千米，有耕地7338亩，人均5.1亩，土地贫瘠经济落后，属旱山塬区贫困村。全村现有水窖460眼，自来水入户率80%，梯田6000亩，退耕还林2389亩，荒山改造2000亩，"一池三改"65户，年种植全膜玉米5300亩。饲草种植面积2300亩，有肉羊养殖小区2处，规模养殖户21户，羊、猪、鸡饲养量分别达到3500只、600只、4000只。粮食作物以玉米、洋芋为主，经济作物以玉米为主，人均纯收入达到7800元。多年平均气温8℃，年最高气温31℃，年最低气温-14℃；年平均降水量340毫米，年平均蒸发量1800毫米。有文化广场1处，党员活动室1处，农家书屋1个，文化活动室1个，村卫生室1个，便民金融服务点1处。有小学1所，在校学生20人，专任教师8人。

0225 河畔镇任王家村

简　　介：河畔镇任王家村位河畔镇东南方向，地势开阔，地形以塬地为主。辖有北塬、南塬等15个村民小组，辖区总人口4055人，其中男2078人，女1977人。辖区东西最大距离8千米，南北最大距离11.5千米，总面积78平方千米。多年平均气温7-8℃，年最高气温33℃，年最低气温-23℃；年平均降水量300毫米，年平均蒸发量1350毫米。全村耕地面积26605亩，人均5.26亩。粮食作物以小麦、玉米、洋芋为主，经济作物以黑瓜籽为主。全村目前羊5000多只，猪1000多头，鸡10000多只。有规模养殖户28户。有党员活动室1处，农家书屋1个，文化活动室1个。

0226 草滩乡殿坪村

简　　介：草滩乡殿坪村位于草滩乡东南面，东与土木乡相邻，西南与河畔乡接壤，山大沟深，地域狭长，距离乡政府约17公里。现有耕地面积8770亩，人均耕地面积6.8亩，年降雨量300毫米左右，年蒸发量高达1600毫米，属于典型的干旱山区。全村收入以种植、养殖、劳务输出为主。共辖花塬、高河、下堡、殿坪、上堡、徐李6个村民小组。共有农户356户，1815人。

0227 新塬乡杨家河坝村

简　　介：新塬乡杨家河坝村位于新塬乡东北部，东与宁夏回族自治区海原县、西吉县接壤，南与老庄村为邻，西连上塬村，北靠刘家寨子乡斜沟村，总流域面积48.6平方公里，辖北湾、后井、菜花等12个社，525户，2508人，村址在西沟社马槽岘。海拔1760~2240米，年平均气温6℃–7.5℃，年平均降水量350毫米，无霜期140天左右。现有耕地面积16594亩，其中，川地1000亩，梯田4000亩，坡地11594亩，荞麦、马铃薯是农民收入的主导产业，村内山大沟深，坡地较多，种植牧草，发展养殖业有着得天独厚的有利条件。

0228 中川乡三条岘村

简　　介：中川乡三条岘村是中川乡六个山区村之一，位于会宁县城以南38公里处，距乡政府15公里。全村有7个村民小组，266户，1257人，劳动力709人，耕地面积6207亩，其中山地5200亩，梯田700亩，人均土地5.2亩。村党支部，共有党员24名。近年来，三岘村以双联行动为载体，理清发展思路，调整产业结构，完善基础设施，实现了全村经济社会的快速发展。

0229 甘沟驿镇修家岔村

简　　介：甘沟驿镇修家岔村位于甘沟镇东部，距场镇5公里，辖区面积5平方公里，耕地面积9103亩，人均5亩，其旱田9103亩，最高海拔1500米，最低海拔350米。辖修北等8个村民小组，共有368户，1520人，男性860人，女性660人。年末人均纯收入3120元。多年平均气温9℃，年最高气温31℃，年最低气温–16℃；年平均降水量340毫米，年平均蒸发量1800毫米。粮食作物以小麦、玉米、洋芋为主。全村目前牛饲养量10头，羊2400只，猪300头，鸡500只。有体育场1处，党员活动室1处，农家书屋1个，文化活动室1个。有小学1所，在校学生5人，专任教师3人。

0230 草滩乡杨家川村

简　　介：草滩乡杨家川村位于草滩乡西南部，为塬中的小谷地，地势相对平坦。共辖曲上、三岔、姚门、杨川4个村民小组，有农户208户，895人。农业用地多为小川地，主要农作物有小麦、豌豆、土豆和荞麦，主要经济作物有籽瓜和玉米，最近几年以半膜籽瓜和全膜玉米收益最好。

0231 中川乡糜岔村

简　　介：中川乡糜岔村是中川乡6个山区村之一，位于会宁县城以南38公里处，距乡政府15公里。全村有4个村民小组，167户，769人，劳动力470人，耕地面积3722亩，其中山地3504亩，机整梯田1000亩，退耕还草110.5亩。村党支部，共有党员18名。近年来，糜岔村以双联行动为载体，理清发展思路，调整产业结构，完善基础设施，实现了全村经济社会的快速发展。

0232 大沟乡张家岖村

简　　介：大沟乡张家岖村位于大沟乡西南部，地势开阔，地形以川台和山地为主。辖有上坪、张岖、寨科等5个村民小组，辖区总人口902人，其中男453人，女449人。辖区东西最大距离4.2千米，南北最大距离

3.4千米，总面积14.3平方千米。多年平均气温6~7℃，年最高气温28℃，年最低气温零下21℃；年平均降水量354.9毫米，年平均蒸发量2000毫米。全村耕地面积5452亩，人均6.04亩。粮食作物以小麦、荞麦、扁豆等为主，经济作物以玉米、洋芋为主。全村目前牛饲养量30头，羊2367只，猪843头，鸡1543只，有规模养殖户1户。

0233 汉家岔乡荆家坪村

简　　介：汉家岔乡荆家坪村位于汉家岔乡南部，东接甘沟驿镇六十铺村，南至定西新集乡。辖有王川、荆坪等7个村民小组，辖区总人口1027人。辖区东西最大距离15千米，南北最大距离5千米，总面积150平方千米。多年平均气温7℃，年最高气温28℃，年最低气温−20℃；年平均降水量350毫米，年平均蒸发量1800毫米。全村耕地面积7782亩。粮食作物以小麦、玉米、洋芋、扁豆、荞麦等为主，经济作物以柴胡、甘草等药材为主。全村新发展养殖合作社3家、规模养殖户3户。猪245头，鸡800只。全村有党员活动室1处，农家书屋1个。

0234 平头川乡柳树沟村

简　　介：平头川乡柳树沟村位于平头川乡西南方向，地势开阔，地形以川地为主。辖有薛家坪、柳树沟、薛家湾、蔡家湾4个村民小组，辖区总人口960人，其中男502人，女458人。辖区东西最大距离7千米，南北最大距离2千米，总面积13.8平方千米。多年平均气温17℃，年最高气温35℃，年最低气温−12℃；年平均降水量300毫米，年平均蒸发量310毫米。全村耕地面积5533亩，人均5.8亩。粮食作物主要有小麦、玉米、洋芋、糜子等，经济作物以胡麻油籽为主。全村目前牛饲养量95头，羊760只，猪283头，鸡460只。有规模养殖户1户。有文化活动场所1处，党员活动室1处，农家书屋1个，文化活动室1个。有小学1所，在校学生45人，专任教师8人。

0235 侯家川乡芦河村

简　　介：侯家川乡芦河村地处侯家川乡东北部，东与党家岘乡接壤，南与通渭县义岗镇毗邻，总流域面积为14.2平方公里，辖7个社，共有村民374户，1928人。流域面积16.2平方公里，耕地7469亩，其中梯田面积6013亩，山地1440亩，年降雨量500毫米，蒸发量高达1700毫米，海拔1850~2200米之间。农作物种植以冬小麦、玉米、马铃薯等作物为主；饲草有紫花苜蓿、红豆草、高粱等；全村养殖以牛、驴、猪、羊、鸡为主。

0236 翟家所乡张城堡村

简　　介：翟家所乡张城堡村位于会宁县城东南9公里，平定高速公路和312国道穿行而过，西兰乌光缆通信过境，交通便利，信息畅通。全村辖4个村民小组，255户，1055人，有劳动力681人，耕地总面积6600亩。村党支部下设4个党小组，共有党员51名。2013年，全村村民人均纯收入达到4180元。示范种植核桃树100亩、全膜玉米2900亩、紫花苜蓿1500亩；在巩固扩大鑫发肉羊养殖小区饲养规模的同时，投资100万元，规划建设宏昕肉牛规模养殖场，带动发展全村分散牛、羊养殖户，草畜产业得到了前所未有的长足发展。投资80万元，为172户农户安装安全饮水设备；投资65万元，实施村容村貌整治工程，拓宽硬化上下街、北门组居民巷道8000㎡；投资40万元，建设孝道休闲文化广场1个；投资200万元，实施土地整理项目，新修高标准基本农田2295亩，硬化红窑组居民巷道2160㎡；

投资100万元，启动堡子坝到北门2公里道路硬化和危桥加固项目。

0237 老君坡乡雷保岔村

简　　介：老君坡乡雷岔村位于会宁县老君坡乡东南部，距乡政府驻地10公里，处于两省三县交汇地带。全村现辖5个村民小组，总户数246户，总人口1100人，参加新型合作医疗971人，参加养老保险416人。粮食作物以小麦、玉米、洋芋为主，确保种植收入达到农民收入的30%以上。经济作物以药材、草畜、蔬菜为主。近年来草畜产业发展尤为突出，大大增加村民经济收入。全村耕地面积4533.2亩，其中梯田面积1000亩。全村共有水窖213眼，年种植地膜1000亩，紫花苜蓿300亩，马铃薯718亩。全村现有农民党员27人，2014年培养入党积极分子12人。

0238 翟家所乡马高咀村

简　　介：翟家所乡马高咀村位于翟家所乡南部，属典型的干旱贫困村，流域总面积22.3平方公里，平均海拔1826米，年降雨量300毫米左右。全村辖6个村民小组，226户，1103人，耕地总面积4594亩，其中梯田2600亩，有退耕还草7483亩，退耕还林2514亩。多年平均气温6-7℃，年最高气温28℃，年最低气温零下21℃；年平均降水量354.9毫米，年平均蒸发量2000毫米。全村耕地面积5452亩，人均6.04亩。粮食作物以小麦、荞麦、扁豆等为主，经济作物以玉米、洋芋为主。

0239 杨崖集乡魏家岔村

简　　介：杨崖集乡魏家岔村位于杨崖集乡东南部，南以旧312线为界，与静宁县化沟村隔路相望，西接党岘乡张坪村。海拔高，华岭林带缠绕，气候湿润，耕地以二阴区山坡地为主。现辖魏岔、上湾、双岘、西坡、东坡、岔沟、黑湾7个村民小组，335户，1430人，有劳动力670人；2013年参加新型合作医疗保险1423人，参合率为98.45%；参加新型农村养老保险585人，参保率为95%；全村共有党员33人，其中女党员3人，有入党积极分子2人，村干部3名，"两委"班子人数7人。全村现有荒山造林1435.1亩，其中宜林地亩1230.7亩，有林地204.4亩；有耕地面积6532亩，人均4356亩，其中梯田面积2200亩，种植作物以冬小麦、玉米、马铃薯等为主；种植紫花苜蓿940亩；现有学校1所、卫生所1所，村医1名，"阳光家园"1所，村级办公场所1处；通电335户，通信335户，有电视330台，无广播。有标准化规模养殖5户，以养羊、养猪为主。

0240 柴家门乡柴家门村

简　　介：柴家门乡柴家门村属乡政府所在地，距县城13公里，总流域面积23.4平方公里，耕地面积1.33万亩，其中水浇地1138亩，属黄灌未稍区。多年平均气温7℃，年最高气温28℃，年最低气温-20℃；年平均降水量350毫米，年平均蒸发量1800毫米。有7个村民小组（3个村民小组属旱山塬区），587户，2612人。共有党员72名，党员中的致富能人12名。有规模养殖户7家，农业合作社4家，全村拥有沼气的农户300户，全村有300户农户用上干净的自来水。

0241 新塬乡新塬村

简　　介：新塬乡新塬村位于会宁县东北部，总流域面积24.6平方公里，属于黄土高原沟壑区。平均海拔2010米，年降雨量300毫米，无霜期120天，干旱少雨是制约全村经济发展的主要因素。全村6个村民小组，311户，1448人，共有劳动力882人。总耕地面积6520亩，人均4.2亩，其中梯田面积2606亩，人均1.8亩。退耕还林（草）面积2268亩，荒山造林1932亩。2013年，粮食总产量达到300吨，人均200公斤。全村牛存栏40头，羊存栏1500只。有集雨水窖520眼，户均1.5眼。有多功能文化体育广场1处，党员活动室1处，农家书屋1个。中学1所，小学1所，在校学生748人。

0242 刘家寨子乡袁家塬村

简　　介：刘家寨子乡袁家塬村位于乡政府东北方，是典型的旱川村，东靠斜沟村，西接李塬村，北连寨柯村，南临新塬乡。距乡政府驻地3公里，总土地面积19.7平方公里。全村有9个村民小组（分别是：唐坡、陈王、元淌、冯塬、南塬、贾堡、刘塬、乱马、北塬）。全村总户数502户，总人口2247人，有劳动力1560人。耕地面积17459亩，其中粮播面积13459亩，退耕还林1000亩，退耕还草2500亩，其他用地500亩。全村农作物以小麦、玉米、洋芋为主，2014年种植小麦1200亩，全膜双垄沟播玉米4400亩，洋芋3494亩。近年来，全村积极发展养殖业，以生猪、肉羊为主，现生猪存栏1200头，肉羊存栏10000只。

0243 丁家沟乡郝家川村

简　　介：丁家沟乡郝家川村位于丁家沟西北部，流域面积8.2平方公里。海拔在1750~2500米之间，平均气温6~7℃。年降雨量350毫米左右。全村有9个村民小组，433户，1920人，其中劳动力900人，耕地面积7939亩，人均4.1亩。现有水窖450眼。村内有六年制小学1所，在校学生15人，专任教师2人。村经济收入以农业为主，粮播面积稳定在5520亩，种植品种主要有马铃薯、冬小麦、玉米、小杂粮等；紫花苜蓿等饲草留床面积750亩，天然草原面积5300亩，牛饲养量400头，羊饲养量1200只，猪饲养量300头，劳务输出480人。

0244 中川乡高庙村

简　　介：中川乡高庙村是中川乡四个川区村之一，位于会宁县城以南16公里处，窝华公路穿村而过，交通较为便利。全村有5个村民小组，398户，1631人，劳动力995人，耕地面积7466亩。村党支部，共有党员35名。近年来，高庙村以双联行动为载体，理清发展思路，调整产业结构，完善基础设施，实现了全村经济社会的快速发展。

0245 汉家岔乡汉家岔村

简　　介：汉家岔乡汉家岔村位于汉家岔乡中部，辖有王岘、小岘等11个村民小组，辖区总口3234人，其中男1652人，女1582人。辖区东西最大距离10.4千米，南北最大距离8.2千米，总面积28平方公里。气候干燥、降水较少，暴雨严重年平均降水量286.1米，最大年降水量656.9毫米最小年降水量134毫米，降水量年内分配极不均匀，降水多在6、7、8、9月份，降水量为215.4毫米，占年降水量的75%，且多以暴雨的形式降下，年日照时数2226.5小时，年平均气温8℃－8.5℃，最高达37.5℃。全村耕地面积1.32万亩，人均4亩。粮食作物以小麦、玉米、洋芋为主，经济作物以苜蓿油料、蔬菜、瓜类为主。全村目前牛饲养量20头，羊3100只，猪500头，鸡16000只。有规模养殖户16户。人均纯收入达到3200元。有文化活动场所1处，党员活动室1处，农家书屋1个，文化活动室1个。有学校5所，在校学生1348人，专任教师 125 人。

0246 老君坡乡方家坡村

简　　介：老君坡乡方家坡村位于会宁县东南部，属二阴山区，地势开阔，方坡村包括朱杆岔、西坡、上湾、方坡、东坡、魏湾等6个村民小组，全村432户，2125人，其中男1113人，女1012人。全村耕地面积6420亩。实现全梯田化，退耕还林1100亩，紫花苜蓿种植面积为3074亩。多年平均气温9℃；年最高气温33℃，年最低气温 −16℃。粮食作物以小麦、玉米、洋芋为主，经济作物以蔬菜、核桃、中药材为主。全村目前牛饲养量518头，养猪810头，养羊256只。方坡村有文化活动场所1处，党员活动室1处，农家书屋1个，文化活动室1个。有小学1所，在校学生109人，专任教师10人。

0247 新塬乡东塬村

简　　介：新塬乡东塬村位于新塬乡西北方向，该村属典型的黄土高原丘陵沟壑区和旱作农业区，地域广阔，群众居住分散，交通不便，农业基础条件差，基础设施建设严重滞后。距离乡政府10.3公里。辖有上岔社、中岔社、下岔社、东塬社等4个村民小组，辖区总人口776人，其中男430人，女346人。辖区东西最大距离10千米，南北最大距离5千米，海拔1760~2240米，年平均气温6~7℃，年平均降水量350毫米左右，年蒸发量高达1800毫米以上，无霜期140天左右。全村耕地面积3554亩，其中梯田433亩。粮食作物以小麦、玉米、洋芋为主，经济作物以黑瓜籽、油料、蔬菜、瓜类为主。全村目前牛饲养量10头，羊500只，猪340头，鸡780只。有村党支部1个，党员27人，党员活动室1处，农家书屋1个，文化活动室1个。经济收入以种植、养殖、劳务输出为主。

0248 刘家寨子乡后沟村

简　　介：刘家寨子乡后沟村位于刘寨乡南部，是典型的旱山塬村。北连李塬村，南接土木乡，西临张湾村，东靠新塬乡，总土地面积22.3平方公里。距乡政府驻地10公里，全村有孙塬社、新堡社、孙河社、牛王社、上岘社、后沟社、南川社、小堡社8个村民小组。全村总户数402户，总人口1829人，有劳动力928人。耕地面积13060亩。全村农作物以小麦、玉米、洋芋为主，2014年种植小麦1600亩，全膜双垄沟播玉米3700亩，洋芋2900亩。近年来，全村积极发展养殖业，以生猪、肉羊为主，现生猪存栏730头，肉羊存栏3100只。

0249 平头川乡任家湾村

简　　介：平头川乡任家湾村位于平头川乡东南方向，地势开阔，地形以川台地和山地为主。辖有任湾、韩湾、魏川、万岔、东坡5个村民小组，辖区总人口1080人，其中男576人，女504人。辖区东西最大距离2千米，南北最大距离5千米，总面积10平方千米。多年平均气温15℃，年最高气温33℃，年最低气温 −10℃；年平均降水量320毫米，年平均蒸发330毫米。全村耕地面积4800亩，人均4.4亩。粮食作物以小麦、玉米、洋芋为主，经济作物以油料为主。全村目前牛饲养量300头，羊330只，猪230头，鸡102只。有规模养殖户3户，有文化活动场所1处，党员活动室1处，农家书屋1个，文化活动室1个。任湾村和青龙村共用小学1所，在校学生95人，专任教师11人。

0250 头寨子镇中湾村

简　　介：头寨子镇中湾村位于头寨子镇西

南方向，地势开阔，地形以山坡为主。有4个村民小组，辖区总人口1168人。辖区南北最大距离9千米，东西最大距离2千米，总面积11平方千米。多年平均气温6~9℃，年最高气温31℃，年最低气温-16℃；年平均降水量180~450毫米，年平均蒸发量1000~1500毫米。全村人均耕地面积4亩。粮食作物以小麦、玉米、洋芋为主，经济作物以苜蓿、油料、玉米、瓜类为主。全村目前羊1000只，猪200头，鸡600只，有规模养殖户3户。有党员活动室1处，小学1所。有小学1所，在校学生44人，专任教师7人。

0251 汉家岔乡阴山村

简　　介：汉家岔乡阴山村位于汉家岔乡西南方向，地势开阔，地形以丘陵和塬地为主。辖有吕家山社、花沟山社等4个村民小组，辖区总人口1086人，其中男616人，女470人。辖区东西最大距离8千米，南北最大距离10千米，总面积60平方千米。多年平均气温8.5℃，年最高气温30℃，年最低气温-22℃；年平均降水量120毫米，年平均蒸发量210.5毫米。全村耕地面积6300亩，人均5.5亩。粮食作物以小麦、玉米、洋芋为主，经济作物以油料、豆类为主。全村目前羊1200只，猪261头，鸡809只。有规模养殖户2户，人均纯收入达到2100元。农家书屋1个，文化活动室1个。

0252 杨崖集乡北坪村

简　　介：杨崖集乡北坪村位于会宁县杨集乡西北部，群山环绕，山大沟深，耕地坡度大，道路狭窄，沟壑纵横，平均海拔2000米，自然条件差。现辖北坪、菜子、庙川、张湾、关湾5个村民小组，252户，1236人，其中有劳动力460人，年均外出务工200人次，党员30名，受高等教育人数76人，村干部3人，村"两委"班子8人，2013年全村合参合人数1179人，参合率98.7%。新农保参保人数553人，参保率93%。有耕地面积4633.6亩，梯田2526亩，人均耕地面积3.7亩。有人工种草面积1010亩，林地面积1817亩。主要种植小麦、玉米、土豆、扁豆、谷子、糜子、荞麦等。全村现有小学1所，村办公阵地1处。通电户252户，通信252户，通广播电视户180户。饮水以窖水为主。有规模养鸡场1处，蛋鸡存栏3000只，肉羊存栏520只。

0253 土门岘乡杨岘村

简　　介：土门岘乡杨岘村位于土门岘乡（镇）南方向，地势开阔，地形以川台地和塬地为主。辖有袁岔、下湾等5个村民小组，辖区总人口1654人，其中男962人，女692人。辖区东西最大距离10千米，南北最大距离5千米，总面积50平方千米。多年平均气温12℃，年最高气温32℃，年最低气温-17℃；年平均降水量820毫米，年平均蒸发量1300毫米。全村耕地面积9600亩，人均5.8亩。粮食作物以小麦、玉米、洋芋为主，经济作物以黑瓜籽、油料、蔬菜、瓜类为主。全村目前牛饲养量10头，羊2900只，猪400头，鸡1500只，有规模养殖户2户。人均纯收入达到2200元。有文化活动场所1处，党员活动室1处，农家书屋1个，文化活动室1个。有小学1所，在校学生42人，专任教师5人。

0254 土高山乡中庄村

简　　介：土高山乡中庄村位于土高山乡西南方向，地势开阔平坦，以塬地为主。辖有王川、陈川、前川等7个村民小组，辖区总人口1460人，其中男740人，女720人。全年气温较低，年降水量较少，干旱严重，主要发生在二月至五月期间。粮食作物以小麦、玉米、洋芋为主，经济作物以油料、洋芋、瓜类为主。全村目前牛饲养量80头，羊1600只，猪310头，鸡200只。有文化活动场所1处，党员会议室1处，农家书屋1个，文化活动室1个。有小学1所，在校学生43，专任教师7人。

0255 新庄乡杨家岔村

简　　介：新庄乡杨家岔村位于会宁县新庄乡西北角，靖远、榆中三县交界处，距离政府20多公里，全村6个自然社，238户，1077人，有劳动力711人。总流域面积45.4平方公里，耕地面积844亩。本区地域山大沟深，交通不便，经济条件差，种植业以全膜玉米和马铃薯为主，全膜种植面积达到2195亩，夏秋粮种植比达到1：8，养殖业以肉羊为主，也是当地主要的经济来源。

0256 韩家集乡谷地场村

简　　介：韩家集乡谷地场村位于韩家集乡南部，距离乡政府13公里，交通相对落后，全村总流域面积15.8平方公里，共辖安湾、胡坪、阳坡、上湾、咀头、北坡、堡子、牙儿等8个村民小组，312户，1407人，其中男907，女500人，有劳动力776人。全村共有耕地面积7584亩，退耕还林3017亩，荒山造林2871亩，属于典型的旱山塬区，以山坡地居多。有党员活动室1处，农家书屋1个，文化活动室1个。

0257 刘家寨子乡李家塬村

简　　介：刘家寨子乡李家塬村位于刘家寨子乡南部，距离乡政府驻地6公里，全村共有上堡、下堡、塔堡、三岔、马沟5个村民小组，422户，1910人，劳动力1135人，耕地面积7266亩，其中梯田面积4800亩。

支柱产业以劳务输出、洋芋和全膜玉米种植和肉羊养殖为主，全村有养殖大户6户，羊饲养量分别达到3000头。平均海拔1890米，年均温9℃，年降水量131毫米，全年无霜期137天，适宜洋芋种植。2014年，全村全膜玉米种植面积达到4500亩，马铃薯种植面积达到3000亩。

0258 太平店镇何家川村

简　　介：太平店镇何家川村位于太平店镇西南方向，地势开阔，地形以川台地和塬地为主。辖有闫岔、东坡、李去、胡位、张嘴、何川、刘庄、中庄、老院、周沟、响川、上湾、上沟共13个村民小组，辖区总人口2195人，其中男1059人，女1136人。辖区东西最大距离15千米，南北最大距离6千米，总面积90平方千米。多年平均气温13℃，年最高气温22℃，年最低气温－8℃；年平均降水量360毫米，年平均蒸发量105毫米。全村耕地面积7120亩，人均3.2亩。粮食作物以小麦、玉米、洋芋为主，经济作物以蔬菜、中药材为主。全村目前牛饲养量515头，羊5200只，猪610头，鸡4900只。有规模养殖户2户，面积达25亩。人均纯收入达到2355元。有文化活动场所1处，党员活动室1处，农家书屋1个，文化活动室1个。有小学1所，在校学生40人，专任教师6人。

0259 大沟乡掌里村

简　　介：大沟乡掌里村位于大沟乡东北方，地势开阔，地形以川台和山地为主，辖内有厍老，厍川，掌里，下坪，大马岔，黄川沟，共6个村民小组，总人口1094人，其中男586人，女508人。辖内东西最大距离7千米，南北最大距离11千米。全村总面积1485平方千米，年平均降水量370毫米，平均蒸发量1800毫米。全村耕地面积6062亩，人均5.5

亩。粮食作物以小麦、荞麦、糜、谷类为主，经济作物以蔬菜、洋芋等为主。全村目前羊饲养量788只，猪350头，鸡180只。农村医疗救助15人次，有村小学1所，在校学生18人，支教老师6人。

0260 四房吴乡四房吴村

简　　介：四房吴乡四房吴村位于四房吴乡中部，全村辖7个村民小组，410户，1823人。总流域面积为27.8万亩，耕地面积为11470亩，其中机修梯田和沟坝地面积4500亩。四房吴村属于黄土高原梁峁沟壑地形，海拔1900米左右，地下水资源缺乏，年降水量300毫米左右，年蒸发量1730毫米左右。有学校2所，其中中学1所，小学1所。全村合作医疗参合农民1776人，新农保参保723人，其中领取待遇人员292人。全村有党员38名，其中男30名，女8名。

0261 头寨子镇成牟家村

简　　介：头寨子镇成牟家村位于头寨子镇以北，地势开阔，地形以川台地和山地为主。辖有二寨子社、小堡社等10个村民小组，辖区总人口3461人，其中男1941人，女1520人。辖区东西最大距离15千米，南北最大距离25千米，总面积3500平方千米。多年平均气温12℃，年最高气温36℃，年最低气温-21℃；年平均降水量220毫米，年平均蒸发量180毫米。全村耕地面积8700亩，人均1.2亩。粮食作物以小麦、玉米、洋芋为主，经济作物以黑瓜籽、苹果、沙田西瓜为主。全村目前牛饲养量10头，羊15000只，猪1800头，鸡40000只。有规模养殖户12户。有文化活动场所1处，党员活动室1处，农家书屋1个，文化活动室1个。农村医疗救助39人次。有小学1所，在校学生42人，专任教师13人。

0262 太平店镇金堂镇村

简　　介：太平店镇金堂镇村位于太平店镇，地势开阔，地形以川台地和塬地为主。辖有下川、马岔、南坡社等10个村民小组，辖区总人口2186人，其中男1311人，女875人。辖区东西最大距离9.5千米，南北最大距离5.5千米。多年平均气温6.3℃，年最高气温35℃，年最低气温-15℃；年平均降水量335毫米。全村耕地面积1056亩，人均4.6亩。粮食作物以小麦、玉米、洋芋为主，经济作物以、油料、蔬菜、药材为主。全村目前牛饲养量80头，羊400只，猪450头，鸡1200只。有文化活动场所1处，党员活动室1处，农家书屋1个，文化活动室1个。社会事业方面，适龄儿童入学率达到100%；新型合作医疗参保率达到98%。通过抓党建促和谐工作，到2014年底全村人均纯收入达到2700元，同比增长13.3%。

0263 头寨子镇三百户村

简　　介：头寨子镇三百户村位于头寨镇东部，地势开阔，地形以山地为主。辖有5个村民小组，辖区总人口2780人，其中男1460人，女1320人。辖区东西最大距离7千米，南北最大距离6千米，总面积46平方千米。多年平均气温11℃，年最高气温30℃，年最低气温-20℃；年平均降水量220毫米，年平均蒸发量180毫米。全村耕地面积5542亩，人均3.2亩。粮食作物以小麦、豌豆、洋芋为主，经济作物以玉米、胡麻为主。全村目前饲养羊2000只，猪400头，鸡600只。有规模养殖户10户，党员活动室1处，农村医疗救助20人次。有小学1所，在校学生5人，专任教师3人。

0264 刘家寨子乡陈家庄子村

简　　介：刘家寨子乡陈家庄子村位于刘家

寨子乡北部，距乡政府驻地刘寨村2公里，户数422户，总人口1982人，有劳动力1156人，辖8个村民小组（陈庄社、小岔社、中沟社、上庄社、马沟社、刘塬社、上塬社、陈塬社）。耕地面积10115亩，全村农作物以小麦、玉米、洋芋为主。近年来，全村积极发展养殖业，以生猪、肉羊为主，现生猪存栏1500头，肉羊存栏3000只。

0265 翟家所乡新智村

简　　介：翟家所乡新智村位于会宁县城东南25公里处，桃吊公路穿行而过，交通较为便利。新智村自然条件严酷，境内地下水资源匮乏，年降水量为350毫米左右，属半干旱偏旱山区，干旱是主要灾害。全村辖8个村民小组，396户，2037人，占有耕地面积8492亩，有劳动力780人。村"两委"班子成员3名（支书、主任、文书）。

0266 老君坡乡文家岔村

简　　介：老君坡乡文家岔村位于老君坡乡西北部，距乡政府驻地6公里，近邻界双公路。全村现辖余老、罗湾、吊堡、堡坪、高岔、冯咀等6社。全村共428户，现有人口2060人，中共党员45人，是老君坡乡第三人口大村。2014年参加新型农村合作医疗人数达到1886人，参加新型农村社会养老保险人数达到983人，2014年输出转移劳动力383人。有小学1座，在校学生87人，专任教师8人。粮食作物以小麦、玉米、洋芋为主，确保种植收入达到农民收入的30%以上。经济作物以药材、草蓿、蔬菜为主。近年来草蓿产业发展尤为突出，大大增加村民经济收入。全村耕地面积共8772亩，其中川地占4分之一。

0267 丁家沟乡窑沟村

简　　介：丁家沟乡窑沟村位于丁家沟乡西部，南邻沈屲村，北接郝川村，与南门村接壤。海拔在1775~2500米之间，平均气温6~7℃。年降雨量350毫米左右。全村共辖窑沟、丁沟、曹坡、周湾、秋子树、马坪、苦水、姚坡、湾达、罗滩10个村民小组，总户数为549户，总人口2450人，其中劳动力1350人，有耕地面积10261亩，人均4.2亩。村内有六年制小学1所，在校学生23人，专任教师7人。窑沟村经济收入以农业为主，全村种植冬小麦、马铃薯、玉米等小杂粮，冬小麦1500亩，年产量4.5万斤，全膜双垄沟播玉米面积2500亩，年产量100万斤，马铃薯2500亩以上，年产量200万公斤；副业及养殖业为辅助经济收入。紫花苜蓿留床面积2000亩，天然草原面积6700亩，青饲草面积400亩，其中10亩以上种草面积25户。牛饲养量达到1780头，养牛专业合作社1个，羊饲养量达到2000只。其中20只以上30户，专业合作社1个。

0268 杨崖集乡邢家坪村

简　　介：杨崖集乡邢家坪村位于杨崖集乡北部，东与北坪村一山相隔，南与姚坡村接壤，西与太平镇联坪村相邻，北与太平镇贾家铺相接。全村总流域面积30平方公里，平均海拔1850米，年降雨量在350毫米左右，主要分布在春秋季节，境内主要是黄土丘陵沟壑地貌。全村辖石岔、姬湾、邢坪、陈沟、丰湾、杨川6个村民小组，525户，2213人，有劳动力1236人。2013年全村新型农民合作医疗保险参合2185人，参合率95%，新型农村养老保险参保1263人，参保率90%。共有党员37人，入党积极分子2人，其中女党员4人，村干部3人，"两委"班子8人。全村林地面积1524亩，其中宜林地 692.5 亩，有林地 319 亩，未成林地 512.5 亩。有耕地面积 8031.5 亩，人均 3.6 亩，其中梯田面积 5640 亩，人均 2.5 亩。主要种植玉米、马铃薯、冬小麦以及其他杂粮。2013 年农民人均纯收入 3240 元。全村现有学校 1 所，卫生室 1 所，村阵地 1 所。通电 525 户，通信 525 户，电视 525 台。有水窖 485 眼，有规模养殖户 5 户，主要养殖猪、羊、牛和鸡。

0269 草滩乡孔家寨子村

简　　介：草滩乡孔家寨子村位于草滩乡东部，有耕地面积 9800 亩，海拔在 2080 米左右，全村共有农户 495 户，人口 2280 人，境内气候干燥，降雨稀少，年降雨量在 240~400 毫米之间，年蒸发量达 1700 毫米，平均气温在 6~7℃ 之间，日照时间长，无霜期为 136 天，属典型干旱山区。农作物种植以全膜玉米、洋芋、小麦为主，小杂粮以荞麦、豆类为主。

0270 新庄乡泉坪村

简　　介：新庄乡泉坪村位于乡西南角，距离政府 20 多公里，全村 12 个村民小组，603 户，3065 人，有劳动力 1532 人。流域面积 74.5 平方公里，耕地面积 17725 亩。农副产品马铃薯、籽瓜和全膜玉米种植成为当地的支柱产业，全膜种植面积 5065 亩，夏秋粮种植比达到 1：8，养殖业和劳务输出也是主要的经济来源。

0271 刘家寨子乡寨柯村

简　　介：刘家寨子乡寨柯村地处刘家寨子乡中东部，有中组、咀头、寨柯、三黄、中岔、南庄、北庄、田上 8 个村民小组，西接刘寨村，北连后湾村，南临元垴村，东接甜水井村。距乡政府驻地 6 公里，全村总户数 467 户，总人口 2079 人，现有耕地 7839 亩；现有大家畜 402 头，羊存栏 3000 只，生猪存 1400 栏头，现有水窖 602 眼。全村农作物以小麦、玉米、马铃薯为主，2014 年种植小麦 1200 亩，全膜双垄沟播玉米 2800 亩，马铃薯 2200 亩。近年来，全村积极发展养殖业，以生猪、肉羊为主，现生猪存栏 600 头，肉羊存栏 5000 只。

0272 老君坡乡张家川村

简　　介：老君坡乡张家川村位于乡西北部山区，距乡政府驻地 5 公里，总户数 364 户，总人口 1692 人，全村现辖张川、芦王、庙沟、阳坡、司湾等 5 个村民小组，流域总面积约为平方公里，其中耕地面积 6676.8 亩，中共党员 37 人。粮食作物以小麦、玉米、洋芋为主，经济作物以蔬菜、核桃、中药材为主。有文化活动场所 1 处，党员活动室 1 处，农家书屋 1 个，文化活动室 1 个，小学 1 所，村卫生室 1 个。

0273 甘沟驿镇五十里铺村

简　　介：甘沟驿镇五十里铺村辖 6 个村民小组，413 户，2001 人，有耕地面积 8232 亩，人均耕地 4.1 亩。其中水浇地 3000 亩，人均 1.5 亩，旱地 5232 亩，人均 2.6 亩。全村共收入 923.6 万元，人均纯收入 4615 元。村党支部共有党员 52 人。村委会建筑面积 200 平方米，村部内设会议室 2 间，办公室 2 间，文化室、党员活动室各 1 间，幸福老人院 1 处。占地面积 50 亩的标准化肉羊集中养殖小区 1 处。配套草料棚、消毒室、防疫室、业务用房等，秸秆饲料加工点 1 处，养殖专业合作社 1 个。整改土地 2000 亩，用以发展高效农业。辽坡社有 150 亩核桃园。集休闲娱乐为一体的综合性文化广场 1 处 2400 平方米，硬化 2000 平方米，建成篮球场 1 处。村民建设沼气池 200 户。粮食作物以小麦为主，经济作物以玉米为主。多年平均气温 8℃，年最高气温 35℃，年最低气温 -17℃；年平均降水量 340 毫米，年平均蒸发量 1800 毫米。有五十铺小学、辽坡小学 2 所，在校学生 29 人，专任教师 11 人。

0274 白草塬乡西坡村

简　　介：白草塬乡西坡村位于白草塬乡东南部，现辖 11 个村民小组，727 户，3401 人，其中吴寨、北社、南社、雷塬 4 个村民小组，属旱山区。村域面积 38 平方公里，总耕地面积 1.4 万亩。经济来源以种植、养殖、劳务经济为主，种植业以马铃薯、玉米、籽瓜为主，养殖业以养羊为主。2013 年马铃薯种植面积 2400 亩，玉米种植面积 5600 亩，籽瓜种植面积 3000 亩；2013 年末羊存栏 3982 只，猪存栏 1539 只；2013 年外出务工人员达 1000 余人。村党支部现有党员 61 人，其中男党员 50 人，女党员 11 人，60 岁以上 2 人，占 3.3%，46~59 岁 34 人，占 55.7%，45 岁以下 25 人占 41%，高中以上文化程度 21 人，初中及以下文化程度 40 人。

0275 头寨子镇牛家河村

简　　介：头寨子镇牛河村位于头寨子镇西南方向，地势开阔，地形以川台地和塬地为主。辖有上河、上牛河、下牛河、董家川、魏家岘、下新庄 6 个村民小组，辖区总人口 1643 人，其中男 1100 人，女 543 人。辖区东西最大距离 5 千米，南北最大距离 2.8 千米，总面积 11.5 平方千米。多年平均气温 19℃，年最高气温 27℃，年最低气温 -18℃；年平均降水量 369.3 毫米，年平均蒸发量 1100 毫米。全村耕地面积 8532 亩，人均 0.5 亩。粮食作物以小麦、玉米、洋芋为主，经济作物以黑瓜籽、油料、蔬菜、瓜类为主。全村目前羊 5420 只，猪 530 头，鸡 1350 只，有规模养殖户 3 户。人均纯收入达到 4123 元。有文化活动场所 1 处，党员活动室 1 处，农家书屋 1 个，文化活动室 1 个。有小学 1 所，在校学生 46 人，专任教师 8 人。

0276 老君坡乡柳家岔村

简　　介：老君坡乡柳家岔村位于老君坡乡西北部，距乡政府 15 公里，管辖 5 个村民小组。全村总共 277 户，总人口 1270 人，全村共有党员 42 名。粮食作物以小麦、玉米、洋芋为主，确保种植收入达到农民收入的 30% 以上。经济作物以药材、草蓄、蔬菜为主。近年来草蓄产业发展尤为突出，大大增加村民经济收入。现有耕地面积 4700 亩。全村全年种植地膜粮食 1700 亩，洋芋 1550 亩，紫花苜蓿饲草面积 1570 亩。已实施整村推进项目，全村积极发展养殖，建成养殖小区 1 个。柳岔村有界双公路通过，交通便利，为经济发展提供良好的地理条件。

0277 杨崖集乡陇川村

简　　介：杨崖集乡陇川村位于杨崖集乡东南部，西南连接党岘的大寨、吕堡、上秀、张坪等村，东北与本乡的杨集的红土、王湾、魏岔等村相毗邻。现辖上中、下中、中街、北川、马河、杨岔 6 个村民小组，384 户，1886 人。现有党支部 1 个，党员 36 人，其中女性党员 8 人。现有村党支部委员 3 人，村委会委员 5 人，村干部 3 人，平均年龄 45 岁。有初级中学、六年制小学各 1 所，中学在校学生 500 多人，教师 34 人，小学在校学生 350 人，教师 16 人。陇川村地理位置独特，明清称陇江小镇，是周边最大的集贸市场，全村面积大约 16 平方公里，耕地面积 7054 亩，人均 3.7 亩，其中梯田共 2800 亩，人均 1.5 亩。有林场 1 个，占地面积 1400 亩，退耕还林面积 450 亩，荒山造林面积 350 亩，紫花苜蓿种植面积1000亩，林草面积大，环境绿化好，无污染，气候宜人。村内民风淳朴，崇尚科学，文化浓厚，群众发展致富的愿望极为迫切。

0278 杨崖集乡王家湾村

简　　介：杨崖集乡王家湾村位于杨集乡西南部，属典型二阴山区，距杨崖集乡政府5公里。全村总流域面积22平方公里，平均海拔1850米，年降雨量在350毫米左右，境内主要是黄土丘陵沟壑地貌。总耕地面积7660亩，人均5.2亩，其中梯田面积7060亩。辖有6个村民小组，326户，1480人。2013年新农合参合人数1478人，参合率达99.8%，新农保参保人数835人，60岁以上享受养老金人数215人。有六年制小学1所，现有学生75名，教师8名，学校教学设施基础较差。2013年全村种植冬小麦1320亩，玉米1150亩，马铃薯1450亩，各种小杂粮2020亩。有退耕还草1140亩，退耕还林580亩。全村户均有水窖1眼，饲养2头以上母牛的农户45户，养羊户40户，户均养羊10只以上，饲养能繁殖母猪农户23户，其中饲养5头以上能繁殖母猪农户为4户，饲养10头以上能繁殖母猪农户2户。现有村级办公场所1处，占地面积300平方米，党员33名，其中女党员7名，现有村支部委员3人，村委会委员5人，年龄均在45周岁以下，村干部3人，大专文化程度1人，中专1人，初中文化程度1人。

0279 太平店镇代家湾村

简　　介：太平店镇代家湾村位于太平镇东面，地势开阔，地形以山地为主。辖有代湾村等8个村民小组，辖区总人口1779人，其中男1019人，女760人。辖区东西最大距离20千米，南北最大距离25千米，总面积14.6平方千米。多年平均气温9℃，年最高气温32℃，年最低气温−8℃；年平均降水量300毫米，年平均蒸发量1200毫米。全村耕地面积9439亩，人均5.3亩。粮食作物以玉米、小麦、马铃薯为主，经济作物以油料、蔬菜为主。全村目前牛饲养量30头，羊300只，猪420头，鸡2100只，有规模养殖户8户，人均纯收入达到4546元。有文化活动场所1处，党员活动室1处，农家书屋1个，文化活动室1个。

0280 草滩乡姚家岔村

简　　介：草滩乡姚家岔村位于草滩乡东南面，南与土木乡相邻，东北与刘寨乡接壤，山大沟深，地域狭长，距离乡政府约15公里。现有耕地面积5436亩，人均耕地面积6.6亩，年降雨量300毫米左右，年蒸发量高达1600毫米，属于典型的干旱山区。全村收入以种植、养殖、劳务输出为主，共辖姚岔、黄李、兰张、谢坡、宫川5个村民小组，共有农户189户，815人。

0281 柴家门乡樊郭弄村

简　　介：柴家门乡樊郭弄村位于乡政府西南15公里，东靠鸡儿、何门两村，西接定西新集乡，北连阳坡、小西两村，南邻定西市安定区的西巩驿乡，距会宁县城18公里，共有7个村民组，466户，1920人，有劳动力1200多人。全村总流域面积31.6平方公里，耕地面积11557.5亩（人均耕地面积6.01亩），梯田面积3500亩（人均梯田1.8亩），退耕还草2325亩，退耕还林没有，粮播面积9760亩（人均5.08亩），属典型的干旱山区村。农作物以小麦、玉米、洋芋、荞麦为主，2012年种植小麦600亩，全膜双垄沟播玉米4600亩，洋芋3200亩，荞麦1600亩。养殖业以生猪、肉羊为主，现生猪存栏508

头，肉羊存栏2600只。人畜饮水靠雨水集流，水窖存储，全村现有水窖1165眼，户均已达到2.5眼。

0282 韩家集乡周家湾村

简　　介：韩家集乡周家湾村位于韩家集乡东部14公里处，韩八公路穿村而过，全村流域面积16.1平方公里，全村共辖周湾、南王、贾堡、中沟、康沟、高咀等6个村民小组，426户，1237人，其中男986人，女251人，全部为农业户口。全村现有耕地面积8066亩，退耕还林5117亩，荒山造林3206亩，水窖1182眼。全村农户以种植全膜玉米和马铃薯为主，经济作物为胡麻。2013年种植全膜玉米4358亩。有党员活动室1处，农家书屋1个，文化活动室1个。有小学1所，在校学生13人，专任教师8人。

0283 新添堡回族乡河屲村

简　　介：新添堡回族乡河屲村是一个纯回民村，位于会宁县城南面8公里处，属半干旱温凉区，年均降水量432.7毫米，有耕地面积10860亩。全村共有6个村民小组，368户，1848人，现有党员36人，其中女党员4人，大专文化程度以上4人，玉米种植、肉牛养殖和劳务经济是该村的三大支柱产业。近年来，河屲村以科学发展观为指导，以调整产业结构，增加农民收入为目标，以"夯基础、抓项目、育产业、促民生"为重点，聚精会神搞建设，一心一意谋发展，使全村呈现出经济发展、政治稳定、民族团结、宗教和顺、社会和谐的良好局面。村"两委"始终把经济发展当作头等大事来抓，持续优化产业结构，逐步形成了种植业、养殖业和劳务输出三大支柱产业。

0284 杨崖集乡姚家坡村

简　　介：杨崖集乡姚家坡村位于杨集乡北部，辖10个村民小组，566户，2541人，劳动力1630人。现有党员78人，其中女党员13人，入党积极分子3人，村干部人数3人，"两委"班子成员7人。2013年参加新型农村合作医疗2466人，参合率97%，参加新农保2496人，参保率98%。全村有2所村级小学，卫生所1所，村阵地1处，有专业合作经济组织1个，通电566户，通信566户，通电视538户，村主干道水泥路6公里。有耕地面积8919.7亩，人均3.5亩，其中梯田面积6800亩，种植玉米2000亩，洋芋1800亩，胡麻800亩。全村有林地面积3639.1亩（其中有林地1592.6亩，未成林地1234.7亩，宜林地811.8亩），有养殖企业1个、规模养殖户5户。

0285 会师镇南十里铺村

简　　介：会师镇南十里铺村位于会宁县城南部，距离县城5公里，省道207线纵贯全境。地势开阔，地形以川台地和塬地为主。全村共辖有三里铺、七里铺、红花沟、窝铺等6个村民小组，辖区总人口514户，2260人，其中男1209人，女1130人。辖区东西最大距离5.6千米，南北最大距离5千米，总面积28平方千米。多年平均气温14℃，年最低气温-20℃；年平均降水量410毫米，年平均蒸发量1510毫米。全村现有耕地面积9324亩（其中梯田3640亩），退耕还林9630亩。人均3.2亩。粮食作物以小麦、玉米、洋芋为主，经济作物以黑瓜籽、油料、蔬菜、瓜类为主。全村目前牛饲养量700头，羊6300只，猪6000头，鸡1.8万只。有规模养殖户149户。有文化活动场所1处，党员活动室1处，农家书屋1个，文化活动室1个。有小学1所，在校学生34人，专任教师 9 人。

0286 新添堡回族乡三合村

简　　介：新添堡回族乡三合村是一个纯回族村。地处新添堡回族乡东南。距新添堡回族乡政府所在地 15 公里，通乡道路主要为油路，交通比较方便，距县城 30 公里。东邻新添乡沙湾村，南邻会宁县侯川乡，西邻新添乡三岔村，北邻新添乡大寺村。辖祁湾、柳湾、杨湾、沟口、摆湾 5 个村民小组。现有农户 220 户，有人口 1023 人，其中农业人口 1017 人，非农业人口 6 人，劳动力 474 人。耕地面积 4929 亩。种植业主要为小麦、玉米、马铃薯、谷子、荞麦、胡麻。农作物种植面积为 4323 亩。粮食作物总产量 561 吨。养殖业主要为牛、羊、骡、鸡。全村养牛 685 头，养羊 1271 只，养鸡 2500 只，养骡 25 匹。全村都能用上电，但有一部分用电是未经农网改造的电，全年用电量为 25 万千瓦时。全村设党支部 1 个、村委会 1 个，有农民党员 20 名。全村有村干部 3 名，社干部 5 名。

0287 平头川乡马路村

简　　介：平头川乡马路村位于平头川乡西北方向，地势开阔，地形以川台地和塬地为主。辖有河坡、马路、伏湾、漫湾、后湾、下湾、甘河等 7 个村民小组，辖区总人口 1138 人，其中男 563 人，女 575 人。总面积 10.38 平方千米。多年平均气温 15℃，年最高气温 34℃，年最低气温 -20℃；年平均降水量 350 毫米，年平均蒸发量 2000 毫米。全村耕地面积 5120 亩。粮食作物以小麦、玉米、洋芋为主，经济作物以黑瓜籽、油料、蔬菜、瓜类为主。全村目前牛饲养量 211 头，羊 655 只，猪 312 头，鸡 5400 只，有规模养殖户 2 户。有文化活动场所 1 处，党员活动室 1 处，农家书屋 1 个，文化活动室 1 个。

有小学 1 所，在校学生 253 人，专任教师 14 人，有初级中学 1 所，在校学生 396 人，专任教师 47 人，占地面积 22600 平方米，建筑面积 5133 平方米。

0288 丁家沟乡南门川村

简　　介：丁家沟乡南门川村位于乡东北部，南邻线川村，北接郝川村，与中川乡高庙村接壤。全村共辖王坡、新王、苦河、南门、牦牛、徐川、东岔湾、仓勿、麻岔 9 个村民小组，总户数为 501 户，总人口 2160 人。海拔在 1750~2500 米之间，平均气温 6~7℃。年降雨量 350 毫米左右。耕地面积 9709 亩，人均 4.5 亩，其中旱川地 2000 亩，梯田 800 亩。南门村经济收入以农业为主，全村种植冬小麦、马铃薯、玉米等小杂粮，冬小麦 1800 亩，年产量 1.8 万公斤，全膜双垄沟播玉米面积 4600 亩，年产量 276 万公斤，马铃薯 800 亩以上，年产量 8 万公斤；副业及养殖业为辅助经济收入。紫花苜蓿留床面积 1500 亩，天然草原面积 5000 亩，青饲草面积 500 亩，其中 10 亩以上种草面积 25 户。牛饲养量达到 800 头，羊饲养量达到 1000 只。其中 20 只以上 30 户。截止 2013 年南门村已完成退耕还林 1753 亩，荒山造林 2000 余亩，造林面积累计 3700 余亩，林草覆盖率达 25%。

0289 头寨子镇小寨子村

简　　介：头寨子镇小寨村位于头寨乡（镇）西北方向，地势开阔，地形以川台地和塬地为主。辖兴丰、小寨、王太、上庄、武窑、李坪、崔湾 7 个村民小组，辖区总人口 2794 人，其中男 1332 人，女 1464 人。辖区东西最大距离 2 千米，南北最大距离 5 千米，总面积 10 平方千米。多年平均气温 15℃，年最高气温 39℃，年最低气温 -18℃；年平均降水量495毫米，年平均蒸发量185毫米。全村耕地面积6433亩，人均2.5亩。粮食作物以小麦、玉米、洋芋为主，经济作物以黑瓜籽、油料、蔬菜、瓜类为主。全村目前牛饲养量10头，羊1000只，猪600头，鸡4000只。有规模养殖户10户，人均纯收入4800元。有文化活动场所1处，党员活动室1处，农家书屋1个，文化活动室1个。有小学1所，在校学生105人，专任教师14人。

0290 中川乡梁家堡村

简　　介：中川乡梁家堡村是中川乡四个川区村之一，位于会宁县城以南10公里处，窝华公路穿村而过，交通较为便利。全村有4个村民小组，509户，2078人，劳动力1247人，耕地面积7838亩。村党总支下设4个组党支部，共有党员58名。近年来，梁堡村以双联行动为载体，理清发展思路，调整产业结构，完善基础设施，实现了全村经济社会的快速发展。

0291 平头川乡白李家湾村

简　　介：平头川乡白李家湾村位于平头川乡北部，地势开阔，地形以山地为主。辖李湾、赵湾、北岔、韩坪、引蝉5个村民小组，辖区总人口1392人，其中男702人，女690人。辖区东西最大距离7千米，南北最大距离9千米，总面积63平方千米。多年平均气温17℃，年最高气温35℃，年最低气温-12℃；年平均降水量300毫米，年平均蒸发量310毫米。全村耕地面积5739亩，人均4.1亩。粮食作物主要有小麦、玉米、洋芋、糜子等，经济作物以胡麻油籽为主。全村目前牛饲养量130头，羊2100只，猪415头，鸡1823只。有规模养殖户4户，人均纯收入达到3416元。有文化活动场所1处，党员室1处，农家书屋1个，文化活动室1个。有小学1所。

0292 汉家岔乡双庙村

简　　介：汉家岔乡双庙村位于汉家岔南部，北连王马山、阴山两村，南接定西县石峡湾乡，东邻汉家岔乡荆坪村，境内山大沟深，自然条件艰苦，基础设施建设严重滞后。地势开阔，地形以川台地和山地为主。辖有双庙、上王等8个村民小组，辖区总人口1827人，其中男903人，女924人。辖区东西最大距离14千米，南北最大距离12.5千米，总面积175平方千米。多年平均气温7℃，年最高气温28℃，年最低气温-20℃；年平均降水量350毫米，年平均蒸发量1800毫米。全村耕地面积8096亩，人均4.35亩。粮食作物以小麦、玉米、洋芋、扁豆、荞麦等为主，经济作物以胡麻、油料为主。全村目前羊3500只，猪420头，鸡800只。有规模养殖户10户。全村有硬化路2.1公里，有文化活动场所1处，党员活动室1处，农家书屋1个。有小学1所，在校学生28人，专任教师5人。

0293 土门岘乡张家门村

简　　介：土门岘乡张家门村位于土门岘乡东南方向，地势开阔，地形以川台地和塬地为主。辖有张门社、堡坪社等5个村民小组，辖区总人口1448人，其中男750人，女698人。辖区东西最大距离7千米，南北最大距离4千米，总面积28平方千米。多年平均气温15℃，年最高气温32℃，年最低气温-20℃；年平均降水量900毫米，年平均蒸发量1200毫米。全村耕地面积7000亩，人均7亩。粮食作物以小麦、玉米、洋芋为主，经济作物以黑瓜籽、油料、蔬菜、瓜类为主。全村目前饲养羊2555只，猪1150头，鸡1200只。有党员活动室1处，农家书屋1个。有小学1所，在校学生25人，专任教师6人。

0294 草滩乡断岘村

简　　介：草滩乡断岘村位于草滩乡西部，海拔 1800 米，属典型旱山塬区，常年降雨 300 毫米左右，年蒸发量高达 2000 毫米以上。共辖 7 个村民小组：北大路、断岘、下高原、侯咀、高家塬、麻塬、下庄，有 490 户，2378 人。耕地面积 8546 亩，其中水浇地 1000 亩，人均耕地面积 3.6 亩，户均耕地面积 21 亩。农作物种植以全膜玉米、洋芋、小麦为主，小杂粮以荞麦、豆类为主。

0295 四房吴乡三房吴村

简　　介：四房吴乡三房吴村位于四房吴乡南部，辖 7 个村民小组，526 户，2481 人。全村流域面积 27.9 平方公里，有耕地 12275 亩，其中机修梯田和沟坝地面积 6200 余亩。境内地下水资源匮乏，年降水量仅为 300 毫米左右，属旱山塬区。有中学 1 所，村级小学 2 所，在校学生 1051 人、教师 70 人。全村有党员 71 名，其中男 62 名，女 9 名。

0296 大沟乡庄湾村

简　　介：大沟乡庄湾村位于大沟乡北部，地形以山地为主，与孟窑、刘沟村、宋坪村相邻，下辖曹咀、路山、西坡、东坡、韩岔、堡子、页山、候岔、庙川 9 个村民小组，共 470 户，2065 人，其中男 1065 人，女 1000 人。辖内东西最大距离 10 千米，南北最大距离 15 千米，全村总面积 28 平方千米，平均海拔 1800 米，年平均降水量 380 毫米，平均蒸发量 1600 毫米。自然灾害平均两年发生一次，主要发生在四月至七月期间，全村耕地面积 10642 亩，人均 4.7 亩。粮食作物以荞麦、糜、谷类为主，经济作物以蔬菜、洋芋、玉米等为主。全村目前羊饲养量 3000 只，猪 660 头，鸡 5000 只。

0297 郭城驿镇小羊营村

简　　介：郭城驿镇小羊营村位于郭城驿镇南侧，地势开阔，地形以川台地和塬地为主。辖有小南、小北、方寨、田窑、沙嘴、新坪 6 个村民小组，辖区总人口 2546 人，其中男 1324 人，女 1222 人。辖区东西最大距离 5.6 千米，南北最大距离 3 千米，总面积 16.8 平方千米。多年平均气温 9.2℃，年最高气温 34℃，年最低气温 −14℃；年平均降水量 430.5 毫米，年平均蒸发量 1559.3 毫米。全村耕地面积 8200 亩，人均 3.22 亩。粮食作物以小麦、玉米、洋芋为主，经济作物以苹果、黑瓜籽、油料、蔬菜、瓜类、葵花等为主。全村目前牛饲养量 127 头，羊 4210 只，猪 1100 头，鸡 4600 只。有规模养殖户 37 户，蔬菜日光温室 1 座，塑料大棚 2 座，面积达 1.6 亩。农家书屋 1 个，文化活动室 1 个。有小学 1 所，在校学生 32 人，专任教师 11 人。

0298 头寨子镇双坪村

简　　介：头寨子镇双坪村位于头寨镇西北方向，地势开阔，地形以山地为主。辖有牛岔、乱庄等 9 个村民小组，辖区总人口 1348 人，其中男 746 人，女 602 人。辖区东西最大距离 30 千米，南北最大距离 25 千米，总面积 6.1 平方千米。多年平均气温 11℃，年最高气温 30℃，年最低气温 −20℃；年平均降水量 220 毫米，年平均蒸发量 180 毫米。全村耕地面积 7200 亩，人均 4 亩。粮食作物以小麦、玉米、洋芋为主，经济作物以黑瓜籽、瓜类为主。全村目前牛饲养量 2 头，羊 1300 只，猪 300 头，鸡 890 只。有规模养殖 6 户。党员活动室 1 处，有小学 1 所，在校学生 35 人，专任教师 6 人。

0299 大沟乡北山村

简　　介：大沟乡北山村位于大沟乡正南方

向，地势开阔，地形以川台地和塬地为主，辖有红土沟、王集等6个村民小组，辖区总人口1474人，其中男753人，女721人，辖区东西最大距离5千米，南北最大距离4千米，总面积20平方千米，多年平均气温18℃，年最高气温36℃，年最低气温 −20℃，年平均降水量120毫米，年平均蒸发量300毫米。全村耕地面积8320亩，人均5.7亩。粮食作物以小麦、玉米、洋芋为主，经济作物以油料为主。全村目前牛饲养量5头，养1580只，猪342头，鸡1278只。有党员活动室1处，农家书屋1个。

0300 甘沟驿镇河西坡村

简　　介：甘沟驿镇河西坡村位于甘沟驿乡镇西南方向，地势开阔，地形以川台地和塬地为主。辖有下河西、上河西等9个村民小组，辖区总人口2193人，其中男1180人，女1013人。辖区东西最大距离8.7千米，南北最大距离6.8千米，总面积321.3平方千米。多年平均气温9℃，年最高气温34℃，年最低气温 −17℃；年平均降水量340毫米，年平均蒸发量1800毫米。全村耕地面积7034亩，人均3.2亩。粮食作物以小麦、玉米、洋芋为主，经济作物以油料、蔬菜、瓜类为主。全村目前牛饲养量145头，羊2342只，猪643头，鸡10232只。有规模养殖户23户。有文化活动场所1处，党员活动室1处，农家书屋1个，文化活动室1个。有小学1所，在校学生15人，专任教师4人。

0301 老君坡乡吊岔村

简　　介：老君坡乡吊岔村位于老君坡乡南部，距县城40公里，地势开阔，地形以川台地和塬地为主。境内县乡公路、平定高速贯穿而过，南与太平镇青江村毗邻，交通便利，地理位置优越。辖有8个村民小组，424户，1824人，全村总面积7732.57平方千米。年最高气温33℃，年最低气温 −15℃。粮食作物以小麦、玉米、洋芋为主，确保种植收入达到农民收入的30%以上。经济作物以药材、草蓄、蔬菜为主。近年来草蓄产业发展尤为突出，大大增加村民经济收入。新建标准化养殖小区3处以上，每年发展规模养殖户30户以上，同时不断扩大家庭散养的数量和规模。使养殖收入占农民收入的20%以上。有文化活动场所1处，党员活动室1处，农家书屋1个，文化活动室1个。合作医疗参合1568人，新农保参保967人，党员56名。

0302 汉家岔乡花儿岔村

简　　介：汉家岔乡花儿岔村位于汉家岔乡（镇）正东方向，地势开阔，地形以塬地为主。辖有花儿岔、窑沟等7个村民小组，辖区总人口1904人，其中男994人，女910人。辖区东西最大距离7千米，南北最大距离5千米，总面积35平方千米。多年平均气温8℃，年最高气温30℃，年最低气温 −18℃；年平均降水量400毫米，年平均蒸发量1800毫米。全村耕地面积9218亩，人均5.2亩。粮食作物以小麦、玉米、洋芋为主，经济作物以油料为主。全村目前羊饲养量1883只，猪684头，鸡1789只。有党员活动室1处，农家书屋1个，文化活动室1个。有小学1所，在校学生37人，专任教师8人。

0303 土高山乡红湾村

简　　介：土高山乡红湾村位于土高山乡东北方向，地势开阔平坦，以川台地和塬地为主。辖有红湾、东塬、老庄等7个村民小组，辖区总人口2230人，其中男1207人，女1023人。粮食作物以小麦、玉米、洋芋为主，经济作物以油料、洋芋为主。全村目前牛饲养量 180 头，羊 3600 只，猪 460 头，鸡 200 只。有规模养殖户 3 户，面积达 100 亩。有文化活动场所 1 处，党员会议室 1 处，农家书屋 1 个，文化活动室 1 个。

0304 四房吴乡小南岔村

简　　介：四房吴乡小南岔村位于四房吴乡东部，距乡政府 12 公里。全村辖 7 个村民小组，523 户，2913 人。总流域面积为 34.7 平方公里，有耕地 14335 亩，其中机修梯田和沟坝地面积为 7800 亩。地下水资源匮乏，年降水量 300 毫米左右。有村级小学 1 所，在校学生 278 人、教师 12 人。全村有党员 49 名，其中男 46 名，女 3 名。

0305 新添堡回族乡沙家湾村

简　　介：新添堡回族乡沙家湾村是一个纯回民村，位于会宁县城南面 25 公里处，属半干旱温凉区，年均降水量 432.7 毫米，全村共有 7 个村民小组，274 户，1310 人。有耕地面积 6250 亩，其中梯田面积 3000 亩，有退耕还林 3000 亩，退耕还草 1120 亩。玉米种植和劳务经济是该村的两大支柱产业，2013 年农民人均纯收入达到 2700 元。全村有 10 头以上肉牛规模养殖户 10 户，肉牛饲养量达到 500 头，肉羊饲养量达到 1000 只。2014 年计划建成肉牛集中交易市场 1 处，进一步挖掘养殖业增收空间。目前全村在外务工人员达到 500 多人，年均创收 300 万元。参加新型农村合作医疗 1175 人，参加新型农村社会养老保险 592 人，全村养老保险参保率达到 95% 以上，新农合参合率达 90% 以上。

0306 会师镇稍岔村

简　　介：会师镇稍岔村位于县城东侧，距离县城 7 公里，地势开阔，地形以川地和塬地为主，属于典型的半干旱干旱农业耕作区。全村共有南坡、油坊、梁上、周康、大坪 5 个社，总人数 1355 人，其中男 872 人，女 483 人，总面积 6000 多亩。多年平均气温 10℃，年最高气温 28℃，年最低气温零下 15℃；年降水量 180~450 毫米，年蒸发量 2101 毫米。全村耕地面积 5735 亩，人均 4.2 亩。粮食作物以小麦、玉米、洋芋为主，经济作物以黑瓜籽、油料、蔬菜、瓜类为主。全村目前牛饲养量 10 头，羊 1292 只，猪 700 头，鸡 20000 只。有规模养殖户 21 户。有文化活动场所 1 处，党员活动室 1 处，农家书屋 1 个，文化活动室 1 个。

0307 太平店镇大山顶村

简　　介：太平店镇大山顶村位于太平店镇东南方向，地势开阔，地形以川台地为主。辖有王岔、大顶、南湾、宋庄 4 个村民小组，辖区总人口 1392 人，其中男 803 人，女 589 人。辖区东西最大距离 3 千米，南北最大距离 2.7 千米，总面积 8.1 平方千米。多年平均气温 6.3℃，年最高气温 39℃，年最低气温 −18℃；年平均降水量 450 毫米，年平均蒸发量 2700 毫米。全村耕地面积 4392 亩，人均 3.16 亩。粮食作物以小麦、玉米、洋芋为主，经济作物以黑瓜籽、油料、蔬菜、瓜类为主。全村目前牛饲养量 638 头，羊 1258 只，猪 689 头，鸡 1532 只。有规模养殖户 38 户，塑料大棚 66 座，面积达 35 亩。有文化活动场所 1 处，党员活动室 1 处，农家书屋 1 个，文化活动室 1 个。有小学 1 所，在校学生 453 人，专任教师 10 人。

0308 八里湾乡百户村

简　　介：八里湾乡百户村位于八里湾乡中部，地势开阔，以典型的黄土高原地形为主，沟壑纵横。辖有 9 个村民小组，辖区总人口

1723人，其中男860人，女863人。辖区东西最大距离5千米，南北最大距离3千米，总面积24.5平方千米。多年平均气温6.4℃，年最高气温33.5℃，年最低气温-16℃；年平均降水量400毫米，年平均蒸发量1720毫米。全村耕地面积11070亩，人均4.1亩。粮食作物以小麦、玉米、洋芋为主，经济作物以苜蓿、胡麻、中药材、糜子为主。全村目前牛饲养量175头，羊2800只，猪1818头，鸡2200只。有规模养殖户4户。有文化活动场所1处，党员活动室1处，农家书屋1个，文化活动室1个。

0309　翟家所乡翟家所村

简　　介：翟家所乡翟家所村位于会宁县城东南19公里处，全村辖7个村民小组，365户，1356人，党员47名，其中女党员10名。平定高速公路和312国道穿行而过，西兰乌光缆通信过境，交通便利，信息畅通。今年，翟所村党支部围绕党的群众路线教育实践活动，狠抓村组干部作风，不断提升为民富民能力。一是多次组织鼓励村干部参加乡上的培训，使村干部转变了陈旧观念，增强了带富能力，进一步提高了整个班子的素质和服务群众的能力。二是鼓励能人带动。在庄川组流转土地1000亩，发展马铃薯连片规模种植和中药材示范种植，在西川流转土地50亩，新建宏正肉牛养殖场1处，饲养育肥肉牛200头。三是兴办实事。争取县、乡支持，拓宽硬化和王川至陈湾村组公路4公里，目前已经启动；争取资金65万元，对和王川、水岔、西门3处水毁路段进行改造加固。

0310　四房吴乡坡里张家村

简　　介：四房吴乡坡里张家村位于四房吴乡北部，全村辖7个村民小组，418户，2038人。总流域面积为28.5平方公里，有耕地11710亩，其中机修梯田和沟坝地面积为8400亩。地下水资源匮乏，年降水量300毫米左右，年蒸发量1700毫米左右，属旱山塬区，生态脆弱，水土流失严重，自然条件严酷。有村级小学2所，在校学生110人、教师13人。全村有党员52名，其中男44名，女8名。

0311　新添堡回族乡彭家湾村

简　　介：新添堡回族乡彭家湾村坐落于会宁县东南部距离县城有8公里左右。彭湾村是回、汉、东乡三个民族杂居的村，其中回汉两族人口比例为1:1。属半干旱温凉区，年均降水量432.7毫米，全村共有5个村民小组，户籍户数250户，户籍人口1124人。有耕地面积4600亩，其中梯田面积3200亩，有退耕还林600亩，退耕还草300亩。目前全村在外务工人员达到268人。全村公路总里程15.8公里，其中硬化0公里；饮水主要来源于窖水。达到户均一口井。全村养老保险参保率达到95%以上，新农合参合率达98%以上，合作医疗报销比例达到70%以上，基本解决了农民群众看病难、看病贵的问题。

0312　郭城驿镇叶家滩村

简　　介：郭城驿镇叶家滩村位于郭城驿镇东北方向，地势开阔，地形以川台地和塬地为主。辖有叶滩社、湾口社、南湾社、南塬社4个村民小组，辖区总人口1560人，其中男800人，女760人。辖区东西最大距离8千米，南北最大距离5千米，总面积40平方千米。多年平均气温6-9℃，年最高气温30℃，年最低气温-12℃；年平均降水量430.5毫米，年平均蒸发量1559.3毫米。全村耕地面积4700亩，人均3亩。粮食作物以小麦、玉米、洋芋为主，经济作物以黑瓜籽、油料、蔬菜、瓜类为主。全村目前牛饲养量

100 头，羊 2600 只，猪 1400 头，鸡 15000 只。有规模养殖户 6 户。人均纯收入达到 4900 元。有党员活动室 1 处，农家书屋 1 个，文化活动室 1 个。

0313 土高山乡十百户村

简　介：土高山乡十百户村位于土高山乡东北方向，地势开阔平坦，以川地和塬地为主。辖有上庄、下庄、独塬等 4 个村民小组，辖区总人口 1480 人，其中男 760 人，女 7200 人。粮食作物以小麦、玉米、洋芋为主，经济作物以油料、洋芋为主。全村目前牛饲养量 50 头，羊 1600 只，猪 330 头，鸡 120 只。有规模养殖户 2 户，面积达 100 亩。人均纯收入达到 2000 元。党员会议室 1 处，农家书屋 1 个，文化活动室 1 个。有小学 1 所，在校学生 40 人，专任教师 5 人。

0314 柴家门乡北二十里铺村

简　介：柴家门乡北二十里铺村紧邻县城北郊，有 6 个村民小组，共 679 户，3184 人。有劳动力 1800 多人。全村总流域面积 24 平方公里，耕地面积 16038 亩，其中水川地有 7014 亩，退耕还草 513 亩，退耕还林 6349 亩，粮播面积 9176 亩。农作物以小麦、玉米、洋芋、荞麦为主。2012 年种植小麦 430 亩，全膜双垄沟播玉米 603 亩，洋芋 824 亩，养殖业以蛋鸡、生猪、肉羊、肉牛为主，现有蛋鸡存栏 50000 只，肉羊存栏 515 只，肉牛存栏 354 头。

0315 汉家岔乡塔寺岔村

简　介：汉家岔乡塔寺岔村位于汉家岔乡东南方向，地势开阔，地形以川台地和塬地为主。辖有阳山社、寺坪社等 5 个村民小组，辖区总人口 716 人，其中男 360 人，女 356 人。辖区东西最大距离 10 千米，南北最大距离 6 千米，总面积 60 平方千米。多年平均气温 8.5℃，年最高气温 37.5℃，年最低气温 -22℃；年平均降水量 332.6 毫米，年平均蒸发量 1800 毫米。全村耕地面积 3103 亩，人均 3.33 亩。粮食作物以小麦、玉米、洋芋为主，经济作物以黑瓜籽、油料、蔬菜、瓜类为主。全村目前饲养羊 264 只，猪 160 头，鸡 60 只。有规模养殖户 1 户。有文化活动场所 1 处，党员活动室 1 处，农家书屋 1 个，文化活动室 1 个。

0316 党家岘乡党家岘村

简　介：党家岘乡党家岘村位于党岘乡中部，东、北与吕堡村接壤，西邻砖井村，南靠大寨村，是乡政府所在地。地处华家岭北麓，地势较高，海拔 2100 米。辖区农业住户 368 户，人口 1617 人。全村耕地面积 6786.2 亩，主要种植冬小麦、玉米、洋芋等粮食作物，辅以糜子、谷子、胡麻、莜麦等杂粮。近年来随着国家政策的扶持，调整产业结构，大力推广以防风、党参、黄芪为主的药材种植。党岘村现有 7 个村民小组，分别为元坪、大河、红庄、袁堡、王山、党岘、新岘。辖区内共有中学 1 所，有教职工 80 人，专职教师 79 人；小学 1 所，教师 27 人，学生 563 名；教学点 1 个，幼儿园 2 所。另外，村卫生室 1 处。党岘村委会位于新岘社旧街道，村两委班子成员 7 人。村址建设经过 2005 年整村推进项目建设及 2010 年再次扩建，现有党员活动室 1 间，计划生育工作室 1 处、支部办公室、村主任办公室、文书办公室各 1 间，农家书屋 1 处，藏书 1020 册，并配有农村党员现代远程教育设备 1 套。在加强基层阵地建设的同时，村党支部紧紧围绕乡党委工作安排，大抓村级组织建设，现全村有党员 49 名，其中女党员 10 名，党员队伍不断壮大。

0317 土门岘乡土门岘村

简　　介：土门岘乡土门岘村位于土门岘乡（镇）正西方向，地势开阔，地形以川台地和塬地为主。辖有上窝窝、张岔等7个村民小组，辖区总人口2555人，其中男1260人，女1295人。辖区东西最大距离13千米，南北最大距离5千米，总面积65平方千米。多年平均气温13℃，年最高气温32℃，年最低气温-12℃；年平均降水量820毫米，年平均蒸发量1300毫米。全村耕地面积13190亩，人均5亩。粮食作物以小麦、玉米、洋芋为主，经济作物以黑瓜籽、油料、蔬菜、瓜类为主。全村目前饲养羊2110只，猪735头，鸡1500只。有规模养殖户21户。有文化活动场所1处，党员活动室1处，农家书屋1个，文化活动室1个。有小学1所，在校学生320人，专任教师25人。

0318 中川乡中川村

简　　介：中川村是中川乡四个川区村之一，位于会宁县城以南23公里处，是乡政府驻地村，窝华公路穿村而过，交通较为便利。全村有10个村民小组，618户，2625人，劳动力1558人，耕地面积11674亩，其中川地910亩，梯田7800亩，退耕林地面积847亩，退耕还草756亩。2013年全村农民人均收入4360元，较上年增长12.84%。村党委下设4个组党支部、1个养殖协会党支部，共有党员86名。近年来，中川村以双联行动为载体，理清发展思路，调整产业结构，完善基础设施，实现了全村经济社会的快速发展。

0319 郭城驿镇驮营村

简　　介：郭城驿镇驮营村位于镇区北部，北面靖远县大芦乡大芦村，西面新庄，东面中砂沟村，全村总流域面积25平方公里。辖有东湾、砂沟、尚湾、丼沟、红崖、辽坡、驮营山根8个村民小组，856户，4022人，全村男1812人，女2210人，辖区东西长3.5公里，南北长7公里。全村共有土地16800亩，其中耕地面积11035.42亩，基本农田10800亩，人均2.6亩。平均海拔为1300米，属温带干旱大陆季风性气候。祖厉河穿村而过，日照时数长，蒸发量大。粮食作物以小麦、玉米、洋芋为主，经济作物以果树、沙田西瓜、仔瓜、蔬菜为主。全村目前牛饲养量95头，羊4508只，猪1500头，鸡26000只。有规模养殖户45户。全村有马铃薯购销协会1家，村卫生室1所，村级中心小学2所。现有党支部3个，党员人数90人（其中男82人，女8人）。35岁以下24人，36岁至55岁45人，56岁以上21人。近年来，通过种植早熟洋芋套种玉米、砂田西瓜、籽瓜和引进新品种核桃树、枣树、果树和发展牛、羊、猪等养殖增加农民收入。

0320 郭城驿镇大羊营村

简　　介：郭城驿镇大羊营村位于清凉山脚，毗邻镇区北部，属靖会灌区，郭巉公路贯穿全村，交通便利，区位优势明显。总流域面积24.8平方公里，耕地面积5600亩，其中水浇地3600亩。辖4个村民小组，农户440户，2072人。农作物种植以小麦、早熟洋芋套种玉米、大豆、设施蔬菜为主。现有村级小学1所，村卫生室1所，驻村企业8家（大型蔬菜冷藏库1处、农用地膜公司1家、大型砖厂1家、小型沙场3家、小型彩钢厂1家、小型食品加工厂1家）。村党总支下设4个党小组，党员59人（其中女党员14人）。

0321 河畔镇河畔村

简　　介：河畔镇河畔村级综合服务中心位

于河畔村二社，建筑面积 960 平方米，总投资金额 170 多万元，于 2013 年底全面完成建设并投入使用。村上设有村两委办公室、会议室、村党员活动室、村计生工作室、村计生服务室、农家书屋、农业综合服务站、互助老人幸福院等服务部门，并配套 800 平方米文化广场及篮球场，安装太阳能照明灯 20 盏及绿化。河畔村综合服务中心的投入使用，从根本上改善了村级办公阵地面貌，极大地方便了当地群众，更好地为广大群众服务。

0322 头寨子镇塬边村

简　　介：头寨子镇塬边村位于头寨镇西北方向，地势开阔，地形以山地为主。辖有塬边、乱沟等 8 个村民小组，辖区总人口 1785 人，其中男 960 人，女 815 人。辖区东西最大距离 16 千米，南北最大距离 15 千米，总面积 240 平方千米。多年平均气温 11℃，年最高气温 30℃，年最低气温 -20℃；年平均降水量 220 毫米，年平均蒸发量 180 毫米。全村耕地面积 10670 亩，人均 6 亩。粮食作物以小麦、豌豆、洋芋为主，经济作物以玉米、胡麻为主。全村目前牛饲养量 4 头，羊 2700 只，猪 520 头，鸡 1000 只。有规模养殖户 3 户。党员活动室 1 处，有小学 1 所，在校学生 5 人，专任教师 1 人。

0323 甘沟驿镇袁岸岔村

简　　介：甘沟驿镇袁岸岔村位于会宁县甘沟驿镇东南方向，地势开阔，地形以川台地和塬地为主。辖有上东社、上去社等 8 个村民小组，辖区总人口 1779 人，其中男 982 人，女 797 人。辖区东西最大距离 4 千米，南北最大距离 10 千米，总面积 40 平方千米。多年平均气温 8℃，年最高气温 34℃，年最低气温 -14℃；年平均降水量 330 毫米，年平均蒸发量 1750 毫米。全村耕地面积 9821 亩，人均 5.5 亩。粮食作物以小麦、玉米、洋芋为主，经济作物以油料为主。全村目前牛饲养量 65 头，羊 1820 只，猪 630 头，鸡 9000 只。有规模养殖户 1 户。有文化活动场所 1 处，党员活动室 1 处，农家书屋 1 个，文化活动室 1 个。有小学 1 所，在校学生 10 人，专任教师 5 人。

0324 老君坡乡谢家岔村

简　　介：老君坡乡谢家岔村位于老君坡乡北部，粮食作物以小麦、玉米、洋芋为主，确保种植收入达到农民收入的 30% 以上。年最高气温 33℃，年最低气温 -15℃。经济作物以药材、草蓿、蔬菜为主。近年来草蓿产业发展尤为突出，大大增加村民经济收入。新建标准化养殖小区 3 处以上，每年发展规模养殖户 30 户以上，同时不断扩大家庭散养的数量和规模。距乡镇 13 公里，流域面积 12 平方公里，耕地面积 7383 亩，其中梯田面积 6940 亩，退耕还林 1030 亩。全村有 7 个村民小组，379 户，1650 人。

0325 韩家集乡东西坡村

简　　介：韩家集乡东西坡村位于韩家集乡东南部，距乡政府所在地 10.6 公里，全村总流域面积 13.3 平方公里，全村共辖东坡杨、东坡、唐坊、受曲、刘曲、西坡、西坡湾、金盆川等 8 个村民小组，有农户 345 户，总人口 1407 人，男性 907 人，女性 500 人。有党员 42 人，其中女党员 4 人，35 岁以下 7 人，36~45 岁 5 人，46~54 岁 5 人，55~59 岁 8 人，60 岁以上 17 人，全村耕地面积 6977 亩，共有退耕还林 3922 亩，荒山造林 4080 亩。全村全膜玉米种植面积达到 3885 亩，马铃薯种植面积达到 1700 亩。有文化活动场所 1 处，党员活动室 1 处，农家书屋

1个，文化活动室1个。

0326　郭城驿镇扎子塬村

简　　介：郭城驿镇扎子塬村位于郭城驿东北部，地势开阔，地形以山塬地为主。辖有头塬、朱李、北塬、南塬、野里、上岔6个村民小组，辖区总人口2780人，其中男1410人，女1370人。辖区东西最大距离20千米，南北最大距离15千米，总面积300平方千米。多年平均气温6~9℃，年最高气温29℃，年最低气温-12℃；年平均降水量180-450毫米，年平均蒸发量1559.3毫米。全村耕地面积20000亩，人均7.2亩。粮食作物以玉米为主，经济作物以旱砂田瓜类为主。全村目前牛饲养量300头，羊3500只，猪1200头，鸡8000只，有规模养殖户30户。有党员活动室1处，农家书屋1个。有村小学1所，在校学生100人，专任教师10人。

0327　丁家沟乡金滩村

简　　介：丁家沟乡金滩村位于丁家沟乡的西部，南邻慢湾村，北接会师镇范湾村。海拔在1775~2500米之间，平均气温6~7℃。年降雨量350毫米左右。共辖8个村民小组，351户，1507人，党员35人，女党员2人。耕地面积8206亩，人均5.5亩，基本实现了全村梯田化。沼气建设141座，户户通普及全村。村民经济收入以农业为主，农作物种类主要有马铃薯、冬小麦、玉米、小杂粮等，紫花苜蓿等饲草留床面积1000亩，天然草原面积5990亩，牛饲养量达到360头，羊饲养量达到580只，猪饲养量达到350头，劳务输出391人。

0328　杨崖集乡库家河村

简　　介：会宁县杨崖集乡库家河村位于杨集乡南部，总流域面积为14平方千米，属贫瘠陡峭的黄土地貌区。现辖库河、小岔、三合、水湾、代西、代东、张坪、贾堡、河岔9个村民小组393户，1806人，其中有劳动力980人。2013年全村新农合参合人数1765人，参合率为97.7%；新农保参保率96%。共有党员41人，入党积极分子4人，村干部3人，村"两委"班子8人。全村有宜林地2600亩，有林地700亩，未成林地1900亩。有耕地面积7695亩，人均4.2亩，其中梯田1800亩，人均1亩。人均占有粮食1500斤。全村现有规模化养殖户6户，分散养殖户76户。现有公共设施3处：120平方米的村办公室，100平米的村卫生室1处，6000平方米的砖土木结构学校1处。现有学生105人，教师10名。

0329　头寨子镇头寨子村

简　　介：头寨子镇头寨子村与头寨镇政府为邻，辖有头寨村东坪社、西社、南社、黑庄社等7个村民小组，辖区现有农户622户，总人口2984人，其中男1654人，女1330人。地势开阔，地形以川台地和塬地为主，海拔2000米，西北干旱气候特征明显，土壤以黄绵土、红胶土为主。耕地总面积8014亩，其中水地5217亩、砂地1860亩，以种植业、养殖业和劳务输转为主导产业。多年平均气温10℃左右，年最高气温30℃，年最低气温-10℃；年平均降水量180~450毫米，年平均蒸发量1000~1500毫米。全村耕地面积8014亩，人均3.01亩。粮食作物以小麦、玉米、洋芋为主，经济作物以黑瓜籽、油料、蔬菜、瓜类为主。全村目前羊量达到2万只，猪700头，鸡12只。有规模养殖户22户。有文化活动场所1处，党员活动室1处，农家书屋1个，文化活动室1个。有中小学各1所，在校学生1700人，专任教师80人。

0330 刘家寨子乡刘家寨子村

简　　介：刘家寨子乡刘家寨子村位于乡政府驻地，东靠寨柯村、西接李寨村、北连陈庄村、南临张湾村。全村有5个村民小组，总户数318户，总人口1267人，有劳动力728人。耕地面积6216亩，全村农作物以小麦、玉米、洋芋为主。近年来，全村积极发展养殖业，以生猪、肉羊为主，现生猪存栏500头，肉羊存栏3000只。

0331 丁家沟乡沈家岇村

简　　介：丁家沟乡沈家岇村位于丁家沟乡南部，南邻马家岔村，东靠线川村，北与窑沟村接壤。海拔在1760~2500米之间，平均气温6~7℃。年降雨量350毫米左右。全村有8个村民小组，409户，1877人，其中劳动力860人，占全村总人中45.8%。村内有六年制小学1所，在校学生39人，专任教师8人。党员活动室1处，农家书屋1个，村卫生室1个。流域面积14.7平方公里，耕地面积6287亩，人均3.3亩，现有水窖685眼，村经济收入以农业为主，粮播面积稳定在5897亩，种植品种主要有马铃薯、冬小麦、玉米、小杂粮等；紫花苜蓿等饲草留床面积1200亩，天然草原面积528亩，牛饲养量750头，羊饲养量1300只，猪饲养量620头。劳务输出539人。

0332 新庄乡新庄村

简　　介：新庄乡新庄村处于全乡中部，位于新庄乡政府所在地，距县城以北90多公里处。全村辖9个村民小组，其中旱山塬区7个小组，2个沟区小组，塬区小组交通条件较好，沟区山大沟深，交通条件十分不便利。全村共有556户，2658人。总流域面积42.5平方公里，全村有基本农田14506亩，退耕还林2704亩，还草1027亩。海拔1900多米，年降雨量小，蒸发量大，干旱少雨，属典型的干旱贫困山塬村。近几年有效利用退耕还林、还草工程建设，大面积种植籽花苜蓿和玉米秸杆等丰富的饲草资源，大力发展养殖业，劳务输出也是该村的主要经济收入来源。

0333 土高山乡程家塬村

简　　介：土高山乡程塬村位于土高山乡正东方向，地势开阔平坦，前与广场相邻，辖有下社、上社、大寨、小寨、中寨、告岭、高庙、苏堡、石咀等9个村民小组，辖区总人口2580人，其中男1380人，女1200人。全年气温较低，年降水量较少，干旱严重，主要发生在二月之五月期间。粮食作物以小麦、玉米、洋芋为主，经济作物以油料、洋芋为主。全村目前牛饲养量200头，羊4600只，猪590头，鸡300只。有规模养殖户5户，面积达200亩。有文化活动场所2处，党员会议室1处，农家书屋1个，文化活动室1个。有小学2所，幼儿园1所，中学1所，在校学生680人，专任教师56人。

0334 土门岘乡张家沟村

简　　介：土门岘乡张家沟村位于土门岘乡正南方向，地势开阔，地形以川台地和塬地为主。辖有张沟、赵岔等4个村民小组，辖区总人口1002人，其中男524人，478人。辖区东西最大距离11千米，南北最大距离5千米，总面积55平方千米。多年平均气温12℃，年最高气温31℃，年最低气温-13℃；年平均降水量900毫米，年平均蒸发量1300毫米。全村耕地面积6000亩，人均6亩。粮食作物以小麦、玉米、洋芋为主，经济作物以黑瓜籽、油料、蔬菜、瓜类为主。全村目前饲养羊940只，猪302头，鸡1200只。有规模养殖户2户，人均纯收入达到2300元。

有党员活动室1处，农家书屋1个，文化活动室1个。

0335 老君坡乡谢家埂子村

简　　介：老君坡乡谢家埂村辖7个村民小组，共有农户416户，人口1998人，共有党员47人，入党积极分子1人。总耕地面积9974亩，人均4.1亩，有五保户16户，低保户98户，参加新型合作医疗1576人，参加养老保险659人。劳务输出379人，近年来草畜产业发展尤为突出，大大增加村民经济收入。新建标准化养殖小区3处以上，每年发展规模养殖户30户以上，同时不断扩大家庭散养的数量和规模。全村积极发展养殖，共养牛308头，养猪480头，养羊3625只；共有水窖420眼，水井15眼。全村年种植地膜约3600亩，紫花苜蓿1200亩，退耕还林725亩。

0336 新塬乡孟家塬村

简　　介：新塬乡孟家塬村位于新塬乡南面，村委会距乡政府驻地4.5公里，全村总流域面积17.6平方公里，耕地面积7819亩，其中山坡地面积6324亩，川地面积760亩，塬地面积355亩，梯田面积380亩。天然草原面积1.12万亩。全村有7个村民小组，231户，1055人，劳动力660人。全村党员39名。全村经济收入以种植、畜牧养殖、劳务输出为主。

0337 大沟乡大沟村

简　　介：大沟乡大沟村位于大沟乡中部，是全乡的政治经济文化中心。现有东街组、西街组、塔岔组、阳路组、马湾组5个村民小组，257户，1042人，其中男584人，女458人。总劳动力人数672人。多年平均气温8~12℃，最高气温34℃，年最低气温-20℃。全村耕地面积5130亩，人均4.9亩。粮食作物以玉米、洋芋为主，全村目前羊饲养量5000只，猪600头，鸡2000只。有规模养殖户3户。全村共有党员41人，其中女党员4人，60岁以上的老党员18人。农家书屋1个，有小学1所，在校学生468人，专任教师32人。

0338 八里湾乡陈家弄村

简　　介：八里湾乡陈家弄村位于八里湾乡（镇）西北方向，地势开阔，地形以川台地和塬地为主。辖有河畔、西山、武湾、大坟滩、上湾5个村民小组，辖区总人口860人，其中男440人，女420人。辖区东西最大距离2千米，南北最大距离5千米，总面积10平方千米。多年平均气温6.4℃，年最高气温33.5℃，年最低气温-16℃；年平均降水量400毫米，年平均蒸发量1720毫米。全村耕地面积3800亩，人均4.5亩。粮食作物以小麦、玉米、洋芋为主，经济作物以黑瓜籽、油料、蔬菜、瓜类为主。全村目前牛饲养量100头，羊1000只，猪200头，鸡500只，有规模养殖户6户。有文化活动场所1处，党员活动室1处，农家书屋1个，文化活动室1个。有小学1所，在校学生100人，专任教师6人。

0339 土高山乡上沟村

简　　介：土高山乡上沟村位于土高山乡正东方向，地势开阔平坦，辖有上沟、郭沟等6个村民小组，辖区总人口1120人，其中男610人，女510人。全年气温较低，年降水量较少，干旱严重，主要发生在二月至五月期间。粮食作物以小麦、玉米、洋芋为主，经济作物以油料、洋芋为主。全村目前牛饲养量200头，羊4600只，猪248头，鸡300只。有规模养殖户5户，面积达200亩。党员会议室 1 处，农家书屋 1 个，文化活动室 1 个。有小学 1 所，在校学生 40 人，专任教师 5 人。

0340 党家岘乡梁家河村

简　介：党家岘乡梁家河村位于党家岘乡东南方向，地势开阔，地形以山地为主。辖有上河组、中河组、下河组、石岔组、张湾组、姚湾组、后梁组、花园组、老庄组、窝坨组、郑湾组、辽瓜组、上舂组、大湾组 14 个村民小组，辖区总人口 2768 人，其中男 1418 人，女 1350 人。辖区东西最大距离 11 千米，南北最大距离 4.1 千米，总面积 23.5 平方千米。多年平均气温 6~7℃，年最高气温 29℃，年最低气温 −24℃；年平均降水量 400~500 毫米，年平均蒸发量 450~550 毫米。全村耕地面积 13120 亩，人均 4.75 亩。粮食作物以小麦、玉米、洋芋为主，经济作物以油料、豆类、药材为主。全村目前牛饲养量 1276 头，羊 4090 只，猪 1650 头，鸡 3500 只。有规模养殖户 6 户。人均纯收入达到 2100 元。有党员活动室 1 处，农家书屋 1 个，文化活动室 1 个。有小学 1 所，在校学生 60 人，专任教师 6 人。

0341 河畔镇两迎水村

简　介：河畔镇两迎水村位于河畔镇西部，属靖会灌区，村域面积 20 平方公里。全村有 10 个村民小组，3810 人，农村劳动力 1860 人，其中外出务工 970 人。全村现有耕地 9586 亩，其中水田 7415 亩，涉及八个村民小组，旱地 2171 亩，人均水地 1.4 亩。全村以种养殖业、劳务输出为主导产业，主要种植小麦、玉米、马铃薯等作物。2014 年我村积极响应全县号召，调整种植结构发展林果经济，种植苹果 163.8 亩，核桃 68.36 亩。

0342 新添堡回族乡炭山沟村

简　介：新添堡回族乡炭山沟村是一个回汉杂居村。全村共有 5 个村民小组，241 户，1050 人。有耕地面积 5878 亩，其中梯田面积 2100 亩，有退耕还林 1470 亩，退耕还草 3000 亩。玉米种植、肉牛养殖和劳务经济是该村的三大支柱产业，年均推广全膜双垄沟播玉米 2600 亩以上。全村有肉羊养殖专业合作社 3 家，10 头以上肉牛规模养殖户 2 户，肉牛饲养量达到 600 只，肉羊饲养量达到 1500 只。全村在外务工人员达到 500 多人，年均创收 250 万元。全村养老保险参保率达到 95% 以上，新农合参合率达 98% 以上，合作医疗报销比例达 70% 以上。现有小学 1 所，有教职工 4 人，在校学生达 30 人，学龄儿童入学率达到 100%。建成农家书屋 1 个，藏书达到 1000 多册，建成标准化村卫生室 1 个。

0343 翟家所乡观音庙村

简　介：翟家所乡观音庙村位于翟家所乡西南部，距国道 312 线 2 公里，建设中的平定高速公路横穿该村，交通便利。共辖 8 个村民小组，320 户，1422 人，耕地总面积 5804 亩，其中旱川地 1100 亩。种植业以全膜双垄玉米、马铃薯为主，养殖业以舍饲养牛为主。2013 年，由能人牵头成立甘肃金乐康中药材种植发展有限公司，在观音杨岔集中连片种植中药材 200 亩，粮食总产量为 20.8 万公斤，人均 146 公斤。

0344 侯家川乡葛家滩村

简　介：侯家川乡葛家滩村位于会宁县侯家川乡西部，属渭河流域，总流域面积为 19.2 平方公里，辖 10 个村民小组，565 户，2792 人，全村现有耕地面积 22116 亩，人均 3.6 亩；其中梯田 3689 亩，人均仅有 0.96 亩。

海拔在 1800~2000 米之间，属会宁南部半湿润气候区，年降雨量 500 毫米左右，年蒸发量 1400 毫米。现有村级小学一座，农作物主要是冬（春）小麦、豌（扁）豆、玉米、油（荞）麦、糜谷、胡麻、洋芋等，地下水资源较为丰富。养殖业以鸡、羊、猪、牛为主。

0345 中川乡高陵村

简　　介：中川乡高陵村是中川乡四个川区村之一，位于会宁县城以南 20 公里处，窝华公路穿村而过，交通较为便利。全村有 8 个村民小组，509 户，2078 人，劳动力 1453 人，耕地面积 8903 亩，退耕林地面积 2701 亩，饲草种植面积 1107 亩。村党总支下设 5 个组党支部，共有党员 63 名。近年来，高陵村以双联行动为载体，理清发展思路，调整产业结构，完善基础设施，实现了全村经济社会的快速发展。

0346 柴家门乡孙家弆村

简　　介：柴家门乡孙家弆村位于柴家门乡政府所在地以东，距县城 20 公里。孙家弆村所辖 4 个村民小组（社），240 户，920 人，贫困户数 72 户，总流域面积 42.8 平方公里，耕地面积 8700 亩（其中梯田 4500 亩），另外退耕还林面积 1674 亩，天然草原面积 11563.7 亩。当前村内共有水窖 580 眼，勉强支撑人畜饮水。流动人口 246 人，全村共有党员 30 名，农民专业合作经济组织 6 户。

0347 白草塬乡九百户村

简　　介：白草塬乡九百户村辖西塬社、小东社、小西社、十百户社、园艺社、长征社、七百户社、九南社、九北社共 9 个社。617 户，2846 人，党员 52 人。有耕地 7214 亩。1、西塬社现有 76 户，340 人；现有耕地面积 740 亩，其中水浇地 697 亩，旱地 43 亩；社内支渠 1.2 公里，泵房 2 座，全部改建。2、小东社现有 56 户，300 人；现有耕地面积 831 亩，其中水浇地 682 亩，旱地 149 亩；社内支渠 1 公里。3、小西社现有 51 户，233 人；现有耕地面积 766 亩，其中水浇地 628 亩，旱地 138 亩；社内支渠 1 公里。4、十百户社现有 109 户，518 人；现有耕地面积 1076 亩，其中水浇地 882 亩，旱地 194 亩；社内支渠 5.3 公里，已衬砌 0.7 公里，需衬砌 2 公里。5、七百户社现有 110 户，499 人；现有耕地面积 1424 亩，其中水浇地 1168 亩，旱地 256 亩；社内支渠 2 公里，已衬砌 1 公里，需衬砌 1 公里。6、长征社现有 72 户，321 人；现有耕地面积 699 亩，其中水浇地 575 亩，旱地 124 亩；社内支渠 1.5 公里，需衬砌。7、九南社现有 51 户，223 人；现有耕地面积 756 亩，其中水浇地 620 亩，旱地 136 亩；社内支渠 1 公里。8、九北社现有 60 户，262 人；现有耕地面积 742 亩，其中水浇地 608 亩，旱地 134 亩；社内支渠 2 公里。9、园艺社现有 32 户，150 人；现有耕地面积 180 亩，其中水浇地 180 亩，社内支渠 2 公里。

0348 白草塬乡上树儿王村

简　　介：白草塬乡上树儿王村辖西寨社、北寨社、东寨社、杨西社、树西社、树东社、刘川社、杨新、杨武等九个社，现有 601 户，3025 人。上树儿王村党支部现有党员 39 个，其中女 4 个，35 岁以下 10 人，30 岁到 60 岁 18 人，60 岁以上 11 人，本科生 6 人，专科、中专 6 人，初中及初中以下 27 人。全村以种植、养殖业为主，有耕地 10010 亩，其中水地占 6250 亩，有泵房 6 座，支渠 15 公里，村址 1 处，小学 1 所。

0349 杨崖集乡杨崖集村

简　　介：杨崖集乡杨崖集村位于杨集乡政

府所在地，北靠北坪村，南靠库河村北山社，东与东阳村阳关岔接壤，西与姚坡村吴川社相连，大周公路穿村而过。全村辖田岔、黑庄、下街、上街、小岔、剪岔、大湾、中庄共8个村民小组，468户，2133人。现有劳动力1100人。全村现有党员57人，入党积极分子5人，预备党员3人，村干部3人，"两委"委员人数12人。全村有林地面积3345.3亩，其中宜林地1307.5亩，有林地753亩，未成林1279.5亩，现有耕地面积9550亩，人均4.5亩，梯田面积5800亩，人均2.7亩。全村现有中心小学1所，村卫生所1所，村办公楼1栋。农网改造468户，改造率为100%。现有养殖大户12户，其中养猪户7户，养羊户2户，养牛户1户，有养殖小区2处，空心砖厂1处。

0350 会师镇西岩村

简　　介：会师镇西岩村位于会宁县城西部，距离县城5公里，线道323线纵贯全境。地势开阔，地形以山地和塬地为主。全村共辖有任门，大湾等11个村民小组，辖区总人口458户2382人，其中男1211人，女1171人。辖区东西最大距离12千米，南北最大距离6千米，总面积32平方千米。多年平均气温14℃，年最低气温-20℃；年平均降水量410毫米，年平均蒸发量1510毫米。自然灾害主要有旱灾、冰雹、风灾、低温、霜冻、洪灾等。旱灾平均两年发生一次，主要发生在二月至五月期间。全村现有耕地面积9924亩（其中梯田3210亩），退耕还林9630亩。人均3.2亩。粮食作物以小麦、玉米、洋芋为主，全村目前牛饲养量700头，羊6300只，猪6000头，鸡1.8万只。有规模养殖户25户。有文化活动场所1处，党员活动室1处，农家书屋1个，文化活动室1个。

0351 土门岘乡苏家堡村

简　　介：土门岘乡苏家堡村位于会宁县土门岘乡西北方向，地势开阔，地形以川台地和塬地为主。辖有陈塬、李塬等9个村民小组，辖区总人口2720人，其中男1410人，女1310人。辖区东西最大距离15千米，南北最大距离4千米，总面积60平方千米。多年平均气温11℃，年最高气温31℃，年最低气温-15℃；年平均降水量900毫米，年平均蒸发量1450毫米。自然灾害主要有旱灾、冰雹、风灾、低温、霜冻、洪灾等。旱灾平均两年发生一次，主要发生在二月至五月期间。全村耕地面积14288亩，人均5.7亩。粮食作物以小麦、玉米、洋芋为主，经济作物以黑瓜籽、油料、蔬菜、瓜类为主。全村目前牛饲养量30头，羊500只，猪1100头，鸡4230只，有规模养殖户3户。有文化活动场所1处，党员活动室1处，农家书屋1个，文化活动室1个。有小学1所，在校学生50人，专任教师12人。

0352 党家岘乡砖井村

简　　介：党家岘乡砖井村位于党家岘乡北部，东与党岘村接壤，北与翟家所乡相邻，南靠党家岘乡新民村，西与侯川乡接壤。地势开阔，地形以川台地和塬地为主。耕地面积8080亩，住户385户，辖区总人口2020人，其中男987人，女1033人。辖区东西最大距离5千米，南北最大距离3.5千米，总面积17.5平方千米，年平均气温11℃，年最高气温36℃，年最低气温零下25℃；年平均降水量112毫米，年平均蒸发量240毫米。粮食作物以冬小麦、玉米为主，经济作物以胡麻、洋芋、谷类作物为主。

0353 郭城驿镇新堡子村

简　　介：郭城驿镇新堡子村位于郭城驿镇

政府所在地，地势开阔，地形以川台地为主。辖有新堡、新桥、新立、河沿、沙梁、古城6个村民小组，辖区总人口3010人，其中男1478人，女1532人。辖区东西最大距离20千米，南北最大距离10千米，总面积200平方千米。多年平均气温6~9℃，年最高气温29℃，年最低气温-12℃；年平均降水量180~450毫米，年平均蒸发量1559.3毫米。全村耕地面积5056亩，人均1.27亩。粮食作物以小麦、玉米、洋芋为主，经济作物以果树、油料、蔬菜为主。全村目前牛饲养量300头，羊3500只，猪1200头，鸡8000只。有规模养殖户30户。有党员活动室1处，农家书屋1个。有中心小学1所，在校学生800人，专任教师55人。

0354 会师镇南家咀头村

简　　介：会师镇南家咀头村位于会宁县会师镇南部，是会师镇新农村建设试点村，全村共辖6个村民小组，有农户555户，总人口2563人，流域面积27平方公里，有耕地面积10581亩，其中退耕还林7980亩，梯田1500亩。年降雨量不足300毫米。农作物种植以全膜玉米、马铃薯、小杂粮等为主，2014年全村社会总产值达1420.9万元。全村共有党员66名，村党总支和村委会成员9名：党总支5人，村委会4人。现有一处农家书屋图书1400册。老年人活动中心1所，文化大院1所，党员活动室1室，年培训农民600人（次），全村输出劳务840人（次），实现劳务收入240万元。全村现有规模养猪大户12户，规模养鸡户3户，奶牛养殖户1户，发展示范养牛户34户。全村发展蔬菜大棚450座。农村医疗参合人数2130人，达到全村人数的98%以上。有小学1所，在校学生62人，专职教师13人。

0355 党家岘乡上秀村

简　　介：党家岘乡上秀村位于党岘乡（镇）东北方向，地势开阔，地形以川台地和塬地为主。辖有簸箕社、大湾社、范湾社、高湾社、上秀社、东坡社、西坡社、麻岔社等8个村民小组，辖区总人口2100人，其中男1100人，女1000人。辖区东西最大距离30千米，南北最大距离22千米，总面积570平方千米。多年平均气温7℃，年最高气温37℃，年最低气温-12℃；年平均降水量300毫米，年平均蒸发量1800毫米。全村耕地面积8298亩，人均3.95亩。粮食作物以小麦、玉米、洋芋为主，经济作物以黑瓜籽、油料、蔬菜、瓜类为主。全村目前牛饲养量120头，羊1120只，猪500头，鸡4500只。有规模养殖户5户。有文化活动场所1处，党员活动室1处，农家书屋1个，文化活动室1个。有小学1所，在校学生98人，专任教师9人。

0356 草滩乡油坊沟村

简　　介：草滩乡油坊沟村位于草滩乡东北部，呈南北走向，北接平川区复兴乡，东南接刘寨乡。共辖7个村民小组：高原、路沟、宽岔、冯塬、油房沟、柴塬、苗塬，有农户477户，2345人。有耕地面积11394亩，其中山坡地9130亩，梯田2094亩。近年来不断扩大全膜双垄沟播技术，扩大玉米、洋芋等高产作物的种植面积，动员鼓励群众退耕还草，以草养牧，以牧养家。

0357 河畔镇车家川村

简　　介：河畔镇车家川村位于河畔镇东南引黄灌区，地势开阔，地形以川台地和塬地为主。辖有车川、朱河、土木川、土木岘、关河、关堡、关湾、春岘、慢牛坡9个村民小组，辖区总人口2880人，其中男1428人，女1452人。辖区东西最大距离12千米，南北最大距离 6 千米，总面积 35.8 平方千米。多年平均气温 15℃，年最高气温 32℃，年最低气温 -18℃；年平均降水量 260 毫米，年平均蒸发量 200 毫米。全村耕地面积 9000 亩，其中水浇地 2550 亩，旱地 6450 亩，人均 3.125 亩。粮食作物以小麦、玉米、洋芋为主，经济作物以经济林、黄豆、胡麻、瓜类为主。全村目前牛饲养量 120 头，羊 6400 只，猪 3245 头，鸡 20000 只。有规模种植户 58 户，规模养殖户 70 户。有文化活动场所 1 处，党员活动室 1 处，农家书屋 1 个，文化活动室 1 个。2013 年农村医疗救助 37 人次。有小学（朱河小学）1 所，在校学生 13 人，专任教师 3 人。

0358　四房吴乡大房吴村

简　　介：四房吴乡大房吴村位于四房吴乡南部，距乡政府 15 公里。全村辖 8 个村民小组，438 户，1860 人。总流域面积为 30.5 平方公里，有耕地 12590 亩，其中机修梯田和沟坝地面积为 4150 亩。地下水资源匮乏，年降水量 300 毫米左右，年蒸发量 1700 毫米左右，属旱山塬区，生态脆弱，水土流失严重，自然条件严酷。有村级小学 2 所，在校学生 140 人，教师 18 人。全村有党员 57 名，其中男 54 名，女 3 名。

0359　大沟乡王家集村

简　　介：大沟乡王家集村位于大沟乡正南方向，地势开阔，地形以川台地和塬地为主，辖有红土沟、王集等 6 个村民小组，辖区总人口 1474 人，其中男 753 人，女 721 人，辖区东西最大距离 5 千米，南北最大距离 4 千米，总面积 20 平方千米，多年平均气温 18℃，年最高气温 36℃，年最低气温 -20℃，年平均降水量 120 毫米，年平均蒸发量 300 毫米。全村耕地面积 8320 亩，人均 5.7 亩。粮食作物以小麦、玉米、洋芋为主，经济作物以油料为主。全村目前牛饲养量 5 头，养 1580 只，猪 342 头，鸡 1278 只。有党员活动室 1 处，农家书屋 1 个。

0360　老君坡乡沙家寨子村

简　　介：老君坡乡沙家寨子村位于老君坡乡中东部，共有 10 个村民小组，482 户，2247 人，合作医疗参合 2102 人，新农保参保 1123 人。粮食作物以小麦、玉米、洋芋为主，确保种植收入达到农民收入的 30% 以上。经济作物以药材、草蓄、蔬菜为主。近年来草蓄产业发展尤为突出，大大增加村民经济收入。占有耕地面积 8950.5 亩，其中退耕还林面积 348.42 亩，紫花苜蓿面积 1300 亩，梯田 6500 亩。全村现有标准化养殖小区 2 处，规模养殖户 4 户。

0361　郭城驿镇红堡子村

简　　介：郭城驿镇红堡子村位于会宁县北部，毗邻郭城驿镇镇区。是古丝绸之路商贾云集的通道，是红军长征会宁会师驻扎战斗过的地方，属靖会高扬程灌区，省道 207 线穿境而过。全村辖有 9 个村民小组，辖区总人口 5280 人，南北距离 2.5 千米，总面积 25 平方千米。多年平均气温 6~9℃，年最高气温 29℃，年最低气温 -12℃；年平均降水量 180~450 毫米，年平均蒸发量 1559.3 毫米。全村耕地面积 9600 亩，人均 1.8 亩。全村目前牛饲养量 663 头，羊 3796 只，猪 1818 头，鸡 14000 只。有规模养殖户 30 户。红堡子村建成以村委会办公楼、文化剧院于一体，占地 3000 多平方米的集办公与文化活动为一体的场地 1 处，新建文化广场 5400 平方米，内设文化舞台、文化书屋、文化墙、文化长廊、健身场、文化休闲区。本村有村九年制学校 1 所，在校学生 328 人，专任教师 38 人。

0362 八里湾乡旮旯村

简　　介：八里湾乡旮旯村位于会宁县八里湾乡西北方向，地势狭长，地形以山地为主。辖有旮旯、油坊、刘湾、西坡、吊坪、薛湾、新庄、田坡、范川等9个村民小组，辖区总人口2024人，421户。总面积10.4平方千米。多年平均气温6.4℃，年最高气温33.5℃，年最低气温 –16℃；年平均降水量450毫米，年平均蒸发量1700毫米。全村耕地面积10200亩，人均5亩。粮食作物以小麦、玉米、洋芋为主，经济作物以药材、大豆类为主。羊1105只，猪606头，鸡2850只，有规模养殖户2户。有文化活动场所1处，党员活动室1处，农家书屋1个，文化活动室1个。

0363 刘家寨子乡张家湾村

简　　介：刘家寨子乡张家湾村位于刘家寨子乡西南部，距乡政府驻地刘寨村3公里，辖6个村民小组（张湾社，北川社，北坡社，堡沟社，郭集社，北湾社），全村总户数290户，总人口1325人，有劳动力906人，现有党员37人。耕地面积6385亩，种植业、养殖业、劳务输出是群众经济收入的主要来源。种植业以小麦、全膜玉米和马铃薯种植为主；养殖业主要是肉羊养殖和生猪养殖为主，全村有规模养殖户35户，肉羊饲养量达3000只，生猪饲养量达600头，肉羊养殖小区1个。2014年已输出劳动力200多人（次），实现劳务收入200万元。

0364 八里湾乡李家湾村

简　　介：八里湾乡李家湾村位于会宁县八里湾乡东部，距乡政府驻地6公里，总流域面积10.7平方公里，平均海拔1646米。全村有9个村民小组，612户，2828人，有劳动力950人。多年平均气温6.4℃，年最高气温33.5℃，年最低气温 –16℃；年平均降水量450毫米，年平均蒸发量1700毫米。耕地面积10784亩，人均3.8亩，其中梯田和平地1500亩，人均0.5亩。粮食作物以小麦、玉米、洋芋为主，经济作物以药材、大豆类为主。羊1605只，猪808头，鸡3752只。有规模养殖户5户。有文化活动场所1处，党员活动室1处，农家书屋1个，文化活动室1个。

0365 白草塬乡窟坨村

简　　介：白草塬乡窟坨村位于白草塬西北部属高扬程提灌区，全村现有窟沱、中庄、上赵、孔庄、梁堡、中塬、塬边7个村民小组，414户，2137人，有六年制、四年制小学各1所，教师18人，学生434人，全村耕地面积4680亩，其中水浇地3800亩，紫花苜蓿面积1200亩，全乡人均粮产1000公斤，村民收入主要来源于三个方面：一是以粮食为主的种植业，全村间作套种粮食3000亩，人均纯收入906元，占纯收入总额的42%，二是以养羊、养牛为主的养殖业，全村10只以上的养殖户378户，占总户数的93%头，羊存栏5500只，年出栏13000只，总收入195万元，人均收入912元，占人均纯收入的43%，三是商业贩运和农产品代办点30多户，加上劳务输出收入达66.7万元，人均纯收入312元，占纯收入总额的15%，目前已形成支部加协会连农户的模式，全村通电、通路率100%，电视占有125台/100户，电话260部，移动电话150部，80%的农户有农运车辆，60%的农户有摩托车，全村有党员25名，其中男23名，女2名。

0366 中川乡大墩村

简　　介：中川乡大墩村是会宁县中川乡六个山区村之一，位于会宁县城以南28公里处，村内的大墩梁红军烈士纪念碑、烈士陵园是省级重点保护文物，是全县爱国主义教育基地之一。全村有8个村民小组，489户，2302人，劳动力1136人，耕地面积11101亩，其中山地10821亩，机整梯田10700亩，退耕还草700亩。村党支部，共有党员56名。近年来，大墩村以双联行动为载体，理清发展思路，调整产业结构，完善基础设施，实现了全村经济社会的快速发展。

0367 头寨子镇共丰村

简　　介：头寨子镇共丰村位于头寨子镇正北方向，地势开阔，地形以川台地为主。辖有河东中社、河西社、河东南社、河东北社、头丰社、湾来社等6个村民小组，辖区总人口2607人，其中男人1285人，女1322人。辖区东西最大距离3千米，南北最大距离5千米，总面积15平方千米。多年平均气温11℃，年最高气温33℃，年最低气温-21℃；年平均降水量300毫米，年平均蒸发量220毫米。全村耕地面积7259亩，人均2.7亩。粮食作物以小麦、玉米、洋芋为主，经济作物以黑瓜籽、苹果树、经济林、瓜类为主。全村目前羊3200只，猪1300头，鸡36000只。有规模养殖户8户，专业种植合作社10户，有文化活动场所1处，党员活动室1处，农家书屋1个，文化活动室1个。有幼儿园1所，在校学生84人，教师6人；有小学2所，在校学生110人，专任教师14人；中学1所，有学生198人，专职教师24人。

0368 河畔镇中滩村

简　　介：河畔镇中滩村位于河畔镇南部，属靖会灌区，村域面积22平方公里。全村有9个村民小组，657户，3120人，农村劳动力1460人，其中外出务工370人。全村现有耕地8586亩，其中水田4415亩，涉及8个村民小组，旱地4171亩，人均水地1.4亩。全村以种养殖业、劳务输出为主导产业，主要种植小麦、玉米、马铃薯等作物。2014年我村积极响应全县号召，调整种植结构发展林果经济，种植苹果163.8亩，核桃68.36亩。

0369 汉家岔乡王马山村

简　　介：汉家岔乡王马山村位于汉家岔乡南部，辖8个组，502户，2106人。有耕地面积11235.5亩，其中梯田面积5100亩；退耕还林面积5543亩，紫花苜蓿5400亩；距离汉家岔乡政府20多公里。境内地形复杂，地势西南高，东北低，山峦起伏，沟壑纵横，多属铁木山山脉祖历河支沟，是会宁县典型干旱作农业区。气候干燥、降水较少，暴雨危害严重年平均降水量286.1毫米，最大年降水量656.9毫米，最小年降水量134毫米，降水量年内分配极不均匀，降水多在7、8、9月份，降水量为215.4毫米，占年降水量的75%，且多以暴雨的形式出现，年日照时数2226.5小时，年平均气温8℃~8.5℃，最高达37.5℃，日照充足，无霜期在120~160天之间，适合荞麦、洋芋、玉米、糜谷等秋季作物生长。全村目前牛饲养量2头，羊2800只，猪520头，鸡3600只。有规模养殖户2户。有文化活动场所1处，党员活动室1处，农家书屋1个，文化活动室1个。有小学1所，中学1所，在校学生263人，专任教师40人。

0370 杨崖集乡刘家咀村

简　　介：杨崖集乡刘家咀村于杨崖集乡东南部，东与静宁县朱山村接壤，西与库河村相连；北与东阳村东岔湾社一水相隔，南以旧312国道为分水岭与静宁县化沟村隔路相望。现辖刘咀、韩湾、小岔、大岔、杨化、李渠、冰西、冰东8个村民小组，468户，

2115 人，其中有劳动力 1060 人；2013 年参加新型合作医疗保险户 467 户，2093 人，参合率为 98.95%，参加新型农村养老保险 1222 人，参保率为 98%；全村共有党员 30 人，其中女党员 2 人，入党积极分子 4 人；村干部 3 名；全村现有荒山造林 1984 亩，其中宜林地 744 亩，有林地 588.8 亩，未成林地 651.2 亩；有耕地面积 9697 亩，人均 4.58 亩，其中梯田面积 5287 亩。种植作物以冬小麦亩、玉米、荞麦、洋芋和其他杂粮为主。现有学校 1 所，卫生所 1 所，村医 1 名，"阳光家园" 1 处，无村级办公阵地。全村通电 468 户，有电视 476 台，无广播。有李渠梁至刘咀小学砂化道路 1 条；有水窖 185 眼。有养殖小区 2 个，有规模养殖户 20 户，以养牛、养羊、养猪为主。

0371 新塬乡甘岔村

简　　介：新塬乡甘岔村位于新塬乡东南方向，地形以川台地为主。辖有万川、寨老等 13 个村民小组，辖区总人口 2537 人。总面积 40 平方千米。多年平均气温 7℃，年最高气温 30℃，年最低气温 -10℃；年平均降水量 300 毫米，年平均蒸发量 2000 毫米。全村耕地面积 18069 亩，人均 7.1 亩。粮食作物以小麦、玉米、洋芋为主，经济作物以油料为主。全村目前牛饲养量 380 头，羊 5370 只，猪 650 头，鸡 4600 只，有规模养殖户 4 户。有党员活动室 1 处，农家书屋 1 个，文化活动室 1 个。有小学 2 所，在校学生 160 人，专任教师 8 人。

0372 白草塬乡北刘家村

简　　介：白草塬乡北刘家村为乡政府所驻地，所辖 8 个村民小组，546 户，2903 人，其中妇女 1400 人，有劳力 1688 人，成年人小学及小学以下文化程度有 900 余人，占成年人的 60%，初中及初中以上文化程度的有 600 余人。全村国内生产总值 658 万元，人均纯收入达 2250 元。白草塬乡北刘村属靖会高扬程提灌区，全村有耕地面积 6214 亩，均为水浇地，土质肥沃，平整开阔，气温、降水、日照等气候因子配合良好，农、林、牧全面发展，农副产品丰富，品质好、产量高，主要产品有小麦、地膜玉米、碗豆套葵花等；养殖业主要养羊、养牛为主，全村羊只存栏数达 1800 只，50 只以上的养羊大户有 40 多户；牛存栏数达 300 头，10 头以上的养牛大户有 20 多户。种植业以增加农民收入为主线，扩大经济作物种植面积，引进推广高效优质良种，扩大了地膜玉米、早熟洋芋的种植面积，全村种植 20 亩以上地膜玉米和早熟洋芋的大户有 150 户，同时大力发展养殖业，鼓励和引导养殖户兴办规模养殖场，搞规模化、集约化经营。全村乡村道路有 10 多公里，绿化带 30 公里以上，农田林网化有 200 多亩。

0373 会师镇高家庄村

简　　介：会师镇高家庄村位于会师镇西南方向，地势开阔，地形以梯田为主。辖有窦坪、高庄、杨坪、大湾、焦湾等 5 个村民小组，辖区总人口 1198 人，其中男 612 人，女 586 人。辖区东西最大距离 8 千米，总面积 48 平方千米。多年平均气温 8℃，年最高气温 35 ℃，年最低气温 -25℃；年平均降水量 340 毫米，年平均蒸发量 1800 毫米。全村耕地面积 7200 亩，人均 6 亩。粮食作物以小麦、玉米、洋芋、紫花苜蓿为主，其中粮食面积 5300 亩（小麦 300 亩，全膜玉米 2900 亩，洋芋 2000 亩），紫花苜蓿种植面积 3000 亩。经济作物以油菜、蔬菜、瓜类为主。全村目前牛饲养 40 头，羊 300 只，猪 400 只，鸡 800 只。有规模养殖户 2 户，蔬菜日光温室正在实施 50 座，现有塑料大棚 6 座，面积达 12 亩。有文化活动场所 1 处，党员活动室 1 处，农家书屋 1 个，文化活动室 1 个。有小学 1 所，现已撤销。

0374 新添堡回族乡新添堡村

简　　介：新添堡回族乡新添堡村是一个纯回民村，位于会宁县城南面 13 公里处，属半干旱温凉区，年均降水量 432.7 毫米。全村有耕地面积 7448 亩（全部为旱地），其中梯田面积 1900 亩，有退耕还林 2750 亩，退耕还草 2300 亩。全村共有 5 个村民小组，329 户，1542 人，其中回族 1542 人，占总人口的 100%。玉米种植、肉牛养殖和劳务经济是该村的三大支柱产业。

0375 刘家寨子乡二塬村

简　　介：刘家寨子乡二塬村地处刘家寨子乡西部，有任岔、大塬、二塬、三塬 4 个村民小组，距乡政府驻地 4 公里。全村总户数 262 户，总人口 1205 人，有劳动力 700 人。耕地面积 7839 亩。全村农作物以小麦、玉米、洋芋为主，2014 年种植小麦 610 亩，全膜双垄沟播玉米 2300 亩，洋芋 1400 亩。近年来，全村积极发展养殖业，以生猪、肉羊为主，现生猪存栏 400 头，肉羊存栏 3000 只。

0376 侯家川乡白顾村

简　　介：侯家川乡白顾村位于会宁县侯家川乡北部，总流域面积 14.2 平方公里，平均海拔 1900 米，属渭河流域。全村辖 8 个村民小组，437 户，2042 人，现有耕地 8340 亩，其中梯田 5600 亩，年降雨量 500 毫米，年蒸发量 1400 毫米。现有村级小学 1 座，农作物以冬小麦、玉米、洋芋为主，地下水资源较为丰富，属会宁南部二阴山区。

0377 中川乡王家磨村

简　　介：中川乡王家磨村是中川乡 6 个山区村之一，位于会宁县城以南 35 公里处，距乡政府 12 公里。全村有 7 个村民小组，306 户，1327 人，劳动力 760 人，耕地面积 5365 亩，其中山地 5010 亩，机整梯田 10350 亩，退耕还草 67.75 亩。村党支部，共有党员 32 名。近年来，王磨村以双联行动为载体，理清发展思路，调整产业结构，完善基础设施，实现了全村经济社会的快速发展。

0378 侯家川乡侯家川村

简　　介：侯家川乡侯家川村以省级新农村试点建设为契机，严格按照"主导产业强村、龙头企业帮村、科技人才兴村、生态家园建村、支部组织带村"的新农村发展思路，紧扣县委县政府"三区一带两支撑"经济发展战略政策倾斜优势、地处省道 207 线的交通优势、地下水资源比较丰富的区域优势、华岭林带通过的生态环境优势、乌鸡养殖的特色产业优势和组织建设等六大优势，创新新农村建设的工作机制，按照"基地＋农户＋专业经济合作社＋市场"养殖模式，通过政府推动，公司牵动，能人带动，养殖合作社、协会联动，全村特色养殖产业有了快速发展，通过养殖业带动了种植业的发展，从而在全村形成了"以种促养、以养促种"良性互补的种养格局。

0379 平头川乡双头岔村

简　　介：平头川乡双头岔村位于平头川乡西南方向，地势开阔，地形以川台地和塬地为主。辖有刘湾、白湾等 9 个村民小组，辖区总人口 2212 人，其中男 1182 人，女人 1030 人，辖区东西最大距离 2.5 千米，南北最大距离 5 千米，总面 24.044 平方千米。多年平均气温17℃，年最高气温34℃，年最低气温-12℃；年平均降水量295毫米，年平均蒸发量313毫米。全村耕地面积10520亩，人均4.7亩。粮食作物以小麦、玉米、洋芋为主，经济作物以黑瓜子、油料、蔬菜、瓜类为主。全村目前牛饲养量170头，羊2050只，猪308头，鸡17000只，没有规模养殖户、蔬菜温室、塑料大棚。有文化活动场所1处，党员活动室1处，农家书屋1个，有文化活动室1个。有小学2所，在校学生64人，专人教师17人。

0380 甘沟驿镇田家岔村

简　　介：甘沟驿镇田家岔村位于甘沟驿镇东北部，是一个典型的旱山塬区贫困村。辖有田岔、商岔等4个村民小组，全村230户，1100人。海拔高度1680米，年平均降水量340毫米，多年平均气温7.9℃。全村耕地面积6540亩，人均5.9亩。粮食作物以小麦、玉米、洋芋、谷子为主，经济作物以胡麻为主。全村目前羊饲养量1690只，猪350头，鸡4050只。有专业养殖合作社7个。有党员活动室1处，农家书屋1个，文化活动室1个。

0381 柴家门乡寺南岔村

简　　介：柴家门乡寺南岔村位于乡政府东面，距县城约20公里，总流域面积27.4平方公里，耕地面积0.92万亩，全属旱地。有8个村民小组，356户，1516人，其中农村低保户83户，323人；五保户13户，13人；贫困户189户，786人。共有党员33名，其中女党员5名；高中以上文化程度3名；大专以上文化程度2名；党员中的致富带头人8名。有规模养殖户4家，农业合作社1家，全村拥有沼气的农户60户。

0382 新添堡回族乡苦水岔村

简　　介：新添堡回族乡苦水岔村位于新添堡回族乡西南方向，地势开阔，地形以川台地和塬地为主。辖有刘湾、白湾等9个村民小组，辖区总人口2212人，其中男1182人，女1030人，辖区东西最大距离2.5千米，南北最大距离5千米，总面24.044平方千米。多年平均气温17℃，年最高气温34℃，年最低气温-12℃；年平均降水量295毫米，年平均蒸发量313毫米。全村耕地面积10520亩，人均4.7亩。粮食作物以小麦、玉米、洋芋为主，经济作物以黑瓜子、油料、蔬菜、瓜类为主。全村目前牛饲养量170头，羊2050只，猪308头，鸡17000只，没有规模养殖户、蔬菜温室、塑料大棚。有文化活动场所1处，党员活动室1处，农家书屋1个，有文化活动室1个。有小学2所，在校学生64人，专人教师17人。

0383 老君坡乡河口村

简　　介：老君坡乡河口村位于会宁县老君坡乡西南方向，全村共有农户218户，人口1060人，共有党员21人，入党积极分子2人。总耕地面积4067.5亩，人均3.8亩，全村辖辗王、张湾、周湾、河口等4个村民小组，参加新型合作医疗1002人，参加养老保险1002人。粮食作物以小麦、玉米、洋芋为主，确保种植收入达到农民收入的30%以上。经济作物以药材、草蓄、蔬菜为主。近年来草蓄产业发展尤为突出，大大增加村民经济收入。全村积极发展养殖，共养牛408头，养猪1137头，养羊3625只；共有水窖270眼，井31眼。全村年种植地膜近2800亩，紫花苜蓿2906亩，洋芋1900亩。

0384 新庄乡中吊村

简　　介：新庄乡中吊村位于新庄乡西南，

流域面积56.3平方公里，距离乡政府18多公里，全村7个村民小组，444户，2027人，有劳动力1338人，耕地面积16088亩，其中基本农田10970.1亩。本区地域山大沟深，交通不便，经济条件差。农业种植以马铃薯、籽瓜和全膜玉米为主，全膜种植面积达到4185亩，夏秋粮种植比达到1∶8；养殖业以肉羊为主，劳务输出也是当地经济的主要来源。

0385 头寨子镇八家岔村

简　　介：头寨子镇八家岔村位于头寨镇西北方向，地势开阔，地形以川台地和塬地为主。辖有坪岔、南湾山等5个村民小组，辖区总人口920人，其中男550人，女470人。辖区东西最大距离10千米，南北最大距离8千米，总面积80平方千米。多年平均气温11℃，年最高气温33℃，年最低气温−21℃；年平均降水量300毫米，年平均蒸发量220毫米。全村耕地面积5490亩，人均6亩。粮食作物以小麦、玉米、洋芋为主，经济作物以油麦、胡麻、中草药为主。全村目前羊1500只，猪200头，鸡300只。有专业农民合作社1户，以种植中草药为主，面积达120亩。人均纯收入达到2000元，党员活动室1处，村卫生室1处。有小学1所，在校学生25人，专任教师3人。

0386 新塬乡常家坪村

简　　介：新塬乡常家坪村位于新塬乡东南方向，地势坡陡沟深，地形以川坡地和山地为主。辖有常坪、宽岔等8个村民小组，辖区总人口1325人，其中男660人，女665人。辖区东西最大距离30千米，南北最大距离25千米，总面积625平方千米。多年平均气温8℃，年最高气温37℃，年最低气温−10℃；年平均降水量311毫米，年平均蒸发量315毫米。全村耕地面积2650亩，人均2亩。粮食作物以小麦、玉米、洋芋为主，经济作物以胡麻、苦荞、蔬菜、瓜类为主。全村目前饲养羊2000只，猪240头，有规模养殖户7户。有党员活动室1处，农家书屋1个，文化活动室1个。

0387 头寨子镇马家堡村

简　　介：头寨子镇马家堡村位于头寨子镇西南方向，地势开阔，地形以川台地和塬地为主。辖有田坪、什字等6个村民小组，辖区总人口2128人，其中男1200人，女928人。辖区东西最大距离7千米，南北最大距离4千米，总面积28平方千米。多年平均气温17℃，年最高气温40℃，年最低气温−10℃；年平均降水量700毫米，年平均蒸发量500毫米。全村耕地面积5000亩，人均2.1亩。粮食作物以小麦、玉米、洋芋为主，经济作物以黑瓜籽、油料、蔬菜、瓜类为主。全村目前牛饲养100头，羊1500只，猪600头，鸡1000只。有规模养殖户7户。有党员活动室1处，农家书屋1个，文化活动室1个。2014年末全村农村最低生活保障户数130户有小学1所，在校学生30人，专任教师2人。

0388 新庄乡寺寨村

简　　介：新庄乡寺寨村处于全乡中部，位于县城以北90多公里。全村辖11个村民小组，全村共有636户，2970人，是新庄乡人口最多的一个村，全村有基本农田18491亩。总流域面积47.6平方公里，海拔1950多米，年降雨量小，蒸发量大，干旱少雨，属典型的干旱贫困山塬村。农业种植以全膜玉米、马铃薯为主，同时利用退耕还林还草饲草资源发展养殖业，以组织培训为基础发展劳务输出。

0389 平头川乡青龙山村

简　　介：平头川乡青龙山村位于平头川乡南部，地势开阔，地形以川台地和塬地为主。辖有王岔、罗坡、新化、陈湾、沙湾、张坝等6个村民小组，辖区总人口1068人，其中男524人，女544人。辖区东西最大距离6千米，南北最大距离12千米，总面积10.38平方千米。多年平均气温15℃，年最高气温34℃，年最低气温-20℃；年平均降水量350毫米，年平均蒸发量2000毫米。全村耕地面积4174亩，人均4亩。粮食作物以小麦、玉米、洋芋为主，经济作物以黑瓜籽、油料、蔬菜、瓜类为主。全村目前牛饲养量196头，羊541只，猪262头，鸡4600只，有规模养殖户3户。有文化活动场所1处，党员活动室1处，农家书屋1个，文化活动室1个。有小学1所，在校学生54人，专任教师6人。

0390 太平店镇联坪村

简　　介：太平店镇联坪村位于太平镇西南方向，地势开阔，地形以川台地和塬地为主。辖有汉岔、王河等10个村民小组，辖区总人口1906人，其中男983人，女923人。辖区东西最大距离1.62千米，南北最大距离7.9千米，总面积12.8平方千米。多年平均气温7.5℃，年最高气温28℃，年最低气温-20℃；年平均降水量422毫米，年平均蒸发量120毫米。全村耕地面积7090亩，人均3.8亩。粮食作物以小麦、玉米、洋芋、小杂粮为主，经济作物以油料为主。全村目前牛饲养量423头，羊495只，猪635头，鸡1446只。有规模养殖户14户。有农家书屋1个。有小学1所，专任教师2人。

0391 河畔镇李家塬村

简　　介：河畔镇李家塬村位河畔镇西南方向，地势开阔，地形以塬地为主。辖有北塬、南塬等15个村民小组，辖区总人口5055人，其中男2578人，女2477人。辖区东西最大距离8千米，南北最大距离11.5千米，总面积78平方千米。多年平均气温7~8℃，年最高气温33℃，年最低气温-23℃；年平均降水量300毫米，年平均蒸发量1350毫米。全村耕地面积26605亩，人均5.26亩。粮食作物以小麦、玉米、洋芋为主，经济作物以黑瓜籽为主。全村目前羊5000多只，猪1000多头，鸡10000多只。有规模养殖户28户。有党员活动室1处，农家书屋1个，文化活动室1个。有小学1所，在校学生185人，专任教师15人。

0392 平头川乡平头川村

简　　介：平头川乡平头川村位于平头川乡东南方向，地势开阔，地形以川台地和塬地为主。辖有平头、齐河、程沟、新庄、西湾5个村民小组，辖区总人口1448人，其中男734人，女714人。辖区东西最大距离7千米，南北最大距离2千米，总面积2.14平方千米。多年平均气温25℃，年最高气温30℃，年最低气温-24℃；年平均降水量410毫米，年平均蒸发量1800毫米。全村耕地面积7608亩，人均5.2亩。粮食作物以小麦、玉米、洋芋为主，经济作物以黑瓜籽、油料、蔬菜、瓜类为主。全村目前牛饲养量265头，羊570只，猪315头，鸡1500只，有规模养殖户1户。有文化活动场所1处，党员活动室1处，农家书屋1个，文化活动室1个。有小学1所，在校学生60人，专任教师8人。

0393 八里湾乡大水岔村

简　　介：八里湾乡大水岔村位于八里湾乡西部，距乡政府驻地5公里，总流域面积

11.4平方公里，平均海拔1646米。全村有10个村民小组，567户，2743人。多年平均气温6.4℃，年最高气温33.5℃，年最低气温-16℃；年平均降水量450毫米，年平均蒸发量1700毫米。耕地面积10886亩，人均3.7亩，其中梯田和平地2500亩，人均0.8亩。粮食作物以小麦、玉米、洋芋为主，经济作物以药材、大豆类为主。羊1505只，猪718头，鸡3251只。有规模养殖户4户。有文化活动场所1处，党员活动室1处，农家书屋1个，文化活动室1个。

0394　草滩乡麦李家村

简　　介：草滩乡麦李家村位于草滩乡东部，属典型的旱山塬区，农作物以玉米、洋芋、小杂粮为主。全村有耕地11399亩，其中：梯田7800亩，户均21.8亩，人均4.6亩。共辖6个村民小组：任塬、李善堡、麦李、高刘、吴李、朱沟；有524户，2464人，其中农村劳动力1068人。农作物种植以全膜玉米、洋芋、小麦为主，小杂粮以荞麦、豆类为主。

0395　丁家沟乡线家川村

简　　介：丁家沟乡线家川村位于丁家沟乡的东南部，相邻马岔村、南门村，与中川大墩村接壤，海拔在1785~2500米之间，平均气温6~7℃。年降雨量350毫米左右。共辖9个村民小组，462户，2032人，其中劳动力1292人，党员49人（男42人，女7人）。耕地面积9947亩（人均4.9亩），其中梯田6800亩（人均3.35亩）。现有水窖700眼，村民经济收入以农业为主，农作物种类主要有马铃薯、冬小麦、玉米、小杂粮等，紫花苜蓿等饲草留床面积11773亩，天然草原面积7260亩，牛饲养量达到390头，羊饲养量达到2020只，猪饲养量达到680头，劳务输出550人，村内有六年制小学2所，在校学生80人，专任教师17人，村文化活动场所1处，党员活动室1处，农家书屋1个，文化活动室1个，村卫生室1个。

0396　四房吴乡朱曹沟村

简　　介：四房吴乡朱曹沟村位于四房吴乡西部，全村辖3个村民小组，176户，803人。总流域面积为13.2平方公里，有耕地5480亩，其中机修梯田和沟坝地面积为2400亩。地下水资源匮乏，年降水量300毫米左右，年蒸发量1700毫米左右，属旱山塬区，生态脆弱，水土流失严重，自然条件严酷。有村级小学1所，在校学生3人，教师1人。全村有党员28名，其中男26名，女2名。

0397　老君坡乡老君坡村

简　　介：老君坡乡老君坡村是乡政府驻地，管辖4个村民小组，有294户，1220人，劳动力580人，现有耕地5129亩，其中梯田2800亩。设立两个党小组，有党员28人。辖区村组道路4公里，现有集雨节灌水窖320眼。粮食作物以小麦、玉米、洋芋为主，确保种植收入达到农民收入的30%以上。经济作物以药材、草蓄、蔬菜为主。近年来草蓄产业发展尤为突出，大大增加村民经济收入。主要收入来源以种养业和季节性务工为主，以商贸经营为辅，种植业主要是全膜玉米和洋芋，养殖业主要养羊和牛。

0398　汉家岔乡细岔村

简　　介：汉家岔乡细岔村位于汉家岔乡北部，北接河畔镇李塬村，流域面积38平方公里，辖有坪子、金湾、小岔、南岔、面岔、刘岔、细山、阳山、细岔、罗去10个村民小组，469户，2336人，有耕地面积8696亩，属典型的温性大陆性气候，全村荒山造林近1000亩，紫花苜蓿留床面积2300亩，主要粮食作物有小麦、谷子、糜子、荞麦等，经济作物有胡麻、籽瓜、玉米等。全村目前牛饲养量12头，羊800只，猪490头，鸡6000只。有规模养殖户2户，面积达50亩。有文化活动场所1处，农家书屋1个，文化活动室1个。有小学1所，在校学生3人，专任教师1人。

0399 头寨子镇牛门洞村

简　　介：头寨子镇牛门洞村位于头寨子镇西南方向，地势开阔，地形以山地为主。辖有牛门洞、大地梁、东山梁、上湾、中湾、宗山、水岔沟、王泉、蒽家仚、下梁10个村民小组，辖区总人口2013人，其中男1160人，女853人。辖区东西最大距离20千米，南北最大距离11千米，总面积16平方千米。多年平均气温11℃，年最高气温33℃，年最低气温-21℃；年平均降水量300毫米，年平均蒸发量220毫米。全村耕地面积9300亩，人均4.6亩。粮食作物以小麦、玉米、洋芋、豆类为主，经济作物以胡麻为主。全村目前牛饲养量5头，羊2400只，猪420头，鸡500只。有规模养殖户4户。党员活动室1处。有小学1所，在校学生6人，专任教师1人。

0400 党家岘乡庙儿村

简　　介：党家岘乡庙儿村位于党家岘乡东北方向，地势开阔，地形以山地为主。辖有回河组、上川组、庙儿组、丁岔组、杨去组、东坡组、吴湾组7个村民小组，辖区总人口1470人，其中男870人，女600人。辖区东西最大距离6千米，南北最大距离3千米，总面积18平方千米。多年平均气温6~7℃，年最高气温29℃，年最低气温-24℃；年平均降水量400~500毫米，年平均蒸发量450~550毫米。全村耕地面积6580亩，人均4.1亩。粮食作物以小麦、玉米、洋芋为主，经济作物以油料、豆类、药材为主。全村目前牛饲养量400头，羊2000只，猪300头，鸡3500只。有规模养殖户2户。有党员活动室1处，农家书屋1个，文化活动室1个。有小学1所，在校学生80人，专任教师7人。

0401 甘沟驿镇六十里铺村

简　　介：甘沟驿镇六十里铺村位于甘沟驿镇东南方向，地势开阔，地形以川台地和塬地为主。辖有六十铺、沈庄等11个村民小组，辖区总人口3278人，其中男1740人，女1538人。辖区东西最大距离9.5千米，南北最大距离11千米，总面积104.5平方千米。多年平均气温9℃，年最高气温31℃，年最低气温-12℃；年平均降水量340毫米，年平均蒸发量1800毫米。全村耕地面积9303亩，人均2.8亩。粮食作物以小麦、玉米、洋芋为主，经济作物以蔬菜为主。全村目前牛饲养量520头，羊5000只，猪1100头，鸡7500只。有规模养殖户40户，蔬菜日光温室50座，塑料大棚75座，面积达108亩。有文化活动场所1处，党员活动室1处，农家书屋1个。有八一爱民中学1所（含中小学生），在校学生289人，专任教师30人。

0402 八里湾乡团结村

简　　介：八里湾乡团结村位于会宁县八里湾乡东部，距乡政府驻地6公里，总流域面积10.4平方公里，平均海拔1646米。全村有9个村民小组，405户，1600人，有劳动力650人。多年平均气温6.4℃，年最高气温33.5℃，年最低气温-16℃；年平均降水量450毫米，年平均蒸发量1700毫米。耕地面积7699亩，人均4.8亩，其中梯田和平地2500亩，人均0.8亩。粮食作物以小麦、玉米、洋芋为主，经济作物以药材、大豆类为主。羊1505只，猪718头，鸡3251只。有规模养殖户2户。有文化活动场所1处，党员活动室1处，农家书屋1个，文化活动室1个。

0403 土门岘乡安家坡村

简　　介：土门岘乡安家坡村位于土门岘乡（镇）东北方向，地势开阔，地形以川台地和塬地为主。辖有安坡、瓦房等4个村民小组，辖区总人口1016人，其中男550人，女466人。辖区东西最大距离12千米，南北最大距离5千米，总面积60平方千米。多年平均气温13℃，年最高气温32℃，年最低气温-12℃；年平均降水量800毫米，年平均蒸发量1300毫米。全村耕地面积5860亩，人均5亩。粮食作物以小麦、玉米、洋芋为主，经济作物以黑瓜籽、油料、蔬菜、瓜类为主。全村目前牛饲养量10头，羊2000只，猪420头，鸡3200只，有规模养殖户2户。有文化活动场所1处，党员活动室1处，农家书屋1个，文化活动室1个。有小学1所，在校学生6人，专任教师2人。

0404 甘沟驿镇吉酉岔村

简　　介：甘沟驿镇吉酉岔村位于甘沟驿镇西南方向，旱山塬区。辖有姚岘、张庄等8个村民小组，辖区总人口1889人，其中男935人，女914人。辖区东西最大距离2.4千米，南北最大距离9.1千米，总面积22.17平方千米。多年平均气温9℃，年最高气温31℃，年最低气温-12℃；年平均降水量340毫米，年平均蒸发量1800毫米。全村耕地面积15820.15亩，人均8亩。粮食作物以小麦、洋芋为主，经济作物以玉米、荞麦为主。全村目前牛饲养量85头，羊3100只，猪600头，鸡2000只。有规模养殖户3户。

有农家书屋1个，文化活动室1个，村卫生室1个。

0405 太平店镇青江驿村

简　　介：太平店镇青江驿村位于太平店镇东南方向，地势较开阔，地形以山地为主。辖有上街、五里桥等8个村民小组，辖区总人口1560人，其中男804人，女756人。辖区东西最大距离2.1千米，南北最大距离6千米，总面积12.6平方千米。多年平均气温5~8℃，年最高气温25~26℃，年最低气温-20℃；年平均降水量400毫米，全村耕地面积7320亩，人均4.4亩。粮食作物以小麦、玉米、洋芋为主，经济作物以油料、蔬菜、瓜类为主。全村目前牛饲养量1283头，羊3985只，猪2972头，鸡16860只。有规模养殖户7户，没有蔬菜日光温室及塑料大棚。有文化活动场所1处，党员活动室1处，农家书屋1个，文化活动室1个。有小学1所，在校学生149人，专任教师13人。

0406 汉家岔乡赵家岔村

简　　介：汉家岔乡赵家岔村位于汉家岔乡政府东部，距乡政府7.5公里，地势开阔，地形以坡地为主。辖有上赵、下赵、曹岔、阳山、石湾、宽沟、大岔7个村民小组，辖区总人口2248人，其中男1141人，女1107人。辖区东西最大距离6千米，南北最大距离7千米，总面积36平方千米。多年平均气温30℃，年最高气温35℃，年最低气温-15℃；年平均降水量282毫米，年平均蒸发量305毫米。全村耕地面积16501亩，人均7.34亩。粮食作物以小麦、玉米、洋芋为主，经济作物以油料为主。全村目前牛饲养量3头，羊600只，猪492头，鸡7200只。有规模养殖户7户，面积达80亩。有文化活动场所1处，党员活动室1处，农家书屋1个，文化活动室1个。有小学1所,在校学生40人,专任教师8人。

0407 刘家寨子乡斜沟村

简　　介:刘家寨子乡斜沟村位于刘家寨子乡东部,是典型的山区村,东靠海原,西接元淌村,北连甜水井村,南临新塬乡。距乡政府驻地11公里,总土地面积19.7平方公里。全村有高圈社、先马社、黑窑社、东河社、斜沟社、下湾社、双湾社7个村民小组,总户数230户,总人口972人,有劳动力324人。耕地面积4063亩,其中粮播面积3000亩,退耕还林643亩,退耕还草420亩,其他用地75亩。全村农作物以小麦、玉米、洋芋为主,2014年种植小麦600亩,全膜双垄沟播玉米400亩,洋芋2000亩。近年来,全村积极发展养殖业,以生猪、肉羊为主,现生猪存栏400头,肉羊存栏800只。

0408 新添堡回族乡道口村

简　　介:新添堡回族乡道口村是一个纯回民村,位于会宁县城南面8公里处,属半干旱温凉区,年均降水量432.7毫米,有耕地面积10860亩。全村共有6个村民小组,368户,1848人,现有党员36人,其中女党员4人,大专文化程度以上4人。玉米种植、肉牛养殖和劳务经济是该村的三大支柱产业,年均推广全膜双垄沟播玉米4000亩以上。全村有肉牛养殖专业合作社3家,养殖场1家,10头以上肉牛规模养殖户45户,30头以上肉牛规模养殖户10户,50头以上肉牛规模养殖户5户,肉牛饲养量达到1800多头。

0409 刘家寨子乡甜水井村

简　　介:刘家寨子乡甜水井村地处刘家寨子乡东北部,东连斜沟村,南接寨柯村,北临海原县,西毗后湾村。距乡政府所在地11.2公里,全村辖9个村民小组,437户,2030人。属干旱山塬区,有耕地7060亩。全村农作物以小麦、玉米、洋芋为主。近年来,全村积极发展养殖业,以生猪、肉羊为主,现生猪存栏550头,肉羊存栏3100只。

0410 四房吴乡范沟村

简　　介:四房吴乡范沟村位于四房吴乡西部,全村辖6个村民小组,300户,1311人。总流域面积为18.2平方公里,有耕地7600亩,其中机修梯田和沟坝地面积为5798亩。地下水资源匮乏,年降水量300毫米左右,年蒸发量1700毫米左右,属旱山塬区。有村级小学1所,在校学生76,教师7人。全村有党员26名,其中男23名,女3名。

0411 大沟乡库家弄村

简　　介:大沟乡库家弄村位于大沟乡东南部,全村辖8个村民小组,辖区总户数415户,总人口1954人。辖区东西最大距离5千米,南北最大距离4千米,总面积15.188平方千米。多年平均气温8~10℃年最高气温33℃,年最低气温零下20℃。全村耕地面积8090亩,人均4.1亩。该村产业以种植业和养殖业为主,经济收入主要为种养业和劳务输出,经济作物以洋芋、玉米为主,全村目前牛饲养量15头,羊600只左右,猪420头,鸡2300只。有规模养殖户20户;农家书屋1处。小学1所,在校学生57人,专任教师10人。

0412 杨崖集乡东阳村

简　　介:杨崖集乡东阳村位于杨集乡东南部,与国道312县毗邻,县乡大周公路穿村而过,该村现辖杨关岔、东岔湾、双东、大湾、康湾、韩下、韩上7个村民小组,405户,

1886 人。现有劳动力 900 人，参加专业合作经济组织户 6 户。2013 年全村新农合参合人数 1876 人，参合率 98%。新农保参保人数 738 人，参保率 98%。全村现有党员 40 人，入党积极分子 5 人，预备党员 3 人，村干部 3 人，"两委"班子 8 人。全村有林地面积 1976 亩（宜林地 1090 亩，有林地 817 亩，未成林 69 亩）。有耕地面积 7467 亩，梯田面积 4200 亩，2011 年种植冬小麦 2000 亩，玉米 2000 亩，谷子 1000 亩，洋芋 1200 亩，胡麻 400 亩，扁豆 80 亩，人均占有粮食 320 公斤。现有村级小学 1 所，村卫生室 1 处，村办公室 1 处，占地面积 200 平方米。全村农网改造 405 户，普及率占 100%，有养殖大户 8 户，其中养猪户 3 户，养羊户 5 户。

0413 党家岘乡新民村

简　　介：党家岘乡新民村位于党家岘乡西北方向，地势开阔，地形以川台地和塬地为主。辖有陈马、南马等 10 个村民小组，辖区总人口 1857 人，其中男 1208 人，女 649 人。多年平均气温 12℃，年最高气温 28℃，年最低气温 -16℃；年平均降水量 20 毫米。全村耕地面积 11480 亩，人均 6.19 亩。粮食作物以小麦、玉米、洋芋为主，经济作物以胡麻、中药材为主。全村目前牛饲养量 410 头，羊 5100 只，猪 800 头，鸡 8400 只。有规模养殖户 2 户。有文化活动场所 1 处，党员活动室 1 处，农家书屋 1 个。有小学 1 所，在校学生 40 人，专任教师 6 人。

0414 土高山乡马家塬村

简　　介：土高山乡马家塬村位于土高山乡东南方向，地势开阔平坦，以川台地和塬地为主。辖有马塬、薛沟等 7 个村民小组，辖区总人口 1008 人，其中男 540 人，女 468 人。全年气温较低，年降水量较少，干旱严重，主要发生在二月之五月期间。粮食作物以小麦、玉米、洋芋为主，经济作物以油料、洋芋、瓜类为主。全村目前牛饲养量 80 头，羊 1600 只，猪 230 头，鸡 200 只。有文化活动场所 1 处，党员会议室 1 处，农家书屋 1 个，文化活动室 1 个。

0415 老君坡乡阳赵村

简　　介：老君坡乡阳赵村共有农户 551 户，人口 2544 人。耕地面积 9450 亩，位于老君坡乡北面，流域面积 15 平方千米左右，全村辖 7 个村民小组，已全面实施整村推进，全村积极发展养殖业。该村全年干旱少雨，农民以种地为生，因气候等关系农民粮食欠佳，在政府的引导下，积极开展以地膜种植、养殖为主要产业，使农民生活趋于稳定，逐步向前发展。近年来，草畜产业发展尤为突出，大大增加村民经济收入。新建标准化养殖小区 3 处以上，每年发展规模养殖户 30 户以上，同时不断扩大家庭散养的数量和规模。

0416 太平店镇牛家坪村

简　　介：太平店镇牛家坪村位于太平店镇东南方向，地势开阔，地形以川台地和塬地为主。辖有漫阳社、唐湾社、后湾社、牛坪社、王沟社、沈堡社 6 个村民小组，辖区总人口 1304 人，其中男 684 人，女 620 人。辖区东西最大距离 10 千米，南北最大距离 3 千米，总面积 8.94 平方千米。多年平均气温 7.5℃，年最高气温 28℃，年最低气温 -20℃；年平均降水量 430 毫米，年平均蒸发量 1559.3 毫米。全村耕地面积 5798 亩，人均 4 亩。粮食作物以小麦、玉米、洋芋为主，经济作物以黑瓜籽、油料、蔬菜、瓜类为主。全村目前牛饲养量 430 头，羊 520 只，猪 330 头，鸡 6000 只，有规模养殖户 8 户。有党员活动室 1 处，农家书屋 1 个。

0417 太平店镇苏家岘村

简　　介：太平店镇苏家岘村位于太平店镇东南方向，地势开阔，地形以山地为主。辖有苏岘社、田沟社、刘岔社、蜂湾社4个村民小组，辖区总人口1080人，其中男560人，女520人。辖区东西最大距离6千米，南北最大距离4.5千米，总面积27平方千米。多年平均气温7.5℃，年最高气温28℃，年最低气温-20℃；年平均降水量430毫米，年平均蒸发量1559.3毫米。全村耕地面积4362亩，人均4.03亩。粮食作物以小麦、玉米、洋芋为主，经济作物以黑瓜籽、油料、蔬菜为主。全村目前牛饲养量160头，羊260只，猪275头，鸡1200只。有规模养殖户10户。有文化活动场所1处，党员活动室1处，农家书屋1个，文化活动室1个。有小学1所，在校学生90人，专任教师11人。

0418 大沟乡刘沟里村

简　　介：大沟乡刘沟里村位于大沟乡北部，全村辖9个村民小组，518户，2078人，其中贫困户415户，1798人。多年平均气温7~10℃年最高气温34℃，年最低气温零下22℃。全村耕地面积12060亩，其中农作物面积9000余亩，经济作物面积100余亩。该村产业以种植业和养殖业为主，经济收入主要为种养业和劳务输出，粮食作物以马铃薯、玉米为主，全村目前牛饲养量20头，羊1500只左右，猪200头，鸡3000只左右。有规模养殖户10户；农家书屋1处。有小学1所，在校学生45人，专任教师9人。

0419 太平店镇大山川村

简　　介：太平店镇大山川村位于太平店镇西南方向，地势开阔，地形以川台地和塬地为主。辖有一社、二社、陈川、河川、董堡、万沟等6个村民小组，辖区总人口1714人，其中男890人，女824人。辖区东西最大距离4千米，南北最大距离7千米。多年平均气温7℃，年最高气温32℃，年最低气温-25℃；年平均降水量450毫米，年平均蒸发量800毫米。全村耕地面积5844亩，人均3.4亩。粮食作物以小麦、玉米、洋芋为主，经济作物以黑瓜籽、油料、蔬菜、瓜类为主。全村目前牛饲养量200头，羊900只，猪400头，鸡15000只。有规模养殖户20户，蔬菜日光温室1座，塑料大棚85座，面积达50亩。有文化活动场所1处，党员活动室1处，农家书屋1个，文化活动室1个。有小学1所，在校学生90人，专任教师9人。

0420 大沟乡孟家窑村

简　　介：大沟乡孟家窑村位于大沟乡北部，全村辖8个村民小组，443户，2036人，其中贫困户35户，160人。多年平均气温8~10℃年最高气温33℃，年最低气温零下20℃。全村耕地面积8439亩，其中农作物面积8000亩，经济作物面积400余亩。该村产业以种植业和养殖业为主，经济收入主要为种养业和劳务输出，经济作物以洋芋、玉米为主，全村目前牛饲养量18头，羊3000只左右，猪535头，鸡2430只。有规模养殖户3户；农家书屋1处。小学1所，在校学生16人，专任教师6人。

0421 太平店镇太平店村

简　　介：太平店镇太平店村位于太平店镇东南方向，地势开阔，地形山地为主。辖有小岔、任坪等3个村民小组，辖区总人口642人，其中男330人，女312人。辖区东西最大距离6千米，南北最大距离2.5千米，总面积15平方千米。多年平均气温6.3℃，年最高气温39℃，年最低气温-18℃；年平均降水量450毫米。全村耕地面积2690亩，人均 4.2 亩。粮食作物以小麦、玉米、洋芋为主，经济作物以黑瓜籽、油料、蔬菜、瓜类为主。全村目前牛饲养量 100 头，羊 200 只，猪 210 头，鸡 340 只。有文化活动场所 1 处，党员活动室 1 处，农家书屋 1 个，文化活动室 1 个。

0422 平头川乡万家弄村

简　　介：平头川乡万家弄村位于平头川乡正北方向，地势开阔，地形以山地为主。辖有万曲、后沟、牛川、张坪、刘岔、糜岔、员坪、狼坪 8 个村民小组，辖区总人口 1725 人，其中男 900 人，女 825 人。辖区东西最大距离 8 千米，南北最大距离 4 千米，总面积 19 平方千米。多年平均气温 18℃，年最高气温 33℃，年最低气温 -12℃；年平均降水量 300 毫米，年平均蒸发量 270 毫米。全村耕地面积 7987 亩，人均 4.6 亩。粮食作物主要有小麦、玉米、洋芋等，经济作物以胡麻为主。全村目前牛饲养量 30 头，羊 600 只，猪 260 头，鸡 800 只。有党员活动室 1 处，农家书屋 1 个，文化活动室 1 个。有小学 2 所，在校学生 19 人，专任教师 7 人。

（四）靖远县

0423 刘川乡来窑村

简　　介：刘川乡来窑村位于刘川乡中部，是高扬程灌区移民大村和蔬菜种植大村。全村辖7个村民小组，893户，4055人。村耕地面积6800亩，其中水地5230亩，旱地1570亩。2011年农民人均纯收入4530元。来窑村党支部共有支委5名，村委5名，交叉任职，村党支部共有党员71名，其中女党员15名，乡村干部12人。蔬菜产业和养殖业是农业结构调整的重点，2011年，全村蔬菜种植面积3300亩，其中种植地膜洋芋1000亩、洋葱1500亩、西红柿800亩；2011年，全村50头以上的养猪户20户，猪存栏3500头；500只以上的养鸡户10户，鸡存栏6000只；20只的养羊户200户，50只以上的养羊户10户，羊存栏6000只。在今后围绕"主导产业强村、龙头企业帮村、科技人才兴村、生态家园建村、支部组织带村"的新农村建设思路，全力打造五星级党组织示范村、国家级新农村示范村、特色产业示范村，实现农业增效、农民增收、农村发展，不断推进全村经济社会快速协调发展。

0424 乌兰镇城关村

简　　介：乌兰镇城关村地处靖远县城中心，是全县政治、经济、文化中心。辖15个村民小组，1600户，6644人（包括新城两社），实际农业人口5780人，其中回族311户，1449人。全村有耕地，水地4146亩，旱地1600亩，村下属4个电灌站，1个股份企业。全村有中共党员123名，12个党小组，其中女党员18名，少数民族党员17名。

0425 高湾乡砂河村

简　　介：高湾乡砂河村地处高湾乡政府南部，交通不便，人口居住比较分散，全村共有6个村民小组，总住户318户，总人口1711人，共有耕地13698亩，其中旱砂地7500亩左右。村两委班子等组织机构健全，共有党员35名，其中女党员2名。全村经济发展以种植业和养殖业为主。种植业方面，旱砂地主要种植西瓜、籽瓜，年种植面积800亩多亩，年产值达700多万元；沟坝地以种植全膜双垄沟播玉米为主，面积1200多亩。养殖业方面，全村共有50只以上养羊大户50户，羊只饲养量3000只，猪饲养量400头，鸡饲养量3000只。

0426 糜滩乡文化村

简　　介：糜滩乡文化村隶属甘肃省靖远县糜滩乡，位于靖远县城北约7公里处，黄河岸边。本村地势平坦，交通便利，属温带大陆性气候。农业用水主要依靠自流灌溉和电力提灌，糜滩永固渠为全村耕地的灌溉水源，灌溉条件较好。农民生活用水主要为自来水。文化村现辖9个村民小组，724户，3146人，其中劳动力2202人。全村耕地总面积3704亩，2013年文化村社会总产值2400万元，农民人均纯收入4050元，蔬菜种植业和养殖业是村民的主要经济来源，经济居全县中等水平。文化村地处靖远县蔬菜产区，农业结构以蔬菜产业为主。2013年，全村塑料大棚辣椒种植面积1500亩，占耕地总面积的40.5%，地膜蔬菜700亩，其中洋葱200亩，洋芋300亩，其它蔬菜200亩，年产蔬菜量1.15万吨，产值1400万元。2010年全村猪存栏1200头、鸡4.5万只、羊只存栏9000只，畜牧业产值280万元。文化村公共事业方面的基础设施较好。截止2013年底，共完成村社道路硬化7.4公里。文化村有小学1所，教师20人，小学入学率达到100%。村级卫生医疗点4处，职业医生4人。已参加新型合作医疗保险的村民3083人，参保率98%，建有120平方米的村级办公阵地1个。

0427 双龙乡永和村

简　　介：双龙乡永和村处于乡政府所在地，全村现有8个村民小组，354户，1678人，耕地面积4600亩，其中水浇地619亩，3个纯干旱小组350口人，占全村四分之一。其他5个小组泉水自流灌溉，农作物种植以小麦、豆类、双垄沟播玉米为主。村党支部委员2人，村委委员5人，全村有党员48人。全村有40多户以养殖小尾寒羊为主的养殖户，一户生态养殖山鸡、贵妃鸡、土杂鸡养殖小区。

0428 北湾镇泰安村

简　　介：北湾镇泰安村是北湾镇所辖最小的村，总面积5.1公里，道路硬化3.8公里，"一池三改"100户，全村8个村民小组，村民987户，3832人，其中党员82人，女党员17人，占党员总数20.73%。全村耕地面积3534亩，果园面积157亩，蔬菜大棚955亩，猪羊鸡分别存栏5100头，1760只，19.64万只，粮食总产量2565吨，蔬菜总产量5727吨。

0429 刘川乡张滩村

简　　介：刘川乡张滩村位于刘川乡中部，靖远县西北部，是高扬程灌区移民大村和蔬菜种植大村。全村辖6个村民小组，3294人，732户，有党员56名。本村地势平坦，交通便利，灌溉条件良好，灌溉面积4688亩。蔬菜种植和养殖业是群众的主要经济来源。蔬菜产业和养殖业是农业结构调整的重点。2011年，全村露地蔬菜种植面积3300多亩，蔬菜产业总产值1200多万元；规模养鸡户20户，鸡饲养量达到4万只；规模养猪户21户，良种猪饲养量达到3200头。自2006年张滩村被列为省市两级新农村建设试点村以来，共整合资金1547万元，用于改善张滩村的基础设施建设和扶持支柱产业发展。硬化道路，农网改造，自来水入户，一池三改，推广节能太阳灶，栽植农田防护林等，人居洁化、村庄绿化、环境美化。村内建有卫生室、计生室、接诊室、治疗室和药房，医疗救助制度完善，新型农村合作医疗参合率达到98%。广播电视和电话（含移动通讯）入户率达到100%；建有农家书屋1处，配备各类书籍11258册；现代化灯光球场1处，配备了篮球架等体育健身器材；建设远程教育网点1处。张滩村群众文化活动活跃，精神生活丰富，社会治安状况好，生产生活秩序稳定，村风文明和谐。

0430 乌兰镇东关社区

简　　介：乌兰镇东关社区地处县城东关大

街，占地 5.2 平方公里，辖区内有 4 个居民小组，居民户 1422 户，人口 2770 人，其中回民 109 户，242 人。社区现有工作人员 10 名，公益性岗位人员 38 人，党员 83 人。

0431 乌兰镇二七九社区

简　　介：乌兰镇二七九社区位于靖远县城东南边，小坪山下，占地 0.88 平方公里。现有户数 383 户，总人口 721 人。现有党员 33 名，流出党员 6 名。辖区内单位主要有白银中天化工有限责任公司、纺织希望小学等。建成住宅楼 15 栋，学校 1 所，沿街商铺共 100 余家。现有社区工作人员 6 名。

0432 糜滩乡武家大川村

简　　介：糜滩乡武家大川村位于靖远县城西南约 15 公里处，黄河岸边。本村地势平坦，交通便利，属温带大陆性气候。年平均气温 8.8℃，无霜期 168 天。年平均降水量 241.5 毫米，降水主要集中在 6~9 月份。武家大川村农业用水主要依靠电力提灌，农民生活用水主要为自来水。武家大川现辖 2 个村民小组，75 户，305 人，其中劳动力 200 人。全村耕地总面积 520 亩。2010 年武家大川村社会总产值 180 万元，蔬菜种植业和养殖业是村民的主要经济来源，经济居全县中等水平。武家大川村地处靖远县蔬菜产区，农业结构以蔬菜产业为主。截至 2014 年，全村塑料大棚辣椒种植面积 150 亩，地膜蔬菜 300 亩，其中洋葱 50 亩、洋芋 200 亩，其它蔬菜 50 亩，年产蔬菜量 800 吨，产值 60 万元。2014 年全村猪存栏 150 头，鸡 0.5 万只，羊只存栏 600 只，畜牧业产值 50 万元。近年来武家大川村在公共基础设施建设方面有了不小的发展。武家大川村规划宅基地 60 亩，修建渠道 10 公里，架设农电线路 2 公里，新建 5000 平方米小学 1 座、1000 平方米村办公阵地 1 处。在 2014 年，完成了 6.6 公里砂化道路和 2.08 公里的道路硬化工程。

0433 刘川乡金川村

简　　介：刘川乡金川村位于刘川乡北部，东邻罗庄村，西部和张滩村相连。现辖 7 个村民小组，共有 870 户，农业人口 3810 人。总面积 6513 亩，其中耕地面积 5640 亩。支部共有正式党员 53 名。基础设施和其他方面工作。1、争取国债沼气池项目建设 150 座，解决部分群众生活问题，改善家庭卫生环境。2、村道路硬化。3、需衬砌斗渠总长 12 公里。4、彻底改善教学环境。5、争取小流域治理项目 20 万元左右，彻底解决洪水对我村的侵扰。6、大力调整产业结构，发展高效农业，以洋葱、洋芋、西红柿、枸杞为主，同时改变单一以种植为主的发展模式。7、争取在本村建设养羊、养猪、养牛等养殖区。8、邀请专家和专业技术人员来村培训和讲座，增长村民的科学种养殖技术知识。9、完善村务公开民主管理制度，建立健全民主监督制度。10、强化村社会管理，消除可能引发社会不稳定因素，反对和制止利用家族，宗教势力干预农村公共事务，加强农村精神文明建设。11、妥善处理各类矛盾纠纷，把矛盾纠纷处理在萌芽状态。12、建立垃圾统一存放点，确保村内整洁。13、计划生育工作常抓不懈，狠抓对外来人员和重点户的管理，对避孕节育对象做好随访服务工作。14、村委将配合乡土管所解决这种乱圈乱占的问题。

0434 北湾镇高崖村

简　　介：北湾镇高崖村地处黄河北岸，位于县城西南部，距靖远县城 25 公里，西北距离白银市区及国道 109 线及白兰高速 35 公里，距省会兰州 109 公里。总面积 9.6 平方公里，道路硬化15.6公里，"一池三改"200户，全村10个村民小组，村民1336户，5948人，其中党员82人，女党员20人，占党员总数的24.39%。全村耕地面积6030亩，果园面积30亩，蔬菜大棚1758亩，猪羊鸡分别存栏6400头，1783只，22.46万只，粮食总产量3213吨，蔬菜总产量10543吨，农民人均纯收入达到5300元。

0435 永新乡圈湾村

简　　介：永新乡圈湾村位于永新乡西北部，境内山大沟深，交通不便，全村总耕地面积4114.5亩。现辖6个村民小组，130户，469人，圈湾村主要经济收入以种植、养殖、林果业和外出务工为主。在种植业方面，以枸杞、小麦为主。

0436 永新乡九队村

简　　介：永新乡九队村位于哈思山脉雪山寺脚下，距靖远县城110公里，距永新乡政府4公里。现有7个村民小组，334户，1260人，其中贫困户173户，761人，人口分布较散。贫困发生率为54%，2013年全村人均纯收入为2576元。总耕地面积7020亩（水地460亩，其余均为旱地）。村民经济收入以种植、养殖和旅游业为主。村内已成立了大蒜种植合作社和中草药种植合作社，形成了规模养羊场8座，养鸡场1座。在旅游业方面，雪山寺旅游风景区成为旅游产业发展的主要资源，已建成农家乐7家。九队村已新建成村委会，村级卫生室，全村新型农村合作医疗参合率达96%。实现了广播电视及移动、联通、电信通讯信号全覆盖。群众文化活动有良好基础。村民经济收入主要靠种植、养殖业和外出务工。在农业方面以种植玉米，小麦为主；经济作物主要为大蒜，枸杞，中药材。

0437 北滩乡粮窖村

简　　介：北滩乡粮窖村位于靖远县北滩乡政府以北12公里处，交通便利，信息畅通。全村总住户数400户，总人口1680人，无少数民族。全村共有6个村民小组，区域总面积4.9万亩。耕地面积7826亩，无有效灌溉面积。2013年，全村农民人均收入2412元。有党员50名，入党积极分子3名。粮窖村以旱地农业生产为主，发展速度缓慢，多年来村委对农业产业的结构做了多方面的引导调整，种植格局有了些突破，种植旱地西瓜、油葵等经济作物。目前为止，百头以上的养羊户1家，50头以上的养猪户1家。今后的发展思路是，继续发展旱地西瓜，增加旱地铺砂的面积；努力争取项目支持，力争在本村打2眼水井，改变粮窖缺水的现状。照顾到有劳动能力的贫困户，给他们以投入技术和资金的方式进行帮扶，使之两到三年内达到脱贫致富的目的。

0438 高湾乡葛塬村

简　　介：高湾乡葛塬村位于高湾乡西北部，全村共有7个村民小组，总住户520户，总人口2689人，村两委班子齐全，村"两委"委员6人，党员37人，预备党员3人，老龄党员4人。全村耕地14940亩，其中有效灌溉面积3839亩。全村共有低保户143户，五保户7户，7人，人均收入居全乡中等水平。全村经济发展以种植业为主。种植方面以西甜瓜、籽瓜、玉米种植为主导产业，种植西甜瓜4600亩、籽瓜8000亩、玉米2500亩，西甜瓜年产量达750万公斤，黑瓜子年产量80万公斤，产值达1950多万元。全村共有养殖大户3户（其中100只以上羊养殖户2户，猪养殖大户1户）。

0439 靖安乡新城村

简　　介：靖安乡新城村位于靖安乡政府驻地西北角5公里处，全村现有5个社，171户，630人，山区居民25户，61人，其余都已搬至川区新农村，耕地面积4415亩，其中水浇地面积620亩，以枸杞、洋芋、玉米种植为主，旱地7995亩，以玉米、荞麦、扁豆等小杂粮种植为主，退耕还林面积6038亩，涉及农户171户。全村现有党员8名，其中女党员1名，流动党员1名。

0440 大芦乡周湾村

简　　介：大芦乡周湾村地处大芦乡西部的干旱地带，川区散居该村部分村民，位于靖远县城西南部，海拔1990-2100米，辖6个村民小组，243户，978人，耕地面积4873亩，人均耕地4.2亩。粮食作物以春小麦、糜谷、玉米、洋芋为主，是自给自足的自然型经济模式，无经济作物。周湾村共有党员27人，"两委"干部4人。周湾村党组织坚持把基础建设、改善群众生产、生活条件作为为民办事的第一要务，一是抓村级办公阵地建设。二是村级道路不断得到硬化。三是产业结构得到调整。四是社会事业和谐发展。现如今周湾村党支部正以一股不甘落后的昂扬斗志，奋发有为的精神状态，为全面建设社会主义新农村而勤奋努力、扎实工作。

0441 乌兰镇西关村

简　　介：乌兰镇西关村位于县城西郊，滨临黄河，毗邻109国道，地势平坦，交通便利，通讯方便，村容整洁，以靖乐渠景观带为界，分为渠南城乡结合部区域及渠北沿黄区域。蔬菜种植业和临街服务的二三产业是我村的主导产业。西关村现辖11个村民小组，1188户，人口4964人，其中农业人口4312人。现有水浇地2965亩，人均0.58亩。全村有党小组9个，党员89人。至2009年底，全村蔬菜种植面积近2000亩，产值近千万元，全村从事二、三产业的总户数已达400余户，占全村总户数的38%，从业人员1200人，年创产值2000多万元。至此，全村人均纯收入3100元，全村有线电视普及率达80%，电话普及率高达98%以上。全村拥有固定资产400万元，村级集体经济积累达百万元，集体经济年收入10万元左右。蔬菜种植业、养殖业、餐饮服务业等二、三产业是村民的主要经济来源，经济水平居全县中上等。

0442 三滩乡中二村

简　　介：三滩乡中二村位于国道109线旁边，交通便利，全村总人口916户，4329人，劳动力2810人。下辖6个村民小组，全村总面积37平方公里，其中耕地面积3939亩，有效灌溉面积3939亩。全村现有党员69人（其中女党员8人），党支部委员5人，村委委员5人。2013年，在村两委班子的带领下，全村人均收入达到6480元。

0443 乌兰镇河靖村

简　　介：乌兰镇河靖村坐落于靖远县城以西5公里处，依山傍水，环境优雅，物产丰富，黄河流经全村，黄河水滋养世世代代河靖人。全村现辖设10个社组，820户，4200多口人，村内希望学校1所，学生近800人。全村有中共党员51名，女党员4名。全村耕地5000多亩，其中蔬菜种植占耕地总面积的90%左右，是全村的主要经济来源。蔬菜品种丰富，大白菜、莲花菜、萝卜、葱、洋芋、青笋等，高产优质，远销国内外。

0444 兴隆乡营坪村

简　　介：兴隆乡营坪村位于兴隆乡西北部，

距县城 135 公里，与景泰县五佛乡隔河相望，全村总面积 26.5 平方公里，属于黄河提灌地区，共有 5 个社，287 户，共计 1465 人，总耕地面积 770 亩，其中川地 770 亩，年降雨量不足 100 mm，主要种植小麦、玉米、大豆等农作物。

0445 靖安乡开龙村

简　　介：靖安乡开龙村地处靖安乡正南面，与五合乡和平川区接壤，属于边远干旱山区，海拔 2430 米，年降水量不足 300 毫米，矿产资源丰富，辖区内有 9 个村民小组，全村共有 159 户，536 人，居住在山区的有 38 人，其余已搬至靖安、五合、北滩、东升等乡的川区，党支部 3 人，村委会 7 人，党员 23 人。区域面积 9000 亩，耕地面积 5614 亩，退耕还林面积 7650 亩，开龙村山区土地肥沃，为二阴地，适合小杂粮和中药材种植，2014 年全村农民纯收入 3600 元。一是加快土地流转工作，调整产业结构，为农民致富创造新途径，为新兴后续产业发展提供新动力。二是着力改善全村基础设施建设，从医疗卫生、人畜饮水、交通道路、通讯、电力等多个方面助推全村经济发展。三是争取项目扩大养殖规模，提高群众的养殖积极性。四是注重加强农民技能培训。通过政策引导加大农村农民培训，农技知识培训，利用全村群众数量少的优势，开展一对一培训，一对一帮扶，提高培训的专项性、对口性，力争把全村 58 名劳动力都培养成有文化、懂技术、会经营的新型农民。

0446 东升乡红湾村

简　　介：东升乡红湾村位于东升乡西南部，属半干旱山区。现辖 5 个村民小组，390 户，1996 人，共有党员 52 人，耕地面积 9793 亩，其中水浇地 2240 亩，旱地 7553 亩。2013 年农民人均纯收入 5710 元。近年来，红湾村依靠政府引导，项目扶持，不断转变种植结构，调整产业格局，大力发展文冠果栽培和养殖业。截止目前，文冠果面积达到 2300 亩，全村共有养殖户 60 户，部分养殖户已经形成一定的养殖规模。今后，红湾村将加大工作力度，统筹兼顾，转变观念，积极争取项目，引进资金，整修村社道路，加强水利设施建设，不断发展特色农业和规模养殖业，增加农民收入。

0447 靖安乡五星村

简　　介：靖安乡五星村位于靖安乡东侧，与宁夏中卫市兴仁镇接壤，属半川半山地区，平均海拔 2200 米，年降雨量在 170~190 毫米之间。全村共辖范一、范二、张东、张西、张山、中沟、上白崖和下白崖等 8 个社。共有 525 户，2652 人，有党员 41 名。耕地面积 15352 亩，其中水浇地 1282 亩，旱地 14070 亩，川区种植以枸杞、玉米、马铃薯、油葵等经济作物为主，有 2000 亩标准化枸杞示范基地 1 个，山区以荞麦、胡麻、麻子、玉米、洋芋、小麦等耐旱作物为主。2014 年全村工作发展计划。一是因地制宜，发挥"两区"资源优势，在川区推广节水灌溉农业，在旱区打造旱作农业示范基地，"双线"推动全村农业发展。二是加快土地流转工作，为农民致富创造新途径，为新兴后续产业发展提供新动力，为全村经济发展提供新支撑点。三是实施好一批益农惠农项目，完善基础设施建设，增强农民的生产环境硬件，改善农民生活环境软件。四是举办各种科技讲座，为农民提供技能培训，丰富农民的科学文化素质，提升全村农业发展软实力。

0448 石门乡小口村

简　　介：石门乡小口村位于乡政府西南

面，距乡政府 6 公里，距县城 92 公里。全村有 8 个村民小组，总户数为 534 户，总人口为 2328 人，全村共有党员 61 名。总耕地面积为 6659 亩，人均 2.9 亩。共栽植枣树 3350 亩，枸杞 300 亩，农民经济收入来源以大枣、枸杞、养殖及劳务收入为主，2011 年农民人均纯收入为 2200 元。

0449 东湾镇东湾村

简　　介：东湾镇东湾村位于东湾镇中部，黄河流经全境，南接靖远县城，北接银三角经济技术开发区，地理位置优越，人居环境良好，对发展经济和社会各项事业，加快推进小康建设进程有积极的意义和作用。东湾村现有人口 4419 人，873 户，有 9 个村民小组，农民人均纯收入 4850 元，以大田蔬菜产业和养殖产业为主，有耕地面积 3843 亩，有效灌溉面积为 2532 亩，建有村民文化广场 1 处，占地 1.6 亩，房屋 12 间，村级卫生所 1 座，从业医疗人员 4 人，农贸市场 1 处，占地共 3000 平米，年上缴承包管理费 18800 元。村委会所在地是全镇、全村政治、经济、文化活动中心，拥有办公用房 9 间，专职村干部 4 人。近年来，在镇党委和镇政府的领导下，东湾村委会不断加强自身建设，建立、健全各项规章制度，坚持依法治村、以德治村和民主管理相结合；不断完善投入机制，多渠道筹措资金，加强硬件建设，努力提高带领群众奔小康的本领，顺利完成了上级交办的各项行政、经济等工作任务。

0450 乌兰镇乌兰西路社区

简　　介：乌兰镇乌兰西路社区位于靖远县城西南一角，东至西旱台，西至铁路桥，南至铁路沿线，北至西大街，辖区占地面积 3.2 平方公里，是县城商业区和农居民交叉区，有城镇居民 1729 户，3979 人。辖区内有汽车站、公路段、中医院、运管所 4 个单位，内有私营企业 31 家，有住宅楼 30 栋，平房 815 户，出租房屋 198 间，临街商铺 346 间。

0451 北湾镇金山村

简　　介：北湾镇金山村位于北湾镇西部，与白银市四龙镇接壤，距白银市区 30 公里，总面积 5.6 平方公里，道路硬化 6.2 公里，"一池三改" 100 户，全村 10 个村民小组，村民 994 户，4544 人，其中党员 92 人，女党员 12 人，占党员总数的 13.04%。全村耕地面积 4663 亩，果园面积 81 亩，蔬菜大棚 950 亩，猪、羊、鸡、牛分别存栏 6000 余头、590 只、26 万只、60 余头，年产鱼 3.6 万斤，粮食总产量 1739 吨，蔬菜总产量 7880 吨，农民人均纯收入达到 5100 元。

0452 东湾镇滋泥水村

简　　介：东湾镇滋泥水村隶属甘肃省靖远县东湾镇，距镇政府 5 公里，与平川区毗邻，刘白高速公路、国道 109 线沿村中心穿过，有明显的交通优势和区位优势。全村地势平坦，交通便利，属温带大陆性半干旱气候。滋泥水村现辖 4 个村民小组，403 户，1877 人，其中劳动力 1030 人。全村土地总面积 2323 亩（其中水地 1974 亩），人均耕地 1.23 亩。2007 年，全村生产总值 1036 万元，农民人均纯收入 2900 元，种植业、养殖业和劳务是村民的主要经济来源，经济居全县中等水平。滋泥水村地下水资源丰富，有 3 眼冷泉水，4 眼机井，耕地主要依靠机井和泉水相结合，农业结构以玉米和水稻产业为主。2007 年，全村玉米种植面积 1200 亩，占水地总面积的 60.7%；蔬菜种植面积 130 亩，占水地总面积的 6.6%；水稻面积 320 亩，占水地总面积的 16.3%；其它作物 324 亩，占水地总面积的 16.4%。近几年，建有农家书屋，并由双联帮扶单位白银市委组织部捐赠图书300余册，丰富了群众的文化生活。

0453 北滩乡大红沟村

简　　介：北滩乡大红沟村位于国道109线1508-1514公里处，交通便利，信息畅通。全村总住户数503户，总人口2310人，有5个村民小组，区域总面积4.5万亩，耕地面积7036亩，其中有效灌溉面积2300亩。2011年，全村农民人均收入4002元。大红沟村以砖瓦生产销售为主导产业，全村有砖瓦企业19家，带动了当地的经济发展，解决了部分富裕劳动力，近两年由于砖瓦生产污染严重，优质粘土资源在不断减少，村两委、砖瓦企业协会积极组织、牵头，以砖瓦企业带动养殖业的发展，以实现经济转型为目标。今后的发展思路是，继续发展养殖、种植两项产业，努力实现我村的经济转型。

0454 五合乡白塔村

简　　介：五合乡白塔村位于靖远县五合乡北部，东接二道渠村，西接白崖河村，北邻宁夏新水村，南邻白茨林村，距县城100公里，距乡政府1公里，辖红庄社、高峰社、三社、四社、五社、六社共6个村民小组。国道109线穿村而过，交汇于刘白高速公路，交通便利，地理位置优越，是五合乡人流、物流、信息的聚集中心。全村764户，4001人，水地7600亩，旱地14000亩，其中枸杞种植面积3200亩，洋芋种植面积2100亩形成了以枸杞、洋芋、硒西瓜为主的三大特色产业。有党员64人，其中女党员12人。

0455 三滩乡吴湾村

简　　介：三滩乡吴湾村全村有404户，人口1870人，劳动力783人，无少数民族。全村共有4个村民小组，全村总面积约2500亩，其中耕地面积1690亩。2013年全村人均收入6380元左右。吴湾村支部班子5人，村委会班子3人，现有党员49名，其中女党员7名，预备党员2名。近年来全村不断调整农作物种植结构，开挖排水渠，治理盐碱耕地400多亩。全村道路全部水泥硬化，无规模化养殖业。本村大部分劳动力依托甘肃长河食品有限公司就地转移100多人。

0456 高湾乡白崖村

简　　介：高湾乡白崖村位于高湾乡东南30公里处，辖6个村民小组，342户，1799人。村"两委"班子健全，党员36名，其中女党员1名。全村共有低保户73户，五保户10户。全村耕地面积13571亩，其中旱砂地10000亩，人均7.5亩。2011年全村人均收入2810元，位于全乡中下水平。白崖村以籽瓜、西瓜种植为主导产业，2011年，种植籽瓜8000亩，西瓜2000亩，农业总产值达850余万元。在此基础上逐步调整农业种植结构，玉米种植700亩，洋芋种植500亩，油籽种植300亩，小麦、荞麦各种植200亩。全村共发展养羊户40户，其中50只以上养羊户20户，羊存栏达3800只。

0457 北滩乡甜水村

简　　介：北滩乡甜水村共有553户村民，总人口2512人。全村共有7个村民小组，区域总面积为11万亩。耕地面积9800亩，其中有效灌溉面积8900亩。2013年，全村农民人均收入2289元，共有34名党员。主导产业是玉米制种和早熟洋芋种植。甜水村下一步发展计划：在基础建设方面，如果能得到上级单位的支持，在未来五年，争取硬化道路5公里，沙化道路6公里；继续延伸灌溉渠道6.7公里，衬砌渠道9公里。科教文卫方面，争取资金，完善学校教学设备，搞好村卫生室医疗环境。种植业方面，大力发展玉米制种和早熟洋芋，以及豆豆种植，并着力推广枸杞和中药材种植。养殖业方面，积极响应政策扶持，争取发展羔羊、生猪养殖大户，并大力推广养鹿产业。

0458 北滩乡乱腰村

简　　介：北滩乡乱腰村位于北滩乡西北部，距离杜川公路8公里，我村民居住比较分散，全村总住户数416户，总人口1757人。全村共有7个村民小组，区域总面积为100000亩，耕地面积15000亩，其中有效灌溉面积1465亩。2011年，全村农民人均收入2300元。乱腰村党支部共有34名党员，村两委班子成员3名。全村大多数农户的收入以种植为主要来源。全村主要种植小麦、玉米、玉米制种、马铃薯、枸杞等农作物。此外，全村有少数散户发展养殖业。今后，村两委将根据村实际情况，调整产业结构，积极发展壮大本村经济。种植业方面，大力发展玉米制种和洋芋，并着力推广枸杞和中药材种植。养殖业方面，积极响应政策扶持，争取发展羔羊、牛、生猪养殖大户。科教文卫方面，争取资金，完善学校教学设备；搞好村卫生室医疗环境；搞好老年活动中心和文艺活动大院。基础建设方面，争取硬化道路10公里，争取沙化道路6公里，继续延伸灌溉渠道3公里，衬砌渠道5公里。

0459 刘川乡涝坝湾村

简　　介：刘川乡涝坝湾村位于刘川乡中部，耕地面积5328亩，其中有效灌溉面积5328亩。2011年，全村人均收入为4032元。全村所辖10个村民小组，共732户，其中少数民族户1户（回族），总人口3524人，中共党员70名。在种植业上，除种植常规作物外，经济作物由原来的种植三洋（洋葱、土豆、西红柿）产品向高原夏菜以及反季节蔬菜发展。在养殖业上，由传统的猪和蛋鸡的养殖向养羊、养牛多方位发展。发展思路及今后工作打算：1、继续推进村务公开制度及"四议两公开"工作法，接受村民的社会监督。2、在农业产业结构调整上，继续加快发展日光温室的建设步伐及"三洋"蔬菜和高原夏菜的种植，发展并壮大养羊、养猪、养鸡等现有养殖规模。3、加大对贫困户的帮助扶持，通过给贫困户给予经济和种植技术等多方面的帮扶，尽早使他们脱贫致富。4、村内的卫生环境还需进一步加大整治力度，通过街面建三处公厕，群众建造"三位一体"沼气池来改善村内卫生脏、乱、差现象。5、在公共设施建设上，继续争取上级项目资金，力争2012年硬化村内道路3公里。

0460 五合乡贾寨柯村

简　　介：五合乡贾寨柯村地处五合乡灌区中心，五靖公路穿境而过，全村辖6个村民小组，现有706户，2015人。耕地面积17831亩，全村现有党员51名。全村经济以农业种植为主，主要产品有洋芋、小麦、玉米。辖区内有全膜玉米6000亩，集中连片种植枸杞2800余亩，种植效益明显。2011年人均纯收入2750余元。贾寨柯村群众文化健身广场占地面积2600多平方米，总投资160余万元，其中项目支持60万元，撬动民间资金100余万元。建成400平方米剧场，成立了五合乡崇文秦剧团，建有70多平方米的文化活动室，50平方米图书阅览室，20平方米电子阅览室，50平方米的游艺室，设备齐全。建成50平方米的多功能厅，20平方米的厨房，铺设彩砖4600平方米。贾寨柯村群众文化健身广场已为五合乡文化、体育汇聚、展示、交流、学习的中心。双联行动以来，村上充分利用文化健身广场的有利条件，举行了社火、戏曲、广场舞等演出比赛，赢得了广大群众的好评，极大地丰富了村民的精神文化需求。

0461 高湾乡贾崖村

简　　介：高湾乡贾崖村位于高湾乡南部，距乡政府7公里，全村共辖5个社，524户，2816人。现有耕地14261亩，其中砂田14000亩，有效灌溉面积200亩。海拔1790米，年日照时间2700小时左右，无霜期180天，平均气温7℃，降雨量220毫米、昼夜温差大，属于典型的干旱山区气候。该村属于黄土丘陵山塬区，土层厚30~50米，质地均匀疏松，可耕性好，其境内有丰富的凹凸棒资源，地表砂粒土壤中富含硅、钙、镁、钠、钾、锌、磷、硫、碘、硒等多种微量元素，具有种植籽瓜良好的条件。

0462 若笠乡升阳村

简　　介：若笠乡升阳村位于乡政府所在地北面，距离乡政府所在地20公里，距离县城60公里，是典型的干旱山区，山大沟深，全年降水180毫米。全村现有人口400人，其中以老人和孩子居多。主要种植文冠果等林业和旱作农作物，年轻人主要外出务工为生，全村现有文化设施有农家书屋1座。

0463 大芦乡庄口村

简　　介：大芦乡庄口村地处大芦乡中部，东连常塬，西靠周湾，南邻刘沟，北接小芦。距乡政府5公里，省道207线贯穿全境，交通便捷，黑城遗址雄踞村内，文化雄浑，祖厉河横卧腹地，人杰地灵。全村辖10个村民小组，833户，4182人，耕地11008亩，其中水浇地6589亩，属靖会高扬程灌区。村党支部现有党员89名。2013年全村农民人均纯收入达6300元。近年来，村"两委"带领广大党员和群众，立足本村实际，以科学发展观为统领，以"农业增效、农民增收、农村稳定"为核心，大力调整农业产业结构，地膜早熟洋芋、大棚蔬菜、生猪养殖三大支柱产业已具规模。积极创建"庄口农业科技综合示范园区"，以"作物新品种、种植新模式试验、良种良法示范推广"为主，辐射带动全村乃至全乡农业科技整体向前推进。农村基础建设方面，基本实现了"通路、通水、通电、通电讯、通电视"等"五通"。2008年被市科技局评为"科技示范先进村"，于2012、2013年分别被评为"市级生态村"、"省级生态村"。目前，广大党员和群众在村党支部的带领下，积极学习实践科学发展观，立足现状，找准制约本村科学发展的突破口，寻求可持续发展新路子，正朝着建设富裕、文明、和谐的新农村迈进。

0464 东升乡小塬村

简　　介：东升乡小塬村位于东升乡中部，全村有7个村民小组，498户，2366人。全村耕地面积14628亩，2011年全村农民人均纯收入3200元。近年来，小塬村依靠政府引导，项目扶持，进一步转变种植结构，调整产业格局，大力发展枸杞种植、文冠果栽培和养殖业等。截止目前，小塬村枸杞面积累计达到500亩，文冠果面积达到2200亩，养殖业快速发展，全村共有养殖户60户，部分养殖户已经形成一定的养殖规模。依托项目，砂化道路15公里，建成沼气池150座。在小塬村的发展过程中，制约经济发展的突出方面主要集中在基础设施的建设，农民发展意识的提高，产业结构的调整。面对当前的经济状况，今后小塬村在乡党委、乡政府的正确领导下，统筹兼顾，转变观念，积极争取项目，引进资金，硬化、砂化村社道路，不断发展特色农业和规模养殖业，增加农民收入，改变贫困落后面貌，努力建设社会主义新农村。

0465 东湾镇南头村

简　　介：东湾镇南头村位于靖远县县城以北15公里，东湾镇政府向南2公里处，322县道横贯本村，属靖乐渠灌溉区。全村辖6个村民小组，共586户，总人口2912人，现有党员56人。耕地3114亩，其中自流灌溉地1414亩，机灌地700亩，井灌地1000亩。村民年人均纯收入约3400元，农民收入以打工和种地为主。村邻近企业工厂4个，每年可聘用600人到工厂务工，增加村民经济收入。全村以农业为主要产业渠道，在南台地有土壤肥沃的良田1000亩，当地昼夜温差大，是最适宜种植西甜瓜的宝地，村两委班子近年来一直把该地作为发展的投资重点，决定继续在这片土地上引进特色作物的种植，发展枸杞、番茄、西甜瓜、大棚蔬菜和玉米制种的经济种植，增加村民收入。在我村本地的耕地上，多倡导种植地膜洋芋、笋子、大田蔬菜，并通过不断引进小麦、水稻、玉米新品种来增加农业收入。倡导剩余劳动力到临近企业务工，全面提升本村群众致富的渠道。我村旧集体场地新建文化广场，建设舞台，开办老年活动及青年歌舞场地，让村民群众身心健康发展，调节生活节奏，陶冶生活情操。

0466 北滩乡上小红沟村

简　　介：北滩乡上小红沟村位于北滩乡东面，109国道沿线。全村共有403户村民，总人口1780人。全村共有4个村民小组，区域总面积为30000亩。耕地面积3200亩。2013年，全村农民人均收入3600元。共有48名党员。上小红沟村地处偏远干旱山区，经济发展比较滞后，在种植方面，上小红沟村主导产业是玉米和小麦种植；在养殖方面，上小红沟村现有羊存栏50只以上的养殖户70户，猪存栏数在20头以上的养殖户50户。上小红沟村共有72户低保户和5户五保户，致贫原因主要是因病或缺少劳动力以及家庭负担过重。上小红沟村两委班子下一步发展计划。在基础建设方面，如果能得到上级单位的支持，在未来五年，争取硬化道路12公里，砂化道路10公里；衬砌渠道10公里。科教文卫方面，争取资金，完善学校教学设备；搞好村卫生室医疗环境。种植业方面，大力发展玉米和早熟洋芋，以及枸杞种植。养殖业方面，积极响应政策扶持，争取发展和扶持20户规模化养猪专业户。

0467 平堡乡金峡村

简　　介：平堡乡金峡村位于靖远县西部，位于黄河乌金峡口东岸谷地。黄河流域面积为2.1平方公里，有耕地4085亩，其中水浇地3356亩，旱地729亩，人均耕地面积0.9亩。主要种植小麦、玉米，水稻，日光温室蔬菜、瓜果等农作物和经济作物。设施高效农业、建筑业、劳务输转业、畜牧养殖业成为金峡村四大支柱产业。金峡村属沿黄灌区，自然条件相对优越，境内地下水资源丰富。辖3个村民小组，915户，4309人。党员116名，村"两委"班子成员11名。村级学校1所；在校学生204人，教师21人。村卫生室1所，从业人员6人。近年来，村党支部狠抓农业结构调整，明确提出了"扩蔬菜、壮林果、重养殖、输劳务"的经济发展思路，广播电视户户通实现全覆盖。林果业初具规模，林果面积达到600亩。已成立林果蔬菜协会、农民专业合作社共1家，养猪专业合作社1家，养殖业初具规模，经济效益、生态效益和社会效益明显。养殖业以发展猪、鸡、养为主。依托平桥生态园、四龙疗养院、绿色示范园等当地龙头企业，就地转移富余劳动力860人，自谋输转400人，创收900多万元。借助黄河之畔优势，鼓励农民群众积极发展农家乐，全村目前有农家乐2户，年经济收入30余万元。

0468 高湾乡住寨村

简　　介：高湾乡住寨村位于靖远县的东南部，距县城35公里，有3个村民小组，共373户1878人。村党支部、村委会、共青团、妇联等组织机构健全，全村共有党员41名，拥有耕地面积9800亩，其中水浇地3200亩，砂地1700亩，沟地4900亩，人均耕地面积5亩。村委办公楼1座，衬砌渠道5公里，硬化村社道路3.5公里，新建倒虹吸2座，新建文化培训活动中心1处，简易农贸市场1座。

0469 靖安乡陆合村

简　　介：靖安乡陆合村位于靖安乡的东北部，与五星村、新合村、新城村相接，全村下辖9个村民小组，356户，1693人，少数民族30户，133人，山区居民40户，132人，其余人已搬至有水浇地的川区新庄社和新合村姜庄社，总耕地面积9100亩，有效灌溉面积580亩，其中枸杞种植面积300余亩，退耕还林面积是全乡最大的村，有1.6万余亩，2013年全村农民纯收入3300元。党支部3人，村委会5人，有党员21人。未来全村工作发展计划：一是因地制宜，根据村情实际，立足于资源优势，推动"两区"特色产业发展。二是全面加强"两区"的基础设施建设，改善全村群众的生产生活条件，助推"两区"资源的优势互补。三是加强农民技能培训，提高农民的综合素质，打造现代化农民，促进全村农业可持续发展。四是加强民族团结，化解矛盾和纠纷，促进全村社会稳定，确保全乡经济社会发展大局稳定。

0470 大芦乡野糜村

简　　介：大芦乡野糜村位于靖远县城南部，距县城30公里，距乡政府11公里，属典型的干旱山区。全村辖4个村民小组，277户，1244人，有耕地3636亩，其中水浇地1652亩。2011年全村农民人均纯收入达到3510元。全村共计42名党员，其中1名预备党员。发展思路及今后工作打算：发展养殖业，加固修整灌溉主渠道，村委会的改建，落实整村推进项目。

0471 若笠乡双合村

简　　介：若笠乡双合村位于乡政府所在地北面，距离乡政府所在地20公里，距离县城50公里。是典型的干旱山区，山大沟深，全年降水180毫米。全村现有人口500人，其中以老人和孩子居多。以种植文冠果等林业和旱作农作物为主，年青人主要外出务工为生，全村现有文化设施有农家书屋1座。

0472 靖安乡靖坪村

简　　介：靖安乡靖坪村位于靖安乡西北部，是兴电灌区移民村，1990年建村，区域面积15平方公里，辖3个村民小组共418户，1980人，土地肥沃，灌溉条件优越，全村耕地面积7598亩，其中水浇地2364亩。交通通讯便利，村主干道路硬化10条9公里，电视、广播、通信实现全覆盖。2013年，全村农民人均纯收入达4970元。2014年工作计划。一是借助区位优势，充分发挥劳动力资源，大力发展第三产业，增加群众收入。二是依托奇正藏药，调整产业结构，发展千亩协议基地，做强、做大、做精、做细枸杞产业。三是大力扶持农民种养殖专业合作社，促进种养业快速发展,培育后续产业迅速崛起。四是夯实基础设施建设,美化亮化村居环境,打造环境优美示范村,全面提升群众生产生活质量。

0473 若笠乡米塬村

简　　介:若笠乡米塬村位于乡政府所在地北面,距离乡政府所在地 18 公里,距离县城 39 公里。是典型的干旱山区,山大沟深,全年降水 180 毫米。全村现有人口 300 人,其中以老人和孩子居多,90% 家庭享受低保。主要种植文冠果等林业和旱作农作物为主,年轻人主要外出务工为生。全村现有农家书屋 1 座。

0474 五合乡朱寨柯村

简　　介:五合乡朱寨柯村位于五合乡西南部,与东升乡接壤,是一个移民搬迁村。全村总住户 369 户,总人口 1652 人。全村共有 4 个村民小组,区域面积为 10 平方公里左右,其中有效灌溉面积 1765 亩。村党支部由 3 人组成,其中书记 1 人,委员 2 人;村委会由 3 人组成,其中主任 1 人,委员 2 人,全村共有党员 20 人,其中预备党员 2 人。2011 年度全村人均收入 2600 元左右。全村以种植、养殖为主,其中有农村合作社 3 个,预制场 1 处,种植以枸杞、洋芋为主,养殖以养猪、养羊为主,专业合作社有蔬菜加工、商业合作社和养猪养羊合作社。村农业产业发展格局稳步上升,规模化种植养殖发展迅速,村基础设施建设情况也得到了改进。

0475 刘川乡范窑村

简　　介:刘川乡范窑村总住户 586 户,总人口 2976 人,全为汉族。全村共有 6 个村民小组,耕地面积 5000 亩,其中有效灌溉面积 3798 亩。2011 年,全村人均收入 2715 元。

党员共 58 名。主导产业由之前的传统作物小麦、玉米等转为经济作物洋柿子、洋芋和洋葱,并且三洋产业已形成一定的规模,尤其是洋芋和洋葱的种植。今后将以科学发展为指导,以"生产发展、生活宽裕、乡风文明、村容整洁、管理民主"的总体要求为发展思路,打算规划现行示范带动作用,强化保障,扎实推进新农村建设。突出农业增效,农民增收,发展新产业。做大做强经济作物种植,洋柿子、洋芋、洋葱、到 2015 年新增到 2100 亩,并按照建龙头、带基地、兴产业、上市场的思路,大力发展养殖业,使全村到 2015 年羊存栏 3000 只,鸡 20000 万只,能繁母猪 300 头,延长种、养、加、产业链条,提高农业效益。到 2015 年人均年收 3200 元。

0476 北滩乡北山村

简　　介:北滩乡北山村位于北滩乡北部,距离 109 国道 11 公里,北邻芦沟村。是一个面积只有 1 万亩的小村落,共有 6 个村民小组,总住户数 865 户,总人口 3460 人。全村耕地面积 5620 亩,其中有效灌溉面积 5620 亩。2013 年,全村农民人均收入 4104 元,全村共有党员 63 人。全村主要经济来源依靠农业生产,主导产业是种植马铃薯和四季豆,规模化养殖场有一两家。

0477 三滩乡朝阳村

简　　介:三滩乡朝阳村地处靖远县城东北部,乡政府所在地。全村辖 6 个村民小组,520 户,2600 人,城镇户口 350 人,总劳动力 1350 人。全村有党员 69 名,其中女党员 4 名。耕地面积 2200 亩,其中有效灌溉面积 2200 亩,全村以水稻和林果种植为主,林果面积 650 亩,水稻面积 1400 亩,2013 年全村农民人均收入 6458 元。

0478 东湾镇砂梁村

简　　介：东湾镇砂梁村位于东湾镇中部，距离靖远县城15公里，322县道经村庄横穿而过，地理位置优越。全村辖11个村民小组，1280户，5233人，2013年农民人均纯收入5750元，全村总耕地面积为4800亩。村民的主要经济来源为种植业、养殖业和外出务工。近年来，在镇党委、政府的领导下，大力发展基础设施建设。修建砂梁村幼儿园1座，修建砂梁村文化大院1处，老年活动中心1座。在村级经济发展方面，形成了一套以种植、养殖为基础，部分劳力经营机械，其他富裕劳力外出务工的科学发展模式。目前，全村共有规模养殖户7家，承包大坝果园1家，农家乐1处，规模外出务工队伍4家，机械设备租赁公司20家。砂梁村是一个文化氛围浓厚的村庄，为了搞好群众文化生活，增强农村发展的凝聚力、向心力和创造力，于2013年底完成砂梁村文化大院建设项目，建成舞台1座，硬化场地3400平方米，并积极申请国家配套设施，已安装篮球架1副，乒乓球案1副，健身路径1套（含7套健身器材），村民参与文化体育活动的环境大大改善。砂梁村舞蹈队连续两年参加靖远县广场舞大赛；砂梁村秦腔班子也积极参加靖远县秦腔比赛，并取得了优异成绩。

0479 双龙乡北城村

简　　介：双龙乡北城村位于靖远县城，双龙乡政府北部，距县城120公里，距乡政府30公里，东、南部与本乡仁和村相邻，西、北频临黄河与景泰五佛乡沿寺隔河相望，属本乡移民村，纯电力高扬程提灌地区，现辖6个生产队，280户，1268人，全村现有低收入贫困人口80户，331人，区域总面积4800亩，其中耕地面积2386亩，人均1.88亩。现有大枣种植面积2000亩，大枣枸杞间作套种面积300亩。全村种植业以种植大枣、枸杞为主，粮食作物种植以小麦、玉米为主，养殖业以生猪繁殖养殖和舍饲养羊为主，农业收入的主要来源为大枣、枸杞收入和养殖猪、羊收入。北城村人均耕地面积相对较多，可以全部发展大枣、枸杞规模化立体农业，延升发展产品深加工；水资源相对丰富，可以从事规模化养殖业。

0480 五合乡板尾村

简　　介：五合乡板尾村地处五合乡西南部，有4个村民小组，372户人家，总人口1580人，现有水地1747亩，旱地将近10000亩，总的区域面积为12.5平方公里，人均水地不足1亩，是一个以水旱地相结合而耕作的村子，以种养为主导产业。全村现有党员45名，其中大学生党员转入本村的有8名，两委班子齐全，女党员有9名。

0481 永新乡二队村

简　　介：永新乡二队村位于永新乡东南部，距靖远县城105公里。现有4个村民小组，共280户，总人口为1042人，其中劳动力为643人。总耕地面积5420亩，其中水浇地438亩，旱地3602亩，砂地1380亩，人均耕地面积4.5亩左右。年人均纯收入2180元。全村共有党员41人。近年来，二队村党支部侧重在抓班子、带队伍，抓产业、谋发展，抓制度、强管理，抓先进、树典型，抓重点、解难题等方面狠下功夫，在农村基层党建方面找到了一些助推发展的好办法。村"两委"班子坚持按照"生产发展、生活宽裕、乡风文明、村容整洁、管理民主"的要求，以星级文明创建为切入点，以发展农村经济，加速农业产业化进程，增加农民收入，提高农民素质和生活质量，建设农村全面小康为最终目的，紧紧抓住主导产业强村，集中力量解决群众在产业结构调整方面最急需、最关心的问题，发挥全地域优势，千方百计增加群众收入。

0482 石门乡茨滩村

简　　介：石门乡茨滩村位于乡政府西南部，距乡政府30公里，距县城116公里。总面积58.15平方公里。全村有4个村民小组，总户数为314户，总人口为1344人，全村共有党员29名。总耕地面积为1240亩，栽植枣树2160亩。农民经济来源主要靠大枣、养殖为主，2012年农民人均纯收入为4539元。继续壮大大枣特色农业产业，新植枣树350亩，采取技术培训、专家现场指导等措施，积极引进大枣深加工企业，引导农户与企业缔结成产、加、销一体化的经济实体；大力发展养殖业，培育养羊示范户15户。借助坝滩村农业生态观光旅游开发，大力开发茨滩农家乐和黄河风情游为主的乡村休闲度假旅游新景点。新建1所标准化卫生室；争取"一事一议"财政奖补资金建设群众健身文化广场1处；加大村容村貌整治，新建公共卫生厕所3处，定期对村内垃圾进行集中清运处理。争取新建科技培训基地1处，组织开展枣树栽培、修剪、丰产培训，计划每年培训农民500人次。

0483 石门乡硝水村

简　　介：石门乡硝水村位于乡政府东北部，和双龙乡相邻，距乡政府7公里，距县城93公里。总面积57.37平方公里。全村有5个村民小组，总户数为181户，总人口为644人，全村共有党员19名。总耕地面积5100亩。农民经济收入以种植、养殖及劳务收入为主。基础设施建设：巩固2010年省扶贫办开发整村推进项目工程，维修人饮工程2处，整修村社道路2公里，维护乡政府通往硝水村道路，进一步完善村级办公条件。特色产业发展，鼓励群众大力发展养殖业，引进良种猪仔300头，推广双垄沟播技术地膜玉米种植2000亩，扩大中药材种植面积达到500亩，洋芋种植面积达到4000亩。社会事业发展，新建1所标准化卫生室和群众文化活动场所，并配备1~2名医务人员，彻底解决群众看病难和没有文化活动场所的问题。农业科技培训，争取新建科技培训阵地1处，以提高科技素质、职业技能、经营能力为核心，组织开展农村实用人才培训，计划每年培训农民300人次。组织输出农村富余劳动力280人次。

0484 永新乡卧牛村

简　　介：永新乡卧牛村位于乡政府东部2公里，与北滩乡交界，海拔1800~2100米，面积15平方公里，南高北低，属纯干旱山区，现辖6个社，413户，1552人，总耕地面积14090亩，其中砂地4050亩。传统耕作扁豆、豌豆、荞麦、油籽、糜子等小杂粮，卧牛黄米远近闻名。目前全村有一个教学点，在校学生15名，3名教师，全村现无一所正规化幼儿园。全村一半以上村民有初中文化水平。村民经济收入主要靠种植、养殖业和外出务工。在种植业方面，以小杂粮、玉米、小麦为主。

0485 高湾乡三场村

简　　介：高湾乡三场村位于靖远县城东南部，距县城约50公里。人口居住集中，全村共有3个村民小组，总住户340户，总人口1827人，全村共有耕地10020亩，其中有效灌溉面积2084亩。村两委班子等组织机构健全，共有党员42名。目前已建成高湾乡文化活动广场1处，硬化活动场所1800平方米。已硬化村社道路7公里，衬砌渠道

12公里。

0486 双龙乡黄坪村

简　介：双龙乡黄坪村位于双龙乡政府西北方向，距离乡政府5公里，现辖7个村小组，276户，总人口1370人，非农业人口22人，耕地面积5756亩（另有仁义耕地4000余亩），退耕还林面积1000亩。现有小学1所，村卫生室1所。全村党员有32人，其中女党员4人，属于纯干旱贫困区。

0487 东湾镇三合村

简　介：东湾镇三合村地处靖远县城东郊，现辖13个村民小组，2199户，1.1万人，总耕地面积10231亩。2011年，全村蔬菜种植面积达到6500亩，其中日光温室5000亩，蔬菜年产量8600万斤，年产值4600万元，年收入4600万元，蔬菜产业以其明显的产量和价格优势成为当地农民增收的特色支柱产业，蔬菜收入达到农民人均纯收入的70%以上。今年日光温室辣椒亩产量4000公斤，收入每亩2万余元，比去年亩均收入增长1000余元，增长率5%左右。文化广场1处，建设面积700平方米。广场内安装有篮球架、健身器材、庭院灯，配置了石桌石椅、石质长凳，绘制人口文化、科普等宣传彩喷图片230平方米，新建农家书屋，并由双联帮扶单位白银市委组织部捐赠图书300余册，丰富了群众的文化生活。

0488 靖安乡三星村

简　介：靖安乡三星村位于靖安乡西南部，村域面积210平方公里，辖5个村民小组，164户，509人，山区居民12户，27人，其余多数已搬至川区靖坪村，劳动力318人，党员14名，女党员1名。耕地面积4460亩，退耕还林面积6618.1亩。2013年农民人均纯收入3260元。主要做法：一是充分发挥区位和资源优势，调动群众的积极性，合力推进全村经济"双线"发展。二是加强基础设施建设，改善山区交通、通讯、电力医疗卫生等条件，形成经济发展的优势环境。三是争取项目扩大养殖规模，提高群众的养殖积极性。

0489 乌兰镇东街社区

简　介：乌兰镇东街社区位于县城中心，占地面积3.2平方公里，辖区居民3893户，10059人，流动人口786人，有楼房124幢，平房506户。辖区有机关企事业单位64家，临街铺面639间。社区现有干部14名，其中镇上下派干部11名，劳动保障招聘干部2名，民政专干1名。50岁以上干部2名，40~49岁干部6名，30~39岁干部4名，30岁以下2名。社区党员159人（其中男84名，女75名，退休党员20名，在职党员15名，其他党员124名）。社区两委班子成员7名，平均年龄41岁。社区设联防队1个，联防队员56名。有党员志愿者服务队1个，队员45名。社区阵地面积164平方米。

0490 东升乡新联村

简　介：东升乡新联村位于东升乡西南部，109国道南侧，交通便利，全村共有人口2625人，625户，村民小组7个，村社干部10个，党员30人。全村共有耕地面积4524.9亩，其中水地3818.5亩，旱地706.4亩，人均水地1.4亩，2011年人均纯收入3680元，共有劳动力1580人，主导产业以种植和养殖为主。近年来，新联村借助政府引导，转变经济结构，调整产业格局，大力发展枸杞种植、双垄沟地膜玉米栽培经济作物。养殖业也取得了较好的发展，养殖30户，其中15户已经形成一定的养殖规模，经济效益也上了一个台阶。在新联村的发展过程中，制约经济的突出方面主要集中在基础设施的建设上，主要体现在村道路沙化和硬化上。全村硬化道路覆盖面小，铺设21公里。农田水利建设逐渐完善，衬砌灌溉支渠14公里，改善了部分农田的灌溉条件。

0491 北湾镇北湾村

简　　介：北湾镇北湾村是镇政府所在地，位于镇中核心地段。总面积7.8平方公里，道路硬化11公里，"一池三改"200户，全村12个村民小组，村民1369户，5770人，其中党员95人，女党员20人，占党员总数的21.05%。全村耕地面积3494亩，果园面积112亩，蔬菜大棚895亩，猪羊鸡分别存栏5100头，320只，19万只，黄鳝养殖2万条，粮食总产量1472吨，蔬菜总产量5560吨，农民人均纯收入达到4900元。

0492 刘川乡南山尾村

简　　介：刘川乡南山尾村位于刘川乡东部，区域总面积为11000亩，耕地面积4320亩，其中有效灌溉面积3800亩。辖5个村民小组，643户，3001人。2011年，全村农民人均收入4300元。全村主导产业为鲜桃和枸杞种植，2003年被评为白银市优质桃产业示范园区，拥有桃园1200亩。2010年被确定为刘川乡"千亩枸杞园"示范区。全村有养鸡户50户，8万只。养羊户130户，2600只，有标准化规模养猪户60户，存栏数2000头。今年枸杞种植面积280余亩，洋葱500亩，西红柿200亩，洋芋500亩。辖区内有企业23户，就地转移劳动力400人。创先争优活动开展以来，该村以"当好带头人，建设新农村"为主题，以搞好惠民政策落实、沼气池、卫生厕所建设、张川主干道硬化、环境卫生长期整治等实事为载体，紧紧围绕全县提出的"大干一百天，向国庆61周年献礼"的活动，重点落实了张川主干道的硬化的准备工作，100个冷棚的搭建工作和20座卫生厕所、60座沼气池建设。今后在搞好基础设施的同时，积极调整产业结构，大力发展以优质鲜桃和无公害枸杞为代表的林果业，以养殖业为辅，种养结合，发展绿色、生态、无污染的现代农业。

0493 北滩乡景滩村

简　　介：北滩乡景滩村位于靖远县以北，距离乡政府8公里；全村总住户数420户，总人口2424人。全村共有5个村民小组，区域总面积为4356亩，耕地面积3769亩，其中有效灌溉面积3769亩。2013年，全村农民人均收入3560元。共有47名党员，村两委班子成员4名。全村主要经济来源依靠农业生产，主导产业是种植枸杞、洋芋和四季豆，规模化养殖场只有一两家。今后发展思路。1、抓宣传、强意识。致富靠人，靠技术，靠思想。因此村委会要带头做好宣传，强化老百姓的劳动致富的思想，强化"发展就是硬道理"的思想，不能安于现状，不能只靠上级政府的支援来解决问题。可以带领村里有思想、有干劲的年轻人到经济比较发达的典型村镇考察、学习。然后结合本村实际，寻找优势，带领老百姓闯出一条自己的致富之路。2、抓基础、解瓶颈。道路和渠道是村里的两大瓶颈，不解决好这两个问题，景滩村就很难致富。因此，作为村委会班子要积极争取上级政府的支持和帮助，一方面要重点解决道不畅的问题。通过召开协调会议的形式，彻底解决渠道不畅，因渠浪费水的问题。另一方面要重点解决村企建设，使村上走产、销、供的发展模式。3、抓农业、重特色。鉴于农产品单一的现状，村委会要从现实情况出发，拿出解决的办法来。当前，种枸杞和四季豆是两项比较好的出路。枸杞种植，虽然劳动力需求大，但是效益不错，有比较好的发展前景。本村已经有四季豆加工厂，销售渠道在家门口就可以解决，可以通过引资或融资的形式，吸引有投资意向的人来合作发展。

0494 若笠乡若笠村

简　　介：若笠乡若笠村位于乡政府所在地，距离县城49公里，是典型的干旱山区，山大沟深，全年降水180毫米。全村现有人口500人。主要种植文冠果等林业和旱作农作物为主，年轻人主要外出务工为生。全村现有农家书屋1座。

0495 五合乡刘寨柯村

简　　介：五合乡刘寨柯村五合乡刘寨柯位于五合乡东部，属甘、宁两省毗邻窗口村，全村6个社，713户，3683人，有耕地13250亩，其中水浇地8324亩，全村经济以农业生产为主，主导产业以种植枸杞为主，附带洋芋、西瓜、玉米等农作物，是五合乡的人口大村、农业大村之一。该村农业基础好，以枸杞为主导特色农业种植面积大，洋芋、玉米、西瓜等附带作物集中连片，在全乡起到了良好的示范作用。近年来，在村"两委"班子的共同努力和坚强领导下，全面落实联村联户及各项为民、富农政策，创新发展模式，积极探讨产业结构调整，全面形成规模化种植养殖，大胆尝试引进外资进行连片土地流转，为今后刘寨柯村发展成为甘宁毗邻文明窗口村和促进全村经济社会各项事业的全面发展创造良好环境打下扎实基础。

0496 北滩乡东滩村

简　　介：北滩乡东滩村位于北滩乡政府以北，国道109线东侧，距乡政府4公里处。共辖8个村民小组，全村874户，总人口3053人，耕地总面积13000亩，全为水浇地，属移民村。2013年全村人均纯收入3500元。共有55名党员，村两委班子成员4名。全村以种植枸杞、马铃薯和玉米等为主要经济作物，支柱产业以枸杞为主，枸杞种植面积达5000多亩。养殖业以肉羊为主，多数农户为小微型养殖。今后的发展中，经济方面，大力发展枸杞种植产业，努力改良盐碱土地。继续加大枸杞种植的产业化、规模化。养殖业方面，继续扩大养殖规模，坚持种养并举的经济发展模式。基础设施方面，争取项目，强化基础设施建设。科教方面，加强技术培训，实行科技兴农。

0497 高湾乡二百户村

简　　介：高湾乡二百户村位于政府正北7.5公里处，共有6社，428户，2240人。共有耕地面积13698亩，全属旱地。村两委班子配备齐全，党员46名，全村有五保户8户，享受农村低保120户，480人。全村经济以种植业和养殖业为主。种植业方面，全部以种植西甜瓜、籽瓜为主。年种植西甜瓜1200亩，籽瓜7800亩，种植旱地玉米4698亩，年产西甜瓜72万公斤，产黑瓜籽350吨，玉米产量46万公斤。养殖业方面，全村共有养殖大户15户，羊只饲养存栏达50只的现有6户，猪饲养存栏达50头的现有7户，鸡饲养存栏达1000只的现有2户，饲养大牲畜400头。

0498 大芦乡刘沟村

简　　介：大芦乡刘沟村位于靖远县城以南，大芦乡北部。全村有4个社，220户，1100人。村党支部支委3人，党员35人。全村耕地面积5000余亩，其中水浇地面积670余亩，砂地300亩，退耕还林2400亩，人均耕地较少。全村原以粮食种植为主，产业结构单一，以种植玉米、洋芋、西瓜为主，现种植砂地西瓜约300亩。近年来，在乡党委、乡政府及村两委领导下，大力调整农业种植结构，大力发展养殖业。全村有养羊专业户60户（养殖小区一处），养羊约2000余只，养猪专业户20户。2010年刘沟村被确定为新农村建设整村推进村，在今后的发展中，我们将继续以科学发展观为统领，结合我村的实际，以促进农民增收和构建和谐稳定的社会环境为最终目的，全面做好刘沟村的各项工作。1、继续发展早熟洋芋地膜玉米的种植，并积极种植新品种。2、积极推广无公害设施蔬菜种植技术。3、采用公司加农户的养殖模式，扩大养殖规模，提高农民收入。4、建设农业信息化平台。

0499 五合乡大湾村

简　　介：五合乡大湾村位于五合乡南部山区，区域总面积2万亩，耕地面积9961亩，其中有效灌溉面积1824亩，全村辖5个村民小组，464户，1980人，由于兴电工程上水，一部分迁居本乡移民搬迁点麻梁，一部分迁居五星，现在山区居住人口40户，197人。2011年全村农民人均收入3240元。大湾村村阵地设在麻梁，占地面积150平方米，建筑面积60平方米，村两委班子8人，其中1名党支部书记，1名村委会主任，全村共有党员35人，其中女党员5人，全村以种植业为主，主导产业洋芋。

0500 大芦乡大芦村

简　　介：大芦乡大芦村地处大芦乡最南端，是乡政府所在地。全村辖8个村民自治小组，920户，4230人，党员95人。共有耕地12000亩，其中水地8244亩，旱地3736亩。大芦村立足本地资源优势，以"生产发展，生活宽裕"为目标，积极调整产业结构，本着"一村多品"的产业发展思路，发展壮大早熟洋芋、养殖业两大支柱产业。大芦村沿街商铺规划整齐，集市贸易活跃，成为带动全乡经济的强力引擎。全村在村支部的领导下，以"管理民主"为目标，完善基层民主建设，利用"靖远县农村党员干部现代远程教育"平台，抽取农闲时间，提高党员修养，学习党政法规，掌握农业科技致富技能，提高市场意识，带动村民建设新农村积极性，现已取得良好成效。大芦村重视妇女工作，成立了由村妇代主任和八位妇女委员组成的大芦村妇代会，提高农村妇女科技致富能力。积极发展文化事业，成立了"大芦村大众俱乐部"，极大地丰富了群众的文化娱乐生活。全村按照经济、政治、文化、社会"四位一体"的和谐社会建设目标，已初步呈现出"生产发展，生活宽裕，乡风文明，村容整洁，管理民主"的社会主义新农村良好局面。

0501 双龙乡仁和村

简　　介：双龙乡仁和村全村总住户684户，总人口4016人，全村共有6个村民小组。区域总面积9800亩，耕地面积7640亩，其中有效灌溉面积5200亩。全村共有党员68人。由于处于偏远地区，交通不便，经济相对落后，群众的生活比较困难，农业种植以水稻为主，夏粮以小麦为主，另外少量种植胡麻、菜籽、玉米、大豆，近几年大枣和枸杞已成规模，种植面积达3000多亩。仁和村位于靖远县双龙乡，历史悠久，文化灿烂，民俗风情多彩多样，文物古迹众多，现存文物遗址5处，有北城滩长城遗址、仁和四合院、发裕堡址、北城滩城遗址、北卜渡口遗址等，其中北城滩长城遗址被列为国家重点文物保护单位，仁和四合院和北城滩城遗址被列为省级文物保护单位。仁和村于2006

年被批准为甘肃省首批历史文化名村。今后要继续保持和延续历史文化名村的传统格局和历史风貌，维护历史文化遗产的真实性和完整性。进一步加强文化遗产保护，从而更好地发展文物、旅游、休闲娱乐等文化产业。

0502 双龙乡碾沟村

简　　介：双龙乡碾沟村位于双龙乡政府北面约20公里处的大山深处，属于双龙乡最为贫困自然村，下辖3个社，人口91户，总人口480人。现有耕地面积564亩，其中旱地92亩，水浇地280亩，其中园林面积192亩。村两委设置方面，党支部设书记1人，支委委员3人，全村共有党员20人，其中女性1人，具有大专以上文凭1人。村委会设村主任1人，委员5人。村内有小学1所，有村卫生室1所。全村主要经济作物为大枣、枸杞、香水梨。

0503 若笠乡四岘村

简　　介：若笠乡四岘村位于乡政府所在地北面，距离乡政府所在地18公里，距离县城39公里，是典型的干旱山区，山大沟深，全年降水180毫米。全村现有人口300人，其中以老人和孩子居多，90%家庭享受低保。主要种植文冠果等林业和旱作农作物为主，年青人主要外出务工为生，全村现有文化设施有农家书屋1座。

0504 石门乡二合村

简　　介：石门乡二合村位于乡政府东南部，距乡政府5公里，距县城81公里。总面积42.65平方公里。现有户籍人口73户，总人口222人，常住人口20户，98人，全村共有党员15名。总耕地面积2300亩，人均10.4亩，其中水地48亩，人均0.2亩。农民经济收入以种植、养殖及劳务收入为主，2011年全村农民人均纯收入为2040元。特色产业发展：大力调整种植结构，继续推广双垄沟播技术地膜玉米、地膜洋芋种植200亩；2012年计划种植小杂粮300亩，中药材300亩。生态移民工程：二合村是不适宜人居住的地区，争取生态移民搬迁项目，逐年逐户对农户实施搬迁。社会事业发展：新建1所标准化卫生室，并配备1~2名医务人员。彻底解决群众看病难、看病贵的问题。农业科技培训：争取举办培训班，组织开展农村实用人才培训，以提群众的文化水平、职业技能，计划每年培训农民30人次。组织输出农村富余劳动力50人次。

0505 五合乡白茨林村

简　　介：五合乡白茨林村属于靖远县五合乡管辖，地处109线国道两旁，交通便利，四通八达。全村现有土地面积8000亩，管辖白东、白西、双一、双二、兴隆、刘庄和永新7个社。截止2014年11月，全村总人口3278人，其中农业人口3178人，非农人口100人。白茨林村以种植业为主，其中枸杞种植达到2000亩，形成一定规模；同时养殖业也初具规模，以养羊为主，其中100头以上的养羊专业户达到5户，30头以上的养羊农户达到30多户。村民自发组织的戏剧团和舞蹈队，文化产业有声有色，每年举行大型的庙会二次以上。

0506 北滩乡红丰村

简　　介：北滩乡红丰村位于靖远县北滩乡政府以东6公里处，交通便利、信息畅通。全村总住户数563户，总人口2703人，无少数民族。全村共有3个村民小组，区域总面积2.9万亩。耕地面积10000亩，其中有效灌溉面积8000亩。2013年，全村农民人均收入2412元，有党员64名。红丰村以农业生产为主，总体上群众生活贫苦，发展速度缓慢，多年来村委对农业产业的结构做了多方面的引导调整，种植格局有了些突破，种植枸杞、洋芋、油葵等经济作物，但主导产业面积太小。

0507 北湾镇天字村

简　　介：北湾镇天字村位于靖远县城西部，黄河北岸，距县城20公里，距白银市区40公里，属沿黄灌区，光、热、水、土资源丰富。靖白公路横穿全村，交通便捷，电信、移动、联通网络遍布全村，通讯发达。境内有省级文物保护单位红罗寺，全村共辖12个村民小组，有农户1480户，总人口6711人，其中党员82人，女党员11人，占党员总数的13.41%。共有耕地面积7158亩，粮食总产量5130亩。果园面积86亩，道路硬化9.8公里，蔬菜大棚面积2245亩，总产量13463吨，猪羊鸡分别存栏5700头，1869只，73.92万只，农民人均纯收入达到4900元。

0508 东湾镇杨柳村

简　　介：东湾镇杨柳村位于县东北方向的杨稍沙河中，下辖3个村民小组，468户村民，共计2258人。现有耕地共3100亩，其中水地2000亩，旱地1100亩。水地分为黄河灌区和机井灌区两大片，其中黄灌区1200亩，井灌区800亩。近几年新建新式自动化日光温室350座，主要种植西红柿、辣椒等蔬菜，年创收达750万元，截止2013年底，年人均纯收入达4800元，日光温室的蔬菜种植已成为杨柳村的主要产业之一。杨柳村的另一支柱产业为砖瓦制造，自1989年开始，在杨柳村建立的砖瓦厂共13家，现正常运转的有8家，倒闭5家，这些企业给杨柳村带来了经济收入，同时也解决了本村富余劳动力的输出问题，村民可以在自家门口打工挣钱。近几年，杨柳村新建农家书屋，书刊2000本，丰富了群众的文化生活，让群众在闲暇时间找到阅读的乐趣，通过各类书刊了解更多相关农业、养殖业知识。

0509 兴隆乡川口村

简　　介：兴隆乡川口村位于兴隆乡的中心地带，距离县城127公里，距乡政府7.5公里。气候干燥，海拔约1560~1800米，降雨稀少，年降水量仅180~200毫米，开展农牧业生产的自然环境、基础设施条件较差。全村共有7个社，386户1738人。人均耕地2.97亩，其中人均有效灌溉耕地0.389%。劳动力1024人，占总人口的59%。现有耕地5155亩，其中川台地541亩。粮食作物有小麦、糜子、谷子、玉米、豆类、胡麻等。传统林树种类有香水梨、枣树、杏树，绝大部分为房前屋后零星分散种植，可折合果园面积342亩，户均0.93亩。近几年新发展枸杞面积98亩，香水梨60多亩，文冠果约1200亩。

0510 平堡乡蒋滩村

简　　介：平堡乡蒋滩村位于靖远县西部、平堡乡东北部，距平堡乡3公里左右，距县城41公里，距白银市区26公里，地处河谷地带黄河南岸，属沿黄灌溉区，光、热、水、土资源丰富。村内主干道基本硬化，电信、移动、联通网络遍布全村，通讯发达。蒋滩村属靖远县第二大村，全村共辖15个村民小组，有农户1531户，总人口7065人。共有劳动力3855人。区域面积17860.4亩，耕地面积7403亩，其中水浇地6257亩，人均0.88亩。粮食生产以小麦、玉米、水稻为主，主导产业有日光温室、规模蛋鸡、生猪养殖、劳务输出等。村两委班子由11人组成，根据社会主义和谐新农村建设的发展需要，我村在不断积极发展培养年轻有知识、有文化的党员。村内有小学1所，中学1所，中学九年制义务教育普及率达到98%；全村共有定点医疗机构1个。已参加新型农村合作医疗的村民6843人，参合率达96%。全村有9个广场舞队，农家书屋1个，其中女子太平鼓在全县首屈一指。

0511 石门乡路庄村

简　　介：石门乡路庄村位于乡政府东南部，距乡政府10公里，距县城76公里。总面积29.03平方公里。辖4个村民小组，总户数为305户，总人口为1211人。全村共有党员46名。总耕地面积5390亩，人均4.5亩。农民经济收入以种植、养殖及劳务收入为主。特色产业发展，利用得天独厚的地理条件和"石门羔羊"的品牌影响，鼓励老百姓发展特色养殖业，如梅花鹿、山羊、山鸡等。推广种植脱毒种薯1000亩，试点地膜穴播小麦1000亩；种植紫花苜蓿1000亩，大力发展草食畜牧业。生态移民工程，路庄村属于不适宜人居住山区，争取生态移民搬迁项目，逐年逐户对农户实施异地搬迁。社会事业发展，为新建的村标准卫生室配备1~2名医务人员。彻底解决群众看病难、看病贵的问题。农业科技培训，争取新建科技培训阵地1处，以提高科技素质、职业技能、经营能力为核心，组织开展农村实用人才培训，计划每年培训农民600人次，组织输出农村富余劳动力350人次。

0512 双龙乡双龙村

简　　介：双龙乡双龙村位于乡政府北面6公里，现有9个社，350户，1660人。耕地面积8200亩，其中旱地7000亩，水浇地1200亩。村两委班子由书记、副书记、村主任、副主任等9人组成，共有党员46人。村内有小学1所，原有的初中2011年撤并，有村卫生室1所，水利工程1处。全村农作物以小麦、糜谷、玉米为主，林果业以香水梨、冬果梨为主。

0513 乌兰镇西街社区

简　　介：乌兰镇西街社区位于靖远县新城区，辖区占地4平方公里，划分为5个居民小组，辖区人口3321户，8907人。驻辖区行政事业单位21家，非公企业4家，住宅小区10家，住宅楼25幢，沿街商铺625家。社区现有工作人员11人，正式干部6人，聘用人员5人。社区办公阵地350平方米，设有计生服务室、活动室等。

0514 永新乡水沟村

简　　介：永新乡水沟村位于永新乡西北部，境内山大沟深，交通不便，全村总耕地面积2803亩，其中水地443亩，旱地2400亩。现辖7个村民小组，121户，495人。经济收入以种植、养殖、林果业和外出务工为主。在种植业方面，以枸杞、小麦为主。

0515 北滩乡刘梁村

简　　介：北滩乡刘梁村共有920户村民，总人口3580人。全村共有6个村民小组，区域总面积为4万亩。耕地面积24000亩，其中有效灌溉面积19000亩。2013年，全村农民人均收入2300元。共有57名党员。刘梁村地处北滩乡腹地，经济发展比较滞后。在种植方面，刘梁村主导产业是玉米制种、早熟洋芋、枸杞种植和四季豆种植。在养殖方面，刘梁村现有羊存栏100只以上的养殖户4户，猪存栏数在50头以上的养殖户4户。刘梁村交通方便，虽没有一条硬化道路，但道路砂化范围较大。刘梁村两委班子下一步发展计划：在基础建设方面，如果能得到上级单位的支持，在未来五年，争取硬化道路

10公里，沙化道路10公里，继续延伸灌溉渠道15公里，衬砌渠道20公里。科教文卫方面，争取资金，完善学校教学设备，搞好村卫生室医疗环境。种植业方面，大力发展玉米制种和早熟洋芋、枸杞种植和四季豆种植，着力推广中药材种植。养殖业方面，积极响应政策扶持，争取发展羔羊、生猪养殖大户，并大力推广养鹿产业。

0516 靖安乡新丰村

简　　介：靖安乡新丰村位于黄家凸山麓北侧，新农村位于川区，与新合村和宁夏兴仁相接，下辖8个村民小组，449户，1800人。耕地总面积12040亩。有63名党员。全村经济收入以枸杞、小杂粮、玉米及羊、猪养殖业为主。主要做法：一是加强与奇正藏药的合作力度，发展千亩协议基地，全力加快全村枸杞产业的发展。二是在山区加快土地流转工作，因地制宜，发展特色优势产业，培育新兴后续产业。三是进一步改善基础设施建设，"四化"村居环境，全面提升群众生产生活质量，助力经济社会全面发展。四是加强农民技能培训，提高农民的综合素质，打造现代化农民，促进全村农业可持续发展。

0517 石门乡安韦村

简　　介：石门乡安韦村位于乡政府西北部，距乡政府15公里，距县城101公里。总面积37.22平方公里。全村辖11个村民小组，总户数为476户，总人口为2042人，共有党员53名。总耕地面积5059亩，人均2.5亩。农民经济收入以种植、养殖及劳务收入为主，2011年全村农民人均纯收入为2746元。今后打算：基础设施建设，争取铺砂整修安韦至石门公路15公里，争取巩固退耕还林项目，改扩建安韦村提灌工程一处（铺设管道2.4公里，新建泵房一座和配备部分机电设备），新建沼气池灶20座，发放太阳灶和节柴灶150台。特色产业发展，发展经济林400亩，中药材305亩，新建养殖小区2个，补植补造退耕还林2856亩，采取技术培训、专家现场指导等措施，采用"基地+合作社"的模式，逐步把我村建设成为优质大枣生产基地。社会事业发展，新建1所标准化卫生室，配备1~2名医务工作人员，改善群众看病条件。农业科技培训，争取新建科技培训阵地1处，以提高科技素质、职业技能、经营能力为核心，组织开展农村实用人才培训，计划每年培训农民技能培训150人。组织输出农村富余劳动力300人次。

0518 双龙乡义和村

简　　介：双龙乡义和村总住户数512户，总人口3200人，无少数民族人口。全村共有6个村民小组，耕地面积6500亩，其中有效灌溉面积3200亩。有党员48人。全村经济收入以农业生产为主，以水稻为主要作物，并发展以大枣、枸杞等林果为主的经济作物，以及以猪羊为主畜牧养殖产业。大枣产业已经逐渐成为义和群众经济收入的重要组成部分，大枣种植规模化已初步形成。但大枣生产目前仍然处于开放式经营阶段，产业技术较为落后，市场营销未形成统一规模。枸杞是义和群众近年引进的新型产业，规模不大，但市场前景广阔，群众种植积极性高。义和村靠近黄河，灌溉条件优越，但耕地盐碱化程度高，经政府与群众的多年努力，多挖深挖碱渠，对减轻土地盐碱化取得一定效果，但仍需继续对河湾等地的碱渠加宽加深，同时需要对现有的灌溉渠道进行改良，使排碱河灌溉得到科学合理的配合。同时由于人多地少，人居条件差，造成村内道路混乱，村容不整，义和村正积极筹措资金，对村内道路进行硬化，同时对公共场所进行规划整合，努力改善群众的居住环境。

0519 北滩乡东宁村

简　　介：北滩乡东宁村位于北滩乡西部，杜川公路沿线，全村共有572户村民，总人口2616人。全村共有7个村民小组，区域总面积为22500亩。耕地面积7798亩，其中有效灌溉面积3104亩。2011年，全村农民人均收入2300元，共有48名党员。经济发展比较滞后，主导产业是玉米和小麦种植。东宁村两委班子下一步发展计划：在基础建设方面，如果能得到上级单位的支持，在未来五年，争取硬化道路10公里，沙化道路8公里，衬砌渠道10公里。科教文卫方面，争取资金，完善学校教学设备，搞好村卫生室医疗环境。种植业方面，大力发展玉米制种和早熟洋芋，以及洋葱种植，并着力推广枸杞和四季豆种植。养殖业方面，积极响应政策扶持，争取发展和扶持20户规模化养羊专业户。

0520 永新乡新泉村

简　　介：永新乡新泉村位于永新乡西南，距乡政府17公里。现辖6个村民小组，90户，633人。该村现有卫生室1所，现设村党支部1个，党员17名，其中男党员15名，女党员2名。全村总耕地面积5650亩，除有200多亩井泉灌溉面积外，其余5000多亩全部为旱地。村民主要经济收入为种植、养殖及外出务工为主，主要经济作物为油料作物、玉米。

0521 乌兰镇铁路社区

简　　介：乌兰镇铁路社区位于靖远县小坪山下，东至乌兰山天桥，西至闇门，北至铁路和乌兰西路社区交叉，辖区面积大致2平方公里。现有户数520户，总人口962人。辖区内居民主要为铁路单位职工，辖区内单位主要有北方菜叶、铁路小学、车务段以及工务段等。城乡居民养老保险64人，335人办理了医疗保险。在创建平安社区方面，认真做好社区矫正人员帮教工作和人民调解工作。社区划分10个卫生责任区，指定专人负责，安排人员定期清运垃圾台垃圾

0522 石门乡坝滩村

简　　介：石门乡坝滩村位于乡政府西南部，距乡政府25公里，距县城111公里，总面积55.98平方公里。全村有5个村民小组，总户数为383户，总人口为1576人，全村共有党员42名。总耕地面积为1870亩，人均1.2亩，其中水地1728亩，人均1.1亩。共栽植枣树1800亩，苹果园850亩。农民经济来源以大枣、苹果、养殖收入为主，2012农民人均纯收入4332元。2012年通过申请以工代赈资金砂化村社道路3.5公里；争取整修硬化坝滩渡口至哈思山旅游公路15公里；争取新建大枣、苹果交易市场1处；新建碱水沟水利提灌工程。继续壮大大枣、苹果等特色农业产业。依托黄河石林国家地质公园和哈思山自然保护区，着力培育以龙湾、坝滩、哈思山为主的黄河风情线，大力开发以坝滩农家乐、特色农业生态观光为主的乡村休闲度假旅游新景点。计划新建1所标准化卫生室；建设群众健身文化广场1处；加大村容村貌整治，定期对村内垃圾进行集中清运处理，营造生态人居环境。农业科技培训：争取新建科技培训阵地1处，组织开展枣树、苹果树栽培、修剪、丰产培训，计划每年培训农民300人。

0523 五合乡田窝村

简　　介：五合乡田窝村位于乡政府东南部，兴电工程东干六支渠，靖安提灌以东，五

靖公路两侧，交通便利，全村4个社，463户，共2140人，其中党员23名，耕地面积21200亩，其中水地6200亩，旱地15000亩，半山半川，自然条件优越，土地开发潜力较大。

0524 若笠乡皮袋湾村

简　　介：若笠乡皮袋湾村位于乡政府所在地北面，距离乡政府所在地10公里，距离县城50公里，是典型的干旱山区，山大沟深，全年降水180毫米。全村现有人口500人，其中以老人和孩子居多。以种植文冠果等林业和旱作农作物为主，年轻人主要外出务工为生。全村现有农家书屋1座。

0525 大芦乡常塬村

简　　介：大芦乡常塬村位于大芦乡东部，属川塬地区，距乡政府13公里，全村辖5个村民小组，共有住户197户，总人口847人，耕地面积4055亩，其中水地258亩，旱地3798亩。常塬村党支部共有委员3名，村委会委员3名。全村共有党员33名，其中女党员3名。2013年全村人均纯收入3600元。粮食作物以春小麦、玉米、洋芋为主，是自给自足的自然型经济模式，无经济作物。近年来，村"两委"带领广大党员和群众，立足本村实际，以开展创先争优活动为契机，完成村级阵地改扩建工程。大力调整种植结构，形成了以大棚洋芋、海蒜为主体的农业发展模式，大力发展塬区双垄沟播技术，发展养殖业，积极促进农村富余劳动力转移，增加了农民收入。目前，广大党员和群众在村党支部的带领下，积极开展创先争优活动，立足现状，找准制约本村科学发展的突破口，寻求可持续发展新路子，正朝着建设富裕、文明、和谐的新农村迈进。

0526 北滩乡宝泉村

简　　介：北滩乡宝泉村位于北滩乡西面，距离杜川公路1公里。总住户数271户，总人口1338人。全村共有3个村民小组，区域总面积为15200亩。耕地面积3644亩，其中有效灌溉面积1465亩。2011年，全村农民人均收入3872元。宝泉村党支部共有32名党员。全村大多数农户的收入依靠种植为主要来源，主要种植小麦、玉米、玉米制种、马铃薯、枸杞等农作物。此外，全村有少数散户发展养殖业，但未成规模化。发展思路及今后工作打算：村两委努力探索适合本村发展模式，根据村实际情况，调整产业结构，积极发展壮大本村经济。种植业方面，大力发展玉米制种和洋芋，并着力推广枸杞和中药材种植。养殖业方面，积极响应政策扶持，争取发展羔羊、牛、生猪养殖大户。科教文卫方面，争取资金，完善学校教学设备，搞好村卫生室医疗环境，搞好老年活动中心和文艺活动大院。在基础建设方面，未来五年，争取硬化道路10公里；在本年度争取砂化道路6公里，继续延伸灌溉渠道3公里，衬砌渠道5公里。

0527 乌兰镇新城社区

简　　介：乌兰镇新城社区位于靖远县新城区，辖区占地5平方公里，划分为5个居民小组，辖区人口1774户，5960人，户籍人口760户，2230人。驻辖区行政事业单位36家，非公企业23家，住宅小区9家，住宅楼121幢，沿街商铺245家。社区现有工作人员11人，正式干部6人，聘用人员5人。建有独立的办公阵地两层350平方米，内设一站式便民服务大厅、计生服务室、社区书屋、活动室等。社区党支部现有党员43人，低保户423户，保障人口1738人，残疾人33人，居家养老服务对象41人。

0528 石门乡石门村

简　　介：石门乡石门村为乡政府所在地，距县城86公里。全村有10个村民小组，总户数为1062户，总人口为3896人，全村共有党员110名，其中女党员21名。总耕地面积为9742亩，人均2.4亩，其中水地2370亩，人均0.6亩。共栽植枣树1100亩，枸杞700亩。农民经济收入来源以大枣、枸杞、养殖及劳务收入为主，2012年农民人均纯收入为3720元。2012年通过村级"一事一议"财政奖补项目延续硬化村社道路；修建石门村人畜饮水工程；对石门村主街道进行亮化；计划新建石门乡综合农贸市场1处；计划衬砌渠道10公里；争取国家大型泵站改造工程项目，对石门乡黄电工程进行升级改造。继续壮大大枣、枸杞等特色农业产业，新植枣树300亩、枸杞700亩，进一步采取技术培训、专家现场指导等措施，逐步建成全乡枸杞无公害标准化生产基地。大力发展养殖业，2012年扶持建设规模化养殖小区2个，培育养殖示范户20户。通过村级"一事一议"财政奖补项目建设群众健身文化广场1处；新建1所标准化卫生室；加大村容村貌整治，制定石门村卫生公约，定期对村内垃圾进行集中清运处理，美化人居环境。争取新建科技培训阵地1处，组织开展农村实用人才培训，计划每年培训农民1400人次。组织输出农村富余劳动力700人次。

0529 北滩乡独山村

简　　介：北滩乡独山村位于北滩乡西北部，距离杜川公路4公里，全村共有802户村民，3471人，全村分为有8个村民小组。总面积为11700余亩，耕地面积6232亩，其中有效灌溉面积5526亩。2013年，全村农民人均收入4015元。全村主要经济来源依靠农业种植，主导产业是种植枸杞、洋芋、四季豆、玉米。在今后的发展过程中逐步落实。按照省市县文件精神"联村联户，为民富民"大力发展种植、规模养殖产业。1、抓宣传、强意识。致富靠人，靠技术，靠思想。2、抓基础、解瓶颈。3、抓农业、重特色。

0530 永新乡青阳村

简　　介：永新乡青阳村位于永新乡北部，全村现辖5个村民小组，123户，369人，设村党支部1个，党员15名，其中男党员13名，女党员2名。总耕地面积3360亩，其中水地375亩，其余均为旱地，退耕还林面积1040亩。主要经济作物为油葵、玉米、枸杞，2013年人均纯收入2919元。近年来在省"双联行动"以及市县政策扶持下，在乡党委政府领导下，全村各项事业逐步发展，规划移民搬迁，发展特色养殖种植业，使群众生活逐步提高。

0531 若笠乡周杨村

简　　介：若笠乡周杨村位于乡政府所在地北面，距离乡政府所在地20公里，距离县城40公里，是典型的干旱山区，山大沟深，全年降水180毫米。全村现有人口500人，其中以老人和孩子居多。以种植文冠果等林业和旱作农作物为主，年轻人主要外出务工为生。全村现有农家书屋1座。

0532 乌兰镇罗家湾社区

简　　介：乌兰镇罗家湾社区位于县城西郊，西接河靖坪，北临黄河，南靠北西横靠祖厉河，占地3平方公里，辖区内有学校1所，非公有企业8家，个体经营户49户。共有6组居民小组，有1406户，2374人。

0533 永新乡旱沟村

简　　介：永新乡旱沟村位于永新乡北部，

距乡政府30公里，现有4个社，50户，160人，耕地371亩，主要经济收入以种植、养殖业和外出务工为主。在种植业方面，以玉米、小麦、枸杞为主。

0534 糜滩乡碾湾村

简　　介：糜滩乡碾湾村位于黄河北岸，与靖远县城仅一河之隔，面积5平方公里，人口2622人，耕地面积1726亩，辖内7个社，与乡政府直线距离2公里，南有糜三公路傍村而过，中间省道207线穿村而过，交通便利，碾湾村是靖远县的北大门。村民以种植特色蔬菜、发展特色果业增加创收，已经形成连片种植，碾湾村因地理位置优越，发展速度十分惊人。

0535 兴隆乡腰站村

简　　介：兴隆乡腰站村位于兴隆乡东部，是连接永新、双龙、石门、景泰等地的咽喉，总面积8.8平方公里，系兴隆乡政府所在地，山地多，平地少，气候干燥，温差大，年降水量120毫米左右，属于退耕还林区。全村辖5个社，228户，共计1053人。实有耕地4133亩，人均耕地3.92亩，退耕还林面积3067亩，人均2.91亩。农作物以小麦、玉米、糜谷为主。全村农户以煤炭、秸秆作为主要燃料。除乡政府外，境内还有川口派出所、兴隆农电站、腰站小学以及刚刚建成的兴隆乡文化站和兴隆乡邮电所。全村干部群众团结一致，努力实践科学发展观，开拓进取，心往一处想，劲往一处使，使村民生活和人居环境发生了巨大变化。

0536 五合乡尚书淌村

简　　介：五合乡尚书淌村位于五合乡南部，地理位置偏僻，属于山区地形，交通极为不便利，现在总人口1070人，总户数255户，全村总面积7358亩，耕地面积6499亩，其中水地有效灌溉面积678亩。2011年人均纯收入1815元。全村现有党员11人，其中女党员1名。

0537 兴隆乡大庙村

简　　介：兴隆乡大庙村位于兴隆乡北部，黄河岸边，距乡政府20公里，与景泰县五佛乡隔河相望。全村7个社，503户，2377人，农业生产以小提灌为主，土地面积很少，仅1044亩，其中70%为林果地，主要生产香水梨、红枣、核桃、枸杞子、小麦、玉米、黄豆。大庙文化闻名遐迩。驰名中外的古丝绸之路北线，自东侧论古旱沟而出，经大庙、金坪西渡黄河，达景泰通河西走廊，大庙为过往商旅的驿站，黄河古渡之要隘，贸易十分繁荣，古文化一度发达，成为靖远历史文化发详地之一。大庙城是明代建筑，紧傍黄河，联带长城，是当年兵家设防要地。境内有丰富多彩的遗存文物，清代的大庙戏楼等现被列为县级文物保护单位。大庙社火以它独具特色的优势享誉全县，大庙社火的组成由头彩车、耍龙、训狮、秧歌、彩船、推车子、高跷等组成。近年来，大庙社火在全县社火表演大赛中荣获一等奖，受到全县人民的欢迎和喜爱。

0538 东湾镇红柳村

简　　介：东湾镇红柳村位于黄河沿岸，充分利用黄河资源，招商引资发展观光农业，旅游、休闲、餐饮业，引导群众调整种植结构，鼓励有知识、有资金的年轻人发展特色农业。红柳村地处黄河沿岸，于平川区相邻，有11个村民小组，1100户，5220人，有耕地4200亩，农民收入主要靠打工和种地，农业生产主要是传统农业，以种植蔬菜和粮食为主。近几年，建有农家书屋，书刊2100

本，今年在市文化局的帮助下建成文化广场，广场内有篮球架、健身器材、庭院灯，配置了石桌石椅、石质长凳，绘制人口文化、科普等宣传彩喷图片230平方米，极大的丰富了群众的文化生活。农家书屋的开放，大大提高了老百姓阅读的积极性，通过书刊了解更多的知识。

0539 糜滩乡前进村

简　　介：糜滩乡前进村位于靖远县城北约2公里处，黄河岸边。本村地势平坦，交通便利，农业用水主要依靠自流灌溉和电力提灌，糜滩永固渠为全村耕地的灌溉水源，灌溉条件较好。农民生活用水主要为自来水。前进村现辖10个村民小组，835户，3691人，区域面积为24平方千米。全村土地总面积11200亩，其中耕地总面积2880亩，有效灌溉面积2360亩，全村年收入4200万元，农民人均纯收入6425元，经济发展以外出务工为主，蔬菜和水稻为主导产业。蔬菜种植业、养殖业和劳务收入是村民的主要经济来源，经济居全县中等水平。全村蔬菜种植面积1500亩，其中洋葱400亩、洋芋500亩、辣椒400亩、其它蔬菜200亩，产值1500万元，占农业总产值的55%，畜牧业产值230万元。养殖业发面，现有五户较大规模的养殖户，总计养殖鸡6480只，养猪2848头，养羊636只。

0540 北滩乡南滩村

简　　介：北滩乡南滩村位于北滩乡北部，距离109国道6公里。全村共有420户村民，总人口1870人。全村共有4个村民小组，耕地面积3700亩，其中有效灌溉面积2357亩。2011年，全村农民人均收入2300元，共有45名党员。南滩村地处偏远干旱山区，经济发展比较滞后，主导产业是玉米和小麦种植，在养殖方面，现有羊存栏50只以上的养殖户20户，猪存栏数在20头以上的养殖户2户，专业养鸡户3户，养殖数量均300只以上。南滩村两委班子下一步发展计划：在基础建设方面，在未来五年，争取硬化道路8公里，砂化道路10公里；衬砌渠道10公里。科教文卫方面，完善学校教学设备；搞好村卫生室医疗环境。种植业方面，大力发展玉米制种和早熟洋芋，以及洋葱种植，并着力推广枸杞和四季豆种植。养殖业方面，争取发展和扶持20户规模化养羊专业户。

0541 北湾镇古城村

简　　介：北湾镇古城村南临黄河，北枕无量山脉，靖白公路穿境而过，地理位置优越。总面积8.9平方公里，道路硬化7.8公里，"一池三改"100户，全村11个村民小组，村民1345户，5537人，其中党员99人，女党员13人，占党员总数的13.13%。全村耕地面积4591亩，果园面积112亩，蔬菜大棚1278亩，猪羊鸡分别存栏6100头，1860只，19.92万只，粮食总产量2900吨，蔬菜总产量7664吨，农民人均纯收入达到4800元。雷祖山位于古城村，始建于明朝，当时主要用于求雨，唐朝年间开凿佛洞，名广积寺，明朝年间烧毁，1978年修建，山上现有庙宇7座，建筑面积700平米，绿化面积50亩。

0542 乌兰镇廿里铺村

简　　介：乌兰镇廿里铺村位于县城南郊，距县城5公里，省道207线穿村而过，区域总面积为35000余亩，耕地面积4822亩，其中有效灌溉面积2816亩。廿里铺村现辖7个村民小组，575户，总人口2763人，其中回族2户，8人；党员53名，其中60岁以上老党员21名，四十岁以下青壮年党员13

名，女党员 5 名；低保 59 户，202 人；60 岁以上老年人口 241 人，占全村总人口数的 9.3%；75 岁以上老年人口 41 人，占全村总人口数的 1.6%。全村经济社会各项事业稳步发展，农业以大田蔬菜、粮食种植为主。近几年，新发展日光温室种植面积 500 亩，百头以上养猪场 3 座。现有两个自然村实现了道路硬化，并已建成村卫生室、村老年人活动中心、居家养老服务站、农家书屋。

0543 永新乡永新村

简　　介：永新乡永新村是乡政府所在地，古称沧沽，上世纪六十年代更名为永新。是全乡人口居住最为集中的一个村，距县城 103 公里，域内地势平坦，交通便利，现有耕地 8840 亩，其中水地 368 亩，旱地 8472 亩，退耕还林面积 10008 亩，小学 1 所，卫生院 1 个，村级医疗点 1 处。全村辖 6 个社，550 户，2028 人。现有劳动力 1805 人，主要从事传统农业、养殖业和劳务产业，2012 年全村农民人均纯收入 2790 元。截止目前，双永土地整理开发土地 3737.5 亩。有退耕还林面积 10008 亩，小学 1 所，中学 1 所，卫生院 1 个，村级医疗点 1 处，传统农业、养殖业和劳务产业是群众的三大主要经济来源，2013 年全村农民人均纯收入 3218 元。

0544 若笠乡曹岘村

简　　介：若笠乡曹岘村位于乡政府所在地北面，距离乡政府所在地 20 公里，距离县城 29 公里。是典型的干旱山区，山大沟深，全年降水 180 毫米。主要种植文冠果等林业和旱作农作物为主，年青人主要外出务工为生。全村现有农家书屋 1 座。

0545 东升乡柴辛村

简　　介：东升乡柴辛村位于乡政府东南部，共有 12 个村民小组，1437 户，6241 人，耕地面积 20954 亩。2013 年农民人均纯收入 5710 元。在双联行动开展过程中，省教育厅、市纪委和其它双联单位积极协调交通部门实施了回水湾至新寨公路全长 8.6 公里的通畅工程，其中，铺油 3.5 公里，硬化 4.1 公里；多方筹措资金 130 万元，新建村办公阵地 1 处 620 平方米，硬化场地 3400 平方米，刷写宣传长廊 480 平方米；争取"一事一议"项目资金 45 万元，建成文化广场 1 处 3000 平方米，综合活动中心 1 处 130 平方米，配套健身器材 15 套；新建互助老人幸福院 1 所。今后，柴辛村将继续在乡党委政府的正确领导下，把发展农村经济、增加农民收入作为中心任务。从思想上正确引导群众，营造和谐氛围，想尽一切办法发展经济，让百姓致富，着力提升示范村的引领作用。

0546 刘川乡罗庄村

简　　介：刘川乡罗庄村地处刘川乡北部，属纯移民村，是刘川乡最大的肉羊和仔猪养殖村，全村有 6 个村民小组，661 户，3096 人，灌溉面积 5200 亩。全村现有村两委成员 6 人，有 45 名党员，其中女党员 2 人。全村主导产业以"三洋"蔬菜和养殖业为主，蔬菜种植面积每年在 2000 亩以上，全村有 70% 的农户发展了肉羊和商品猪养殖。今后以排洪排污沟道，拆厕拆危，污水垃圾无害化处理，健全卫生保洁长效机制为重点，开展"整治工作人人参与，美化环境户户受益"活动，使村庄更加净化、亮化、洁化、美化。开展"干部创事业，党员创新业，百姓创家业"活动，增强广大党员干部和人民群众创建特色示范村的使命感，责任感和积极性，形成同心合力，促进村强民富共同发展。积极开展争先争优活动，在不断巩固创先争优活动成果的基础上，努力创建文明村，卫生村，绿化村和各类示范村。

0547 石门乡裴堡村

简 介：石门乡裴堡村位于乡政府东南部，距乡政府15公里，距县城71公里。总面积51.84平方公里。全村共有岘后社、裴堡社、红庄社3个村民小组，总户数为307户，总人口为1134人。总耕地面积为5135亩，人均4.5亩，其中水地60亩，人均0.05亩。农民经济收入以种植、养殖及劳务收入为主。

0548 五合乡杨寺村

简 介：五合乡杨寺村位于五合乡政府向南三公里处，下属5个社，分别是大草滩社、林场社、汇寨上下社、五星社，共有人口1489人，交通不便利，村委会陈旧。村文化活动中心以村部为主，村部内设农家书屋，村计划生育室，村办公室等。

0549 刘川乡赵淌村

简 介：刘川乡赵淌村位于刘川乡中东部，全村共辖7个村民小组，共有农户773户，总人口3523人。共有耕地5054.1亩，人均1.43亩，2006年全村社会总产值达1200万元，农民人均纯收入达2386元，居全乡中等水平。种植业方面，露地洋芋、洋葱、西红柿、花菜、笋子等无公害蔬菜产业已初具规模；养殖业方面，有养殖专业户100户，羊只存栏5000只，鸡存栏7.2万只，商品猪年出栏2100头，全村建成养殖小区3处。截止2006年底，共完成村社道路砂化10.1公里，衬砌斗渠15公里，营造农田防护林150亩，改造中低产田3800亩，农电网改造5公里，建成"三位一体"沼气池66座，暖棚圈舍100个，改厕56座，改灶46个。全村共有小学2所，教师36人，小学入学率达到了100%。村级卫生医疗点5处，职业医生9人。已参加新型农村合作医疗保险的村民3029人，参保率86%，建有60平方米的村级文化阵地1个。全村共有党员42名，村委会办会设施条件较好。通过近几年的努力，特别是"两减免三补贴政策"落实到户，目前我村农民的生产积极性高涨，经济发展较快，生产生活条件得到一定改善。露地洋葱、洋芋、西红柿、笋子等产业初具规模。但是，也存在基出设施老化，特色产业规模小，市场竞争力弱，农民素质不高，转就业能力差等经济发展制约因素。

0550 三滩乡圈湾村

简 介：三滩乡圈湾村位于三滩乡东南方，距靖远县城19公里，交通便利。全村面积约21平方公里，耕地面积2382亩，有效灌溉面积1973亩，人均水地0.9亩。林果面积800亩，辖4个村民小组，共有447户，人口2175人。

0551 糜滩乡胜利村

简 介：糜滩乡胜利村位于县城北约7公里处，黄河岸边，地势平坦，交通便利，辖管10个村民小组，563户，2847人，耕地总面积2431亩。2014年全村塑料大棚辣椒种植面积300亩，地膜蔬菜600亩，其中洋葱200亩、洋芋300亩，其他蔬菜100亩。现有全日制小学1所，是我乡建设最早的小学，配有教师20余人，小学入学率百分之百。村级卫生室1所，职业医生3人，村级卫生室对每位村民的健康状况设立了健康档案，有效提高了村民的就医效率。现有120平方米的村级办公场所1处，驻村干部9名，为全村人民提供各项惠农服务，极大的提高了村民的办事效率。我村新建老年活动中心1所，内设有农家书屋和多种运动娱乐设施，胜利村文化广场已对全民开放，丰富了群众的精神文化生活。

0552 乌兰镇红嘴村

简　　介：乌兰镇红嘴村位于县城城郊3公里处，辖4个村民小组，694户，2897人，其中回民420户，1746人，是典型的回汉群众杂居村。全村耕地总面积2169亩，人均0.75亩，全村党员51名，其中女党员8名，回民党员14名。蔬菜种植、养殖、餐饮、贩运、屠宰、加工是村民的主要经济来源，2013年全村农民人均纯收入达5900元，经济居全县中等水平。

0553 糜滩乡官路村

简　　介：糜滩乡官路村共有住户790户，3459人，无少数民族。全村共辖7个村民小组，区域面积4560亩。耕地面积2590亩，其中有效灌溉面积2590亩。2011年全村农民人均纯收入4650元，村两委班子共10人，全村党员72名。经济发展以蔬菜业为主，辣椒为主导产业。

0554 大芦乡中砂沟村

简　　介：大芦乡中砂沟村位于乡政府东10公里，该村由4个社组成，分别为白茨湾社、中庄社、上中砂沟社和下中砂沟社。现居住村民312户，人口1552人。四个社重山阻隔，地理位置较分散，交通问题成为制约中砂沟经济发展的重大瓶颈问题。中砂沟村上、下中砂沟社全为旱地、砂地。中砂沟村粮食类农作物以玉米、小麦、黄豆、小米等为主。由于有得天独厚的砂田、光照、昼夜温差大等自然条件，在上下中砂沟有大面积的西瓜、籽瓜等瓜类。中砂沟盛产的砂田西瓜、砂田籽瓜，汁多瓤甜，品质优良，耐储存，耐运输。随着近几年人均收入的提高，中砂沟村也逐渐走上了致富之路，全村30%的组实现了通水泥路，有线电视入户率达100%以上，村中100%电力线路到户，电话手机使用率达98%，村中摩托车三轮车电动车基本普及，全村互联网、宽带上网用户也逐年增加，中砂沟村正大步迈向更加富裕和谐的生活。

0555 高湾乡马寨村

简　　介：高湾乡马寨村位于乡政府西南15公里处，辖5个社，524户，2772人。全村现有耕地19000亩，有效灌溉面积1300亩，人均耕地面积7亩。村"两委"班子健全，党员38名。

0556 乌兰镇乌兰西路社区

简　　介：乌兰镇乌兰西路社区位于靖远县城西南一角，东至西旱台，西至铁路桥，南至铁路沿线，北至西大街，辖区占地面积3.2平方公里，是县城商业区和农居民交叉区，有城镇居民1729户，3979人。辖区内有汽车站、公路段、中医院、运管所4个单位，内有私营企业31家，有住宅楼30栋，平房815户，出租房屋198间，临街商铺346间。社区现有办公房5间，面积100平方米，有工作人员7人，公益性岗位人员2人。社区现有党员167人，其中女党员54人，新发展党员1人。60以上老年人535人，80岁以上老年人51人，居家养老人员24人。截止目前，劳动保障工作社区主要是做好摸底和服务工作。社区已为316人办理养老保险，61人享受待遇，为989人办理了医疗保险，社区为300人办理了退休资格认证，为96人下岗职工办理灵活就业补贴。社区有已婚育妇951人，其中无孩23人，初婚5人，一孩742人，二孩179人（其中二女户31人），多孩7人。

0557 五合乡白崖河村

简　　介：五合乡白崖河村位于五合乡南部，北接板尾村，属于山区。现有7个村民小组，常驻470户，2158人，党员39名，其中劳动力1600人；耕地面积分为水地、旱地，山区旱地有3万亩，水地3000亩。水地以枸杞为主，是经济收入的主要来源，现有枸杞1500亩，户均3亩；2012年养鸡户5户，养鸡30000只；50头以上养猪户20户，30只以上养羊户120户。2011年人均纯收入3000元。白崖河村大面积旱地在山区，自然条件比较艰苦，现有22户，2010~2012年3年间，政府部门安排项目建设，兴修梯田12000亩，现种植文冠果7000亩。

0558 五合乡二道渠村

简　　介：五合乡二道渠村位于五合乡中部，国道109线横刘白高速穿全村，交通便利，全村共有6个社，588户，3089人，耕地面积6080亩，人均耕地1.8亩，村支部现有党员54名。

0559 东升乡唐庄村

简　　介：东升乡唐庄村是移民搬迁村，群众均是1989年之后由永新、兴隆、双龙、石门4乡干旱山区迁入，现辖5个村民小组，508户，2061人，现有耕地4985亩，其中水地4950亩，旱地34.8亩，2013年人均纯收入5710元。20多年来，在县乡两级政府的扶持引导下，唐庄村迅速发展，尤其是非公经济、种养殖业发展突出。各种非公经济组织已发展到103个；已发展规模养猪户10户，其中400头规模的良种养猪场1处，建成"一池三改"户用沼气池86座，形成以农带牧、以牧促沼、林牧结合、配套发展的良好发展势头；2013年，全村枸杞种植面积达到2850亩，户均达到6.5亩，枸杞产业已成为该村的主要经济支柱。2014年，规划建设枸杞标准化生产示范基地500亩，加强枸杞无公害生产技术培训工作，以提升枸杞品质、提高生产效益。今后，唐庄村将围绕国道109线规划建设非公经济集中区，招商引资新建乡农贸市场和各类专业市场；在枸杞产业发展良好态势的基础上，积极争取在枸杞精深加工、绿色品牌创建、良种基地建设等方面取得突破，开拓枸杞市场，增加枸杞产品附加值，提升枸杞产品竞争力；围绕美丽乡村建设，加强法制宣传教育，培养新型农民，整治村容村貌，努力把唐庄建设成为天蓝地绿、整洁有序、富裕和谐的新型村镇。

0560 北滩乡芦沟村

简　　介：北滩乡芦沟村位于北滩乡最北部，距离109国道约20公里，靠近宁夏香山地区，因此这里盛产西瓜。共有568户村民，总人口2416人。全村共有7个村民小组，区域总面积为12万亩。耕地面积11480亩，其中有效灌溉面积4325亩。共有52名党员。主导产业是砂硒地西瓜和枸杞种植；在养殖方面，芦沟村现有羊存栏100只以上的养殖户13户，猪存栏数在100头以上的养殖户4户。芦沟村两委班子下一步发展计划：在基础建设方面，争取政府和项目支持改善基础设施主要对渠道，道路和村办公阵地改善。科教文卫方面，争取资金，完善学校教学设备，搞好村卫生，室医疗环境。种植业方面，大力发展砂田西瓜和枸杞种植，以及玉米种植，并着力推广中药材种植。养殖业方面，积极响应政策扶持，争取发展羔羊、生猪养殖大户。

0561 五合乡野马涝村

简　　介：五合乡野马涝村位于五合乡东南方，京藏高速和五靖公路穿村而过，交通便利、物流畅通。辖古涝坝社、野马涝社、马地沟社、腰路社和张庄社共5个村民小组。全村537户，2760人。党员55人。水地4200亩，旱地17900亩，其中枸杞种植面积2200亩，洋芋种植面积2100亩。形成以了以枸杞、洋芋为主的特色产业。

0562 糜滩乡独石村

简　　介：糜滩乡独石村位于县城西北部，糜滩乡南部，距县城6公里，交通便利，地理位置优越，耕地面积大，辖6个村民小组，2989名群众。主要养殖猪、羊、鸡，种植业主要有胡萝卜、西甜瓜、大棚蔬菜、玉米、马铃薯、洋葱等。独石村是因石得名，传说水火二神大战，水神共工怒触不周山，天塌地陷洪水冲天，娲神取东山红砂石镇水，石落，踏流波，坐黄水中，如柱分流，水定。遂居而佑民。故有万历邢玠"中流砥柱"之喻，参将镌刻之实。因其通体红岩，状如雄狮，耸十四五米，占地半亩，独坐村口，故称独石头。

0563 靖安乡新合村

简　　介：靖安乡新合村是乡政府驻地，东邻靖安乡五星村，西邻宁夏兴仁镇，五靖公路穿村而过，辖7个村民小组，686户，3119人，其中劳动力1663人，耕地面积11800亩，属于兴电工程灌溉区，其中水田面积7800亩，是全乡水地面积最大的一个村，枸杞种植面积达5000亩，靖远奇正免洗枸杞有限责任公司厂址位于该村，有硬化路16.7公里，文化广场建筑面积26000平方米，有大型垃圾填埋场1处，注册有各类农民专业合作社18个，农业公司4个，个体经营商户48户，涉及餐饮、交通、建筑、装饰、批发零售等多个行业，全村共有党员51人，其中女党员8名，2012年人均纯收入达5080元，种养业和劳务收入是农民的主要经济来源。乡党委、政府结合新合村实际，突出种植、养殖两大支柱产业，改善基础设施建设，促进社会各项事业发展，加快新农村建设步伐，力争将新合村建设成为"生产发展，生活宽裕，乡风文明，村容整洁，管理民主"稳定和谐的社会主义新农村。

0564 东升乡东兴村

简　　介：东升乡东兴村是2006年12月成立的移民新村，农户均来自石门、双龙、兴隆、永新、靖安等乡镇和本乡干旱山区的困难群众，现有耕地5900亩，是市级新农村建设示范点、全县千亩枸杞示范基地。全村现辖4个村民小组，682户，2556人。"联村联户，为民富民"行动中，市纪委3人联系5户，民政局11人联系11户，乡领导干部6人联系6户。建制成立以来，东兴村依托兴电工程和扶贫开发、整村推进等项目，结合当地区位优势，开展基础设施建设，大力发展枸杞产业，经济实力迅速提升。枸杞种植面积达到3000多亩，户均达到4亩，枸杞产业已成为该村的主要经济支柱，枸杞人均纯收入从起初的不足800元上升到5000元，占到了农业总产值的70%，村民生活水平和生活质量得到显著提高。今后，东兴村将在枸杞产业发展良好态势的基础上，紧紧依托"联村联户，为民富民"行动的开展，极力争取在枸杞精深加工、绿色品牌创建、良种基地建设等方面取得突破，开拓枸杞市场，增加枸杞产品附加值，提升枸杞产品竞争力，全面提升枸杞产业效益，进一步做大做强枸杞产业，以枸杞产业引领全村发展。

0565 乌兰镇营防村

简　　介：乌兰镇营防村位于县城西郊，距县城约15公里，南依若笠，北接黄河，全村7个村民小组，895户，3785人，其中党员61人（60岁以上25人，40岁以上17人，35岁以上19人，女党员10人），现有耕地面积3800亩。

0566 东升乡保安村

简　　介：东升乡保安村位于东升乡南部，全村有5个村民小组，330户，1269人。全村耕地面积9776.4亩。近年来，保安村依靠政府引导，项目扶持，进一步转变种植结构，调整产业格局，大力发展文冠果栽培和养殖业等。截止目前，保安村文冠果面积达到2700亩，养殖业快速发展，全村共有养殖户43户，部分养殖户已经形成一定的养殖规模。由于该村地处干旱半干旱山区，年降雨量少。在保安村的发展过程中，制约经济发展的突出方面主要集中在基础设施的建设，农民发展意识的提高，产业结构的调整。面对当前的经济状况，今后保安村在乡党委、乡政府的正确领导下，统筹兼顾，转变观念，积极争取项目，引进资金，硬化、砂化村社道路，不断发展特色农业和规模养殖业，增加农民收入，努力建设社会主义新农村。

0567 兴隆乡小川村

简　　介：兴隆乡小川村位于省道308道路两侧，兴隆乡政府以西，东临兴隆乡腰站村，西接双龙乡陈川村，海拔2200米，境内山大沟深，沟壑纵横，交通不便，信息不灵。山地多，平地少，气候干燥，温差大，年降雨量在180毫米左右，年蒸发量在1500毫米以上。全村共7个社，584户，共计2928人。耕地面积9956亩，其中山地9260亩，川地696亩。人均占有粮食约300斤。7个村民小组全部通电、通信，电视、广播拥有率在90%以上。

0568 乌兰镇东坪村

简　　介：东坪村位于靖远县城西部，河靖坪东南角，北低南高，东临南川，西接河靖，南连群山，北背乡村大道，属高扬程灌区，平均海拔1400~1600米，年降水量230毫米，年均气温10.5℃，无霜期200天，风大沙多，少雨干旱。东坪村是个全新移民村，成立于1996年，是由乌兰镇烟洞村、箬笠乡林塬社迁至而来新建村，全村3个社，289户，1124人，其中一社111户，420人；二社115户，446人；三社63户，258人。现有耕地1877亩，其中水地607亩，旱地1270亩，农作物播种面积988亩。东坪村经济结构主要是种植业，种植业以蔬菜为主，畜牧业以养羊为主，2014年开始调整产业结构，发展林果业。现村委会有办公场所1处，102平方米。村三委班子成员共8人，党员干部21人。

0569 东湾镇瓜园村

简　　介：东湾镇瓜园村位于靖远县东郊10公里处，黄河之滨，是东湾镇辖区中西部沿河村。本村现有3个社，农户546户，现有人口2450人。总耕地面积4010亩，其中日光温室面积1200亩，鱼池360亩，水稻面积1500亩，小麦玉米面积700亩，大田蔬菜250亩。2013人均收入3224元，基本形成了以蔬菜种植为主，以养殖猪羊为辅的产业格局。公共事业方面，新型合作医疗、教育"两免一补"、计划生育奖励扶助政策不断深化。医疗卫生条件得到了改善，娱乐文化设施加强了建设。近几年，瓜园村在县文广局政策的扶持下建有农家书屋，书册2100本。便于老百姓日常阅读，丰富群众的文化生活。

0570 刘川乡南川村

简　　介：刘川乡南川村地处刘川乡东部，全村辖6个社，525户，2463人，中共党员24名，村社干部11人，耕地面积3620亩，2009年村民人均纯收入达到2762元。南川村土地肥沃，盛产小麦、玉米等粮食作物和瓜果、地膜洋芋、白棚蔬菜、日光温室蔬菜、西红柿、洋葱等特色经济作物。全村羊存栏3800只，鸡存栏48000只，猪存栏2000头。公路、铁路横穿全村，交通便捷，地理优势明显，是发展城郊经济的天然宝地，白银市刘川工业集中区就设在该村。

0571 若笠乡曹岘村

简　　介：若笠乡曹岘村位于乡政府所在地北面，距离乡政府所在地18公里，距离县城20公里，是典型的干旱山区，山大沟深，全年降水180毫米。全村现有人口800人，其中以老人和孩子居多，90%家庭享受低保。主要种植文冠果等林业和旱作农作物为主，年青人主要外出务工为生。全村现有农家书屋1座。

0572 大芦乡大塬村

简　　介：大芦乡大塬村位于靖远县城以南，大芦乡西部，为半塬半川区。全村共有8个村民自治小组，316户，1434人，区域总面积为51710亩，耕地面积7480.6亩，其中有效灌溉面积仅779.6亩，旱地6701亩，砂地300亩，退耕还林2400亩，人均耕地较少。2013年人均纯收入2700元，年增长率为17%。全村以农业种植为主要产业，养殖为副业，运用"农村合作社"模式发展地方经济，属纯农业村。农作物以玉米、洋芋、西甜瓜为主。在村两委班子的引导下，全村大力发展养殖业，已成立规模化农民专业合作社4个，私营小公司1个。下一步将以"土地流转"为契机，充分合理利用我村塬区土地。目前，我村正在与各合作社负责人协商，准备引进药材种植和品种肉羊的养殖，利用合作社形式进行产业结构调整。截止2013年，共争取项目资金35万元，硬化大塬、刘坪村社道路1.5公里。制约我村经济发展的关键因素是水资源缺乏，全村80%的耕地在塬区，由于常年干旱缺水，部分土地已被撂荒，据统计，全村撂荒土地已有1200亩。根据双联行动八年规划，将合理充分利用塬区土地，2012借助乡梯田改造工程完成我村500梯田改造，目前已全部流转，并已纳入乡打造千亩苜蓿示范基地。计划以次为依托，建造我村畜牧养殖示范基地，届时将会切实提高我村整体经济实力。

0573 乌兰镇烟洞村

简　　介：乌兰镇烟洞村，又名烟墩沟、东方红大队，该村位于县城东南角，距县城20公里，明代军队在此处设有军营，并在沟口建有烽火台数处，遗迹仍清晰可见，由于烽火台成柱状，形似农户家的烟囱，当地方言把烟囱又叫烟洞，久而久之，根据当地人习惯叫法定名为烟洞沟。全村共有中共党员38名。烟洞村总面积62.5平方公里，主沟道长35公里，全村共有10个社，630户，3063人，其中劳动力1200人，现有耕地13576亩，人均耕地4.4亩，但全部为旱地，其中沙田6000亩。村委会建便民服务所1个，现已投入使用；建村级卫生室1个，工作人员4名，但设备设施简陋，还需改进，根据资料统计，改革开放以来，村民平均寿命为73岁，无地方病。

0574 兴隆乡新民村

简　　介：兴隆乡新民村位于兴隆乡南部山区，南接哈思山脉，海拔2300米，距离乡政府2.5公里，全村共有6个社，现有250户，共计1123人，现有耕地3903亩，其中旱地3603亩，水浇地303亩，绝大多数为山坡旱地。村内道路山大沟深，沟壑纵横，交通不便，信息不灵。有4个社群众生活用水存在困难。农业生产以种植小麦、扁豆、豌豆、胡麻、马铃薯、玉米、为主，小麦种植1000亩，地膜洋芋种植450亩，地膜玉米种植面积150亩；油料等经济作物650亩，全村有养羊大户12户。新民村牧草资源丰富，是畜牧养殖的天然牧场。自1999年以来，该村实施退耕还林工程，已有3000多亩耕地已经退耕种了杏树，并且2600亩套种苜蓿；3000多亩种植沙棘等灌木。

0575 高湾乡三百户村

简　　介：高湾乡三百户村位于乡政府北部10公里处，属典型干旱山区，共有7个社560户，2954人，是高湾最大的村，村"两委"委员共6人，党员38名。全村共有耕地15362亩，其中旱地14562，有效灌溉面积800亩。全村经济发展以种植业和养殖业为主，种植业方面，旱地以种植西甜瓜、籽瓜为主，年种植西甜瓜、籽瓜8000亩，水地以种植玉米和番茄为主，种植玉米600亩，番茄200亩；养殖业方面，全村共有养殖大户53户，羊只饲养量3800只，猪饲养量560头，鸡饲养量6000只。

0576 糜滩乡下滩村

简　　介：糜滩乡下滩村位于糜滩乡北面。这里经济蒸蒸日上，人民朴实热情，文化源远流长。共有住户1280户，5579人，其中少数民族5户，25人。全村共辖13个村民小组，区域面积48平方千米。耕地面积6340亩，其中有效灌溉面积5760亩。2013年，全村农民的人均纯收入为5520元，全村党员121名。历史名人有王儒林、苏振甲、张明道、万庭栋、万民和等。种植业以种植辣椒为标志，种植的辣椒有陇椒、灯笼辣椒和亨椒。下滩村种植辣椒主要是依靠塑料大棚，这样可以做好辣椒苗的保温，保证辣椒苗的前期生长。目前，下滩村的辣椒种植销售已经初步形成规模发展，在育苗阶段，育苗基地已取代零零散散的秧苗室，为整个下滩村提供辣椒苗。下滩的苹果个大且味道香甜可口，远销各地，赢得了好评。下滩的养殖由于地域限制，只能圈养，在养殖合作社的带领下，养殖规模较以前有所扩大；企业以鹏远食品有限公司为代表正在蓬勃发展，小有成就。公共基础设施已基本齐全，有待完善。村内道路已基本实现社社通硬化路；有村级卫生室1个，文化大院1个，农家书屋1个，老年活动中心1个。

0577 五合乡许眷村

简　　介：五合乡许眷村共有314户，总人口1584人。共有4个村民小组，党员32名（预备党员2名）。区域总面积10577亩，耕地面积共有8803亩，其中有效灌溉面积1774亩。

0578 东升乡东升村

简　　介：东升村位于东升乡中部，全村有8个村民小组，535户，2548人。全村耕地面积14211.8亩，2011年全村农民人均纯收入3100元。近年来，东升村依靠政府引导，项目扶持，进一步转变种植结构，调整产业格局，大力发展文冠果栽培和养殖业等。截止目前，东升村文冠果面积达到2200亩，养殖业快速发展，全村共有养殖户30户，部分养殖户已经形成一定的养殖规模。依托项目，砂化道路20公里，建成沼气池60座。在东升村的发展过程中，制约经济发展的突出方面主要集中在基础设施的建设，农民发展意识的提高，产业结构的调整。面对当前的经济状况，今后东升村在乡党委、乡政府的正确领导下，统筹兼顾，转变观念，积极争取项目，引进资金，硬化、砂化村社道路，不断发展特色农业和规模养殖业，增加农民收入，改变贫困落后面貌，努力建设社会主义新农村。

0579 乌兰镇东关村

简　　介：乌兰镇东关村位于靖远县城东郊2.5公里处，现辖11个村民小组，共有居民910户，总人口4045人，以农业种植为主，兼营养殖、交通运输、餐饮服务，是一个多业并举的行政村。全村有效灌溉土地4800亩，大棚、蔬菜种植面积达4000亩，占耕地面积的90%以上，其中日光温室面积发展到700亩，马铃薯、辣椒、大白葱是主要农产品，每年销售额达3000多万元。2013年，村集体资产总值达4500余万元，年人均纯收入7050元。

0580 石门乡老崖村

简　　介：石门乡老崖村位于乡政府东南部，距乡政府7公里，距县城79公里。总面积33.09平方公里。全村辖3个村民小组，总户数为139户，总人口为524人。全村共有党员23名，总耕地面积2299亩，人均4.4亩。农民经济收入以种植、养殖及劳务收入为主。生态移民工程：老崖村是不适宜人居住的地区，争取生态移民搬迁项目，逐年逐户对农户实施搬迁。社会事业发展：新建1所标准化卫生室，并配备1~2名医务人员。彻底解决群众看病难、看病贵的问题。农业科技培训：争取新建科技培训阵地1处，以提高科技素质、职业技能、经营能力为核心，组织开展农村实用人才培训，计划每年培训农民300人次。组织输出农村富余劳动力260人次。

0581 北湾镇中堡村

简　　介：北湾镇中堡村位于靖远县城西部，黄河北岸，距县城15公里，距白银市区45公里，现有9个村民小组，1569户，7024人，其中党员106人。耕地面积7380亩，人均耕地0.85亩，道路硬化15公里，"一池三改"100户，果园面积181亩，蔬菜大棚2381亩，农民人均纯收入达到5000元。目前全村规模（百头以上）养猪户5户，套种紫花苜蓿100余亩。鱼龙山位于中堡村，山中鱼龙寺始建于元代初期（原址中堡小学），同治年间被贼人所焚，后复建。1985年在鱼龙山重建鱼龙寺，现有庙宇11座，其中高11层的万佛接云塔和大雄宝殿尤为引人注目。中堡电灌站：始建于1958年，现有职工16人，灌区主要保证中堡、营坊两个村和五大坪农场的水田灌溉面积1.21万余亩。现固定资产总值达160万元，泵站8座，机组27台套，总容量2900千瓦。中堡水厂：水厂位于黄河北岸，占地3.6亩，房屋建筑面积126平方米，有办公室、保管室、宿舍、餐厅。机房2间，32平方米，蓄水池240立方米，水井深116米，供水方式为无塔二次机械直供，供水扬程达60米，供水2300多户，水厂现有职工61人。

0582 三滩乡新田村

简　　介：三滩乡新田村交通便利，全村总人口4634人，劳动力3024人，下辖5个村民小组，全村总面积37平方公里，其中耕地面积4021亩，有效灌溉面积4021亩。全村现有党员78人（其中女党员10人），党支部委员 5 人，村委委员 5 人。2013 年，在村两委班子的带领下，全村人均收入达到 5842 元。

0583 高湾乡文崖村

简　　介：高湾乡文崖村地处乡政府东南部，交通不便，人口居住比较分散，全村共有 6 个村民小组，总住户 535 户，总人口 2764 人，共有耕地 14046 亩，其中旱砂地 10000 亩左右。村两委班子等组织机构健全，共有党员 41 名，其中女党员 3 名。全村经济发展以种植业和养殖业为主。种植业方面，旱砂地主要种植西瓜、籽瓜，年种植面积 9500 多亩，年产值达 2000 多万元；沟坝地以种植全膜双垄沟播玉米为主，种植面积 800 多亩。养殖业方面，养殖业已成为带动全村经济发展的强大动力，全村共有 100 头以上养猪户 3 户 760 头，50 头以上 2 户 120 头；养羊大户 2 户 500 只，100 只的 13 户，100~50 只的 30 户，50~30 只的 60 户；养牛 1 户 40 头。

0584 三滩乡中一村

简　　介：三滩乡中一村位于黄河西岸，辖 8 个村民小组，532 户，2483 人，劳动力 1380 人。区域总面积为 32 平方公里。全村有效有效灌溉面积 3200 亩，人均耕地 1.2 亩，以种植早熟洋芋、高原夏菜、水稻和林果为主。2013 年全村人均纯收入 6370 元。村"两委"班子共 5 人，全村党员 55 名，女党员 5 人。近年来，按照"压水稻、扩蔬菜、壮林果"的思路，现已形成以蔬菜、林果为主导产业的农业种植模式，建有高原夏菜基地 1 处，面积 500 亩，兼有塑料大棚 200 亩，全部分布于黄河西岸一级台地。全村环境优美，道路整齐，2011 年创建成为"甘肃省省级生态村"。全村现有 20 只以上养羊户 4 户，100 只以上养鸡户 8 户，50 头以上养猪户 6 户。村内道路硬化率达 80%，田间道路建设滞后，水田盐渍化等，是制约农业结构调整，促进农业增效的最大瓶颈。

0585 乌兰镇西滩村

简　　介：乌兰镇西滩村位于县城西郊，辖区面积 6.4 平方千米，现有耕地 3080 亩，全村共 995 户，4039 人。下设 10 个村民小组，2 个水管所，1 所小学。村党支部共有党员 82 名，下设 7 个党小组。村集体经济薄弱，发展后劲不足，但村两委会把党的各项惠农政策作为民生工程来抓，不断强化组织领导，加大宣传培训，狠抓政策落实，注重便民服务。全村劳动力 1722 人，农民经济收入以种植业为主，从事二、三产业 423 人，2010 年度农户纯收入 4450 元。

0586 兴隆乡怀星村

简　　介：兴隆乡怀星村位于乡政府北部，距离乡政府 2.5 公里，全村共 3 个社，现有 151 户，789 人，全村现有大小牲畜 1210 头（只）。耕地面积 4130 亩，全为旱地，退耕还林面积 300 亩。境内无地表水资源，气候干燥，年降雨量在 120 毫米左右，年蒸发量在 1500 毫米以上。近年来降雨量逐年减少，农业生产受自然灾害的影响很大。村民整体文化素质低，特殊困难人群较多。农业生产以种植小麦、扁豆、豌豆、胡麻、马铃薯、玉米等为主。

0587 北滩乡花岘村

简　　介：北滩乡花岘村位于北滩乡北部，属于搬迁新址，距离 109 国道约 15 公里。全村共有 118 户村民，总人口 463 人。全村共有 4 个村民小组，区域总面积为 10 万亩。耕地面积 8421 亩，其中有效灌溉面积 1170

亩。共有 14 名党员。花岘村地处偏远干旱山区，经济发展比较滞后。在种植方面，花岘村主导产业是玉米制种和早熟洋芋种植；在养殖方面，花岘村现有羊存栏 20 只以上的养殖户 15 户。花岘村两委班子下一步发展计划：在基础建设方面，如果能得到上级单位的支持，在未来五年，争取硬化道路 6 公里，砂化道路 8 公里；继续延伸灌溉渠道 6.9 公里，衬砌渠道 11 公里。科教文卫方面，争取资金，完善学校教学设备；搞好村卫生室医疗环境。种植业方面，大力发展玉米制种和早熟洋芋，以及豇豆种植，并着力推广枸杞和中药材种植。养殖业方面，积极响应政策扶持，争取发展羔羊、生猪养殖大户，并大力推广养鹿产业。

0588 永新乡松柏村

简　　介：永新乡松柏村位于永新乡北部，全村总面积 5300 亩，其中水地 549 亩，双永土地平整 3862.2 亩，现有旱地 889 亩。现辖 9 个村民小组，445 户，总人口为 1800 人，共有劳动力 980 人，有党员 52 人。全村现有小学 1 所，卫生室 2 间，经济收入以种植、养殖业和外出务工为主。在种植业方面，以大蒜、豇豆、枸杞、药材为主；没有形成一定支柱型产业发展项目，农民收入绝大部分还是靠外出打工所得。我村将围绕打造"双永工程核心示范区"的目标定位，在省市县帮扶单位的大力帮扶下，全力配合实施好双永供水工程主干工程建设项目，同时积极争取实施土地整理、扶贫开发、移民搬迁、道路通畅、渠道衬砌、农田防护林建设、农业特色产业发展等一系列配套工程项目，全面提高永新项目区基础设施条件，为发展节水灌溉现代农业，提高农民收入创造良好基础。

0589 北滩乡中滩村

简　　介：北滩乡中滩村位于北滩乡中部，北接北山村，南邻独山村，距离杜川公路约 9 公里。全村总住户数 620 户，总人口 2996 人。全村共有 4 个村民小组，区域总面积为 28415 亩。耕地面积 8262 亩，其中有效灌溉面积 4388 亩。全村主要种植小麦、玉米等粮食作物和以种植枸杞、马铃薯和豇豆等为主的经济作物。村两委努力探索适合本村发展模式，根据村实际情况，调整产业结构，积极发展枸杞种植面积、奶牛、鹿、生猪和小尾寒羊养殖产业，壮大本村经济。村两委打算积极争取和引进资金，完善和更新全村水利设施项目。此外，村两委不断完善管理机制，努力推进民主治村，并对未来三年的工作进行规划：在基础建设方面，如果能得到上级单位的支持，在未来五年，争取硬化道路 8 公里，砂化道路 12 公里；继续延伸灌溉渠道 10 公里，衬砌渠道 12 公里。科教文卫方面，争取资金，完善学校教学设备；搞好村卫生室医疗环境。种植业方面，大力发展玉米制种和早熟洋芋，以及豇豆种植，并着力推广枸杞和中药材种植。养殖业方面，积极响应政策扶持，争取发展羔羊、生猪养殖大户，并大力推广养鹿产业。

0590 三滩乡联合村

简　　介：三滩乡联合村位于国道 109 线北侧，辖 9 个村民小组，696 户，3186 人，劳动力 1680 人，区域总面积为 28.6 平方公里。有耕地 6780 亩，其中有效灌溉面积 2456 亩。2013 年全村人均纯收入 6441 元。村"两委"班子共 7 人，全村党员 75 名，女党员 11 人。该村人多地少，人均占有耕地不足 0.8 亩，种植模式上以水稻为主，兼有 354 亩日光温室，全部分布于黄河西岸一级台地，农民收入以外出务工为主。

0591 东湾镇大坝村

简　　介：东湾镇大坝村，古名大坝渠，俗有"渠系如龙绕村转，铁路国道一线牵。北临热电开发区，近观县城依村南，百年圣柳村中立，温棚如画似江南"之美称。大坝村地处县城东部10公里，地势平坦，土地肥沃。西临黄河，县道322线、白宝铁路、南滨河路横穿其中，地理位置得天独厚。现辖9个村民小组，1210户，5690人。全村总耕地面积7000亩，蔬菜种植总面积达到5500亩，其中日光温室面积5000亩。农业生产方面，以大坝高科技示范园区为依托，温室蔬菜产业不断壮大，目前在台子及河滩两处建有千亩连片日光温室，并配套缓冲房、卷帘机，建成一个现代化的、占地70余亩的蔬菜种植实验基地。种植的茄子、辣椒获国家绿色食品认证，占农业总产值的55%，基础设施建设方面，全村现有硬化道路7.5公里，排碱渠8公里，新修322县道至南滨河路、3A级景区法泉寺道路2条，安装太阳能路灯30盏。建成了功能配套齐全、高标准、充满人性化和富于现代气息。旅游文化方面，面积达1500平方米的大坝文化广场1处。广场内安装有篮球架、健身器材、庭院灯、配置了石桌石椅、石质长凳，绘制人口文化、科普等宣传彩喷图片230平方米，新建农家书屋，并由双联帮扶单位白银市委组织部捐赠图书300余册，丰富了群众的文化生活。

0592 永新乡砂河村

简　　介：永新乡砂河村位于永新乡西部干旱地区，属乡级重点扶贫村。辖区地势南高北低，海拔在2646~1443米之间，年无霜期171天，近年来平均降水量182毫米，年蒸发量为1700毫米。砂河距离乡政府6公里，2个社到乡上无公路，交通不便。教育卫生方面，距最近的六年制小学和乡级医院均为6公里，在孩子的教育和村民的就医方面都存在诸多不便。全村总面积19平方公里，现辖4个社，125户，445人。此外，全村总耕地面积4674亩，除有60多亩井泉灌溉面积外，其余4614多亩全部为旱地。由于干旱缺水，自然条件严酷，自上世纪80年代以来已有250多人搬迁至北滩、五合、东升等地。

0593 双龙乡城川村

简　　介：双龙乡城川村介于永和村和双龙村之间，距离乡政府2公里远。全村总住户数为335户，总人口1680人，全村共有5个村民小组，耕地面积3726亩，其中有效灌溉面积779亩。本村经济发展滞后，目前主要以调整种植结构，发展旱作农业为出路。主要种植小麦、枸杞、小杂粮。

0594 东升乡上淌村

简　　介：东升乡上淌村位于东升乡南部，属纯干旱山区，全村有4个村民小组，213户，929人，耕地面积11125亩，上淌村自然条件严酷，交通不便，信息闭塞，干旱少雨，人畜饮水困难，靠天吃饭，收入微薄。从1986年开始实施移民搬迁，共搬迁167户，752人，搬迁后人均纯收入达到5780元，高于全乡平均水平70元。

0595 高湾乡高崖村

简　　介：高湾乡高崖村位于高湾乡东北部，距乡政府所在地5公里，全村共有5个村民小组，480户，共2380人。全村现有耕地15800亩，其中有效灌溉面积1650亩。村两委等组织机构健全，全村共有党员36名，其中女党员5名。全村以种植业为主，种植西甜瓜4000亩，籽瓜9700亩，玉米2200亩，西甜瓜年产量达60万公斤，黑瓜子产量达70万公斤。全村现有养殖大户31户，养存栏达5000只，猪饲养量达200头。

0596 若笠乡中塬村

简 介：若笠乡中塬村位于乡政府所在地北面，距离乡政府所在地18公里，距离县城39公里，是典型的干旱山区，山大沟深，全年降水180毫米。全村现有人口200人。主要种植文冠果等林业和旱作农作物为主，年青人主要外出务工为生。全村现有农家书屋1座。

0597 刘川乡鹰咀村

简 介：刘川乡鹰咀村位于刘川乡西部，现有总住户数650户，总人口2860人。全村共有5个村民小组。耕地面积为5500亩，其中有效灌溉面积是5500亩。2011年，全村农民人均收入2800元。共有党员46名。主导产业为以洋葱、洋芋、洋柿子为主的"三洋"蔬菜种植和常规粮食种植。现有规模化养殖厂一家，共拥有种猪50头，育肥猪300头；我村已经建成村委会办公阵地1处，完成硬化道路6公里，渠道衬砌26公里。2012年，我村将继续加大农业科技培训和党员远程教育力度，使群众家家户户都能掌握一门实用致富技术；继续发展以"三洋"蔬菜种植为主导产业，并大力发展养殖业。在2011年完成红湾社2公里硬化道路的基础上，争取今年完成黑家滩社道路硬化3公里。积极协助光伏发电厂建成使用，建成以后预计可以安排剩余劳动力150人。

0598 大芦乡小芦村

简 介：大芦乡小芦村地处县城南郊，靖会提灌工程、省道207线穿境而过，区位交通优势明显，具备农业产业发展的良好条件。全村辖11个村民小组，1018户，4875人，有党员118名。现有耕地14600亩，其中水地5357亩。2012年全村农民人均收入达到4500元。一是抓创建，着力加强基层组织。紧紧围绕"五星级"村党支部和"一好双强"村班子创建目标，扎实开展创先争优、基层组织建设年、效能风暴行动等活动，建立健全村"两委班子"工作运行机制，推行"四议两公开"工作法，成立村务监督委员会，规范村级重大事项决策和管理程序。二是抓产业，着力增加农民收入。立足城郊区位和水资源优势，大力发展林果、瓜类、蔬菜、养殖四项产业。三是抓项目，着力改善基础条件。积极争取上级部门的支持，以项目工程推进基础设施的改变，使全村基础设施条件得到了显著改善。四是抓民生，着力保持和谐稳定。积极倡导诚信守法、孝老敬亲、济贫助困、友善邻里的和谐之风，及时排查调解矛盾纠纷，组织开展健美操等群众性文化健身活动；大力推进环境卫生整治工程，全面落实各项支农惠农政策，确保了困难群众的生产生活，营造了文明健康、和谐稳定的社会风尚。

0599 高湾乡笠山村

简 介：高湾乡笠山村距乡政府10公里，全村有5村民小组，455户，2485人，全村有耕地14578亩，人均耕地6亩，有效灌溉面积20亩。全村共有党员36名。产业发展以西甜瓜、籽瓜为主导产业，2011年全村种植优质籽瓜1万多亩，西瓜3000多亩，黑瓜子年产量达90万公斤，年产值达800万元左右，在全乡居中上水平。村两委班子积极组织群众对农田进行平整，整铺压砂田2000余亩。逐步调整农业产业结构，拓宽群众致富渠道，由原来的"一村一品"向"一村多品"发展，在沟坝地种植玉米1200亩，美葵种植200亩，鼓励发展养殖大户50余户，

60只以上有10户。

0600 平堡乡平堡村

简　　介：平堡乡平堡村位于县城西部，黄河南岸，距县城44公里，距白银市区23公里，属沿黄灌区，光、热、水、土资源丰富。交通便捷，电信、移动、联通网络遍布全村，通讯发达。全村共辖3个村民小组，有农户1192户，总人口5570人。共有水耕地面积4585亩。近几年，平堡村经济社会取得了巨大成就。首先，村级经济实力明显增强。其次，基础设施建设成效显著。交通便捷，电信、移动、联通网络遍布全村，通讯发达，广播电视"村村通"实现全覆盖。第三，基础教育水平明显提高。高中和大专以上文化程度人口比例不断上升，农村人口文化水平进一步提高。第四，农村人居环境不断改善。成立了平堡村环境卫生整治小组，使脏、乱、差现象得到了有效治理，不断改善了农村人居环境。第五，村两委班子建设有效推进。以"五好"为标准，紧紧围绕提高农村基层组织引领发展能力、工作创新能力和党员致富带富能力，充分营造了风正气顺劲足的干村事创业环境。第六，社会大局和谐稳定。认真落实"四议两公开"工作法、"一事一议"和村民自治制度，村民的民主权得到保障；健全信访网络体系，形成了"小事不出户，大事不出组，疑难问题到村上"的工作机制，为全村经济和社会各项事业全面健康发展提供保障。

0601 北滩乡杜寨村

简　　介：北滩乡杜寨村位于北滩乡南面，109国道沿线，与杜川公路交接处是中心点，全村总共有668住户，总人口为2502人。全村共有7个村民小组，区域总面积约为18000亩。村有耕地面积4500亩，其中有效灌溉面积为3113亩。2013年，全村农民人均收入为3896元。有共产党员60名。杜寨村多数农户的收入以种植为主要来源。全村主要种植小麦、玉米等粮食作物和以种植枸杞、马铃薯和豇豆等为主要经济作物。此外，全村有少数散户发展养殖，未成规模化。村两委努力探索适合本村发展模式，根据杜寨村实际情况，调整产业结构，积极发展经济作物面积，进一步扩展枸杞种植面积、发展生猪和小尾寒羊等养殖产业，以壮大本村经济。村两委还计划积极争取和引进资金，完善和更新全村水利设施以及村级道路的硬化项目等基础设施建设。此外，村两委不断完善管理机制和各项制度，努力推进基层民主建设。

0602 兴隆乡马尾村

简　　介：兴隆乡马尾村位于兴隆乡西北部10公里长的马尾砂河，距离县城140公里，北至大庙村，南接川口村，境内梁峁纵横，山大沟深，山地多，川地少，旱地多，水地少，平均海拔1350米，年均温25℃，年水量246毫米，有碗口粗的一股泉水流经本村，适宜香水梨种植。全村有4个社，322户，共计1338人。耕地面积879亩，人均0.6亩。目前，该村支柱产业以劳务输出、香水梨、枸杞、大枣树种植和羊只养殖为主，全村有养殖大户8户，羊只总量达到800只。

0603 东升乡新寨村

简　　介：东升乡新寨村位于东升乡西南部，109国道南侧，交通便利，全村共有人口3377人，792户，村民小组8个，村社干部10个，党员32人。全村共有耕地面积8352.7亩，2011年人均纯收入3700元，主导产业以种植和养殖为主。近年来，新寨村借助政府引导，转变经济结构，调整产业格局，大力发展枸杞种植、文冠果栽培经济作物。养殖业也取得了较好的发展，部分养殖户已经形成一定的养殖规模，经济效益也上了一个台阶。在新寨村的发展过程中，制约经济的突出方面主要集中在基础设施的建设上，主要体现在村道路油化和硬化上。全村硬化道路覆盖面小，铺设24公里，对项目和资金的需求急切。农田水利建设逐渐完善，衬砌灌溉支渠22公里，改善了部分农田的灌溉条件，但涉及面较小，还有很大部分农田的灌溉条件很落后，急需改善。由于我乡各村基础设施建设都比较滞后，所以项目的分配程度有限，基础设施完成程度低，这就需要上级更多的项目偏向我乡，从而也使我村得到更多的项目和资金，使我村基础设施建设更加完善。

0604 平堡乡金园村

简　　介：平堡乡金园村位于平堡乡东部，苦水沟口。自1953年从原榆中县金园村划入"蒋滩乡"，1956~1958年随蒋滩乡合称平堡乡，于今平堡乡地域等同，1958~1983年，归属北湾公社。1968年9月起，曾称金园生产大队，1983年7月起公社、大队建制撤销，才有金园村之称谓。金园村距离乡政府8.5公里，属于黄灌区，地势平坦，灌溉条件良好。全村耕地面积1129亩，人均耕地面积0.54亩。全村共有2个社，共辖426户，2087人，劳动力1206人。2013年全村农民人均纯收入达6200余元。村支部现有党员42名。村上现有村级卫生室1个，个体医疗点3个，村级学校1所，在校学生168人、教师16人。全村新型农村合作医疗参合率达95%，养老保险率95%。近年来，村党支部加大农业结构调整力度，推广以茄子、黄瓜、西红柿、反季节西甜瓜四大种植区，切实增加农民收入，倡导"小规模大群体"的养殖模式，拓宽农户增收的支柱产业。为进一步优化人居环境，为广大群众创造方便的生产生活条件，村党支部结合新农村建设，协调各方面关系，整合项目资金，按照基础设施建设规划，全面完成了交通、水利、危旧房改造的建设任务。金园村社火队——舞狮，在全县社火表演中受到群众的好评。

（五）景泰县

0605　中泉乡白水村

简　　介：中泉乡白水村位于中泉乡西北部，辖 3 个自然村，90 户，357 人，现有耕地 5367 亩，其中水浇地 337 亩，旱地面积 5030 亩，人均占有水浇地仅 0.94 亩，为我乡纯干旱山区村之一。村级活动场所为原来学校用房改扩建而成，建于 2001 年，占地面积 624 平方米，建筑面积 116 平方米，砖木结构。

0606　上沙沃镇驼水村

简　　介：上沙沃镇驼水村位于上沙沃镇西南部，距县城 30 公里，东面与白墩子村相连，南接边外村、王庄村，西临王庄村山区，北面和上沙窝村、漫水滩乡富民村相连。现有 208 户，893 人，耕地 1974 亩。

0607　寺滩乡玉川村

简　　介：寺滩乡玉川村位于寺滩乡以南 7 公里处，距景泰县城 15 公里，宽新公路从玉川村旁穿过，交通便利，全村有 7 个村民小组，共有农户 350 户，总人口 1547 人，耕地面积 3817 亩，其中砂地 1878 亩水地 1939 亩。近年来，在村班子的努力下，玉川村基础设施已基本完善，村内有玉川小学、玉川卫生所各 1 所，通信方便，电视、广播具有，道路硬化，2014 年新建文化广场 3500 平方米，包括老年人活动场所，为丰富村民文化生活提供场所。主导产业小麦、籽瓜，特色产业和尚头小麦，全村有种养殖合作社 6 家。

0608　草窝滩镇龚家湾村

简　　介：草窝滩镇龚家湾村位于县城北侧 8.7 公里处，属景电一期灌区移民村。全村总面积 10 平方公里，共有耕地 5461 亩，辖 10 个村民小组，586 户，2331 人。

0609　正路乡黄羊淌村

简　　介：正路乡黄羊淌村位于甘肃省景泰县西南部，正路乡东北部山区，老虎山南山脚下，东南与正路乡拉牌村相连，东邻喜泉镇，南与正路乡黄崖村连接，西北与正路乡红岘村相邻，距离景泰县城 37 公里，距省城兰州约 120 公里，景（泰）天（祝）公路途经黄羊埫。黄羊淌村由黄羊淌、大和岘和拉牌水 3 个自然村组成，成立专业合作社 2 个。共 3 个村民小组，115 户，450 人，全村耕地面积 2501 亩，其中水浇地 146 亩、旱砂地 2343 亩、旱土地 12 亩，天然草原面积 16669 亩，是典型的"靠天吃饭、雨养农业村"。

0610　一条山镇西关社区

简　　介：一条山镇西关社区位于景泰县城

西北部，东至 705 路，西至铁路，北至黄河路，南至长城路，成立于 2002 年 7 月，其前身是一条山镇车站路居委会，辖区面积 0.63 平方公里。现有 10 个居民小区，居民住宅楼 58 栋，住户 2125 户，常住人口 6977 人，流动人口 171 人，辖区单位 11 个，其中机关单位 2 个，个体商业网点 263 个，有志愿者队伍 7 支 126 人。社区现有工作人员 15 名，有供社区居民休闲娱乐的"人民文化广场"。

0611 芦阳镇东关村

简　　介：芦阳镇东关村位于景泰县城区 15 公里处，原老县城旧址，占耕地面积 7800 亩，全村辖 6 个村民小组，616 户，2534 人，耕地面积 8226 亩（其中水地 3599 亩，旱地 4627 亩）。村党支部下设 6 个党小组，有党员 54 名，其中女党员 11 名。现有村干部 3 人。2012 年全村完成农村经济总收入 2953 万元，农民人均纯收入达到 6348 元。

0612 红水镇界碑村

简　　介：红水镇界碑村位于景电二期灌区总三支末段，腾格里沙漠南缘，是一个干旱山区移民村，共辖 5 个村民小组，329 户，1332 人，有耕地 3104 亩。

0613 中泉乡中庄村

简　　介：中泉乡中庄村位于中泉乡地理中心，辖 5 个村民小组，368 户，1352 人，现有耕地 6585 亩，其中水地 3050 亩，旱地面积 3535 亩，人均占有水地 2.2 亩。2011 年度中庄村党支部被市委命名为"五星级"基层党组织，被县委命名为"五个好"基层党组织。

0614 中泉乡常生村

简　　介：中泉乡常生村位于中泉乡东北，与龙湾隔河相望，现有 3 个村民小组，351 户，1425 人；全村共有耕地 3314 亩。党员 33 人，其中流动党员 3 人，县内 3 人，近年来，村三委抓住机遇带领群众立足本地资源优势，依靠科技，大力调整产业结构，取得了一定的成效。目前为止，全村有经济林 3100 亩，其中红富士苹果面积 1600 亩，枣树面积 1500 亩，林果面积几乎达到现有耕地的全覆盖，人均达到 2.17 亩。2013 年春季气候寒冷，为了减少农民损失，在村三委班子的带领下，补种红富士、红枣 330 亩，调运各种苗木 3.3 万株。

0615 上沙沃镇梁槽村

简　　介：上沙沃镇梁槽村位于景泰县西北部，距县城 22 公里，东临大桥村，南面和草窝滩镇新建村相连，西临三个山村，北面和内蒙古温都尔图镇相连。现有 286 户，1286 人，耕地 5600 亩（水地）。

0616 正路乡拉牌村

简　　介：正路乡拉牌村位于甘肃省景泰县西南部，东与正路乡黄羊淌村连接，南与正路乡黄崖村相连，西北与正路乡红岘村接壤。共 3 个村民小组，274 户，1008 人，全村耕地面积 6822 亩，其中水浇地 246 亩，旱砂地 6455 亩，旱土地 121 亩，天然草原面积 11486 亩。

0617 正路乡三墩村

简　　介：正路乡三墩村位于正路乡东北部，由大金昌、泗水、元墩子、牟庄、上墩、下墩 6 个自然村组成，全村有村党支部、村委会、监委会各 1 个，有党员 58 人，其中女党员 9 人，村党支部委员 5 人，村委会委员 5 人，监委会委员 3 人，成立扶贫互助协会 1 个，成立专业合作社 6 个。共 6 个村民小组，515 户，1953 人，全村耕地面积 13380 亩，其中水浇地 268 亩，旱砂地 8399 亩，旱土地 4713 亩，天然草原面积 32458 亩，是典型的"靠天吃饭、雨养农业村"，2013 年人均纯收入为 3741 元。

0618 中泉乡尾泉村

简　　介：中泉乡尾泉村位于中泉乡东南，西与三合村相邻，东与靖远县接壤。现有 4 个村民小组，457 户，共 1796 人，全村有耕地 4980 亩。共有党员 51 人，其中流动党员 6 人，市内县外 1 人，县内 6 人。目前为止，全村经济林达 4143 亩，其中红富士苹果 1630 亩，红枣 2513 亩，林果业建设达到现有耕地的 83%，人均达到 2.3 亩。

0619 芦阳镇城关村

简　　介：芦阳镇城关村位于县城南部 1 公里处。全村辖 4 个村民小组，397 户，1720 人，耕地面积 4739 亩（其中水地 2055 亩，旱地 2470 亩）。村党支部下设 4 个党小组，有党员 65 名，其中女党员 19 名。现有村干部 4 人。2011 年全村完成农村经济总收入 1714 万元，农民人均纯收入达到 5545 元。

0620 中泉乡葫麻水村

简　　介：中泉乡葫麻水村位于中泉乡东北部，属沿黄灌区之一。全村有 3 个村民小组，230 户，890 人，耕地面积 3408 亩，其中水地 1576 亩，旱地 1832 亩，共有党员 20 人，流动党员 3 人，省内市外 1 人，县内 2 人。近年来，村三委抓住机遇带领群众立足本地资源优势，依靠科技，大力调整产业结构，打造取得了一定的成效。目前为止，全村经济林达 1500 多亩，其中红富士苹果 600 亩，红枣 900 亩。其中，2013 年新种植 200 亩，补植 330 亩，林果面积达到现有水地的 95% 以上，人均达到 1.68 亩。

0621 漫水滩乡双树村

简　　介：漫水滩乡双树村位于西北部，景电灌区总二支九斗至十四斗，现有 371 户，1462 人，耕地面积 4645 亩。

0622 红水镇红砂岘村

简　　介：红水镇红砂岘村位于景电二期灌区总干 21~47 斗，紧靠古浪县直滩乡，是我镇人口最多的一个村。现有 18 个村民小组 573 户，2338 人，耕地面积 9560 亩，有退耕还林面积 7400 多亩，农民人均纯收入 3474 元。现有村干部 6 人，支委 7 人，党员 66 名，其中女党员 4 名，预备党员 3 名，入党积极分子 9 名。该村境内煤炭企业星罗棋布，煤炭、石膏、铁矿石资源丰富，尤以煤炭为最，年产量约在 50 万吨以上，以低灰尘、高热卡、质优价廉等特点远销省内外，广泛用于炼焦、发电等行业。各煤矿已成为本村群众打工的主阵地。该村主要种植玉米、胡麻、洋芋、花葵，今年玉米种植面积 4400 亩，洋芋 1000 米，花葵 1600 多亩。全村羊只饲养量达到 2 万只，猪饲养量达到 400 多头。

0623 芦阳镇响水村

简　　介：芦阳镇响水村位于芦阳镇东部，是典型的山区村，俗称小芦塘，景电一期工程上马后，500 户，2395 人迁往龚家湾、城北麦丰、城北东新组、寺梁五组、条山大梁、猎虎山。景电二期结束后 140 户，720 人迁往红水镇，现响水户籍人口共有 500 户，2154 人。有耕地面积 14060 亩，其中水地 1701 亩，旱地 10814 亩，咸水地 1545 亩；人均可耕种土地面积 1.1 亩。

0624 一条山镇长城路社区

简　　介：一条山镇长城路社区成立于2002年7月，位于景泰县城繁华地段，东起南北大街，西接七〇五路，南连长城路，北临东西大街。辖区面积1.33平方公里，现有居民小区28个，居民住宅楼93栋，住户2340户，常住人口5538人，流动人口309人，辖区单位13个，其中机关单位8个，学校2个，医院1个，非公有制经济组织和新社会组织2个，个体商业网点438个，有志愿者队伍1支30人。

0625 中泉乡脑泉村

简　　介：中泉乡景泰县中泉乡脑泉村位于中泉乡东南，与中庄村、腰水村相邻。辖1个自然村，4个村民小组，368户，1352人，总劳动力857人，现有耕地6585亩，其中水地3050亩，旱地面积3535亩，均占有水地2.2亩，共有党员41人，其中预备党员1人，流动党员11人，省内市外2人，市内县外2人，县内7人。近年来，村三委抓住机遇，带领群众立足本地资源优势，依靠科技，大力调整产业结构，打造取得了一定的成效。玉米制种已初具规模，2013年，玉米制种达到1600亩，占水地总面积的一半以上，并且响应"一村一品"的号召，尝试种植黑枸杞。

0626 寺滩乡单墩村

简　　介：寺滩乡单墩村辖5个村民小组181户，总人口656人，长期以来由于干旱少雨，致使该村成为典型的干旱贫困山区村，主要依靠1500亩机井水浇地及畜牧养殖业维持生活，群众生活困难。单墩村属于干旱少雨山区，日照时间长，昼夜温差大，地域广阔，耐旱植被覆盖面广，非常适合畜牧养殖。村民小型养殖户已达到全村农户的80%，村民已积累了非常丰富的养殖技术，对发展畜牧养殖产业奠定了基础。

0627 草窝滩镇翠柳村

简　　介：草窝滩镇翠柳村，位于县城往东80公里和宁夏交界处，自然条件恶劣，现有7个村民小组，总农户196户，人口747人，耕地面积860亩。

0628 漫水滩乡漫水滩村

简　　介：漫水滩乡漫水滩村是乡政府驻地。全村辖6个村民小组，365户，1468人，耕地面积3985亩。主导产业为商贸流通、规模种植，以玉米、食葵、洋芋为主。2013年全村种植玉米2200亩，沙漠洋芋500亩，食葵等经济作物1200亩。

0629 红水镇永乐村

简　　介：红水镇永乐村位于景电二期灌区总四支、五支末端，与古浪接壤，是一个回民村，移民均来自永靖县干旱边远山区。现有3个村民小组，86户，383人，有耕地534亩。

0630 红水镇宋家庄村

简　　介：红水镇宋家庄村位于景电二期灌区总四支前段，现有村民小组5个，327户，1272人，耕地3233亩，农民人均纯收入3757元。有村干部3人，支委5人，党员44名，其中女党员6名，预备党员3名，入党积极分子4名。

0631 寺滩乡东梁村

简　　介：寺滩乡东梁村是以农业为基础的村庄，距乡政府所在地3公里，距县城15公里，我村辖4个村民小组，260户，1140人，贫困户131户，697人，土地面积11500亩，其中水地1500亩，旱沙地一万余亩。我村依一期九支渠，旁宽兴公路，灌溉条件优越，交通便利，为我村的种植和养殖提供了便利条件。

0632 五佛乡兴水村

简　　介：五佛乡兴水村位于五佛乡南部，有11个村民小组，1147户，3696人。全村现有耕地面积11247亩。

0633 红水镇共建村

简　　介：红水镇共建村位于腾格里沙漠南缘，景电二期灌区中部。因地处甘、宁、蒙三省交界的金三角地区，辐射三省三县六乡镇，是景泰县的西北门户，现有5个村民小组，389户，1514人，耕地4620亩。

0634 正路乡峡儿水村

简　　介：正路乡峡儿水村位于景泰县西南部，距县城78公里，西与天祝县毗邻，南与正路乡长川村、三墩村连接，东南与正路乡红岘村接壤。共5个村民小组，267户，1066人，全村耕地面积7596亩，其中水浇地360亩、旱砂地3921亩、旱土地3315亩，天然草原面积87218亩，是典型的"靠天吃饭、雨养农业村"。

0635 五佛乡西源村

简　　介：五佛乡西源村地处县东北部的黄河之滨，总耕地面积6625亩，其中原纳税面积2375亩，人均耕地2.2亩；现有12个村民小组，人口892户，2907人，劳动力1263人。现有党员68名，其中女党员12名，全村有贫困人口239户，847人，占总人口的27.68%。西源村是一个以粮食生产为主的农业村，长期以来主种水稻、玉米，亩均产出较低，有部分农户种植红枣、白菜等经济作物，但由于人多地少，人地矛盾极为突出，均未形成产业规模。近年来，乡、村两级不断调整农业产业结构，鼓励结合村镇实际发展多元产业。2013年，全村人均纯收入达到6905元。

0636 草窝滩镇三道梁村

简　　介：草窝滩镇三道梁村位于草窝滩镇东北方向，海拔1574米，占地面积4000亩，耕地2000亩，总户数为186户，总人口为862人，辖6个村民小组。

0637 芦阳镇石城村

简　　介：芦阳镇石城村位于县城东南郊1.5公里处，现有3个村民小组，384户，1526人，耕地面积2653亩。石城村党支部下设3个党小组，有党员41人，其中女党员5人，大专以上3人，35岁以下9人，2011年，石城村党支部被县委评为"五星级"党组织，全村完成农村经济总收入1544万元，农民人均纯收入达5122元。

0638 喜泉镇三塘村

简　　介：喜泉镇三塘村位于喜泉镇东1公里处，地处山川灌区结合处，西与喜泉镇相邻，南与中泉乡白水村接壤，北接芦阳镇芳草村、十里砂河村，总面积17.62公里。现辖两个村民小组，198户，785人，其中劳动力634人，耕地2704亩，其中水浇地1600亩。有党员30名，2个党小组。全村有5个专业合作社，建成规模养殖场6个，占地18000平方米，养羊4000多只，养鸡4000多只，养猪1200多头。医疗卫生方面，村内有卫生所1个，位于村委会院内，占地面积50平方米，有医生1个，床位4张。

0639 芦阳镇红光村

简　　介：芦阳镇红光村位于景泰县东南

部，距离县城25公里，距镇政府所驻地10公里，全村辖5个自然村，5个村民小组，164户，595个农业人口，全村共有耕地面积6283亩，其中旱地5726亩，井泉地1557亩，人均占有耕地面积10.55亩，人均占有井泉地2.62亩。现有村干部3人，其中镇派书记1人，主任1人，文书1人。村党支部（总支）现有党员24人，其中女党员2人；大专以上学历3人，高中、中专学历5人，初中以下学历15人；35岁以下4人，35~55岁6人，55岁以上14人。2011年全村完成农村经济总收入598万元，农民人均纯收入达到5001元。

0640 喜泉镇兴泉村

简　　介：喜泉镇兴泉村位于县城南部，距县城13公里处，是镇政府所在地，辖管10个村民小组，1016户，4400人。村党总支下设4个党支部，3个农业支部，1个企业支部，共有党员118人。

0641 正路乡黄崖村

简　　介：正路乡黄崖村由黄崖和台子圈2个自然村组成，全村有村党支部、村委会、监委会各1个，有党员33人，其中女党员6人，村党支部委员3人，村委会委员3人，监委会委员3人，成立扶贫互助协会1个，成立专业合作社3个。共3个村民小组，228户，869人，全村耕地面积5240亩，其中水浇地580亩、旱砂地4600亩、旱土地60亩，天然草原面积33638亩，是典型的"靠天吃饭、雨养农业村"，2013年人均纯收入为3935元。

0642 喜泉镇北滩村

简　　介：喜泉镇北滩村位于县城以南10公里处，毗邻大唐风电场，辖2个村民小组，共有居民355户，1540人，耕地3227亩，2012年人均纯收入5680元。村党支部现有党员35人，其中，女党员4人，35岁以下党员4人，大专以上学历党员4人。有村干部4人，其中，镇党委选派大学生"村官"1名，现兼任村主任。在基础设施建设方面，投资90万元（其中，争取财政奖补"一事一议"项目资金45万元，社会捐助资金45万元），新建建筑面积350平方米村委会1座，并配套占地面积2200平方米文化活动广场一处，争取财政奖补一事一议项目，硬化街道3.13公里，配套安装太阳能路灯30盏。

0643 红水镇城华村

简　　介：红水镇城华村位于景电二期灌区总四支前段，现有村民小组3个，187户，741人，耕地1963亩。现有村干部3人，支委5人，党员37名，其中女党员5名，预备党员2名，入党积极分子5名。该村是以枸杞为主导产业脱贫致富的典型村，全村枸杞种植面积达到1300多亩，占总耕地面积66%，形成辐射谢家梁、宋家庄、清河三村的千亩枸杞片带，农民人均纯收入达8200元以上。

0644 喜泉镇新庄村

简　　介：喜泉镇新庄村位于景泰县西部，景电一期工程西九支中段，与景泰县寺滩乡相接壤，现辖两个村民小组，174户，789人。

0645 草窝滩镇新建村

简　　介：草窝滩镇新建村位于草窝滩镇西北5公里处，有村民小组5个，村民264户，人口1281人。耕地面积2431亩。

0646 芦阳镇蓆滩村

简　　介：芦阳镇蓆滩村位于县城南部7公里处。全村辖3个村民小组，351户，1397

人，耕地面积 2522 亩。村党支部下设 3 个党小组，有党员 41 名，其中女党员 6 名。现有村干部 3 人。蓆滩村村级组织活动场所建设于 1992 年，由于年久失修，伴随着群众文化生活需求的不断增长，原有村级组织活动场所已不能满足群众文化生活的需求。为此，镇党委、镇政府研究决定，对蓆滩村活动场所进行维修，维修资金 3 万元左右，其中县委组织部配套 1 万元，县计生局提供 10 吨水泥，由群众投工投劳。活动场所的建成，彻底改变了过去党组织活动"游击式""散乱式"的状况，村干部有了归属感，群众办事有了方向感，真正使村级活动场所成为了"党员之家、干部之家、群众之家"。

0647 喜泉镇马莲水村

简　　介：喜泉镇马莲水村北接寺滩乡，南邻喜泉镇福禄水村，西接正路乡，辖 4 个村民小组，共有居民 169 户，750 人。2004 年年底撤乡并镇时由原来所属的大安乡一起并入喜泉镇。

0648 寺滩乡永安村

简　　介：寺滩乡永安村位于景电一期灌区九支渠以西，距县城 12 公里，是一个移民新建村，现辖 5 个村民小组，269 户，1285 人。占地 46 万平方米，共有耕地 10408 亩，山区退耕还林 7800 亩。硬化村道 8 公里。新建卫生院 1000 平方米，建成村级组织活动场所 284 平方米，街道绿化、美化 6.4 公里，硬化巷道 7.5 公里。设党支部 1 个，共有党员 40 名。

0649 芦阳镇十里村

简　　介：芦阳镇十里村位于镇区中心以南 6 公里米家山西北麓平原地带，现有 197 户，767 人，总耕地面积 3783 亩，其中旱砂地 3600 多亩。十里村地域开阔，川旱相连，降水少，日照强，温差大，旱砂地土质肥沃，保墒性能强，生产的西瓜个大，瓤口鲜嫩，色泽红润，瓜汁甘甜爽口，成为我镇乃至全县的名优特色产品。

0650 红水镇小山村

简　　介：红水镇小山村位于红水镇东北部，景电二期灌区总三支中段，现有村民小组 4 个，211 户，850 人，耕地 2455 亩。

0651 正路乡石井村

简　　介：正路乡石井村位于景泰县西南部，距离县城 65 公里，西与正路乡兔窝村连接，西南与永登县毗邻，东与正路乡大滩村接壤。共 4 个村民小组，367 户，1340 人，全村耕地面积 8038 亩，其中水浇地 746 亩、旱砂地 4398 亩、旱土地 2894 亩，天然草原面积 34018 亩，是典型的"靠天吃饭、雨养农业村"。

0652 中泉乡红岘台村

简　　介：中泉乡红岘台村地处中泉乡南部，与白银区武川乡接壤，省道 217 线穿村而过，辖 7 个村民小组，323 户，1382 人，10149 亩耕地（其中水地 7317 亩，旱地 2832 亩）。共有党员 46 人，流动党员 4 人，4 人都在县内。近年来，村党支部紧紧围绕新农村建设目标，迎难而上，扎实苦干，取得了基层党建和经济社会发展双丰收。

0653 喜泉镇陈庄村

简　　介：喜泉镇陈庄村位于县城南 5 公里处，包兰铁路和 705 公路穿村而过，全村有 7 个村民小组，人口 1611 人，耕地面积 3367 亩，共有党员 48 名，其中女党员 14 名，近几年通过劳务输出和土地流转，农民收入大增，人均收入接近 5000 元。

0654　草窝滩镇常丰村

简　　介：草窝滩镇常丰村位于县城北面，离县城5公里，属于郊区。全村130户。总人口534人，耕地总面积892亩。

0655　上沙沃镇大桥村

简　　介：上沙沃镇大桥村于景泰县城北部，距县城15公里，东面与草窝滩镇相连，南接草窝滩镇新建村，西面、北面和梁槽村相连。2003年将上沙沃镇的红场湾村、大桥村合并为大桥村。村阵地于2004年建成，占地面积180平方米，建筑面积120平方米，大桥村现有212户，936人，耕地5400亩（水地）。

0656　五佛乡泰和村

简　　介：五佛乡泰和村位于五佛乡东部，土地资源丰富，是五佛乡的产粮大村，也是景泰县反季节蔬菜生产基地。全村共13个村民小组，1198户，3972人，总耕地面积7317亩。

0657　上沙沃镇王庄村

简　　介：上沙沃镇王庄村位于景泰县西北部，距县城25公里，东面、南面和段家井村相连，西面和驼水村相连，北临边外村。村阵地于2005年建成，占地面积1600平方米，建筑面积150平方米现有183户，815人，耕地2200亩（水地），种植产业方面，现有制种油葵、玉米120余亩，枸杞40余亩，啤酒大麦400亩；养殖业方面，养羊规模在100只以上的大户有20户。

0658　一条山镇水源村

简　　介：一条山镇水源村位于一条山镇以南，全村由包台、夹墙、水源3个自然村组成，有党员46名，村支部和村委会成员12名。成立农技协会1个，养牛协会1个，辖6个村民小组，273户，889人，有耕地面积1401亩。村党支部下设3个党小组，有党员46名，其中女7名。有致富党员12名，致富明星户8户，产业经营带头人3名。种植产业方面，现有梨园1300亩，人均梨园达到1.35亩，户均达到4亩；养殖业方面，奶牛饲养量100头，生猪饲养量400头，羊饲养量760只。

0659　喜泉镇中心村

简　　介：喜泉镇中心村地处景泰县城南，北邻喜泉镇大水石岘村，南接喜泉镇新农村民安村，辖3个村民小组，共有居民125户，550人，耕地2500亩，其中水地1700亩，旱地800亩。

0660　一条山镇人民路社区

简　　介：一条山镇人民路社区位于南北大街以西，705路以东，东西大街以北，黄河路以南，辖区面积0.48平方公里，6条主要街道将辖区分成6片，有行政事业单位13家，是全县金融商贸、通讯娱乐中心，辖区有人口5328人，居民1538户，社区党总支下设3个党支部（人民路党支部、大安路党支部、条山路党支部），共有党员138人。

0661　中泉乡腰水村

简　　介：中泉乡腰水村地处中电灌区中部，有3个村民小组，280户，1009人。耕地3260亩，其中水浇地2312亩，旱地821亩。近年来，村三委抓住机遇带领群众立足本地资源优势，依靠科技，养殖业取得了大力发展，该村养鸡、养猪专业户达40多户。该村2011年实施了"一事一议"财政奖补项目，修建泉脑1处，铺压暗水管道600米，维修护坡310米，修建过水桥1座，漏边1座，开挖泉眼9处，取得了一定工作成效。

0662 喜泉镇大水石岔村

简　　介：喜泉镇大水石岔村位于县城南约26公里处，省道201线、包兰铁路穿村而过，交通便利，地域宽阔，大敦煌影视城位于村东。全村有3个村民小组，867人，耕地面积4378亩，共有党员34名，其中女党员5名，近几年通过劳务输出和土地流转，农民收入大增，2013年人均收入达到3500元。

0663 漫水滩乡富民村

简　　介：漫水滩乡富民村是一个少数民族村，位于景电二期高扬程灌区总干11斗、12斗，总一支一分支1~4斗。全村辖6个村民小组，现有汉、藏、土各族群众共223户，868人，其中土族6户，23人，藏族71户，286人，少数民族群众由天祝藏族自治县丹马牧区搬迁而来。全村有耕地3241亩。现有党员33人，其中女党员5人。培育壮大主导产业，乡党委政府本着"因地制宜、因势利导"的原则，结合该村实际，科学引导，典型示范，大力培植规模养殖业带动当地劳务经济快速发展。以草食畜牧产业园为依托，依托草食畜牧产业园，以昌欣乳业、鸿盛养殖、金海阳光、康源生态合作社、富民养殖合作社为龙头，带动养殖业发展，吸纳村内闲散劳动力就地转移，促进劳务经济发展，实现农民增收。积极探索"公司担保＋农户贷款"合作形式，力争通过菁茂公司担保为富民村群众落实养殖贷款1000万，建成标准化养殖小区1个，入驻养殖户50户，实施甘草养羊工程，示范带动周边养殖业发展。

0664 喜泉镇铧尖村

简　　介：喜泉镇铧尖村1951年成立，1956年合并为喜泉公社，原名南华乡铧尖村，铧尖村改名为友好大队。1978年又合并到大安乡，友好大队改名为铧尖村。2004年年底乡镇合并，大安乡合并到喜泉镇，现名喜泉镇铧尖村。下辖4个村民小组，共有居民209户，856人，耕地4200亩，其中水地580亩，旱地3620亩。

0665 寺滩乡九支村

简　　介：寺滩乡九支村位于寺滩乡政府以东、景古公路与宽兴公路交汇处，距县城10公里，年平均降雨量180毫米左右，蒸发量3000毫米以上。全年无霜期长达8个月，灌区土壤肥沃，适宜小麦、胡麻、玉米等农作物生长。全村现辖4个村民小组，共313户，1257人。全村耕地总面积4130亩，其中：水地2419亩，人均1.9亩，退耕还林243.8亩，人均0.2亩；旱砂地1605亩，人均1.3亩。九支灌区种植业以小麦、玉米、葵花、孜然等为主；山区旱砂地，主要种植小麦、扁豆、胡麻、籽瓜等作物；养殖业以羊和猪为主。

0666 寺滩乡寺滩村

简　　介：寺滩乡寺滩村位于乡政府西北方向，距县城25公里，景古公路穿境而过，营双高速公路贯通全村，且留有高速出口，交通便利。全村现有10个村民小组，712户，2700口人。总耕地面积12684.6亩，其中灌区水浇地为1212亩，粮食作物以小麦、玉米为主，经济作物以旱砂地籽瓜、红葱为主。该区内，昼夜温差大，日照充足，干旱少雨，蒸发强烈，属干旱的贫困山区村。

0667 草窝滩镇西和村

简　　介：草窝滩镇西和村位于草窝滩镇东南部，现有村民小组15个，总户数403户，总人口1500人，耕地4000亩。

0668 上沙沃镇榆树村

简　　介：上沙沃镇榆树村位于景泰县西北部，距县城25公里，东接草窝滩新建村，南面和段家井村相连，西临边外村，北面和梁槽村相连。村阵地于2003年建成，占地面积1100平方米，建筑面积150平方米，现有141户，587人，耕地2341亩（水地），以优质强筋小麦和早熟洋芋种植为主，同时发展舍饲养羊业和劳务输出产业。

0669 红水镇羊城村

简　　介：红水镇羊城村位于景电二期总四支中段，2002年由中和、泰源、长安、福安、小羊城5个村合并而成。现有7个村民小组，509户，1965人，耕地5913亩。有村干部4人，党员55名，其中女党员12名，预备党员3名，入党积极分子8名。农民人均纯收入3500元。2010年，该村被县委确定为村干部规范化管理试点村，命名为"五星级"基层党组织，2011年被市委命名为"五星级"基层党组织。

0670 草窝滩镇丰泉村

简　　介：草窝滩镇丰泉村位于县城西部，距县城7公里，是景电一期灌区移民，下辖4个村民小组，耕地面积2739亩（其中旱地面积330亩，黄灌2409亩），村庄面积800余亩，全村人口254户，1005人。

0671 漫水滩乡红溪村

简　　介：漫水滩乡红溪村位于漫水滩乡西北部，景电二期工程总干独22斗，是一个少数民族村，少数民族群众大都由天祝藏族自治州搬迁而来。现有260户，1031人，其中少数民族群众（藏族为主）314人，耕地4321亩，主导产业为枸杞特色种植，2013年农民人均纯收入6459元。

0672 寺滩乡郭台村

简　　介：寺滩乡郭台村位于寺滩乡以北，是一个灌区村，距乡政府2.5公里，耕地少，农民主要经济来源是种植、养殖和外出打工，村内设党支部1个，共有党员29名，其中，高中及以上文化程度10名，60岁以上党员11名，占38%，女党员3名。全村共4个村民小组，总人口数850人，210户。耕地面积1267.5亩，水浇地面积840亩，人均占有粮食250斤，人均纯收入4654元，学校1所，卫生所1所，新建文化广场2000平方米。

0673 一条山镇北关社区

简　　介：一条山镇北关社区位于县城北，东至石门村，南至黄河路，西至车站路，北至北环路，成立于2002年07月，辖区面积1.82平方公里，现有8个居民小区，居民住宅楼43栋，住户，1852户，常住人口6588人，流动人口650人。

0674 草窝滩镇青石墩村

简　　介：草窝滩镇青石墩有9个村民小组，现有256户，总人口1096，耕地2670亩（其中：水地2510亩，旱地160）。现有小学1所。2013年人均纯收入5644元。主导产业是种植业和养殖业，发展思路是特色种植和规模化养殖业。村党支部现有党员58人。2013年通过"一事一议"奖补项目，修建文化活动室200平方米，文化广场1600平方米，为广大群众的生活增添了色彩。青石墩村地势偏僻，交通不便，水源不足，多年来，种植单调，农民收入较低。截至目前，全村西红柿特色农业种植突破300亩，创产值182.5万元，亩均实现纯收入3500元。2013年利用农业开发办高标准农田建设项目，衬砌渠道13公里，砂化道路8公里，改建泵站2座，有效解决了农民浇水难，水费高的问题，切实减轻了农户负担。按照"小群体、大规模"的发展模式，养殖业也呈现出了迅猛发展的势头，现全村共有养羊专业户50户，养猪专业户20户，畜产品商品率均在60%以上。村民砖瓦房居住率达到80%，有线电视、电话、摩托车的普及率均在85%以上，适龄儿童入学率达100%。

0675 正路乡大滩村

简　　介：正路乡大滩村位于甘肃省景泰县西南部，距离景泰县城63公里，西与正路乡石井村连接，南与正路乡正路村相连，东与正路乡川口村接壤。共5个村民小组，296户，1114人，全村耕地面积5152亩，其中水浇地325亩、旱砂地3829亩、旱土地998亩，天然草原面积10792亩，是典型的"靠天吃饭、雨养农业村"，2013年人均纯收入为3889元。

0676 正路乡冯家水村

简　　介：正路乡冯家水村位于景泰县西南部，距县城70公里，西与天祝县毗邻，东与正路乡长川村相连，北与正路乡峡儿水村接壤，南与正路乡石井村、大滩村相连。冯家水村由冯家水和周家庄子2个自然村组成，共5个村民小组，251户，962人，全村耕地面积5555亩，其中水浇地528亩、旱砂地3658亩、旱土地1369亩，天然草原面积19558亩，是典型的"靠天吃饭、雨养农业村"，2013年人均纯收入为3815元。

0677 漫水滩乡高墩村

简　　介：漫水滩乡高墩村位于景电二期灌区总五支8斗，现有耕地1216亩，全村辖6个村民小组，142户，608人，2013年人均年收入6466元。庭院经济、畜牧养殖种植目前是全村发展经济的支柱产业。高墩村主导产业为种植业和养殖业，特色农产品有玉米、沙漠洋芋、枸杞、食葵等。

0678 红水镇靖安村

简　　介：红水镇靖安村位于景电二期灌区总干19—23斗，是一个回民村。全村有4个村民小组，151户，663人，有村干部2人，党员15名，其中女党员2名。耕地面积1168亩，人均不足2亩。今年新班子上任后，坚持一手抓经济，一手抓精神文明建设，使靖安村呈现出"民族团结、宗教和顺、经济发展"的良好局面。

0679 正路乡砂河井村

简　　介：正路乡砂河井村位于景泰县西南部，距离县城70公里，西南与永登县毗邻，北与正路乡双墩村相连，西邻正路乡细巷村，省道201线横穿全村，有正路乡"南大门"之称。村委会、监委会各1个，成立扶贫互助协会1个，成立专业合作社3个。全村耕地面积5868亩，其中水浇地896亩、旱砂地4598亩、旱土地374亩，天然草原面积61211亩，是典型的"靠天吃饭、雨养农业村"，2013年人均纯收入为4123元。

0680 五佛乡金坪村

简　　介：五佛乡金坪村位于五佛乡东北，地处黄河北岸，现有3个村民小组，196户，639人，总耕地2139亩，人均耕地为3.2亩。

0681 喜泉镇尚坝村

简　　介：喜泉镇尚坝村地处景泰县城南5公里处，省道201线路旁，交通便利。现有农户284户，1167人，耕地面积2964亩。村支部现有党员43人，其中，女党员9人。2013年农民人均纯收入5650元。现有村干部3人，其中党支部书记1人，村委会主任

1人，文书1人。建成占地面积3600平方米文化广场及270平方米的文化活动室各1座，配套路灯8盏。

0682 芦阳镇芳草村

简　　介：芦阳镇芳草村位于县城东南部9公里处，交通便利，芳条公路是全村的交通运输主道，现有6个村民小组，443户，1956人，耕地面积6729亩，其中水地2946亩，旱地3629亩。村党支部下设6个党小组，有党员50名，其中女党员13名，大专以上3人，35岁以下5人。2011年全村完成农村经济总收入1945万元，农民人均纯收入达5025元。2004年村党支部被县委表彰为"五好"标兵村党支部，2005年获全县"三级安全文明村"称号。

0683 芦阳镇芦阳村

简　　介：芦阳村是芦阳镇镇政府所在地，系景泰县老县城旧址，有芦阳、马庄、西六支和卞地槽4个自然村。全村辖4个村民小组，501户，1988人，其中男的989人，女的999人；有劳动力1350人，2011年劳务输出624人；村党支部有5个党小组，党员53人，其中预备党员3人；总耕地面积5233亩，其中水地2763亩，旱地2470亩；2011年全村完成农村经济总收入2386万元，农民人均纯收入达到5455元。该村主导产业为养殖业、种植业和建筑业，特色农产品有玉米、茴香、食葵、胡麻、生猪、商品羔羊等。

0684 喜泉镇福禄水村

简　　介：喜泉镇福禄水村北接喜泉镇马莲水村，南邻大安村，西接正路乡，辖6个村民小组，共有居民289户，1238人，耕地9000亩，其中水地800亩，旱地8200亩。

2004年年底撤乡并镇时由原来所属的大安乡一起并入喜泉镇。

0685 寺滩乡永泰村

简　　介：寺滩乡永泰村位于寺滩乡西南部，是一个山区村，距乡政府7公里，全村共辖7个村民小组，总人口326户，1275人，有党支部1个，党员36人。全村占有耕地面积8866亩，其中旱沙地8265亩，水地610亩。全村共有退耕还林面积7100亩，人均5.56亩。全村共有6年制小学2所，校舍面积3400平方米，其中永泰小学在永泰龟城，是一所民国初期建造的小学，现属于文物保护单位。

0686 正路乡正路村

简　　介：正路乡正路村地处景泰县西南，东邻喜泉镇，南接永登、皋兰县，西连天祝县，北屏老虎山。乡政府驻正路村，北距景泰县城65公里，南距省城兰州约90公里。共3个村民小组，437户，1618人，全村耕地面积6318亩，其中水浇地754亩、旱砂地5459亩、旱土地105亩，天然草原面积52900亩。

0687 正路乡细巷村

简　　介：正路乡细巷村位于甘肃省景泰县西南部，距离景泰县城70公里，西南与永登县毗邻，东南与正路乡双墩村相连，东北与正路乡正路村连接。细巷村现辖1个自然村，共2个村民小组，169户，605人，全村耕地面积2132亩，其中水浇地494亩、旱砂地1605亩、旱土地33亩，天然草原面积25329亩。

0688 漫水滩乡西井村

简　　介：漫水滩乡西井村位于景电灌区

总一支二分支七斗至十一斗，现有185户，722人，耕地3498亩，2013年人均纯收入6100元。主导产业为养殖业（养羊），现有贫困户60户，278人，其中享受农村低保政策的26户，96人，五保供养2户，2人。村党支部现有党员17名，其中女党员4名，外出流动党员2名。党支部委员5人，书记1人，大学生村官副书记1人。离任村干部2人，其中享受离任补助2人。村阵地于2008年由学校改建而成，占地面积200平方米，建筑面积80平方米。

0689 正路乡兔窝村

简　　介：正路乡兔窝村位于景泰县西南部，距离县城67公里，西与天祝县毗邻，东与正路乡石井村相连，东北与正路乡冯家水村连接。兔窝村现辖1个自然村，共2个村民小组，342户，1280人，全村耕地面积6082亩，其中水浇地798亩、旱砂地3972亩、旱土地1312亩，天然草原面积14154亩，是典型的"靠天吃饭、雨养农业村"，2013年人均纯收入为3618元。

0690 红水镇清河村

简　　介：红水镇清河村位于二期灌区总四支支渠中段，现有10个村民小组，405户，1729人，耕地3972亩。现有村干部4人，支委5人，中共党员39名，其中预备党员3名，入党积极分子8名。2010年，镇政府采取财政补贴、村上自筹等办法筹资25.2万元，按照规范化建设标准新建了清河村阵地，占地1450平方米，其中文化活动广场825平方米，砖混结构办公用房200平方米。2010年11月新建了远程教育站点。

0691 正路乡长川村

简　　介：正路乡长川村位于景泰县西南部，距离县城66公里，西与正路乡冯家水毗邻，东与正路乡三墩村相连，南与正路乡川口村连接，北与正路乡峡儿水村相邻。由于从川口到鲁家庄之间形成一条长川，所以取名为"长川村"。长川村由长川、梁家岔和鲁家庄子3个自然村组成，共3个村民小组，166户，599人，全村耕地面积3075亩，其中水浇地191亩、旱砂地1617亩、旱土地1267亩，天然草原面积13319亩，是典型的"靠天吃饭、雨养农业村"。

0692 红水镇昌林村

简　　介：红水镇昌林村位于景电二期灌区总五支中端，现有234户，926人，耕地面积2274亩，农民人均纯收入3510元。现有村干部3人，支委5名，党员29名，其中女党员6名，预备党员3名，入党积极分子8名。新建远程教育站点1处。村两委换届后，新班子理思路、强基础、抓发展，班子整体作用发挥良好，党建水平明显提升，工作成效比较突出。

0693 上沙沃镇上沙窝村

简　　介：上沙沃镇上沙窝村位于景泰县西北部，距县城30余公里，东临白墩子村，南接驼水村，西接漫水滩乡富民村，北面和正泰林场相连。现有376户，1867人，耕地5077亩。

0694 漫水滩乡新井村

简　　介：漫水滩乡新井村位于景电二期灌区总一支三斗至八斗，辖6个村民小组，420户，1610人。全村有耕地5498亩，村党支部现有党员49名，2007年建成了"玉兰"养鸡专业合作社，2011年建成"卯业兴隆"獭兔养殖基地。2013年争取了扶贫养殖项目，发展獭兔养殖户30户。目前，该村有万只鸡场2家，百头羊场7家，百头猪场2家，獭兔场1家。全村现有蛋鸡110000只，獭兔5500只。全村已初步形成饲养、贩运、育肥、销售一条龙的运营模式。

0695 喜泉镇新民村

简　　介：喜泉镇新民村位于喜泉镇北约5公里处，全村共有人口958人，辖两个村民小组。现有耕地2632亩，人均2.7亩。新建文化广场1处，占地面积1580平方米。硬化村村通道路2.8公里，安装路灯53盏。

0696 正路乡红岘村

简　　介：正路乡红岘村位于正路乡东北部，由红岘、大水、黄茨水、围昌沟4个自然村组成，全村有村党支部、村委会、监委会各1个，有党员52人，其中女党员11人，村党支部委员5人，村委会委员5人，监委会委员3人，成立扶贫互助协会1个，成立专业合作社5个。共7个村民小组，508户，1966人，全村耕地面积15150亩，其中水浇地478亩、水砂地10917亩、旱土地3755亩，天然草原面积172767亩，是典型的"靠天吃饭、雨养农业村"，2013年人均纯收入为3782元。

0697 草窝滩镇陈槽村

简　　介：草窝滩镇陈槽村位于草窝滩镇东部，位于草窝滩镇东南方向15公里处，全村有村民小组10个。陈槽村与大唐景泰发电厂相邻而居，芦草公路纵贯全境，距县城15公里，交通便利。该村现有243户，1346人，耕地2400亩。

0698 喜泉镇喜集水村

简　　介：喜泉镇喜集水村位于景泰县西南部，距离县城18公里，辖10个村民小组，686户，2867人，其中有党员64人，现有耕地面积9892亩，其中水浇地7132亩，旱地2760亩。农民人均纯收入5380元。

0699 红水镇谢家梁村

简　　介：红水镇谢家梁村位于红水镇东南部，景电二期灌区总三支前段，现有5个村民小组，396户，1512人，耕地4255亩。

0700 漫水滩乡北梁村

简　　介：漫水滩乡北梁村位于景电灌区总一支9斗、10斗，二支5斗至8斗，辖6个村民小组，220户，846人，耕地3650亩，2013年农民人均纯收入6126元。村党支部现有党员31名，其中女党员8名，外出流动党员6名。党支部委员3名，书记1名。北梁村村中心地建于2010年建成，占地面积300平方米，建筑面积160平方米。2012年争取移民项目铺设沙路5公里，2013年硬化通村公路及村内巷道3.5公里，维修渠道3公里。

0701 喜泉镇余梁村

简　　介：喜泉镇余梁村位于喜泉镇西北角5公里处，全村共有人口1364人，辖3个村民小组，现有耕地2700余亩，人均耕地2亩。现有党员30名，预备党员2名，入党积极分子4名，支部阵地建设完善，软硬件齐全。新建村委会1处，占地面积1500㎡，占地面积270㎡，维修渠道8.4公里，田间道路7.6公里。支部党委委员5人，书记1人，委员4人，组织健全。

0702 芦阳镇城北村

简　　介：芦阳镇城北村位于景泰县城东部5公里处。现辖17个村民小组（3个自然村：城北墩、东新、马鞍），1257户，5514人，是芦阳镇最大的一个建制村，是经济发展环境最复杂的一个村。村党总支下设4个党支部、11个党小组，有党员172名，其中女党员27名。现有村干部9人，其中书记1人，副书记2人，主任1人。城北村总耕地面积10500亩（旱地200亩，水地10300亩）。2011年全村完成农村经济总收入5638万元，农民人均纯收入达到3100元。

0703 寺滩乡宽沟村

简　　介：寺滩乡宽沟村位于寿鹿山脚下，寺滩乡西南部，距县城45公里。南与寿鹿山接壤，北与寺滩乡三道埫毗邻，东与寺滩乡单墩村连接，西与古浪县接壤。海拔较高，属典型山区，全村393户，人口约1630人，分为九个村民小组，居住分散，农业方面主要靠种植砂田，以扁豆、小麦为主。

0704 红水镇泰安村

简　　介：红水镇泰安村是镇政府所在地，距县城60公里，现有村民小组6个，435户，1713人，耕地3998亩，退耕还林地5383.54亩，农民人均纯收入3640元。现有村干部4人，党员45名，其中女党员7名。近年来，村党支部发挥党员带头作用，坚持走商贸富民的路子，引领群众积极创业，着力推进村镇一体化建设。

0705 五佛乡老湾村

简　　介：五佛乡老湾村地处黄河沿岸，距县城23公里，现有12个村民小组，725户，2364人；党员67名，其中女党员20人。总耕地6145亩，其中原纳税面积2145亩，人均耕地为2.5亩。是我乡水稻和玉米的主产区，也是各类露地蔬菜和日光温蔬菜的产区之一。目前，全村共有日光温室74亩，红枣4520亩，优质苹果240亩，各种露地蔬菜1000余亩。2013年农民人均纯收入为6896元。近年来，老湾村党支部、村委会在乡党委政府的正确领导下，积极引导群众走科技兴农之路，依靠农业科技，加快支柱产业发展，增加群众收入。大力发展高效优质农业，生态经济林网带遍布全村，全村粮食生产稳中有增，高效农业改造及经济林效益显著，畜牧养殖稳步发展，基础设施建设不断完善。在取得喜人成绩的同时，也面临着一些制约发展的突出问题，具体表现在人口众多的现状和有限土地资源，以及耕地盐碱化之间的矛盾日益突出，田间道路和水利设施基础薄弱，防洪抗险能力不足，部分农民还没有完全脱贫致富，社会经济发展压力大。

0706 草窝滩镇八道泉村

简　　介：草窝滩镇八道泉村位于草窝滩镇西片，离县城9公里左右。有自然村4个，村民小组8个。全村共有农户231户，人口1051人。

0707 上沙沃镇白墩子村

简　　介：上沙沃镇白墩子村位于景泰县西北部，距县城25公里，东面与三个山村相连，南接边外村、王庄村，西临上沙窝村，北面和漫水滩乡富民村、新井村相连。村阵地于2008年建成，占地面积800平方米，建筑面积170平方米。现有426户，1756人，耕地8000亩（水地），发展特色种植、特色养殖，依靠优质小麦、啤酒大麦合理调整产业结构。

0708 喜泉镇南滩村

简　　介：喜泉镇南滩村位于县城南郊，距县城4公里，省道201县穿村而过，辖8个村民小组，613户，2412人，有效耕地面积5035亩，人均耕地面积2.08亩。村党支部有党员69名。新建文化活动室490平米，文化广场 2600 平米。共硬化道路 9.3 公里，按装路灯 58 盏。、维修渠道 11.6 公里，砂石铺路 5 公里。打造文化长廊 150 米，硬化广场 1000 平方米，配套健身器材。利用城郊优势，积极发展露地蔬菜，种植荷兰豆、西红柿、娃娃菜等经济作物 200 亩。发展高效节水玉米制种 2000 亩。种植孜然、葵花等 300 亩。养殖业方面，发展规模养鸡 2 户，养猪 3 户，牛羊 3 户。

0709 漫水滩乡北崖村

简　　介：漫水滩乡北崖村位于漫水滩乡南部，二期灌区总二支一至四斗，北邻漫水滩村，南临富民村，东临新井村，现有 310 户，1015 人，耕地 3650 亩，主导产业为特色种植、庭院经济和畜牧养殖。

0710 漫水滩乡东坝村

简　　介：漫水滩乡东坝村位于景电二期总二支末端，现有 210 户，798 人，耕地 3296 亩，2013 年农民人均纯收入 6465 元。主导产业为特色种植（玉米）、畜牧养殖（羊）。东坝村属于漫水滩乡总二支高效农业示范区，主导产业为玉米种植、枸杞收购加工和舍饲养羊。今后要大力发展订单农业，推广玉米、枸杞等风险低效益高的农作物种植。依托东盛农业科技发展公司，做大做强枸杞烘干加工、粮食收购转销等农业深加工产业。

0711 一条山镇东关社区

简　　介：一条山镇东关社区位于县城东部，西至南北大街，东到康家碴村，南至长城路，占地约 1.95 平方公里，辖区内有居民小组 12 个，现在居民 1677 户，5778 人，（其中城镇居民 1364 户，4548 人，农业户口 313 户，1230 人）行政事业单位 11 家，在职职工 728 人，各类服务业 76 家，社区现有工作人员 19 人，拥有 400 平米的办公大楼，办公设施正在逐步改善中。社区已成立党总支、居委会、共青团、妇联、工会、计生办等各类组织，社区共有党员 122 名，其中女党员 28 人，退休 60 人，居民 30 名，全社区共分 4 个综治责任区，由社区干部和社区党员包片，内辖 12 个居民自管小组，31 栋楼，12 个单位内保组织，共有人员 215 人。其中：公益性岗位 140 人、综治员 31 人、社区义务联防队员 20 人。社区共有育龄妇女 787 人，有计划生育专干 3 名，自管小组长 6 名。社区共有低保户 265 户，753 人，下岗职工 491 人，事业人员 364 人，已解决公益性岗位 140 人，退休人员 50 人。实行卫生日报制度和每月三次卫生清扫制度，建立卫生工作管理机制。有门前"四包"人员 22 名（实行月循环制）旱厕 6 个，楼道清运 3 栋，垃圾点 27 个，均配有专人看护。

0712 漫水滩乡红溪村

简　　介：漫水滩乡红溪村是一个少数民族村，少数民族群众大都由天祝藏族自治州搬迁而来。现有 260 户，1031 人，其中少数民族群众（藏族为主）314 人，耕地 4321 亩，主导产业为枸杞特色种植，2013 年农民人均纯收入 6459 元。

0713 中泉乡龙湾村

简　　介：中泉乡龙湾村位于中泉乡东北部，与靖远县坝滩村隔河相望。辖 5 个村民小组，2 个自然村，现有农户 589 户，2273 口人，总耕地面积 6313 亩（其中旱地 4230 亩，水浇地 2083 亩）。龙湾村已形成以林果业和旅游服务业两大支柱产业，以红富士苹果、红枣为主的经济林总面积达 2000 亩，占全乡经济林总面积的 10%，年产值达 5000 万元；黄河石林旅游景区的开发龙湾村发展经济创造了优越的条件，2013年旅游服务业产值达到3500多万元，全村80%以上的村民参与旅游服务，农民人均纯收入的65%来自旅游业。村内主街道全部硬化，在中心街安装了200多盏太阳能路灯。

0714 寺滩乡付庄村

简　　介：寺滩乡付庄村位于景电一期灌区八支渠以西，距县城约8公里，全村总占地面积6.8万平方米，共有5个村民小组，174户，746人。总耕地面积1500亩，人均耕地面积1.5亩，主要农作物有小麦、玉米。设有1个党支部，25名正式党员，1名预备党员，5名女党员。现有卡森希望小学1所，学龄童58人。

0715 红水镇曾家井村

简　　介：红水镇曾家井位于景电二期灌区总三支21斗至24斗，是由三湾、永丰、曾家井三个自然村合并而成的行政村，现有村民小组6个，364户，1490人，有劳动力958人，总耕地面积3797亩。

0716 一条山镇泰玉路社区

简　　介：一条山镇泰玉路社区原名条农社区，成立于2003年9月，于2005年更名为泰玉路社区，位于景泰县城西，辖区总面积48平方公里。辖区共有企事业单位25家，有3条路和13个村，有各类铺面40家，社区现有工作人员12人，其中书记、主任各1人，计生办3人，低保办3人，社保办1人，办公室1人，社区综治办2人。社区设有党总支1个，下设党支部16个，现有党员322名设有团支部1个，妇工委1个，工会1个。办公场所450平方米。

0717 草窝滩镇黑嘴子村

简　　介：草窝滩镇黑嘴子村位于草窝滩镇西北部，省道201线包兰铁路交汇穿过，村域面积15平方公里，辖16个村民小组，358户，1588人，耕地面积3358亩。

0718 芦阳镇西林村

简　　介：芦阳镇西林村位于芦阳镇西北部，总面积1.75平方公里，全村辖3个村民小组，212户，888人，耕地面积1563亩。村党支部下设2个党小组，有党员26名，其中女党员5名。现有村干部3人。全村有贫困户66户，202人，其中低保边缘户15户，66人，低保户25户，81人，五保户2户，3人。2011年全村完成农村经济总收入926万元，农民人均纯收入达到5123元。

0719 草窝滩镇红跃村

简　　介：草窝滩镇红跃村地处草窝滩镇政府以东3公里处，辖18个村民小组，374户，1561人。全村共有耕地面积4565亩。

0720 草窝滩镇清泉村

简　　介：草窝滩镇清泉村位于草窝滩镇西北，距离县城8.4公里，共有6个村民小组，204户，960口人，共有耕地1391亩。

0721 上沙沃镇三个山村

简　　介：上沙沃镇三个山村位于景泰县西北部，距县城24公里，东面与梁槽村相连，南接梁槽村，西面、北面和白墩子村相连。村阵地于2005年建成，占地面积800平方米，建筑面积170平方米。现有180户，714人，耕地3000亩（水地）。发展思路上以舍饲养羊业为主，加大羊只品种改良，同时依靠优质小麦、啤酒大麦、制种玉米种植，多渠道增加农民收入；全村羊只饲养量达12000只。

0722 草窝滩镇长城村

简　　介：草窝滩镇长城村位于草窝滩镇南侧，现有村民小组13个，358户，1438人，共有耕地面积3747亩。

0723 喜泉镇民安村

简　　介：喜泉镇民安村2007年引大入秦延伸景泰供水工程开始建设，2009年县委、县政府决定在喜泉镇英武片区建设新农村（民安村），对山区大安、福禄、中心、马莲、铧尖、三台井6个村进行生态移民搬迁，同时对英武片区内旱沙地、沟坝地、荒山荒坡实施土地整理项目。目前，民安村已移民搬迁农户207户，1055人，建成了村委会、民安小学、农贸市场、文化广场、养老院、卫院等公共基础设施。耕地面积约8000亩。

0724 正路乡双墩村

简　　介：正路乡双墩村由东庄、西庄、石拐子、东井、尖山沟、上庄6个自然村组成，省道201线横穿境内，共6个村民小组，485户，1801人，全村耕地面积7921亩，其中水浇地487亩、旱砂地4979亩、旱土地2455亩，天然草原面积88006亩，是典型的"靠天吃饭、雨养农业村"，2013年人均纯收入为4058元。种植业以扁、豌豆为主的小杂粮，小麦2108亩、扁豆2156亩、豌豆2659亩、胡麻685亩、油菜籽180亩；现有牲畜16头、生猪385头、羊6570只、鸡217只。养老保险参保1094人，合作医疗参加1692人，牧草良种补贴1006亩，10060元，草畜平衡奖励88006亩，88006元，粮食直补面积7963亩，199075元。全村有村党支部、村委会、监委会各1个，有党员49人，其中女党员13人，村党支部委员5人，村委会委员5人，监委会委员3人，成立专业合作社4个。

0725 中泉乡崇华村

简　　介：中泉乡崇华村位于中泉乡西南，辖5个村民小组。全村共199户，759人，常住421人，外出务工人员300多人，耕地面积5392亩（水浇地2034亩，旱地3358亩），党员26人，流动党员7人，其中省内市外1人，市内县外1人，县内5人。2013年村三委抓住机遇，带领群众立足本地资源优势，依靠科技，大力调整产业结构，积极响应"一村一品"的号召，在独特的地理条件和气候条件下，大力发展种植中草药，其中种植黄芪117.9亩，平均每亩产量2000斤，每亩纯收入4000元。

0726 寺滩乡疃庄村

简　　介：寺滩乡疃庄村位于寿鹿山脚下，距乡政府40公里，全村现有307户，1252人，6个村民小组，耕地10100亩。2012年农民人均纯收入3579元，有党员37名，其中流出党员8人。维修村内泉水4处，开挖人饮水窖33眼。大力支持、鼓励村民在寿鹿山景区内搞农家乐服务产业，发展农家乐餐饮业5家。

0727 草窝滩镇新墩村

简　　介：草窝滩镇新墩村位于草窝滩镇西北部，村域面积10平方公里，共有耕地3800亩，辖5个村民小组，总户数265户，总人口973人。

0728 中泉乡大水村

简　　介：中泉乡大水村位于217公路中部，中泉乡中部。现有282户，1080人，耕地10742亩（其中水地5446亩，旱地5296亩），主导产业为种植业，发展思路以米玉植种为支柱产业，以养殖业为辅，并积极发展个体经济。

0729 上沙沃镇段家井村

简　　介：上沙沃镇段家井村位于景泰县西北部，距县城26.5公里，东接草窝滩镇，南面和寺滩乡山区、草窝滩镇于家窑村相连，西临边外村，北面和榆树村相连。村阵地于2003年建成，占地面积160平方米，建筑面积25平方米。现有198户，938人，耕地2760亩（水地），以优质强筋小麦和早熟洋芋种植为主，同时发展舍饲养羊业和劳务输出产业。

0730 五佛乡冬青村

简　　介：五佛乡冬青村位于五佛乡东北，现有村民小组5个，170户，580人，现有党员30人，其中女党员3人，总耕地面积3127亩，其中原纳税耕地面积为1175亩，人均耕地为5.2亩。近年来，冬青村在乡党委、政府的正确领导下，大力发展高科技示范农业和畜牧养殖业，全村日光温室100余座，建成以优质苹果、红枣、大梨枣为主的经济林基地3700余亩，其中红枣面积为3500亩。个体养殖专业户65户，羊饲养量达2000多只，猪存栏数达到100多头，其他大牲畜60余头。2006年冬青村党支部被景泰县委、县政府命名为"五好标兵村党支部"。2013年，人均纯收入达到6892元。

0731 喜泉镇大安村

简　　介：喜泉镇大安村位于景泰县城西南30公里。现辖6个组，有居民344户，1209人。其中少数民族14人，有贫困户258户，贫困面达75%。村党支部有党员38名（其中女党员5名），村干部4人。全村总耕地面积8899亩，人均耕地面积7.49亩。2013年村人均纯收入达到5254元。

0732 中泉乡三合村

简　　介：中泉乡三合村地处中泉乡东南部，辖7个村民小组，368户，1428人，有5153亩耕地（其中旱地2593亩，水浇地2560亩）。村"三委"成员10名，其中书记、村委会主任、文书各1名，女同志1名。2013年，村党总支紧紧围绕新农村建设目标，迎难而上、扎实苦干，取得基层党建和经济社会发展双丰收，其中新增经济林1200亩，其中红富士苹果200亩，红枣1000亩。同时是对村庄进行了卫生环境整治，村民不准乱扔、乱倒垃圾，尤其是河道、渠道等严禁倒垃圾。一律集中堆放，再由村集中处理。

0733 红水镇大咀子村

简　　介：红水镇大咀子村位于红水镇西北部，二期灌区总四支支渠末段，现有286户，1145人，耕地3072亩。

0734 漫水滩乡杨柳村

简　　介：漫水滩乡杨柳村位于景电二期灌区总三支三斗至八斗，现有人口437户，1635人，耕地4743亩。目前共有党员56名。主导产业为特色种植、庭院经济、畜牧养殖。

0735 寺滩乡刘庄村

简　　介：寺滩乡刘庄村位于寺滩乡东南部，距县城13公里。南与寺滩乡东梁村连接，北与喜泉镇新庄村连接，东与寺滩乡付庄村毗邻，西北与寺滩乡永泰村毗邻。宽兴公路横穿而过，交通便利。现有农户260户，总人口1100人，辖4个村民小组，现有耕地6000亩，其中水地1600亩，旱地4400亩。

0736 草窝滩镇青城村

简　　介：草窝滩镇青城村，位于县城北侧3.2公里处，现辖4个村民小组，207户，

880 人，共有耕地 1678 亩。

0737　草窝滩镇猎虎山村

简　　介：草窝滩镇猎虎山村位于县城西 5 公里处，属县城效区和景电一期灌区。营双高速南北绕村而过，景电一期干渠东西旁村。本村有 216 户，926 口人，居民区占地 180 亩，耕地 1460 亩。

0738　寺滩乡永川村

简　　介：寺滩乡永川村距县城 12 公里处，位于九支渠以西，现辖 7 个村民小组，226 户，939 人，设党支部 1 个，共有党员 37 名，其中女党员 14 名。共有耕地 2815 亩，其中水地 1100 亩，沙地 1715 亩。建有小学一所，卫生所 1 个，文化活动室 1 个，中型养殖 5 户，2013 年人均纯收入 4100 元。永川村整合土地开发项目资金和以工代赈异地搬迁项目资金，从农户住宅、基础设施建设、农业产业化建设等方面着手，初步建成了新农村的雏形。

0739　芦阳镇条山村

简　　介：芦阳镇条山村位于景泰县城东南郊 3 公里处，是回族、东乡族等少数民族聚居区。该村现辖 9 个村民小组（条山、上滩、大梁 3 个自然村），940 户，4207 人，其中回族 53 户，305 人。全村有水浇地 7691 亩，人均 1.8 亩。

0740　喜泉镇三台井村

简　　介：喜泉镇三台井村位于喜泉镇南侧 60 公里处，距离县城 75 公里，现有 127 户，523 人，三个自然村，耕地面积 3997.91 亩，现有党员 20 名，入党积极分子 1 名，党员占总人口的 3.8%，支部阵地建设完备，门诊医疗所 1 处。三台井村解放前原名先锋大队，隶属于原大安乡，1984 年更名为三台井村。2004 年大安乡和喜泉镇合并为现在的喜泉镇。现在隶属于喜泉镇。

0741　寺滩乡三道埫村

简　　介：寺滩乡三道埫村位于寺滩乡西部，距县城 30 公里，东与寺滩乡寺滩村接壤，西与古浪县毗邻，南与寺滩乡宽沟村、单墩村连接，北与红水镇雷家庄为邻。属于干旱川区，全村 382 户，人口约 1453 人，分为 6 个村民小组，居住分散，农业方面主要靠种植砂田，以扁豆、小麦、玉米、籽瓜为主。

0742　草窝滩镇杨庄村

简　　介：草窝滩镇杨庄村地处草窝滩镇东南部，南通陈槽，北临红跃，西接长城。辖 19 个村民小组，占地面积 6 平方公里。426 户，1916 人。共有耕地面积 3490 亩。

0743　正路乡川口村

简　　介：正路乡川口村位于景泰县西南部，距离县城 60 公里，西与正路乡大滩村毗邻，东与正路乡三墩村相连，南与正路乡正路村连接，北与正路乡长川村相邻。川口村现辖 1 个自然村，成立专业合作社 4 个。共 1 个村民小组，125 户，462 人，全村耕地面积 3434 亩，其中水浇地 267 亩、旱砂地 2256 亩、旱土地 911 亩，天然草原面积 6477 亩，是典型的"靠天吃饭、雨养农业村"，2013 年人均纯收入为 3976 元。

0744　一条山镇南关社区

简　　介：一条山镇南关社区，北邻长城路，南至屠宰厂芦阳沙河，西邻夹墙水源村，东至东环路，成立于 2002 年 7 月，其前身是一条山镇南街居委会，辖区总面积约 3.26 平方公里。社区分设 13 个居民小组，共有常住人口2779户，7975人，其中城镇居民1980户，6100人（男3180人，女2920人），流动人口170户，302人。辖区内有行政企事业单位72个，居民住宅楼58栋，机关学校办公教学大楼18栋，个体工商户210家。社区干部13名，保安2名，社区两委办公室、警务、计生、图书、棋牌室齐全。

0745 一条山镇石门村

简　　介：一条山镇石门村位于县城北郊，北郊农业高科技示范园内，有12个村民小组，现有人口569户，1811人，总耕地面积2187亩，有露地蔬菜80亩，日光温室73座。羊只饲养量1300只，生猪年存栏900头，其中有中型养猪场2个，小型养猪场7个。2010年全村人均纯收入5509元，居全县中上等水平。

0746 寺滩乡新墩湾村

简　　介：寺滩乡新墩湾村位于景泰县西部，祁连山脉东端，寿鹿山南麓，距县城50公里，与天祝、古浪两县接壤，海拔高度2400米。新墩湾村辖4个村民小组，有人口1065人。目前共有党员29名，其中女党员5名，男党员24名。共有退耕还林7449亩，山地8567亩，养殖滩羊13680只，牦牛250头，主要经济来源为养殖和外出打工。近年来，在乡党委的正确领导和支持帮助下，村党支部不断夯实基层基础，扩大基层党内民主，有效提升了党建工作水平。全村不断优化产业结构，开展技能培训，积极劳务输出，村民的收入不断增加，生活水平不断提高。

0747 上沙沃镇边外村

简　　介：上沙沃镇边外村位于上沙沃镇西北部，距县城25公里，东接榆树村，南面和王庄村相连，西临王庄村，北面和梁槽村、白墩子村相连。现有168户，465人，耕地2670亩。

0748 芦阳镇寺梁村

简　　介：芦阳镇寺梁村位于县城南部1公里处。全村辖7个村民小组，275户，1145人，耕地面积3149亩（其中水地1426亩，旱地1723亩）。

平凉市

（一）泾川县

0749　王村镇二十铺村

简　　介：王村镇二十铺村总人口1062人，耕地面积1896.9亩，其中山地440.9亩，川地1456亩，人均耕地1.79亩。本村以发展蔬菜产业为主，今年新建下蹲式日光温室50座，中拱棚160座，种植大田蔬菜320亩，日光温室平均收入可达到2.4万元，中拱棚棚均收入达到2000元，大田蔬菜亩均收入达到1200元。今年，二十铺村新修小康住宅35户，修建村部1处，文化广场1处，并配套有卫生所、超市、农家乐等。

0750　窑店镇西门村

简　　介：窑店镇西门村共有9个村民小组，545户，2042口人。耕地面积3263亩，其中果园面积2400亩，其中挂果园1300亩，以果品产业为主导，持续发展养殖业。村党支部下设9个党小组，有党员49名。近年来，该村把生产发展、基础配套完善、党建后进赶超作为新农村建设的重点，充分激发群众主体作用，走出了一条以"产业富村、强基亮村、党建强村"的发展路子，使全村经济社会发展再上新台阶。一是兴产业，促增收。按照"扩容提质增效"和"适宜区全覆盖"的果品产业开发总体要求，深挖果品产业潜力，争取县、镇项目支持，通过插空补齐、残次果园更新改造等方式，不断扩张果品基地规模。二是强基础，抓配套。始终坚持基础设施建设不停顿，把民生和公共设施建设紧密结合，基础设施建设日趋完善，村庄面貌焕然一新。三是建机制，促合力。村党支部坚持以开展创先争优活动和推行"四议两公开"工作法为契机，建立健全了学习制度、工作制度、议事决策和监督管理制度，提高了村级组织的凝聚力，增强了党员、群众参与村级集体事务的积极性。

0751　党原乡唐家村

简　　介：党原乡唐家村共有6个村民小组，153户，670人。耕地面积2761亩，人均4.12亩，实施三组庙峻山地梯田改造700亩。

0752　罗汉洞乡张姚村

简　　介：罗汉洞乡张姚村位于罗汉洞乡北面山区，共辖5个村民小组，223户，985口人。现有耕地2940亩（其中山地2452亩，川地488亩），人均占有耕地2.9亩，现有果园1947亩（其中柿子园1727亩，苹果园220亩）。全村以果品、务工、零星养殖为主，川地以种植苹果为主，山地基本为柿子全覆盖。共有果园1947亩，占总耕地面积的66%，人均达到2.0亩，其中柿子基地1727亩，户均7.7亩，人均1.8亩。

0753 罗汉洞乡王家沟村

简　　介：罗汉洞乡王家沟村位于罗汉洞乡东端，距县城10公里，共辖7个村民小组，337户，1530人，总劳力960人。现有耕地3703亩（其中山地1253.6亩，川地2449.4亩），人均占有耕地2.42亩，现有苹果园260亩。全村以蔬菜、果品、零星养殖为主，川地以种植大路蔬菜为主，山地以果品、零星养殖为主。共有苹果园260亩，杂果1024亩，占总耕地面积的34.6%，人均达到0.8亩。该村坚持以科学发展观为统领，以党的十八大精神为指导，按照"蔬菜提质、果品增效、畜牧扩量"的发展思路，以发展蔬菜、果品、畜牧两大主导产业为重点，突出产业开发，强化规范管理，促进效益带动，力争到2020年，建成苹果优质样板园260亩，日光温室示范园区1处40座，组建蔬菜专业合作社1个，畜牧养殖小区1处，组建畜牧养殖专业合作社1个。

0754 丰台乡南堡子村

简　　介：丰台乡南堡子村位于丰台乡东南面，共有五个村民小组，252户，总人口1116人，劳力人数422人，其中共产党员43人。全村耕地面积3924亩。上年经济总收入989.9万元，人均纯收入4250元。解放前，南堡子组南面建堡子以抵御外敌，因此而得名。

0755 玉都镇西王村

简　　介：玉都镇西王村位于镇政府以北11公里，共有5个村民小组，120户，449人。全村现有耕地1574亩，人均占有耕地3.5亩。今年来，该村紧紧围绕生态小康、产业配套、基础设施一体推进的工作思路，突出果品产业的主导地位，把物质文明与精神文明建设同安排、同部署，以提高村民素质和生活条件为重点，努力培育文明村民，积极推行循环农业发展模式，深入推进生态园林家园建设。

0756 沏丰乡焦家会村

简　　介：沏丰乡焦家会村共有6个村民小组，312户，1337人。2009年以来，按照全县农村社区建设实验全覆盖创建活动的要求，科学规划，统筹发展，强化服务，健全体制，扎实开展社区建设全覆盖工作。焦家会村地处304省道沿线，经济条件和群众基础相对较好。近年来，我们结合新农村建设，科学论证，合理布局，建成办公楼1幢2层14间，村文化活动广场1处，新修青砖灰瓦白墙彰显陇东民俗特色"7"字型小康屋28户，配套完善了水、电、路、渠等基础设施。结合产业发展，建成日光温室76座，大拱棚20座，砂化道路3条2公里。

0757 太平乡寨子洼村

简　　介：太平乡寨子洼村共5个村民小组，126户，547口人，耕地面积2491亩，其中塬地145亩，山地2346亩，人均耕地4.5亩，建有暖棚牛舍25座，牛存栏160多头。现有村干部3名，党员15名。建有村部1所，村小学1所，清真寺1所（阿訇1名），儿童入学率78%。

0758 红河乡吴家村

简　　介：红河乡吴家村共8个村民小组，331户，1423人，党员45人，其中女党员5人。全村耕地面积3134亩，其中山地面积2146亩，川地面积988亩，人均耕地面积2.2亩。2013年全村农民人均纯收入3358元，2014年达到4332元，较上年增长29%。

0759 荔堡镇张茂才村

简　　介：荔堡镇张茂才村位于泾川东北，距荔堡街道3公里。张茂才村共有6个村民小组，278户，1336人，耕地面积2672亩，果园面积350亩，人均2亩。其中塬地1630亩，山地1042亩。农作物以种小麦、油菜、大豆为主，耕作方式较为简单，产业结构单一。

0760 王村镇朱家涧村

简　　介：王村镇朱家涧村共有375人，耕地面积2119亩，其中山地2119亩，人均耕地面积5.65亩，该村以发展畜牧产业为主，今年新建林下养殖小区1处，养殖肉鸡5000只。

0761 红河乡柳王村

简　　介：红河乡柳王村位于红河乡西部，全村共有9个村民小组290户，1180人，耕地2623亩，其中山地1645亩，川地978亩，人均2.2亩。2010年人均产粮224公斤，农民人均纯收入2858元。

0762 玉都镇下坳村

简　　介：玉都镇下坳村共有8个村民小组，487户，2016人。总耕地面积4769亩，其中山地695亩，塬地4074亩。全村现有猪棚286座，共有党员53名，其中女党员5名。今年来，下坳村紧紧围绕生态小康、产业配套、基础设施一体推进的工作思路，突出果品产业的主导地位，把物质文明与精神文明建设同安排、同部署，以提高村民素质和生活条件为重点，努力培育文明村民，积极推行循环农业发展模式，深入推进生态园林家园建设。

0763 城关镇天池村

简　　介：城关镇天池村地处城关镇西面，泾川县中塬，王母宫以西，距离县城5公里，泾土公路横穿境内。共有6个村民小组，230户，1117人。耕地面积2770亩，人均耕地204亩。目前，天池村以发展果品产业、苗木繁育和劳务产业为主，现有红富士果品园区1处400亩，预计2014年可初步挂果。现有刺槐、国槐和侧柏等苗木繁育基地180亩。2012年人均纯收入为4397元。

0764 温泉开发区甘家沟村

简　　介：温泉开发区甘家沟村地处县城东郊，312国道贯穿全境，全村共有5个村民小组，447户，1909口人，耕地面积1776亩，人均0.93亩，95%以上的耕地全属山地。2013年农民人均纯收入5314元。村党总支下设3个党支部，党员69名，常设村干部4名。经过长期发展，全村商贸、餐饮、运输、养殖等二、三产业有了一定基础，群众生活条件得到改善。

0765 高平镇寨子村

简　　介：高平镇寨子村位于高平镇西部，毗邻许家坡村、黄家铺村和太平乡三星村，距镇政府驻地12.5公里。全村共有8个村民小组，477户，2046人，其中劳动力1407人。全村现有耕地面积3023.9亩，人均耕地1.5亩。现有果园2151亩，其中丰产园80亩，幼园2071亩，人均1.1亩，果品年产量200吨。2012年农民人均纯收入3789元。重点工作任务。一、果品产业。2013年集中连片新建优质红富士果园200亩，2014年集中连片新建优质红富士果园200亩，2015年插空栽植优质红富士果园100亩，初步实现人均1.2亩果园的目标；在果树生长期，重点通过引导群众间作蔬菜、豆类、药材等低秆作物，补充群众收入。二、畜牧产业。争取项目资金，发展设施养殖，采取集中建办养殖小区和分户规模养殖相结合的方式，稳步发展，逐步壮大规模。三、劳务产业。加强农村青年实用技术培训。保障措施。1、加强组织领导。2、改善发展条件。3、加强技术培训。4、延伸产业链条。

0766 红河乡东庄村

简　　介：红河乡东庄村有7个村民小组，292户，1127人。东庄村党总支下辖1个支部，现有党员50人，其中，正式党员47人，预备党员3人，男党员43人，女党员7人。东庄村党支部严格按照"坚持程序、整体推进、务求实效"的原则，将推行"四议两公开"工作法与当前农村工作结合起来，使本村重大事项的决策部署走上了正规渠道，为全村经济社会全面协调快速发展提供了坚强有力的支持和保证。

0767 飞云乡毛家村

简　　介：飞云乡毛家村有11个村民小组，464户，1937口人（其中5个村民小组地处山区，占全村总人口的25%）。总耕地面积5715.8亩，人均2.98亩，现有果园3446亩，2014年全村果品产量2030吨，收入1534万元，人均果品纯收入6803元。近年来，毛家村以果品为主导产业，狠抓果园建设，目前共栽植果园1560亩，其中，挂果园面积589亩；按照果畜互支互促，循环一体的思路，大力发展畜牧养殖，全村现有牛饲养量20头，猪25头，鸡2000只。持续加大基础设施建设力度，改造危旧房屋164户，砂化道路2条5.5公里，硬化道路6条4.5公里。依托国债能源项目，累计落实农村沼气60户，自来水入户率达98%。在阵地建设方面做了很大工作，新建了占地5.5亩的村文化广场1处，文化舞台1处，安装了健身器材，村内创设了活动室、读书室、计划生育服务室等。修建了村卫生所1处，有效解决了农民看病难，就医难的局面。

0768 城关镇阳坡村

简　　介：城关镇阳坡村位于城关镇西北部，北大路、西平铁路横穿境内，交通便利，共有7个村民小组，556户，2514人。全村耕地总面积3813亩，其中川水田地1085亩，山台地2728亩。年平均日照2274小时，平均气温10.4℃，年均降水量555毫米，无霜期174天，区位优势独特。2012年全村种植小麦2427亩，玉米690亩，其它粮食作物196亩，山楂园500亩。农民收入以小麦和玉米为主。村内瓦窑坡社有两户群众共饲养肉（蛋）鸡10000只。村内有塑编厂1家，工人30多人，年利润20万元，板材加工厂1家，工人5人，年利润约3万元左右。全村2012年农民人均纯收入为5048元。 2013年，种植露地蔬菜100亩，2014年，种植露地蔬菜100亩。

0769 窑店镇将军村

简　　介：窑店镇将军村地处312国道沿线，与飞云乡接壤，全村辖9个村民小组，622户，2391人，耕地总面积3025亩。全村以果品生产为主导产业，新幼园、初挂果园已初具规模，果园面积累计达到2520亩（丰产园720亩），占到耕地面积的83.3%，畜牧产业坚持果畜互支互促，循环发展的路子。在申韩家集中规划修建具有陇东民俗特色的小康屋24户。村党总支下设村委会和砖厂两个支部，共有党员68名，其中男61人、女7人，村常设干部4名，组干部9名。

0770 高平镇城南村

简　　介：高平镇城南村位于高平镇中心地带，是小城镇建设规划重点区域，毗邻高平村、胡家峪村、袁家城村、塬边和上湾村，距镇政府驻地0.5公里。全村共有11个村民小组，617户，2587人，其中劳动力1611人。全村总耕地面积3914.2亩，其中山地1332.8亩。果品产业是本村重点培育的主导产业，全村现有果园1052亩，其中丰产园130亩，幼园922亩，人均0.4亩，产业发展起步晚，基础较为薄弱，果品产业收入占全村人均纯收入的35%左右。2012年农民人均纯收入3707元。重点工作任务。一、果品产业。2013年集中连片新建优质红富士果园650亩；2014年集中连片新建优质红富士果园600亩，2015年插空补齐栽植优质红富士果园280亩，初步实现人均1亩果园的目标。二、畜牧产业。争取项目资金，发展设施养殖。三、劳务产业。加强农村务工青年实用技术培训，提高农村青年务工技能。保障措施。1、加强组织领导，靠实工作责任。2、扩大产业规模，实现产业覆盖。3、加强科学管理，提高发展水平。4、统筹配套发展，延伸产业链条。

0771 汭丰乡来家洼村

简　　介：汭丰乡来家洼村地处汭丰南部山区，位于三十梁村南对面的马家湾，距304省道8公里。由于该村艰苦的自然条件，交通不便，信息闭塞，绝大部分村民相继外迁，村级组织也于6年前解散，现在全村仅有3户，12人。群众以种植冬小麦为主。

0772 高平镇原梁村

简　　介：高平镇原梁村位于高平镇南部，毗邻杜家村、原尚、上梁和下梁村，距镇政府驻地11公里。全村共有9个村民小组，312户，1297人，其中劳动力648人。全村总耕地面积8494.4亩，其中山地3966.2亩，塬地3861.8亩。果品产业是本村重点培育的主导产业，全村现有果园1506亩，其中丰产园568亩，幼园938亩，人均1.16亩。2012年农民人均纯收入3737元。在今后的产业发展中，坚持以果品、畜牧、劳务三大主导产业为重点，不断提升效益、优化布局，强化产业支撑，力争到2020年，全村果园面积达到1950亩，产业总收入达到1000万元以上，全村人均纯收入达到8650元。重点工作任务。一、果品产业。2013年集中连片新建优质红富士果园300亩；2014年集中连片新建优质红富士果园150亩；2015年插空栽植优质红富士果园40亩。二、畜牧产业。争取项目资金，发展设施养殖。三、劳务产业。加强农村青年实用技术培训，每年举办农村实用技术培训班5期。保障措施：1、加强领导，落实责任。2、扩大规模，集约发展。3、加强培训，提高水平。

0773 玉都镇郭马村

简　　介：玉都镇郭马村位于镇政府西7.5公里，共有8个村民小组，506户，2036人。全村现有耕地4169亩，人均占有耕地2.2亩，现有果园2622亩。今年来，该村紧紧围绕生态小康、产业配套、基础设施一体推进的工作思路，突出果品产业的主导地位，把物质文明与精神文明建设同安排、同部署，以提高村民素质和生活条件为重点，努力培育文明村民，积极推行循环农业发展模式，深入推进生态园林家园建设。

0774 高平镇三十铺村

简　　介：高平镇三十铺村位于高平镇西部，毗邻上湾村、牛家咀村和黄家铺村，距镇政府驻地3.5公里。全村共有13个村民小组，

354户，1447口人，其中劳动力657人。全村总耕地面积3879.7亩，其中山地2643亩，塬地1176.7亩。果品产业是全村的主导产业，全村现有果园1663亩，其中丰产园220亩，幼园1443亩，人均果园面积1.2亩，果品年产量140吨。2012年人均纯收入3747元。重点工作任务：一、果品产业。2013年集中连片新建优质红富士果园180亩；2014年集中连片新建优质红富士果园200亩；2015年栽植优质红富士果园204亩，全村果园面积达到2247亩，实现果品产业适宜区全覆盖的目标。二、畜牧产业：争取项目资金，发展设施养殖，采取集中建办养殖小区和分户规模养殖相结合的方式，稳步发展，逐步壮大规模。三、劳务产业：加强农村青年实用技术培训。保障措施：1、加强组织领导。2、改善发展条件。3、促进产业增收。4、延伸产业链条。

0775 玉都镇郭家咀村

简　　介：玉都镇郭家咀村位于泾镇公路沿线，东距泾川县城20公里，西距镇政府3公里。东临太阳墩，西临玉都摆旗，北临贾洼，辖9个村民小组，447户，1776人。全村现有退耕还林面积3185.9亩，果园面积2768亩，人均1.5亩，产业结构单一，村级无经济收入，群众生活水平低，思想落后，主要经济来源靠外出务工，属于全镇典型的落后贫困村。劳动力684人，近60%的劳动力外出务工。全村总耕地面积2798亩，其中山地1195亩。现有新幼果园800亩，人均0.6亩，通过间作蔬菜、豆类作物，收入1200元，占全村人均收入的23%；劳务收入2159.6元，占人均收入的42%。

0776 城关镇延风村

简　　介：城关镇延风村位于城关镇中部，地处县城西王母宫山脚下，304省道、汭河横穿境内。共有6个村民小组，320户，1567人。耕地面积1100亩，人均耕地面积0.7亩。该村目前以发展蔬菜产业、二、三产业为主，现有日光温室52座，每座0.4亩，每座棚年收入1.6万元。全村有露地蔬菜340亩，全年蔬菜收入500万元，年劳务收入200万元，二、三产业收入300万元。延风村地处城乡结合部，建有民俗小吃一条街，属城市西扩的重要区域。2012年人均纯收入为5021元。

0777 丰台乡西头王村

简　　介：丰台乡西头王村位于丰台乡西南面，总耕地5598亩，辖10个村民小组，2535人。全村东邻本乡伍塚村，南和玉都镇康家村水心为界，西至本乡焦家村，北靠杨涝池村。目前从湫池村至焦家村水泥路穿村而过。解放前，全村分布3个社。尚家社人口全部姓尚，小堡子庄靠沟边居住，并有堡子（马家队伍来之前人跑到堡子躲避）、西头王庄（在荔堡迁来几户人家全姓王）。解放后，建制改革，根据人口居住，以西头王庄为中心，三庄合一，就确定为西头王村名。本村经济发展以果品生产、畜牧养殖为主导产业。目前逐步形成以果养畜、以畜带果、大户生产、大户承包为主共同发展的长远大计。

0778 高平镇董家村

简　　介：高平镇董家村位于高平镇南部黑河流域，毗邻下梁村、渠刘村和大寺坳村，距镇政府驻地17公里。全村共有8个村民小组，222户，830人，其中劳动力407人。全村总耕地面积3789.98亩，其中山地2785.98亩，川地1004亩，人均耕地4.56亩。蔬菜产业是全村的主导产业，现有日光温室

4座，有中拱棚353座，蔬菜种植面积120亩，主要种植辣椒、西甜瓜、西红柿等周期短、见效快的蔬菜品种。2012年农民人均纯收入3966元。重点工作任务：一、蔬菜产业。2013年全村新建日光温室3座，中拱棚20座；2014年新建日光温室3座，中拱棚20座；2015年新建日光温室2座，大拱棚50座，每年推广露地蔬菜种植50亩，实现川区蔬菜产业全覆盖。二、畜牧产业。争取项目资金，发展设施养殖，采取集中建办养殖小区和分户规模养殖相结合的方式，稳步发展，逐步壮大规模。三、劳务产业。每年举办农村实用技术培训班5期。保障措施：1、加强领导，落实责任。2、加强培训，提高水平。3、多元发展，延伸链条。

0779 飞云乡东高寺村

简　　介：飞云乡东高寺村有8个村民小组，526户，2120口人。总耕地面积3643.1亩，人均1.7亩，现有果园2514亩，2014年农民人均收入4958元。近年来，该村以"切实增加农民收入、着力改善人居环境、活跃群众文化生活"为目标，以果园建设、畜牧养殖、旧村改造、基础配套为重点，扎实推进示范区建设，着力打造新农村建设品牌。

0780 荔堡镇袁口村

简　　介：荔堡镇袁口村地处荔堡镇以南5公里处，荔问公路贯穿全境，交通便利，地势平坦。全村共有550个农户，2236口农业人口，9个村民小组，其中两个村民小组地处半山区。全村耕地总面积6238亩，其中塬地4654亩，占耕地总面积的74.6%，山地1584亩，占耕地总面积25.4%，全村人均耕地面积2.8亩。村内有6年制小学1所，学龄前儿童入学率100%，有村卫生室1处，村医1名。

0781 王村镇刘家沟村

简　　介：王村镇刘家沟村共有974人，耕地面积1789.2亩，其中山地1401.8亩，川地384.4亩，人均耕地面积1.84亩。该村以发展果品产业和畜牧产业为主，全村现有果园700亩，今年新建肉鸡养殖小区1处，养殖肉鸡5000只，年底肉鸡可以上市销售。

0782 高平镇渠刘村

简　　介：高平镇渠刘村位于高平镇东南部和河流域，毗邻茜家沟村董家村，距高平镇政府驻地23公里。全村共有5个村民小组，163户，625人，其中劳动力321人，全村总耕地面积3292.7亩，其中山地2512.3亩，川地780.4亩。现有日光温室2座，占地2.3亩，年种植露地蔬菜320亩，户均1.4亩，2012年农民人均蔬菜产业人均收入891元。2012年农民人均纯收入3819元。重点工作任务：一、蔬菜产业.2013年，全村新建日光温室2座，中拱棚50座；2014年，全村新建日光温室2座，中拱棚50座，每年推广露地蔬菜种植100亩以上，实现川区蔬菜产业全覆盖。二、畜牧产业。争取项目资金，发展设施养殖，采取集中建办养殖小区和分户规模养殖相结合的方式，稳步发展，逐步壮大规模。三、劳务产业。每年举办农村务工青年实用技术培训班4期。保障措施。1、加强组织领导，落实工作责任。2、改善基础条件，夯实发展基础。3、加强技术培训，提高发展水平。

0783 丰台乡湫池村

简　　介：丰台乡湫池村解放前属张观察社所辖，社改队后属盖郭大队所管，1954年分设为星火大队后因辖区内尚家领地中间有九个池，长年池内水不平，且有九盏灯，在每天夜里由伍家庙上往返，从此更名为湫池大队，一直沿袭至今为湫池村。共辖6个村民小组，421户村民，1700口人，总耕地面积4024亩，均为塬地，海拔1290米，无霜期174天，年平均气温9℃，年降水量553毫米，夏季东南风具多，冬季西北风频发，属大陆季风性气候。属以种植为主的产业区域，全村目前已建优质红富士苹果园2403亩，年农民人均纯收入达到6194元。文教、卫生、社会事业健康发展，建有社区服务中心1处，标准化村卫生所1处，教育办公阵地1处，小学教学点1处，基础设施建设向好发展，村、社道路逐年砂化，水、电、网全覆盖，危旧房屋住户67户正在逐年实施改造，近年已改造35户，交通便利，信息畅通。

0784　城关镇五里铺村

简　　介：城关镇五里铺村地处泾川县城郊，城关镇以西，距县城2.5公里，平定高速公路横穿境内，交通便利。共有8个村民小组，450户，2057人，耕地面积1636亩。其中川水田地1314亩，山台地322亩。年平均日照2274小时，平均气温10.4℃，年均降水量555毫米，无霜期174天，区位优势独特。2012年全村种植小麦688亩，玉米122亩，其它粮食作物176亩，种植苗木650亩。境内有小型企业8家，以苗木繁育和招商引资为主导产业。目前，农业基础设施薄弱，水利基础设施不配套、灌溉条件差，生产生活道路建设滞后，阻碍了农业产业的发展。2012年农民人均纯收入为5028元。

0785　王村镇掌曲村

简　　介：王村镇掌曲村共有6个村民小组，314户，1392人，耕地面积3381.4亩，其中山地963.4亩，塬地2418亩。本村以发展果品产业为主，全村共有果园面积4400亩，挂果园3600亩，新幼园各项管理措施落实到位，长势良好，亩均收入达到1.2万元。

0786　高平镇任家寺村

简　　介：高平镇任家寺村位于高平镇西南部，毗邻上湾村、牛家咀村和三十里铺村，距镇政府驻地10公里。全村共有8个村民小组，216户，793人，其中劳动力390人。全村总耕地面积4477亩，均为山地。任家寺村产业发展以果品产业为主，全村现有果园1320亩，其中丰产园20亩，幼园1300亩，人均果园1.6亩，果品年产量25吨。2012年农民人均纯收入3490元。发展思路及目标：按照全镇"四区一中心三基地一目标"目标定位，坚持以科学发展观为统领，以党的十八大精神为指导，按照"产业发展适宜区全覆盖"的思路和"高产、优质、高效、生态、安全"的要求，抢抓各方发展机遇，以发展劳务、果品、畜牧三大产业为重点，力争到2020年，全村果园面积达到1600亩，全村人均纯收入达到8000元。

0787　王村镇上塬村

简　　介：王村镇上塬村共有人口1350人，耕地面积2513.4亩，其中山地937.8亩，塬地1575.6亩，人均耕地面积1.86亩。本村以发展果品产业为主，全村共有果园面积2460亩，瓜果园1400亩，新幼园各项管理措施落实到位，长势良好亩均收入达到1.2万元。

0788　党原乡坷老村

简　　介：党原乡坷老村共7个村民小组，372户人，现有耕地面积3889亩，人均2.35亩。新建肉鸡养殖小区1处，年出栏肉鸡50万只。完成树种改优840亩；新建温棚猪舍45座；实施中低产果园改造200亩，完成树种改优840亩；实施果园幼园合理间作900亩；实施中低产果园改造 300 亩。

0789 高平镇董家村

简　　介：高平镇董家村位于高平镇南部黑河流域，毗邻下梁村、渠刘村和大寺坳村，距高平镇政府驻地 17 公里。全村共有 8 个村民小组，222 户，830 人，其中劳动力 407 人。全村总耕地面积 3789.98 亩，其中山地 2785.98 亩，川地 1004 亩，人均耕地 4.56 亩。蔬菜产业是全村的主导产业，现有日光温室 4 座，有中拱棚 353 座，蔬菜种植面积 120 亩，主要种植辣椒、西甜瓜、西红柿等周期短、见效快的蔬菜品种。2012 年农民人均纯收入 3966 元。发展思路及目标：坚持以科学发展观为统领，以党的十八大精神为指导，按照"蔬菜产业适宜区内全覆盖"的思路和"高产、优质、高效、生态、安全"的要求，抢抓各方发展机遇，以发展畜牧、劳务、蔬菜三大支柱产业为重点，力争到 2020 年，全村设施蔬菜面积达到 275 亩，全村农民人均纯收入达到 8200 元。

0790 高平镇茜家沟村

简　　介：高平镇茜家沟村位于高平镇东南部黑河流域，毗邻渠刘村和陕西省长武县丁家镇陈刘村，距镇政府驻地 22 公里。全村共有 4 个村民小组，161 户，556 人，其中劳动力 260 人。全村总耕地面积 3023.9 亩，其中山地 2418.3 亩，川地 605.6 亩。现有日光温室 1 座，年种植露地蔬菜 540 亩，户均 0.97 亩。2012 年农民人均纯收入 3986 元。发展思路及目标：坚持以科学发展观为统领，以党的十八大精神为指导，按照"产业发展适宜区全覆盖"的思路和"高产、优质、高效、生态、安全"的要求，抢抓各方发展机遇，以发展蔬菜、畜牧、劳务三大主导产业为重点，力争到 2020 年，全村人均纯收入达到 8000 元以上。

0791 玉都镇摆旗村

简　　介：玉都镇摆旗村位于泾镇公路沿线，距县城 20 公里，距镇街道 3 公里，东临太阳墩、郭家咀、贾洼三村，南临玉都沟南，西临玉都坷珞、星火村，北临镇原冉家山，总面积 4236 亩，辖 9 个村民小组，440 户，1796 人。全村现有退耕还林面积 1473 亩，果园面积 2463 亩，人均 1.4 亩。

0792 城关镇袁家庵村

简　　介：城关镇袁家庵村地处 304 省道以北，城关镇东面，距县城 4 公里，汭河横穿境内。全村共有 4 个村民小组，286 户，1230 口人。现有耕地 1997 亩，其中川地 1090 亩，山塬地 765 亩。近年来，在镇党委、政府的大力扶持下，新建小康屋 225 户，硬化村庄道路 3200 米，砂化道路 5100 米，新建蔬菜大拱棚 113 座，新型养牛温棚 40 座，肉牛存栏量 103 头，初步形成了一、二社发展蔬菜产业为主，三、四社发展养殖产业为主的产业结构模式。2012 年农民人均纯收入为 4982 元。现有 40 座肉牛规模化养殖小区，发挥养殖大户的带动辐射作用，通过技术培训，带动更多的群众发展肉牛养殖，结合项目扶持，继续加大养殖设施配套投资力度，逐年扩大规模。

0793 窑店镇练范村

简　　介：窑店镇练范村位于窑店镇东北部，距镇政府驻地 4 公里。全村共有 7 个村民小组，258 户，928 人，全村总耕地面积 2520 亩，其中山地 2446 亩，川地面积 74 亩。果品产业是本村群众增收的主导产业，全村现有果园 2422 亩，其中丰产园 768 亩，幼园 1654 亩。2013 年全村果品总产量达到 1536 吨，果品总收入 614.4 万元，人均果品收入 6592 元，农民人均纯收入 5460 元。

0794 玉都镇刘李河村

简　　介：玉都镇刘李河村位于镇政府北 11 公里，共有 4 个村民小组，120 户，439 人，其中贫困人口 40 户，213 人，占全村总人口的 46%。全村现有耕地 1238 亩，人均占有耕地 2.8 亩，现有果园 927 亩。今年来，该村紧紧围绕生态小康、产业配套、基础设施一体推进的工作思路，突出果品产业的主导地位，把物质文明与精神文明建设同安排、同部署，以提高村民素质和生活条件为重点，努力培育文明村民，积极推行循环农业发展模式，深入推进生态园林家园建设。

0795 窑店镇公主村

简　　介：窑店镇公主村位于窑店镇东南部，距镇政府驻地 1 公里。全村共有 5 个村民小组，253 户，1041 人，全村总耕地面积 1845 亩，其中山地 334 亩，塬地面积 1511 亩。果品产业是本村群众增收的主导产业，全村现有果园 1812 亩，其中丰产园 1256 亩，幼园 556 亩。2013 年全村果品总产量达到 3512 吨，果品总收入 1004.8 万元，人均果品收入 9718 元，农民人均纯收入 6200 元。

0796 党原乡永丰村

简　　介：党原乡永丰村共 5 个村民小组，274 户，1241 口人，耕地面积 1515 亩，人均 1.22 亩，累计栽植新幼果园 840 亩，养猪户 87 个，养牛户 146 个，2011 年底猪存栏量 1854 头，牛存栏量 584 头。建成林下养殖基地 1 处，放养大红杂肉鸡 5000 只。

0797 飞云乡岸门村

简　　介：飞云乡岸门村共 10 个村民小组，548 户，2227 口人，全村耕地面积 3134.5 亩，其中果园面积 2359 亩，2014 年全村果品产量达到 1920 吨，产值 1496 万元，人均果品收入 6510 元。近年来，该村以增加农民收入、改善人居环境、丰富群众生活为目标，扎实推进新农村建设。近三年共新建果园 1502 亩。按照组团式发展的思路，集中连片修建小康屋 32 户，改造危旧房 87 户，158 间，新修房屋 66 间，粉刷墙面 8700 平方米，门前硬化 450 平方米。硬化村内主干道路 4.8 公里，砂化生产道路 5 条 15 公里，衬砌维修排洪渠道 380 公里，落实农村沼气 100 户，安装太阳灶 34 个，修建卫生厕所 32 座，配套垃圾箱 16 个，安装太阳能路灯 25 个，配套健身活动器材 5 套，有效解决了生产生活条件，方便了群众生活。新建村部办公大楼 2 层 14 间，改造维修旧村部 5 间，硬化文化广场 3000 平方米，新建文化舞台 1 座，配套党员活动室、农民培训室、农家书屋、互助老人幸福院等功能室，有效提高了村级服务能力。

0798 汭丰乡范家洼村

简　　介：汭丰乡范家洼村共辖 2 个村民小组，52 户，119 人，是一个纯山区村，其中贫困人口 28 户，51 人，占全村总人口的 42%，贫困面较 2013 年减少 28%。2014 年农民人均纯收入预计达到 3052 元，较 2013 年增长 22.8%。

0799 荔堡镇问城村

简　　介：荔堡镇问城村共 14 个村民小组，742 户，3188 口人，其中劳动力 1619 人。全村耕地面积 7095 亩，其中山地面积 2140 亩、塬地面积 4955 亩。群众主要收入来源为农业经营收入和外出务工收入。全村 2011 年农民人均纯收入 2260 元，属边远贫困村。群众农业经营主要为种植业和养殖业，种植的农作物品种主要有冬小麦、豆类、玉米、油菜等，果品类作物以苹果、核桃、柿子、杏、桃为主，养殖业以分散养殖牛、猪、羊、鸡等为主村。

0800 荔堡镇沟圈村

简　　介：荔堡镇沟圈村位于荔堡镇下片，全村共有9个村民小组，545户，2284口人。总耕地面积5554亩，其中塬地3280亩，山地2274亩。果园面积1987亩，其中新幼园1235亩。

0801 泾明乡紫荆村

简　　介：泾明乡紫荆村共辖4个村民小组，269户，1152人，耕地面积1353亩，其中山地129亩，川地1224亩，人均1.17亩。2011年农民人均纯收入2186元。紫荆沟村现有当庄和东沟组，1个设施蔬菜产业园区，共有中拱棚165座，蔬菜种植面积100亩，蔬菜产业总产值达到163万元，蔬菜产业年收入88万元，人均763元；有百头生猪养殖大户3户，生猪出栏量达到360头；有养羊大户1户，羊出栏量达到100头，畜牧养殖产业总产值达到20万元，年实现畜牧养殖收入12万元，人均108元。

0802 红河乡田赵村

简　　介：红河乡田赵村有4个村民小组，169户，643口人，耕地面积1097亩，其中川地714亩，山地383亩。目前大家畜存栏量959头。去年开始，乡上把畜牧业作为蔬菜之外的第二大产业，积极扶持壮大，在抓好养牛的同时，根据乡情民意，大力发展林下养殖，目前新增畜牧养殖户14户，牛存栏量增加120多头，鸡存栏量达到1.5万只。

0803 温泉开发区蒋家村

简　　介：温泉开发区蒋家村距县城6公里，丰公路、北大路、312国道贯穿村域，交通运输条件便利。共有11个村民小组，501户，2016口人，耕地面积2079亩，人均1.03亩。常设村干部4名，村党总支下设2个党支部，党员55名。

0804 太平乡周家村

简　　介：太平乡周家村现有3个村民小组，203户，904口人。分别居住在山塬区，属半山半塬。

0805 飞云乡南庄头村

简　　介：飞云乡南庄头村属省列扶贫开发重点村之一，全村共7个村民小组，198户，760人。总耕地面积3414亩，2012年农民人均纯收入达4083元。现有果园1204亩，其中，挂果园面积931亩，新幼园面积273亩。2014年果品总产量1426吨，果品总收入达976万元，人均果品收入5978元。南庄头村持续加大基础设施建设力度，新建小康屋10户，改造危旧房屋20户，使小康住宅户达到30%以上，砂化道路3公里。持续加快教育、医疗、卫生事业的发展，村内有学校1所，标准化村卫生所1处，年内修复学校围墙120米，大力落实惠民政策，全村共落实低保户24户，58人，五保7人。

0806 高平镇上梁村

简　　介：高平镇上梁村位于高平镇南部黑河流域，毗邻下梁村、代家村和原梁村，距镇政府驻地22公里。全村共有5个村民小组，185户，657人，其中劳动力308人。全村总耕地面积3632.9亩（其中山地2272.9亩，川地1360亩），人均耕地2.2亩。蔬菜产业是本村重点培育的主导型产业，全村现有日光温室 2 座，有中拱棚 53 座，大拱棚 35 座，主要种植辣椒、西甜瓜、西红柿等周期短且见效快的蔬菜品种。2012 年农民人均纯收入 3576 元。发展思路及目标：充分发挥区位自然环境优势，以发展劳务、蔬菜、养殖三大支柱产业为重点，力争到 2020 年，全村设施蔬菜面积达到 520 亩，产业收入占人均收入的比重显著增加，人民生活水平不断提高，全村人均纯收入达到 8100 元。

0807 高平镇许家坡村

简　　介：高平镇许家坡村位于高平镇西部，毗邻寨子、贾洼村，距镇政府驻地 13 公里。全村共有 5 个村民小组，166 户，697 人，其中劳动力 349 人。全村总耕地面积 3249 亩，其中山地 2609 亩。果品产业是许家坡村重点培育的主导产业，全村现有果园 1020 亩，其中丰产园 28 亩，幼园 992 亩，人均果园面积 1.46 亩，2012 年农民人均纯收入 3485 元。发展思路及目标：坚持以科学发展观为统领，以党的十八大精神为指导，按照"产业发展适宜区全覆盖"的思路和"高产、优质、高效、生态、安全"的要求，抢抓各方发展机遇，以发展果品、畜牧、劳务三大主导产业为重点，力争到 2020 年，全村果园面积达到 1400 亩，全村农民人均纯收入达到 8300 元以上。

0808 荔堡镇大寨村

简　　介：荔堡镇大寨村地处荔堡镇上片区，距镇政府驻地 4 公里，交通十分便利。全村耕地面积 4257 亩，全部为塬地，人均 2.07 亩。共辖 8 个村民小组，467 户，2054 口人，上年人均纯收入为 3190 元，农业生产以粮食作物种植为主，其中小麦种植面积 2600 亩，玉米 1100 亩。全村建成温棚圈舍 12 座，大家畜饲养量 205 头（只），其中存栏 205 头（只），牛、猪、鸡饲养量分别达到 85 头、120 口、1750 只。个体工商户 23 户，从业人员 41 人。近年来，累计整修砂化道路 17 公里，全村通电、通电话、通自来水户数分别为 467 户，140 户和 440 户，分别占总户数的 100%、30% 和 94.2%，建成户用沼气池 110 座，群众生活条件得到一定改善。

0809 城关镇土窝子村

简　　介：城关镇土窝子村位于泾川县城东南，东大街、泾灵路等街路横穿境内，属典型的城中村，群众和城镇居民交叉居住，分布较为零散。全村共 5 个村民小组，365 户，1532 人。全村总耕地面积 382.7 亩，全部为山地，种植小麦 230 亩，零星果园 30 亩，玉米及其它作物 122.7 亩，退耕还林 1650 亩。个体经营户 80 户，其中餐饮业 10 户，水果、摆摊等小商贩 50 户，废品收购 5 户，其他经营户 15 户。全村主要依托城郊优势，以第三产业、门面房出租等为主要经济来源，村内基础设施薄弱，村容村貌有待进一步提升。2012 年农民人均纯收入为 5182 元。

0810 玉都镇端贤村

简　　介：玉都镇端贤村是玉都镇的南大门，距县城 8 公里，东与康家村毗连，西与党原乡完颜洼村接壤，南接城关镇，北与李胡村接壤。为省列贫困村，属半山区。全村 5 个村民小组，265 户，1074 口人，有劳动力 691 人。总耕地面积 3279 亩，人均 3.1 亩。全村共有党员 36 人。近年来，该村紧紧围绕生态小康、产业配套、基础设施一体推进的工作思路，突出果品产业的主导地位，把物质文明与精神文明建设同安排、同部署，以提高村民素质和生活条件为重点，努力培育文明村民，积极推行循环农业发展模式，深入推进生态园林家园建设。

0811 党原乡合道村

简　　介：党原乡合道村共7个村民小组，370户，1510口人，耕地面积3093亩，人均2.04亩，现有产业以种养结合的形式，部分农户靠出外务工收入为主，全村养猪存栏量3865头，肉牛存栏量61头，蛋肉鸡存栏量8300只；果园面积707亩。

0812 高平镇下梁村

简　　介：高平镇下梁村位于高平镇南部黑河流域，毗邻董家、上梁和代家村，距高平镇政府驻地21公里。全村共有7个村民小组，196户，714人，其中劳动力320人。全村总耕地面积3035亩，其中山地2850亩，川地1030亩。蔬菜产业是全村的主导产业，全村现有中拱棚84座，户均0.15亩，主要种植辣椒、西甜瓜、西红柿等周期短且见效快的蔬菜品种。2012年农民人均纯收入3294元。发展思路及目标：按照"产业发展适宜区全覆盖"的思路和"高产、优质、高效、生态、安全"的要求，充分发挥区位自然环境优势，以发展劳务、蔬菜、畜牧三大支柱产业为重点，力争到2020年，全村蔬菜种植面积达到480亩，全村农民人均纯收入达到8120元。

0813 太平乡何家村

简　　介：太平乡何家村共有9个村民小组，433户，1854口人。总耕地面积8018.5亩，其中山地4589亩，占总耕地面积的57.2%，人均耕地面积4.3亩。近年来，乡党委、政府立足乡情，依托何家村扶贫开发整村推进项目，把调整结构、增加农民收入和发展草畜相结合，按照"种草养畜、调整结构、增加收入、脱贫致富"的总体发展思路，制定了以种草养畜为主导产业的整村推进、综合开发规划，并付诸实施。目前，全村累计种草2480亩，户均6.2亩。修建牛棚167座423间，舍饲养牛达到738头，占牛饲养量的70.9%，改良185头，全村牛饲养量达到1240头，年出栏410头，总收入73.6万元，人均收入397元，进一步夯实了发展基础。

0814 荔堡镇原董村

简　　介：荔堡镇原董村位于荔堡镇东南边缘半山半塬区，距镇区街道15公里，属边远贫困村。全村共9个村民小组，316户，1296口人，其中劳动力687人。2011年农民人均纯收入2180元，群众主要收入来源为农业经营收入，次要来源为外出务工收入，年外出务工人员约300人。全村耕地面积4588亩，其中山地面积770亩、塬地面积3818亩。种植的农作物品种主要有冬小麦、豆类、玉米、油菜等，果品类作物以苹果、核桃、柿子、杏、桃为主。

0815 太平乡三星村

简　　介：太平乡三星村辖8个村民小组，256户，1028人，其中回族18户，78人。全村耕地面积4307.2亩，以发展果品产业和畜牧产业为主，全村现有果园面积1400多亩，牛存栏400头。种植、务工和养殖是该村群众的主要经济来源。

0816 窑店镇龙盘村

简　　介：窑店镇龙盘村位于窑店镇东北部，距镇政府驻地4公里。全村共有8个村民小组，303户，1149人，全村总耕地面积2781亩，其中山地1437亩，川地面积100亩，塬地面积1244亩。果品产业是本村群众增收的主导产业，全村现有果园2733亩，其中丰产园971亩，幼园1762亩。2013年全村果品总产量达到942吨，果品总收入776.8万元，人均果品收入6784元，农民人均纯收入 5800 元。

0817 王村镇燕雷村

简　　介：王村镇燕雷村总有人口 1286 人，耕地面积 2442.5 亩，其中山地 1888 亩，川地 554.5 亩，人均耕地面积 1.90。燕雷村以发展蔬菜和果品产业为主，近几年，燕雷村种植大葱的规模逐年增加，今年，种植大葱 300 亩，共有果园面积 860 亩，全部落实了标准化管理措施。

0818 丰台乡丰台墩村

简　　介：丰台乡丰台墩村位于丰台街道半公里处，东临丰台街道，南临伍仲，西临杨涝池，北临红河，群众居住集中，条件优越，共辖 5 个村民小组，406 户，1687 人，总耕地面积 3924 亩，均为塬地，海拔 1200 米。属以种植为主的产业区域，全村目前已建优质红富士苹果园 1500 亩，年农民人均纯收入达到 4194 元。文教、卫生、社会事业健康发展，建有标准化村卫生所 1 处，幼儿园教学点 1 处，建办水泥预制厂 1 处，黄牛养殖基地 1 处；基础设施建设向好发展，村、组道路逐年砂化，水、电、网全覆盖，危旧房屋住户逐年实施改造，近年已改造 35 户，交通便利，信息畅通。据老人传说，早在道光七年有一土墩，上面挂钟，1968 年由于破旧，将土堆挖倒，2002 年群众自发地重新修起土墩，周围用砖修筑，上面修起庙宇，安起神像，挂起警钟，恢复到原先的位置，丰台墩村也因此而得名。再后来，才有了丰台乡集市。故有"先有丰台墩，后有丰台集"之说。

0819 丰台乡巨家村

简　　介：巨—方言读【qu】（一声），当地人习惯读【qu】，而且巨家小安、拉坡、上坳、台台 4 个组姓巨的人居多，巨家由此而得名。一、区位交通。巨家村位于丰台乡东南部，东接红河乡杨吕村，南临丰台乡盖郭村，西靠丰台乡湫池沟村，北邻红河乡田赵村，距乡政府驻地 8 公里。村组道路纵横交织，交通便利，自然条件相对优越。二、人口和土地资源状况。巨家村下辖 8 个村民小组，共有 403 户，1762 人，其中劳动力 1083 人，现有耕地面积 3672 亩，人均占有耕地 2.1 亩。三、自然条件。巨家村地处黄土高原丘陵沟壑区，山地塬地占半，山地沟壑纵横，梁峁起伏，塬地较为平坦，土壤以黄土为主，属于典型的黄土丘陵沟壑区。巨家村属系温带季风型大陆气候，平均气温 9℃，年降水量 553 毫米，无霜期 174 天，农作物一年一熟，全年日照 2185.2 小时，晚霜冻来临迟（平均在农历四月初八左右），易造成冻害。四、社会经济概况。巨家村以发展果品产业为主，现有果园 1904 亩。其中挂果园 1120 亩，新幼园 584 亩，产量 155 万公斤，商品率占 85% 以上，年果品总收入收入 580 多万元，2013 年人均纯收入 5128 元。

0820 荔堡镇南关村

简　　介：荔堡镇南关村共有 11 个村民小组，547 户村民，2938 口人。耕地面积 4793 亩，果园面积 330 亩，人均 1.7 亩。其中塬地 4573 亩，山地 220 亩。

0821 城关镇芋子沟林场

简　　介：城关镇芋子沟林场位于甘家沟流域南部山区，下辖张家湾、芋子沟两个村民小组，原有 18 户，75 人，现有 13 户，61 人，共有耕地 1260 亩。土地全部为山台地，群众居住在半山腰，交通不便，长期不通电、不通水，吃水要在 5 公里外的泾河川人担、畜驮，如遇连阴雨天，就会断水，生产生活条件极差。

0822 泾明乡山底下村
简　　介：山底下村是省列新农村建设示范村。全村辖8个村民小组，358户，1608口人，其中劳动力986人。全村土地总面积9128亩，耕地面积2177亩，人均1.4。2011年全村农民人均纯收入3284元。山底下村现有当庄、南头、沟里组优质红富士基地1处500亩，人均0.3亩；有商业门店130间，年实现商贸流通产业总产值1200万元，人均7642元；牛存栏500头、猪存栏300头、鸡存栏4300只，畜牧养殖产业总产值720万元，人均4477元。

0823 泾明乡练家坪村
简　　介：全村共辖5个村民小组，148户，597口人。总面积5972亩，耕地面积2936亩，人均2.97亩。2011年全村农民人均纯收入1863元。练家坪村现有果园840亩，人均1.4亩，其中练家、吊庄、坪里优质红富士基地320亩、毛家和吊庄山柿子园区520亩，果品总产量达到980吨，总产值达到260万元，人均4355元；现有牛存栏370头、猪存栏156头、鸡存栏3700只，畜牧养殖产业总产值达到120万元。

0824 太平乡荒场村
简　　介：太平乡荒场村位于黑河川区，现有6个村民小组，共有150户，584口人，全村总耕地面积3114.2亩，其中川地1301亩，山地1813.2亩，人均耕地5.3亩。荒场村大力发展分散养殖，目前全村共新建暖棚牛舍60座，发展肉牛85头，全村牛存栏突破200头。同时积极改善群众生产生活条件，拓宽整修砂化道路5公里，完成自来水入户56户。

0825 泾明乡沟门前村
简　　介：泾明乡沟门前村共辖5个村民小组，206户，832人。总面积4185亩，耕地面积901亩，人均1.1亩，2011年农民人均纯收入2242元。沟门前村现有果园430亩，人均0.6亩，王家俭红富士基地150亩，蔡家咀青苹基地280亩（王家俭红富士基地为新幼园，蔡家咀青苹基地为初挂果园），阴沟、阳面组有大拱棚50座，种植油桃35亩，果品产业总产值258万元，人均3100元。

0826 党原乡李家村
简　　介：党原乡李家村共有7个村民小组，368户，1636口人。耕地面积6028亩，人均3.68亩；现有果园面积1596亩。该村以笼养鸡为主导产业，全村蛋鸡存栏量28万只。

0827 王村镇王村
简　　介：王村镇王村总人口1751人，耕地面积2092.6亩，其中山地1568.7亩，川地523.9亩，人均耕地面积1.2亩。该村以商贸经营活动为主。2011年，高接换优黄金梨330亩，园区间作合理，各项管理措施落实到位。

0828 汭丰乡三十梁村
简　　介：汭丰乡三十梁村共有5个村民小组，312户，1331人，其中贫困人口230户，853人，贫困面占60%，全村现有耕地2130亩，人均占有耕地1.6亩，在联村单位及联村领导的大力指导下，紧紧围绕宣传政策、反映民意、促进发展、疏导情绪、强基固本、推广典型六大主要任务扎实开展工作，各项工作取得了一定成效。

0829 罗汉洞乡三山村
简　　介：罗汉洞三山子村位于罗汉洞乡东

部，距县城 16 公里，全村共有 6 个村民小组 265 户，1088 口人，总劳力 521 人。现有耕地 1024 亩（其中山地 295.2 亩，川地 728.8 亩），人均占有耕地 0.94 亩。全村以蔬菜、畜牧养殖为主，川地以大路蔬菜为主，山地以零星养殖为主。发展思路及目标：坚持以科学发展观为统领，以党的十八大精神为指导，按照"突出特色蔬菜、促进畜牧扩量"的发展思路，以发展蔬菜、畜牧两大主导产业为重点，突出产业开发，强化规范管理，促进效益带动，力争到 2020 年，建成蔬菜大拱棚 45 座，种植大路蔬菜 900 亩，组建蔬菜专业合作社 1 个，畜牧养殖小区 1 处，组建畜牧养殖专业合作社 1 个，实现蔬菜收入 246.5 万元，畜牧养殖收入 422 万元。

0830　泾明乡长务城村

简　　介：泾明乡长务城村共辖 7 个村民小组，291 户，1268 人，其中劳动力 867 人。总面积 8027 亩，耕地面积 2011 亩，人均 1.59 亩，其中山地 1088 亩，川地 650 亩，2011 年人均纯收入 1890 元。长务城村现有蔬菜面积 124 亩，蔬菜产业总产值 62 万元，人均达到 971 元；上城、下城、西城边组共有红富士苹果 575 亩，其中新幼园 575 亩；上城组有生猪养殖小区 1 处，年出栏生猪 150 头，畜牧养殖产业年产值 15 万元。

0831　高平镇任家寺村

简　　介：高平镇任家寺村位于高平镇西南部，毗邻上湾村、牛家咀村和三十里铺村，距高平镇政府驻地 10 公里。全村共有 8 个村民小组 216 户，793 人，其中劳动力 390 人。全村总耕地面积 4477 亩，均为山地。任家寺村产业发展以果品产业为主，全村现有果园 1320 亩，其中丰产园 20 亩，幼园 1300 亩，人均果园 1.6 亩，果品年产量 25 吨。2012 年农民人均纯收入 3490 元。发展思路及目标：按照全镇"四区一中心三基地一目标"目标定位，坚持以科学发展观为统领，以党的十八大精神为指导，按照"产业发展适宜区全覆盖"的思路和"高产、优质、高效、生态、安全"的要求，抢抓各方发展机遇，以发展劳务、果品、畜牧三大产业为重点，力争到 2020 年，全村果园面积达到 1600 亩，全村人均纯收入达到 8000 元。

0832　王村镇完颜村

简　　介：王村镇完颜村共有 2101 口人，耕地面积 4549.2 亩，其中山地 3513 亩，川地 1036.2 亩，人均耕地面积 2.16 亩。该村以发展果品产业为主，累计新建红富士 1450 亩，全部落实了标准化管理措施。

0833　罗汉洞乡土堑坳村

简　　介：罗汉洞乡土堑坳村位于罗汉洞乡中部，距县城 15 公里，全村共有 4 个村民小组，359 户 1306 人，总劳力 840 人。现有耕地 2425 亩（其中山地 294.8 亩，川地 2130.2 亩），人均占有耕地 1.85 亩。全村以畜牧养殖、蔬菜种植为主。发展思路及目标：坚持以科学发展观为统领，以党的十八大精神为指导，按照"夯实基础，强化管理，促进畜牧产业深度开发，引导带动蔬菜产业规模发展"的发展思路，以发展畜牧、蔬菜两大主导产业为重点，突出产业开发，强化规范管理，促进效益带动，力争到 2020 年，建成肉牛养殖小区 1 处，蛋鸡养殖小区 1 处，建成蔬菜大拱棚园区 1 处 40 座，种植大路蔬菜 700 亩，实现畜牧养殖收入 400 万元，蔬菜收入 180 万元。全村人均纯收入达到 8248 元。

0834 荔堡镇东关村

简　　介：荔堡镇东关村地处荔堡镇街道中心，交通十分便利。全村土地总面积3927亩，其中塬地面积2174亩，山地面积1753亩，人均耕地2.26亩。共辖7个村民小组，401户，1741口人，农业生产以粮食作物种植为主．

0835 城关镇甘家沟村

简　　介：城关镇甘家沟村地处县城东郊，312国道贯穿全境。全村共有5个村民小组，447户，1909口人，耕地面积1776亩，人均0.93亩，95%以上的耕地全属山地。2013年农民人均纯收入5314元。村党总支下设3个党支部，党员69名，常设村干部4名。经过长期发展，全村商贸、餐饮、运输、养殖等二、三产业有了一定基础，群众生活条件得到改善。

0836 红河乡杨吕村

简　　介：红河乡杨吕村位于红河乡东南面，距乡政府5.6公里，全村共有6个村民小组，261户，1051口人，外出务工192人。总耕地面积3567.5亩，其中：川地879亩，山地2689亩，人均3.4亩，山地2.6亩，川地0.8亩。

0837 高平镇东坡村

简　　介：高平镇东坡村位于高平镇东南部，毗邻袁家城、铁佛和杜家村，距高平镇政府驻地5公里。全村共有9个村民小组，545户，2339人，其中劳动力1486.8人。全村总耕地面积6089亩，其中山地1486.8亩，塬地4602.2亩。果品产业是本村群众增收的主导产业，全村现有果园2251.4亩，其中丰产园757.2亩，幼园1494.2亩，人均0.96亩。2012年全村农民人均纯收入4087元。发展思路及目标：坚持以科学发展观为统领，以党的十八大精神为指导，按照"产业发展适宜区全覆盖"的思路和"高产、优质、高效、生态、安全"的要求，抢抓各方发展机遇，以发展劳务、果品、畜牧三大产业为重点，力争到2020年，全村果园面积达到3500亩，全村人均纯收入达到11000元。

0838 飞云乡老庄村

简　　介：飞云乡老庄村有6个村民小组，373户，1662人。总耕地面积2160亩，现有果园1560亩，其中丰产园1060亩，新幼园500亩。2014年果品总收入1327万元，人均果品收入6219元。近年来，老庄村以果品和畜牧两大产业为主，共栽植果园1020亩。努力扩大畜牧养殖规模，全村现有牛饲养量50头，猪400头，鸡2000只，为果畜互支互促发展提供了条件。持续加大基础设施建设力度，修建小康屋13户，改造危旧房屋24户，砂化道路4条6公里。依托国债能源项目，累计落实农村沼气80户，自来水入户率达95%。加大村部建设，硬化村部广场2400平方米，持续加快教育、医疗、卫生事业的发展，修建校舍36间，标准化村卫生所1处。

0839 罗汉洞乡罗汉洞村

简　　介：罗汉洞乡罗汉洞村位于罗汉洞乡街道东面，距县城13公里，全村共有8个村民小组，362户，1540人，总劳力924人。现有耕地2154亩（其中山地1297亩，川地857亩），人均占有耕地1.39亩。全村以蔬菜、畜牧养殖为主，川地以蔬菜大拱棚和大路蔬菜为主，山地以零星养殖为主。2010年在西庄社建成蔬菜大拱棚50座，棚均收入1.2万元，人均收入389元。2012年在寺地社新建蔬菜大拱棚20座，在罗长公路沿线种植大路蔬菜200亩，年收入24万元，人均444元。2012年在生地湾建成经济林区1处200亩。

外出务工240人左右，总收入490万元左右，人均3181元；养殖大户6户，肉猪年出栏120口，总收入18万元，户均3万元。发展思路及目标：坚持以科学发展观为统领，以党的十八大精神为指导，按照"突出特色蔬菜、促进畜牧扩量"的发展思路，以发展蔬菜、畜牧两大主导产业为重点，突出产业开发，强化规范管理，促进效益带动，力争到2020年，建成蔬菜大拱棚50座，组建蔬菜专业合作社1个，畜牧养殖小区1处，组建畜牧养殖专业合作社1个，实现蔬菜收入260万元，畜牧养殖收入350.4万元，全村人均纯收入达到8144元。

0840 太平乡焦村

简　　介：太平乡焦村位于泾灵公路沿线，全村有3个村民小组，138户，488口人。耕地面积2120.8亩，其中川地1134亩，人均5.5亩，全村现有村干部3名。近年来，该村充分利用黑河川区种植蔬菜的传统优势，积极调整产业结构，大力发展蔬菜产业，采取支部带党员，党员带群众的发展理念，先后建成蔬菜大拱棚40座，2013年棚均收入5000元，总收入达20万元，全村人均蔬菜收入395元，辐射带动种植露地瓜菜850亩，通过蔬菜产业发展，逐步在川区形成了以点带面，平衡发展的新格局。

0841 高平镇袁家城村

简　　介：高平镇袁家城村位于高平镇南部，毗邻城南村、后庄、塬边和东坡村，距高平镇政府驻地2公里。全村共有8个村民小组400户，1725人，全村现有耕地5682.6亩。群众主要收入来源为果品产业、农业经营和外出务工，农业经营主要为种植业和养殖业，种植的农作物品种主要有冬小麦、豆类、油菜等，果品产业以苹果为主，全村现有果园3178亩，其中新幼园954亩，丰产园2224亩，养殖业以分散养猪为主，规模小，效益低，村级无经济收入。2012年农民人均纯收入4273元。发展目标及思路：按照全镇"四区一中心三基地一目标"目标定位，坚持以科学发展观为统领，以党的十八大精神为指导，按照"产业发展适宜区全覆盖"的思路和要求，抢抓各方发展机遇，以发展劳务、果品、畜牧三大产业为重点，力争到2020年，全村果园面积达到4000亩，全村人均纯收入达到11000元。

0842 飞云乡西高寺村

简　　介：飞云乡西高寺村是飞云乡的西大门，312线穿境而过。全村共6个村民小组，400户，1552口人。总耕地面积3489.8亩，人均2.25亩，现有果园面积2523亩。2014年农民人均纯收入达4985元。近年来，西高寺村始终坚持把推进果品产业作为农民稳定收入的主要途径，近年来建设发展飞云、西高寺站背后园区、312线园区、西毛路园区、西街新建园区，共建成优质红富士苹果基地1200亩，其中，挂果园面积560亩。新建小康屋20户，改造危旧房屋15户，砂化道路2条2公里。以双联单位党组织城乡结对共建活动为契机，积极争取双联单位的帮扶，投资7万多元，新建办公用房6间，组建了互助老人幸福院、图书阅览室和党员活动室等功能科室，配备了办公桌椅和健身器材等相关设备，有效改善了村级办公条件，方便了群众办事需求。

0843 飞云乡坡头村

简　　介：飞云乡坡头村共9个村民小组，445户，1904人。果园总面积3548亩，挂果园面积2080亩，幼园面积1468亩，2014年全村果品总产量4160吨，总收入3328万元，人均果品收入13620元，果农最高收入10万元，其中5万元以上76户，成为全县有名的果品专业村。近年来，该村坚持以"强产业促增收、优设施强服务、强组织夯基础、抓廉政转作风"的工作思路，努力发展果品产业，不断增加农民收入；大力改善基础条件，努力优化人居环境；加强基层组织建设，发挥战斗堡垒作用；深入开展党风廉政建设，完善基层保廉体系。

0844 窑店镇将军村

简　　介：窑店镇将军村地处312国道沿线，与飞云乡接壤，全村辖9个村民小组，622户，2391人，耕地总面积3025亩。全村以果品生产为主导产业。将军村发展中存在的主要问题有以下两方面：一是贫困人口基数大，增收门路狭窄。二是群众观念保守，素质技能较低。该村脱贫致富慢的原因主要有三个方面：一是增收项目单一劳力有限。二是基础设施建设不能满足产业发展。三是群众教育宣传有待提高。村内人口众多，现有的4名村干部年龄偏大，大部分时间用来办理日常村务和完成镇上分配的工作任务，没有足够的精力入户宣传，村上现有宣传手段也还仅仅停留在"开会讲文件，突击搞培训"的层次，没有与之相应的宣传工具。且村内常住人口年龄大、文化低，没有人员开展宣传培训活动，导致群众思想观念陈旧，不了解政策，不懂现代技术，只能安于现状，缺乏脱贫致富的迫切愿望。

0845 王村镇徐王村

简　　介：王村镇徐王村共有1731人，耕地面积5323.9亩，其中山地3295亩，塬地2028.9亩，人均耕地面积3.08亩。该村以发展果品产业为主，近年来，累计新建红富士果园1450亩，全部为新幼园，在镇村干部的努力下，全面落实了标准化管理措施。

0846 高平镇铁佛村

简　　介：高平镇铁佛村位于高平镇南部，毗邻原尚、东坡和杜家村，距高平镇政府驻地8公里。全村共有7个村民小组，432户，1864人，其中劳动力992人。全村总耕地面积7693.6亩，其中山地578亩。果品产业是本村群众增收的主导产业，全村现有果园4075.6亩，其中丰产园1230亩，幼园2845.6亩，人均2.2亩，果品年产量3075吨，收入1237.5万元。2012年农民人均纯收入4260元。发展思路及目标：按照全镇"四区一中心三基地一目标"目标定位，坚持以科学发展观为统领，以党的十八大精神为指导，按照"产业发展适宜区全覆盖"的思路和"高产、优质、高效、生态、安全"的要求，铁佛村将以发展劳务、果品、畜牧三大产业为重点，力争到2020年，全村果园面积达到4660亩，全村人均纯收入达到10000元。重点工作任务：1、果品产业。2013~2015年连片新建优质红富士果园213亩，2015年插空栽植优质红富士果园150亩，初步实现人均2亩果园的目标。在果树生长期，重点通过引导群众间作蔬菜、豆类等低杆作物，补充群众收入。至2016年，原有4075亩果园全部挂果，严格落实果园标准化管理各项措施，确保优果率达到80%，按照亩产4000斤计算，果品产业人均收入达到4900元；至2020年，全村果园全部挂果，果品产业人均收入将达到6200元。2、畜牧产业。争取项目资金，发展设施养殖，采取集中建办养殖小区和分户规模养殖相结合的方式，稳步发展，逐步壮大规模，至2018年末，全村新建温棚养猪舍20座，全村猪饲养量达到1000口。3、劳务产业。每年举办农村实用技术培训班5期，力争到2020年每名务工青年都能掌握一项致富技能，全村人均劳务收入达到2400元。
保障措施：1、加强组织领导。加强农村产业发展的组织领导，建立健全产业发展组织领导体系，形成各方联动、齐抓共管的工作机制，根据产业实际拟定具体的推进计划，编制工作方案，明确时限要求和任务分工，靠实工作责任，完善推进措施，确保产业发展规划各项任务顺利得到落实。2、加强技术培训。邀请乡村专业技术人员深入村社，采取实地讲课、发放宣传材料等形式开展技术培训，加强产业技术培训和新优品种引进，使农民群众掌握产业发展新技术、新方法。3、扩大产业规模。按照"块带结合、插空补齐、分组实施、适宜区全覆盖"和"果畜互促互支"的发展思路，持续扩张果品产业规模，扶持养殖大户建办畜牧养殖小区，推进产业发展实现适宜区全覆盖。4、延伸产业链条。积极动员社会各方力量，通过组建专业合作经济组织，配套建立产、供、销一体化发展服务体系，推动农村产业发展。

0847 高平镇杜家村

简　　介：高平镇杜家村位于高平镇西南部，毗邻东坡村、原梁村，距高平镇政府驻地10公里。全村共有9个村民小组，306户，1216人，其中劳动力703人。全村总耕地面积14521.61亩，其中山地9894.01亩，塬地4632.6亩。在主导产业培育方面，以发展果品产业为主，全村现有果园2200亩，其中丰产园216.59亩，幼园1983.41亩，人均果园面积1.81亩。2012年农民人均纯收入3687元。发展思路：今后几年，杜家村将坚持以科学发展观为统领，以党的十八大精神为指导，按照"产业发展适宜区全覆盖"的思路和"高产、优质、高效、生态、安全"的要求，抢抓各方发展机遇，以发展、果品、畜牧两大主导产业为重点，力争到2020年，全村果园面积达到2432亩，全村人均纯收入达到8900元。

0848 王村镇光明村

简　　介：王村镇光明村共有人口1187人。耕地面积1776.3亩，其中山地768亩，川地1008.3亩，人均耕地面积1.49亩。光明村以发展蔬菜产业为主，今年新建占地3亩的大拱棚40座，种植大田蔬菜460亩，亩均收入达到1200元。

0849 泾明乡庄头村

简　　介：全村共辖5个村民小组，232户，975口人。总面积7869亩，耕地面积2866亩，人均2.9亩，2011年农民人均纯收入为1839元。庄头村现有岭上、盖郭及庄头2个优质红富士基地，现有果园面积1560亩，其中新幼园1560亩，人均1.6亩；全村牛存栏220头、猪存栏264头、鸡存栏3100只，年实现畜牧养殖收入210万元，人均2153元。

0850 荔堡镇小寨村

简　　介：荔堡镇小寨村位于荔堡镇西南部，巨荔路贯穿小寨村全境，距荔堡镇中心街道6公里，海拔高度1206米，年平均气温10C，年降雨量555毫米，无霜期247天。全村共8个村民小组，463户村民，2020口人，现有耕地面积4094亩，其中塬地2680亩，山地1414亩，人均耕地2.03亩。

0851 党原乡樊家村

简　　介：党原乡樊家村共有9个村民小组，345户，1447口人，耕地面积4309亩（塬地2558亩，山地1751亩），人均2.98亩，以果品、畜牧为主导产业，全村牛存栏520头，猪8200口，鸡60000只，有圈舍258座，果园1350亩，人均纯收入2278元。

0852 飞云乡南峪村

简　　介：飞云乡南峪村地处泾川县南塬中心地带，全县新农村建设试点村之一。全村共6个村民小组，483户，1706人。耕地面积3892亩，其中果树栽植面积3512亩，2014农民人均收入达到5178元。近年来，该村紧紧围绕建设美丽新村和果品产业一业突破，通过夯基础、建新村、提形象、强宣传，广大群众的生活质量不断提高。统一修建别墅式小康屋23户，标准化的幼儿园1所，农资配运站1处。按照"公司＋基地＋农户"的发展模式，统一技术规程、统一质量标准、统一生产管理，新建了150亩矮化密植示范园，作为双联行动示范园，积极带动果农致富。

0853 泾明乡郝家村

简　　介：泾明乡郝家村共辖5个村民小组，150户，623口人。总面积8212亩，其中耕地面积2246亩，人均3.6亩。2011年全村农民人均纯收入2180元。郝家村现有果园880亩，人均1.4亩，其中优质红富士基地1处280亩，柿子基地1处600亩，果品年产量达到1284吨，总产值242万元，人均3884元；牛存栏120头、猪存栏100头、鸡存栏3400只，畜牧养殖产业总产值达到132万元，人均2118元。

0854 飞云乡闫崖头村

简　　介：飞云乡闫崖头村共有8个村民小组，298户，1246口人，现有果园1881亩，人均1.51亩，其中丰产园810亩，2013年全村果品总产量1560吨，总产值499.2万元，人均果品收入4063元，涌现出了栽植果园50亩，年收入82万多元的薛保成等果园大户5户，有力地带动了全村果品产业的快速发展。近年来，村两委班子以增加农民收入、改善人居环境、活跃群众文化生活为奋斗目标，以后进村党支部转化为抓手，以市人社局双联帮扶为契机，在乡党委、政府的大力支持下，扎实推进中心村建设。修建具有陇东民俗特色的青砖青瓦小康屋两排16户，新建村部9间261.1平方米、卫生间3间75.5平方米、文化舞台1座121.2平方米、文化广场1处3.5亩，实施广场铺设1866平方米，绿化467平方米，安装太阳能路灯4盏；同时，依托一事一议财政奖补项目，投资68万元，完成水泥硬化道路1.5公里、砂化1.2公里，彻底改善了群众生产生活和文化娱乐条件。

0855 丰台乡盖郭村

简　　介：丰台乡盖郭村地处丰台街道东南3.5公里，南接张观察村、南堡子村，北邻湫池沟村，西与湫池毗邻，东接巨家村。全村东西宽3公里，南北长6公里，共辖7个村民小组，475户村民，2015口人，总耕地面积6825亩，均为塬地，海拔1290米，属大陆季风性气候，属以种植为主的产业区域，全村目前已建优质红富士苹果园2545亩，年农民人均纯收入达到6194元。文教、卫生、社会事业健康发展，建有社区服务中心1处，标准化村卫生所1处，教育办公阵地1处，小学教学点1处，基础设施建设向好发展，村、社道路逐年砂化，水、电、网全覆盖，危旧房屋住户67户正在逐年实施改造，近年已改造35户，交通便利，信息畅通。盖郭村有有名的七龙山，七龙山地处盖郭村城里头组，始建于大明宣德年间，故有药王仙洞等庙宇，占地约30余亩。因七山相映似蛟龙戏水之势，得名七龙山。清同治年间泾川王母宫山遭兵践，药王祖师孙思邈接王母七龙坐宫，延玉当今，香火鼎盛，现有玉皇阁、王母宫、三官殿、子孙宫、老君宫、药王洞、圣母殿、龙王殿、山门等殿宇。现属泾川王母宫下院道教活动处所。

0856 丰台乡通尔沟村

简　　介：丰台乡通尔沟村位于丰台乡西北方向，西与玉都镇太阳墩交界，南与焦家村接壤，北与红河乡柳王村、姚哈村毗邻，东与杨涝池村接连，地形走东向西，向西南倾斜，东西长约2.5公里，南北宽1公里，总面积2.5平方公里，海拔1298米。全村有8个村民小组，总户数610户，总人口2467人，总耕地面积6939亩，其中塬地4149亩，山地2790亩，人均占有耕地2.9亩，全村各项事业在新形势下稳步向前发展。其中文化遗产有青龙寺、双庙寺、清代马尾松。青龙寺据原碑文记载，咸丰元年隆冬一雪夜，一白狐将关帝君神牌从太阳墩张家沟叼至后庄王家，即现在庙址，后于咸丰二年初营建了关帝庙。双庙寺位于通尔沟村东，以寺内建五圣宫即观音阁而得名后，于民国三十六增建地母大殿，其殿宇宏大，画栋雕梁，檐牙高啄，盘龙舞凤，钩心斗角，各抱其势，寺内植青松翠柏，垂柳国槐，每逢圣诞吉日，朝拜者如云，千里聚集，繁荣非常，春夏之际，景明色秀，树伞盖天云，无比其伟，秋冬雪风，千里一色，更显宝地之壮观，历经数代，景色宜人，名声远播。清代马尾松栽植于清朝道光年间，树高21米，直径1.5米，至今保存完整，枝叶茂盛，系国家二级保护文物。

0857 玉都镇官村

简　　介：玉都镇官村位于玉都镇中部，地势平坦，交通便利，自然条件较为优越。全村共有10个村民小组，694户，3002人，总耕地面积6439亩。现有果园面积1950亩，2011年果品产量803吨，农民人均纯收入4346.3元。官村是我县新农村建设示范村之一。近年来，该村紧紧围绕生态小康、产业配套、基础设施一体推进的工作思路，突出果品产业的主导地位，把物质文明与精神文明建设同安排、同部署，以提高村民素质和生活条件为重点，努力培育文明村民，积极推行循环农业发展模式，深入推进生态园林家园建设。

0858 高平镇石家槽村

简　　介：高平镇石家槽村位于高平镇北部，毗邻三十铺村、罗汉洞乡，距镇政府驻地17公里。全村共3个村民小组39户，115人，其中劳动力54人。全村总耕地面积1800亩，其中山地1800亩。以种植、养殖业为主，森林覆盖率达到70%，以核桃等杂果为主要经济来源。因人口稀少，经济发展缓慢，人口老龄化严重。

0859 丰台乡湫池沟村

简　　介：丰台乡湫池沟村大部分村民居住在沟边，因此而得名湫池沟。一、区位交通。湫池沟村位于丰台乡东南部，东邻巨家村，南邻盖郭村、湫池村，西邻丰台村，北邻红河乡，距乡政府驻地4公里，村组道路纵横交织，交通便利，自然条件相对优越。二、人口和土地资源状况。湫池沟村管辖8个村民小组，共有365户，1673人，其中劳动力1027人，现有耕地面积3011亩，人均占地1.8亩。三、地形地貌。湫池沟村地处黄土高原，山地原地占半数，原地较为平坦，土壤以黄土为主。四、果业经济。湫池沟村以发展果品产业为主，现有果园1768亩，其中挂果园1086亩，新幼园258亩，产量120万公斤，年果品总收入500多万元，人均纯收入4640元。

0860 高平镇牛家咀村

简　　介：高平镇牛家咀村位于高平镇西南部，毗邻上湾村、任家寺村和三十里铺村，距镇政府驻地10公里。全村共有7个村民小组，198户，800人，其中劳动力400人。全村总耕地面积2082.7亩，均为山地，全村现有果园1500亩，其中丰产园60亩，幼园1440亩，人均1.8亩。2012年农民人均纯收入3478元。发展思路及目标：按照"产业发展适宜区全覆盖"的思路和"高产、优质、高效、生态、安全"的要求，抢抓各方发展机遇，以发展果品、畜牧、劳务三大产业为重点，力争到2020年，果园面积达到2000亩，全村人均纯收入达到8600元。

0861 城关镇水泉村

简　　介：城关镇水泉村位于泾川县城城东，属典型的城中村，东大街、泾灵路横穿境内。全村共5个村民小组，378户，1509人，有耕地面积302.5亩，人均0.2亩，有山地杂果876亩。在产业发展方面，全村主要依托城郊优势，发展商贸物流，其次是发展二、三产业和山地杂果产业。水泉村在产业发展方面，商贸物流发展规模不大，组织机构欠缺，没有健全的产业链条。二、三产业中个体户各自为政、零散经营，缺乏统一指导和组织。

0862 党原乡代家村

简　　介：党原乡代家村共有8个村民小组，323户，1241人，耕地面积3377亩（其中塬地1842亩，山地1535亩），人均2.72亩，现有果园面积960亩，生猪养殖圈舍15座75间。

0863 高平镇贾洼村

简　　介：高平镇贾洼村位于高平镇西部，毗邻许家坡村、黄家铺和寨子村，距高平镇政府驻地10公里。全村共有5个村民小组114户，456人。全村现有耕地2040亩，人均4.5亩。全村生产条件较差，增收产业规模不大，整体效益不高，群众生活水平较低。群众主要收入来源为果品、农业经营和外出务工，果品产业以苹果为主，养殖业以分散养殖牛、猪、鸡等为主。全村现有果园356亩，其中新幼园286亩，丰产园70亩。2012年农民人均纯收入3741元。发展思路及目标：按照全镇"四区一中心三基地一目标"目标定位，坚持以科学发展观为统领，以党的十八大精神为指导，按照"产业发展适宜区全覆盖"的思路和"高产、优质、高效、生态、安全"的要求，抢抓各方发展机遇，以发展劳务、果品、畜牧三大产业为重点，力争到2020年，全村果园面积达到1000亩，全村人均纯收入达到9400元。

0864 罗汉洞乡中村

简　　介：罗汉洞乡中村位于罗汉洞乡东北部，共辖8个村民小组，372户，1537人，总劳力950人；境内山、坪兼有，耕地总面积4608.23亩，其中山地1400亩，坪地2315.83亩。全村以果品、零星养殖为主，山地、坪地基本实现了苹果和柿子全覆盖。共有果园4086.6亩，占总耕地面积的88.68%，人均达到2.65亩，其中柿子基地1202.6亩（2003年以来在周家山、大沟山、上坪退耕还林新建1004亩）；2009年建成周家坪优质红富士苹果园区654亩，2010年建成大沟山优质红富士苹果园区1000亩，2012年建成中村坪优质红富士苹果园区1230亩。苹果园未挂果，家庭种养业经营收入户均1900多元，人均459.8元，全村农民人均纯收入2248元。周东、周西养殖大户32户，年猪出栏248口，户均纯收入7758元。

发展思路及目标：坚持以科学发展观为统领，以党的十八大精神为指导，按照"强化果品产业、促进畜牧养殖"的发展思路和"扩量、提质、增效"的发展重点，强化项目支撑，注重规范管理，以发展果品、畜牧两大主导产业为重点，力争到2020年，建成县级苹果样板园3个，柿子样板园2个800亩，组建果品专业合作社1个，周西肉牛养殖小区1处，周东养殖场1处，组建畜牧养殖合作社1个，果品总量达到4746.6吨，总收入达到1489.84万元，畜牧养殖收入达到279.5万元，全村人均纯收入达到8230元。

0865 高平镇后庄村

简　　介：高平镇后庄村位于高平镇南部，毗邻塬边村、袁家城和草滩村，距镇政府驻地3公里。全村共有6个村民小组，258户，1024人，其中劳动力260人。全村总耕地面积4676.2亩，其中山地2496.2亩，塬地2180亩在果品产业发展方面，全村现有果园980亩，其中丰产园120亩，幼园860亩，人均果园面积0.95亩。2012年农民人均纯收入3619元。发展思路及目标：坚持以科学发展观为统领，以党的十八大精神为指导，按照"产业发展适宜区全覆盖"的思路和"高产、优质、高效、生态、安全"的要求，抢抓各方发展机遇，以发展劳务、果品、畜牧三大产业为重点，力争到2020年，全村果园面积达到1300亩，全村人均纯收入达到8820元。

0866 罗汉洞乡挽头坪村

简　　介：罗汉洞乡挽头坪村位于罗汉洞乡北面山区，共辖5个村民小组，205户，913口人，有劳动力460人；境内山、川、坪兼有，耕地总面积2754.1亩，其中山坪地2527.6亩、川地226.5亩。全村以果品、务工、零星养殖为主，川地主要种植小麦，山坪地基本实现了苹果和柿子全覆盖。共有果园2570亩，占总耕地面积的93%，人均达到2.8亩，其中柿子基地1370亩（2003年以来退耕还林新建1069亩），户均6.68亩，人均1.5亩；2006年以来建成优质红富士苹果园区1200亩，户均5.85亩，人均1.3亩。发展思路及目标：坚持以科学发展观为统领，以党的十八大精神为指导，按照"扩量、提质、增效"的发展思路，强化项目支撑，注重规范管理，以发展果品、畜牧两大主导产业为重点，力争到2020年，全村现有的苹果园和柿子园成为县级样板园，果品收入达到602万元，扩大养殖规模，建成畜牧养殖小区1处，实现畜牧养殖收入475万元，全村人均纯收入达到8236元。

0867 高平镇高平村

简　　介：高平镇高平村位于高平镇中心地带，是小城镇建设规划重点区域，毗邻城南、上湾和胡家峪村，距镇政府驻地0.5公里。全村共有12个村民小组，598户，2400人，其中劳动力1425人。全村总耕地面积4929亩，其中山地2829亩，塬地2100亩。果品产业是全村的主导产业，现有果园1638亩，其中丰产园683亩，幼园1000亩，人均0.7亩，果品年产量2049吨，产业收入占农民人均纯收入的30%左右。2012年农民人均纯收入4140元。发展思路及目标：坚持以科学发展观为统领，以党的十八大精神为指导，按照"产业发展适宜区全覆盖"的思路和"高产、优质、高效、生态、安全"的要求，抢抓各方发展机遇，以发展劳务、果品、畜牧三大产业为重点，力争到2020年，全村果园面积达到2400亩，全村人均纯收入达到9245元。

0868 荔堡镇崖窑村

简　　介：荔堡镇崖窑村位于泾川县东北，距荔堡镇街道3公里。属温带大陆性气候，光、热、水资源充分，四季分明，年平均气温10摄氏度，年平均降水量540毫米，年蒸发量1181毫米，年无霜期189天，年日照时数2774小时，海拔高度1200米。崖窑村共6个村民小组，450户，1976口人，劳动力1231人。耕地面积3783.4亩，其中山地825.4亩，塬地2958亩，人均占有耕地1.91亩。粮食种植面积2623亩（含复种），年产量524吨；新建果园面积322亩，其中苹果园296亩。

0869 太平乡盘口村

简　　介：太平乡盘口村位于黑河川区，全村有6个村民小组，272户，1068口人。全村耕地总面积6628亩，其中川地1134亩，山地986.8亩，人均耕地面积4.1亩。近年来，盘口村围绕全乡"塬区果、川区菜"的发展思路，以产业结构调整为主线，以创新机制为动力，以增加农民收入为目的，充分利用充足的光照资源和便捷的交通优势，先后建成彰显陇东民俗特色小康屋30户，搭建蔬菜中拱棚30座，种植露地蔬菜550亩，通过蔬菜产业带动，增加农民收入，提升生活水平。

0870 高平镇代家村

简　　介：高平镇代家村位于高平镇南部黑河流域，毗邻草滩村、上梁村和灵台县，距镇政府驻地23公里。全村共有3个村民小组，90户，290人，劳动力192人。全村现有耕地1426.7亩，其中川地717亩，人均耕地4.92亩。蔬菜产业是全村的主导产业，现有蔬菜拱棚157座。群众主要收入来源为蔬菜、农业经营和外出务工。2012年全村农民人均纯收入3342元。发展思路及目标：坚持以科学发展观为统领，以党的十八大精神为指导，按照"产业发展适宜区内全覆盖"的思路和要求，抢抓各方发展机遇，以发展蔬菜、畜牧、劳务三大主导产业为重点，力争到2020年，全村蔬菜种植面积达到400亩以上，养畜存栏达到4000头（只）以上，全村人均纯收入达到8000元以上。

0871 玉都镇太阳墩村

简　　介：玉都镇太阳墩村位于泾丰公路沿线东西6.5公里，东距丰台乡7.5公里，西距玉都镇7公里，距泾川县城21公里，全村共有9个村民小组，568户，2295人，其中贫困户37户，156人，占全村总人口的6.7%。全村现有耕地3458亩，人均占有耕地1.5亩，目前全村共有果园2342亩，人均1.1亩，其中丰产园1030亩，新建幼园940亩，新建园372亩。

0872 窑店镇峪头村

简　　介：窑店镇峪头村位于窑店镇西北部，毗邻西门村和坳心村，距镇政府驻地2公里。全村共有7个村民小组，343户，1369人，全村总耕地面积1730亩，其中山地421亩，塬地面积1309亩。果品产业是本村群众增收的主导产业，全村现有果园1670亩，其中丰产园1250亩，幼园420亩。2013年全村果品总产量达到2500吨，果品总收入1000万元，人均果品收入7289元，农民人均纯收入5720元。新建二层欧式风格村部办公楼10间306平方米，青砖青瓦社区活动中心7间152平方米，配套修建村级文化广场一处3600平方米，栽植绿化苗木5000多株，基础设施条件得到了极大地改善。

0873 荔堡镇地庄村

简　　介：荔堡镇地庄村共有1226人，297户，五个村民小组，党员共62名。耕地面积4404亩，人均3.5亩，其中粮田面积3390亩，果园面积2020亩，养猪大户2户，存栏150头，林下养鸡一处5000只。地庄村自然条件较差，文化落后，经济发展缓慢，至今还有一个山区社李坪，吃水靠人担，照明靠庆阳，生产生活条件十分困难，传统的农业生产，靠天吃饭，以农养农的旧观念较深，加之大量青壮劳动力外出务工。致使该村生产、生活条件长期不能改变。

0874 王村镇向明村

简　　介：王村镇向明村总人口1422人，耕地面积1604.9亩，其中山地515.7亩，川地1089.2亩，人均耕地面积1.13亩。本村以发展蔬菜产业为主，2010年新建下蹲式日光温室104座，种植大田蔬菜490亩，主要种植辣椒、黄瓜、西红柿、西葫芦等蔬菜，日光温室平均收入可达到2.4万元。

0875 窑店镇庙头村

简　　介：窑店镇庙头村位于窑店镇东北部，是窑店镇十个千亩果树专业村之一，全村6个村民小组，389户，1650人，总耕地面积2997亩，人均1.8亩，果园面积1560亩，人均0.9亩。庙头村党支部下设6个党小组，54名党员，男党员50名，女党员4名。一、产业开发。1、沿环乡水泥路完成果芋间作种植68亩，插空补齐新建果园50亩，全部落实带水栽植，树下覆膜，树杆套袋等抗旱保苗措施，巩固、提高韩家坳果园标准化管理示范基地150亩；2、完成担水沟荒山造林410亩，整修通村主干道路3条共3公里，栽植道路林网1.5公里。二、基础设施建设。1、筹资2万元实施农村危旧房屋改造5户；2、新建村文化室、老年活动中心2间40平方米，绿化、美化农民文化广场，配套健身器材；3、实施广播电视"村村通"工程127户，丰富群众文化生活。三、党员队伍建设通过加强镇村班子建设，充分发挥党员干部的先锋模范作用，年内培育"十乡百村千户"农村党建综合示范户5户，培养入党积极分子3名，新发展党员2名。

0876 荔堡镇南李村

简　　介：荔堡镇南李村距镇街道3公里，巨荔、红荔公路横贯全境，是全县省列新农村之一，交通条件较好，有着得天独厚的区位优势和广阔的发展前景，属大陆性半干旱气候，年平均气温10℃，年平均降雨量555毫米，平均海拔1206.3米，多年平均日照时间2200多小时，全年无霜期247天，全年主导风向为西北风。现有12个村民小组，640户，3013口人，劳动力1848人。村域土地面积847.75公顷，耕地面积6487亩，其中山地1234亩，塬地5253亩，人均占有耕地2.15亩。

0877 泾明乡算李村

简　　介：泾明乡算李村共辖7个村民小组，326户，1326口人。总面积8427亩，耕地面积3323亩，人均2.55亩。2011年农民人均纯收入2040元。算李村现有算李坪、庄底、前庄、君王坪4个优质红富士基地2100亩（算李坪500亩，庄底350亩，前庄280亩，君王坪970亩），人均1.6亩；庄底组现有蛋鸡养殖小区1处，饲养量3000只；牛存栏110头、猪存栏260头、鸡存栏6500只，畜牧养殖产业总产值达到130万元，人均980元。

0878 汭丰乡枣林子村

简　　介：汭丰乡枣林子村位于泾崇路沿线，下辖4个村民小组，修建高位水池1座，整修道路700米，建成日光节能温室40座，大拱棚50座。

0879 窑店镇坳心村

简　　介：窑店镇坳心新农村建设示范区是泾川县第二轮新农村建设五大示范区之一。该示范区按照全县第二轮新农村建设试点工作总体实施方案要求，突出旧村集中改造、基础设施完善配套、果品产业提质增效、村庄环境综合整治四项重点，主要做了以下工作：一是多方筹资修建通村道路。采取项目配套、农户自筹、大户捐资三种方式，共计筹集资金56万元，修建了坳心上店至峪头、西门太平共计5.6公里通村柏油道路，解决了沿线近2000名群众的行路难问题。二是整合项目完善基础设施。把新农村建设与农村危旧房改造、沼气能源项目建设、广播电视"村村通"工程、农电网改造、村级组织活动场所建设等紧密结合，整合资金，集中实施。三是集中力量实施旧村改造。按照统一规划、统一标准、统一施工的要求，沿通村柏油路实施旧村改造73户。四是扩容提质夯实产业基础。按照适宜区全覆盖的要求，插空补缺新栽果园780多亩，全部落实了树下覆膜、间作套种等幼园管理措施。同时狠抓丰产园管理，全面落实果园大改型、强拉枝、巧施肥、覆黑膜、种三叶草、悬挂杀虫灯、杀虫板和果实套袋等技术措施，培育标准化示范园1000亩，设置水泥柱铁丝网围墙5000多米，培训果农1650人（次）。去年丰产果园亩均产量达3000公斤，收入在1.2万元以上。

0880 太平乡口家村

简　　介：太平乡口家村位于太平乡西部，共7个村民小组，456户，1955人，耕地面积8257亩，群众经济来源以种植和养殖为主。该村以科学发展观为指导，充分发挥产业优势，加强基础设施建设，发展社会公益事业，扶持培育特色主导产业，优化生态环境，不断改善发展条件，完善公共设施，丰富群众文化生活，夯实发展基础，着力增强自主发展能力，推动全村率先脱贫致富奔小康。

0881 太平乡阴坡村

简　　介：太平乡阴坡村位于太平乡黑河川区，有5个村民小组，130户，415口人，以粮食作物和蔬菜种植为主，林、果、牧用地极少，粮食作物主要有小麦、玉米、洋芋等。阴坡村依山居住，是典型的农业村，经济收入以种植业和外出务工为主，经济结构以第一产业为主导。现有两个村民小组居住在河南，居住条件差，群众生活生产行路难的问题突出，尤其是遇到雨雪天气，群众出行不便，因资金不足，村组无法解决。从该村实际情况来看，全村经济社会发展状况处于中下水平，与其他经济发展较快的村相比，其区位、交通、经济都处于落后状态。制约该村经济和社会发展的不利因素有：一是产业结构单一，主要是以种植业为主导产业，农业科技含量不高，特色优势不明显。二是基础设施陈旧老化，村委会现有办公用房4间60平方米，由于建设年代久远，现已成危房；村内巷道都是土路，雨季泥泞出行极为不便；没有村卫生所、图书室。三是部分村民住房条件较差，个别村民因病致贫，村集体无经济收入。

0882 党原乡徐家村

简　　介：党原乡徐家村共有8个村民小组，

426户，1926人，耕地4198亩，人均2.2亩，现有果园1713亩，其中新幼园1541亩，人均果园0.88亩。2011年猪存栏量1206头，牛存栏量307头，鸡存栏量2100只。实施通村油路3公里，砂化道路3.5公里，果园幼园合理间作500亩，实施中低产果园改造300亩，实施贫困户危房改造20户，配发太阳灶70台。

0883 荔堡镇刘山村

简　　介：荔堡镇刘山村位于荔堡镇东南最边远山区地带，与原董村、庙李村相邻，东临蒲河，与宁县相接壤，地处两区三县交界处。全村共有6个村民小组，182户，742人。全村共有耕地面积3289.6亩，其中山地2471.6亩，川地400亩，塬地418亩，人均耕地面积4.5亩，果园面积395亩，占耕地面积的12.1%。2011年，全村农民人均收入达2198元。

0884 窑店镇丰禾村

简　　介：窑店镇丰禾村位于窑店镇中部，毗邻西门村和坳心村，距窑店镇政府驻地2公里。全村共有7个村民小组，342户，1346人，全村总耕地面积1740亩，其中山地115亩，塬地面积1625亩。果品产业是本村群众增收的主导产业，全村现有果园1650亩，其中丰产园970亩，幼园680亩。2013年全村果品总产量达到1940吨，果品总收入776万元，人均果品收入5795元，农民人均纯收入5500元。

0885 高平镇城南村

简　　介：高平镇城南村位于高平镇中心地带，是小城镇建设规划重点区域，毗邻高平村、胡家峪村、袁家城村、塬边和上湾村，距镇政府驻地0.5公里。全村共有11个村民小组，617户，2587人，其中劳动力1611人，近35%的劳动力外出务工。全村总耕地面积3914.2亩，其中山地1332.8亩。果品产业是本村重点培育的主导产业，全村现有果园1052亩，其中丰产园130亩，幼园922亩，人均0.4亩，产业发展起步晚，基础较为薄弱，果品产业收入占全村人均纯收入的35%左右。2012年农民人均纯收入3707元。发展思路及目标：坚持以科学发展观为统领，以党的十八大精神为指导，按照"产业发展适宜区全覆盖"的思路和要求，抢抓各方发展机遇，以发展劳务、果品、畜牧三大产业为重点，力争到2020年，全村果园面积达到2582亩，全村人均纯收入达到9526元。

0886 丰台乡焦家村

简　　介：丰台乡焦家村距丰台乡街道7公里，全村共有7个村民小组，475户，1981口人，其中劳动力1098人，现有耕地面积3500亩，其中塬地2100亩，人均1.7亩。2013年全村农民人均纯收入3446元，共有特困户31户。全村共有党员61名。产业发展：全村以劳务输出、果品产业开发和畜牧养殖业为主，2013年全村粮食作物种植面积850亩，年果品总产达到500吨；全村共建有温棚圈舍116间；每年输出农村剩余劳动力762人，实现劳务收入1066万元，2013年全村人均产业收入达到2856元。基础条件：全村共有村庄道路四通八达，交通便利，电信光缆接入村内，通讯方便快捷；村级水利设施完备，基本解决了群众吃水问题。四、社会事业。村级文化、教育、卫生、社会保障等公共设施健全，村级组织管理基本规范，精神文明、政治文明、生态文明建设同步发展。现有村小学1所，在校学生180人，教职工13人，适龄儿童入学率达到93%，劳动力平均受教育年限为9年；建有村级卫生所 1 处 5 间 100 平方米，有从业人员 1 人，全村电视入户率达到 95%。

0887 高平镇塬边村

简　　介：高平镇塬边村位于高平镇南部，毗邻城南、袁家城和后庄村，距高平镇政府驻地 1.5 公里。全村共有 8 个村民小组，293 户，1143 人，其中劳动力 680 人。全村总耕地面积 3600 亩（其中山地 2160 亩，塬地 1440 亩）。果品产业是全村的主导产业，现有果园 1258.7 亩，其中丰产园 125.6 亩，幼园 1133 亩，人均果园面积 1.1 亩，果品年产量 312 吨，年收入 94 万元，通过在幼园间作蔬菜、豆类等作物，收入 20.6 万元，全村劳务总收入 170 万元。2012 年全村农民人均纯入 3459 元。发展思路及目标：坚持以科学发展观为统领，以党的十八大精神为指导，按照"产业发展适宜区全覆盖"的思路和"高产、优质、高效、生态、安全"的要求，抢抓各方发展机遇，以发展劳务、果品、畜牧三大产业为重点，力争到 2020 年，全村果园面积达到 1600 亩，果品产业收入达到 590 万元以上，全村农民人均纯收入达到 8100 元以上。

0888 泾明乡白家村

简　　介：泾明乡白家村共辖 3 个村民小组，154 户，638 口人。总面积 7690 亩，耕地面积 1517，人均 2.38 亩，2011 年农民人均收入 2360 元。白家村现有白家塬优质红富士基地 1 处 330 亩，其中新幼园 330 亩；有占地 608 亩的牛角沟生态农业循环发展示范园 1 处，饲养肉鸡 5000 只，塘坝养鱼 3000 尾；全村牛存栏 448 头、猪存栏 221 头、鸡存栏 8200 只，年实现畜牧养殖收入 176 万元，人均 2758 元。

0889 城关镇共池村

简　　介：城关镇共池村位于泾川县城城北，北与党原乡接壤，南至平定高速公路，西平铁路、北大路横穿境内，交通便利，地理位置优越。全村共有 4 个村民小组，560 户，2475 人。全村耕地面积为 556 亩，其中川地 390 亩，塬地 166 亩。川地全部属于近期城市规划建设范围。现有果园 150 亩，种植小麦 225 亩，玉米 130 亩，其它粮食作物 51 亩。共有退耕还林 435 亩。全村产业发展以二、三产业和劳务产业为主，农民收入主要来自劳务、运输、餐饮服务等二、三产业，运输业 100 多人，餐饮服务业 50 人，外出及进城务工 200 多人。拥有装载机 11 辆，货运车辆 25 辆，班车 8 辆，出租车 32 辆。2012 年农民人均纯收入为 5438 元。以大云寺景区深入开发为契机，不断发展壮大旅游文化产业。大云寺景区位于共池村境内，利用好得天独厚的地位置，在全县发展壮大旅游产业的带动下，加快旅游文化产业发展，挖掘民俗文化的特色，制作旅游纪念品。

0890 党原乡丁寨村

简　　介：党原乡丁寨村共有 5 个村民小组，419 户，1827 人。耕地面积 3888 亩，人均 2.12 亩。全村已累计建成温棚猪舍 390 座，生猪饲养量达到 5.6 万口，其中千口以上的 3 户，百口以上的 187 户，形成了规模化扩张、集约化养殖、生态化推进、良性循环的产业发展格局。目前，生猪饲养量达到 5.6 万口，出栏育肥猪 4.3 万口，繁育出售商品仔猪 1.2 万口，实现畜牧业纯收入 680 万元，人均达到 3722 元，占农民人均纯收入的 89.9%。

0891 汭丰乡同中村

简　　介：汭丰乡同中村位于汭河北岸，共有 5 个村民小组，368 户，1436 人。多年来，由于汭河相隔，群众出行极为不便。为了彻底改善这一行路难的问题，在深入调研，充分论证，广泛征求群众意见建议的基础上，计划投资120万元修建长67.5米、宽4.5米的大桥1座，现已全面完成，彻底解决了全村人出行难、村级发展慢的问题。以304省道行道树栽植补植为重点，科学规划，合理搭配树种，集中发动劳力，完成林床整修，栽植绿化苗木，全部进行树干涂白。完成荒山造林110亩，组织群众对全村127亩桃园实施标准化管理，完成修剪、清园整带、施肥覆膜等工作任务。对全村50户贫困户按照每人栽植2棵核桃树的标准，由环保局职工协助农户在自家承包地中栽植核树，发展杂果，增加农民收入。

0892 泾明乡吊堡子村

简　　介：泾明乡吊堡子村共辖8个村民小组，339户，1408口人，全村现有劳动力729人。耕地面积3057亩，人均2.2亩。吊堡子村现有洼里组优质红富士基地1处260亩，人均0.2亩；洼里组生猪养殖大户5户，猪存栏260头，畜牧养殖产业总产值达到52万元，人均370元；四方沟组设施蔬菜产业园有大拱棚70座，占地50亩，蔬菜产业总产值达到48万元。

0893 城关镇茂林村

简　　介：城关镇茂林村位于城关镇西南面，304省道、泾渗公路横穿境内，共有9个村民小组，487户，2246人，现有党员68名。全村共有耕地5155亩，其中川水地1358亩，山地3797亩。川水地种植蔬菜660亩，山地种植蔬菜380亩，种植小麦2847亩，玉米293亩，糜子327亩，其它作物148亩，现有果园500亩。截至目前，蔬菜产业已成为该村的主导产业，在村党总支的带领下，该村成立了蔬菜产业协会。近年来，茂林村立足区位优势，大力发展蔬菜产业，配套发展果品产业和劳务产业，加快基础设施建设，推动了新农村建设有序发展。现有日光温室蔬菜大棚103座，大拱棚100座。村内建有特殊教育学校1所，招商引资建办的蔬菜保鲜库、中药材饮片场等企业。2012年农民人均纯收入为5085元。

0894 高平镇草滩村

简　　介：高平镇草滩村位于高平镇南部黑河流域，毗邻许代家村、后庄村和太平乡，距镇政府驻地15公里。全村共有7个村民小组，255户，980人。全村现有耕地3100亩，其中川地1545亩，人均耕地3.16亩。村内基础设施配套落后，生产条件较差，蔬菜产业为全村的主导产业，全村现有蔬菜拱棚350座。群众主要收入来源为蔬菜、农业经营和外出务工。2012年全村农民人均纯收入3659元。发展思路和目标：坚持以科学发展观为统领，以党的十八大精神为指导，按照"产业发展适宜区全覆盖"的思路和要求，抢抓各方发展机遇，以发展蔬菜、畜牧、劳务三大主导产业为重点，力争到2020年，全村蔬菜面积达到1500亩以上，养畜存栏达到1000头（只）以上，全村人均纯收入达到8000元以上。

0895 党原乡西联村

简　　介：党原乡西联村共有4个村民小组，247户，1025人，耕地2786亩，人均2.7亩，果园面积780亩，人均0.8亩，共有养殖户82户，养殖棚舍142栋。

0896 太平乡红崖湾村

简　　介：太平乡红崖湾村属纯回民村，全村共4个村民小组，95户，533口人，全村耕地面积1688.9亩，均为山地，人均耕地3.1亩，2010年底农民人均纯收入2240元。现有村干部3名，党员15名；建有村部1所，村小学1所。

0897 高平镇原尚村

简　　介：高平镇原尚村地处高平镇东南部，毗邻铁佛村、大寺坳和原梁村，距高平镇政府驻地12公里。全村共有5个村民小组，261户，1067人，其中劳动力566人。全村总耕地面积3578亩（其中山地2642亩，塬地1161亩）。果品产业是本村重点培育的主导产业，全村现有果园2012亩，其中丰产园828亩，幼园1184亩，人均果园面积1.9亩。2012年农民人均纯收入4233元。发展思路及目标：按照"产业发展适宜区全覆盖"的思路和"高产、优质、高效、生态、安全"的要求，抢抓各方发展机遇，以发展果品、畜牧两大主导产业为重点，力争到2020年，全村果园面积达到2600亩，全村农民人均纯收入达到10000元。

0898 王村镇中塬村

简　　介：王村镇中塬村总人口1865人，耕地面积3524.6亩，其中山地1337.6亩，塬地2187亩，人均耕地面积1.89亩。本村以发展果品产业为主，全村共有果园面积5100亩，挂果园3800亩，新幼园各项管理措施落实到位，长势良好。亩均收入达到1.4万元。中塬村是市列新农村建设示范村之一，累计修建小康住宅72户，完成"三清五改"30户，积极争取上级部门的扶持，实施沼气项目50户，硬化新村道路1.5公里，衬砌排水渠3公里，修建垃圾仓6个。配合实施泾柏路柏油罩面3公里。

0899 太平乡崖窑村

简　　介：太平乡崖窑村共9个村民小组，507户，2080口人，其中劳动力1282人，总耕地11060.5亩。经济收入以果畜产业及劳务输出为主。该村发展以科学发展观为指导，充分发挥产业优势，加强基础设施建设，发展社会公益事业，扶持培育特色主导产业，优化生态环境，不断改善发展条件，完善公共设施，丰富群众文化生活，夯实发展基础，着力增强自主发展能力，推动全村率先脱贫致富奔小康。

0900 党原乡东联村

简　　介：党原乡东联村共有8个村民小组，327户，1328口人，耕地面积2315亩，人均1.74亩。新修村组道路2条2.8公里，整修排洪渠5.6公里，完成"五改三建"示范50户；引进良种牛175头，配套修建暖棚牛舍159座，发放扶贫贴息贷款130万元；为贫困户发放太阳灶150台，建成村文化广场1处，硬化村文化广场2200平方米，建成村扶贫互助社1个，吸纳会员85人。新修小康住宅90户，配发太阳能热水器30户，新增自来水入户90户，改造农电0.8公里，发放妇女小额贷款80万元，完成道路林网5.5公里，栽植楸树4200株。

0901 温泉开发区何家坪村

简　　介：温泉开发区何家坪村位于温泉经济开发区以东，距泾川县县城约7公里，紧邻温泉宾馆和312国道。全村共有8个村民小组，280户，1027口人。耕地面积1809亩，人均耕地面积1.76亩。党支部共有党员31名。村常设干部3人。以种、养殖业、劳务输出和从事二、三产业为主。主要种植小麦、玉米、高粱等一年一熟且抗旱能力较强的农作物。全村养殖业以养猪、养牛为主，目前产业势头发展较好。

0902 飞云乡飞云村

简　　介：飞云乡飞云村有9个村民小组，627户，2396口人。总耕地面积4557.8亩，人均1.9亩，现有果园3913亩，人均1.67亩。2014年果品总产量5018吨，果品总收入4014万元，人均果品收入达9600元。飞云村按照"生产发展，生活宽裕，乡风文明，村容整洁，管理民主"的社会主义新农村建设总体目标要求和"强产业，优设施，变环境，促民风"的思路，积极培育主导产业，发展农村经济，不断提高群众生活水平，努力改善农村人居环境，切实加强精神文明建设和民主法制建设，新农村建设取得了显著成效。

0903 窑店镇东坡村

简　　介：窑店镇东坡村地处陕甘交界，凤甜省道贯穿全村，交通便利。全村辖7个村民小组，501户，2037人，总耕地面积2464亩，2012年人均纯收入5119元。恢复配套大口井1口，新建标准化水厂1处，自来水入户率96%以上；近年来全村生产道路砂化、硬化10条13公里，修建沼气池100户；什字路组已建成小康屋34户，配套砖砌水渠；砂化了龙盘路至西长凤高速公路天桥路段，修建具有陇东民俗特色、青砖青瓦的旧村改造50户。

0904 党原乡高崖村

简　　介：党原乡高崖村共有9个村民小组，584户，2556人，耕地面积5478亩，人均2.1亩，现有果园1783亩，其中新幼园1149亩，人均果园0.75亩。2011年猪存栏1320头，牛存栏633头，实施通村油路6.5公里，砂化道路8公里，新建村文化卫生培训设施1处，占地4亩；新建温棚猪舍100座，引进良种猪750头，实施果园幼园合理间作1000亩；实施中低产果园改造400亩。配发太阳灶170台。

0905 玉都镇尹家洼村

简　　介：玉都镇尹家洼村是玉都镇的西大门，距县城15公里，东与玉都毗连，西与党原乡丁寨村接壤，南接党原乡柳寨村，北连郭马村，为省列贫困村，属半山区。全村13个村民小组,734户,2978人，有劳动力1694人。总耕地面积6718亩，人均2.3亩。

0906 玉都镇李胡村

简　　介：玉都镇李胡村共有13个村民小组,651户，2624口人。果园面积3600亩，2013年人均纯收入5459元。近年来，该村以开展"先锋引领"行动为抓手，按照打造"产业支撑型"先锋党组织的要求，围绕"党建领村、产业富村、基础强村"的思路，党组织争创先锋富民基地，党员带头领办示范园区。李胡现代果品园区涉及9个村民小组，总面积2120亩，采用乔化稀植和矮化密植栽培模式于2010年建成，通过推广设施栽培技术，果园管理水平明显提升。同时引导在外创业成功人士王永宏返乡建办12000吨气调果库1座；成立了红玉果品专业合作社和李胡村扶贫互助资金合作社，解决了资金、信息和果品加工增值的问题，农民的收入有了较好的增长。

0907 玉都镇王寨村

简　　介：玉都镇王寨村位于玉都镇东南部，东临李胡村，南连田家沟，西依官村，北接下坳村，共有6个村民小组，242户，1017口人，总面积5.9平方公里，总耕地面积2390亩，人均2.3亩，果园面积1897亩。

0908 党原乡湾口村

简　　介：党原乡湾口村共有7个村民小组，224户，978口人，耕地面积2436亩，人均占有耕地2.5亩，果园面积900亩，外出务工劳动力563人。

0909 高平镇塬尚村

简　　介：高平镇塬尚村地处高平镇东南部，毗邻铁佛村、大寺圪和原梁村，距高平镇政府驻地12公里。全村共有5个村民小组，261户，1067人，其中劳动力566人。全村总耕地面积3578亩（其中山地2642亩，塬地1161亩）。果品产业是本村重点培育的主导产业，全村现有果园2012亩，其中丰产园828亩，幼园1184亩，人均果园面积1.9亩。2012年农民人均纯收入4233元。发展思路及目标：按照"产业发展适宜区全覆盖"的思路和"高产、优质、高效、生态、安全"的要求，抢抓各方发展机遇，以发展果品、畜牧两大主导产业为重点，力争到2020年，全村果园面积达到2600亩，全村农民人均纯收入达到10000元。

0910 王村镇百泉村

简　　介：王村镇百泉村总人口2489人。耕地面积3004.5亩，其中山地2046.4亩，川地958.1亩，人均耕地面积1.21亩，本村以发展果品产业为主，2011年高接换优黄金梨560亩，新建千亩核桃基地一处。

0911 罗汉洞乡南河村

简　　介：罗汉洞乡南河村地处泾河南岸，距泾川县城15公里，全村共有5个村民小组，368户，1640口人，总劳力920人，贫困户194户。现有耕地1600亩，人均占有耕地0.97亩。全村以蔬菜、零星畜牧养殖为主，以蔬菜大拱棚和大路蔬菜为主。发展思路及目标：坚持以科学发展观为统领，以党的十八大精神为指导，按照"突出特色蔬菜、促进畜牧扩量"的发展思路，以发展蔬菜、畜牧两大主导产业为重点，突出产业开发，强化规范管理，促进效益带动，力争到2020年，建成蔬菜大拱棚60座，组建蔬菜专业合作社1个，畜牧养殖小区1处，组建畜牧养殖专业合作社1个，实现蔬菜收入300万元，畜牧养殖收入450万元，全村人均纯收入达到8024元。

0912 王村镇章村

简　　介：王村镇章村总人口1816人。耕地面积3394.5亩，其中山地1897亩，川地1497.5亩，人均耕地面积1.87亩。该村以发展畜牧产业为主，今年在党员示范户的带领下，新建肉鸡养殖小区1处，养殖肉鸡1万只。

0913 窑店镇南头湾村

简　　介：窑店镇南头湾村位于窑店镇西南部，毗邻将军村和西门村，距镇政府驻地2公里。全村共有7个村民小组，191户，748人，全村总耕地面积2170亩，其中山地830亩，塬地面积1340亩。果品产业是本村群众增收的主导产业，全村现有果园2027亩，其中丰产园607亩，幼园1420亩。2013年全村果品总产量达到1214吨，果品总收入485.6万元，人均果品收入6571元，农民人均纯收入4900元。

0914 王村镇墩台村

简　　介：王村镇墩台村共有3049人。耕地面积4064.5亩，其中山地1629.3亩，川地2435.2亩，人均耕地面积1.52亩。该村以发展果品和畜牧产业为主，2011年高接换优黄金梨640亩，现有红富士果园660亩，各项新幼园标准化管理措施全部落实到位。

今年，新建鸡舍2幢，每间可养殖肉鸡1万只，11月份购买鸡苗，年前可上市销售。

0915 红河乡姚哈村

简　　介：红河乡姚哈村位于红河乡上片，全村共有4个村民小组93户，393人，其中党员15人，耕地面积1534.6亩。由于交通闭塞，村民出行不便，致使村上产业发展较为落后，农户多养殖牛、猪、羊等牲畜，2011年农民人均纯收入2125元，2012年达到2631元，2013年农民人均纯收入3705元，属全乡中下等水平，是典型的华北平原农业村落，但是由于特殊的地理位置，适合果树的发展，也适合一些在家农户发展养牛产业，以此来带动村民逐渐致富。

0916 党原乡陈坳村

简　　介：党原乡陈坳村共5个村民小组，282户，1236口人。耕地面积3549亩（塬地2200亩），人均2.87亩，目前已栽植果园1200亩，人均1亩，以新幼果园为主。新修小康住宅5户。全村牛存栏量465头。其中母牛378头，是一个分散养牛基础较好的村。全村有劳务输出人员286人，户均1人，是一个靠劳务输出为主增收的村。

0917 党原乡完颜洼村

简　　介：党原乡完颜洼村共7个村民小组，528户，2547人，耕地面积5398亩，人均2.12亩。新建通村油路2.1公里，砂化道路6公里，自来水入户40户，完成危旧房改造80户，实施苹果幼园合理间作700亩，实施中低产园改造100亩。

0918 太平乡四郎殿村

简　　介：太平乡四郎殿村位于太平乡的西北部，东连本乡何家村，西临口家村，南靠黑河焦村，北接城关镇，何崖公路横穿全村。有9个村民小组372户（其中纯回民小组1个，38户，167人），全村共1683人，其中劳动力855人，接近40%外出务工；耕地总面积7720.8亩，其中山地4000亩，37%为退耕还林工程，原地3720.8亩，主要种植小麦和玉米；群众居住以土木结构房屋和窑洞为主，其中纯窑洞21户。全村以发展果品、养殖和务工产业为主。现有果园面积2306亩，占总耕地面积的30%，人均1.3亩，其中挂果园64亩，产量65吨，商品率不到40%，收入15万元左右；全村大家畜存栏431头，年出栏120多头，收入24万元。现有标准化养殖厂1处，占地2668平方米，牛棚46间，牛存栏100头；外出务工320人，收入320多万元，人均1万元。基础设施建设情况，开通南部人饮工程管道3200米，自来水入户364户，入户率为98%；实施了农村电网改造项目，配备变压器5台，电网覆盖所有农户；有村庄主干道路7条28公里，其中砂化道路2条10公里，土路5条18公里；建成沼气池135座。社会事业发展情况，村小学占地10亩，有砖木结构房屋24间，其中教室12间288平方米，教师宿舍9间216平方米，其它用房3间72平方米，现有教师6人，学生86人；村卫生所属泾川县农村合作医疗定点机构，用房面积4间86平方米，有统一调配的执业村医1名。

0919 高平镇上湾村

简　　介：高平镇上湾村位于高平镇西部，毗邻三十铺、牛家咀和城南村，距高平镇政府驻地3.5公里。全村共有7个村民小组386户，1594人，其中劳动力886人。全村总耕地面积3997.7亩，其中山地2110亩，塬地1887.7亩。果品产业是本村重点培育的主导性产业，全村现有果园1660亩，其中丰产园325亩，幼园1335亩，人均果园面积1.04亩。2012年人均纯收入3759元。发展思路及目标：按照"产业发展适宜区全覆盖"的思路和"高产、优质、高效、生态、安全"的要求，抢抓各方发展机遇，以发展劳务、果品、畜牧三大产业为重点，力争到2020年，全村果园面积达到2160亩，全村人均纯收入达到9500元。

0920 城关镇新沟村

简　　介：城关镇新沟村地处城关镇东北方向，北大路、西平铁路横穿境内。共有4个村民小组，172户，722人。全村耕地面积2782亩，其中林地面积1940亩，人均可耕地面积3.2亩。全村现有红富士果园392亩，由于管理水平低下，目前还没有挂果。2012年新建柿子园区1000亩。劳务收入占总收入收入比重大，在养殖业发展方面，只有零散养殖户，鸡和黄牛存栏数不多，2012年农民人均纯收入为4845元。

0921 飞云乡元朝村

简　　介：飞云乡元朝村共4个村民小组，225户，908人。实有耕地面积1472亩，其中果园总面积1362亩，挂果园面积1262亩，幼园面积100亩，2014年全村果品总产量2652吨，总收入1591.2万元，总产值1113.8万元，人均果品收入1.23万元。元朝村按照"户户建园，一业突破"的奋斗目标，从1993年开始发展果品产业，除900多亩山地退耕还外，1360亩塬地全部栽植苹果树，人均果园1.5亩，实现了果品一业突破，形成果品生产专业村。

0922 高平镇大寺垴村

简　　介：高平镇大寺垴村位于高平镇南部，毗邻原尚村，距高平镇政府驻地12.5公里。全村共有8个村民小组，393户，1607口人，全村总耕地面积5208亩，2012年大寺垴村农民人均纯收入3940元。全村现有果园1820亩，其中丰产园430亩，幼园1370亩，通过在幼园间作蔬菜、豆类、药材、花卉等作物，收入2000元，占全村人均收入的20%；劳务收入3000元，占人均收入的60%。发展思路及目标：坚持以科学发展观为统领，以党的十八大精神为指导，按照"产业发展适宜区全覆盖"的思路和要求，抢抓各方发展机遇，以发展蔬菜、果品、畜牧三大主导产业为重点，力争到2020年，全村果园面积达到2500亩以上，全村人均纯收入达到9100元。

0923 荔堡镇云吕村

简　　介：荔堡镇云吕村位于荔堡镇西南部3公里处，东邻西关村，西与红河乡毗邻，北与镇原县接壤，南与南李村相连，为红荔路和泾肖路的交界处。耕地面积4234亩。云吕村共有7个村民小组，423户，1925人，其中贫困人口1200多人。耕地面积4234亩，果园面积3980亩，占耕地面积的94%，户均果园面积7.6亩，人均2.6亩。

0924 玉都镇星火村

简　　介：玉都镇星火村位于玉都镇镇政府以北9公里，共有5个村民小组，174户，726人。全村现有耕地2933亩，人均占有耕地4亩。

0925 王村镇泾塬村

简　　介：王村镇泾塬村共有635人，耕地面积2531.6亩，其中山地1515.8亩，塬地1015.8亩，人均耕地面积3.99亩。本村以发展果品产业为主，全村共有果园面积1850亩，果园均为新幼园，果园各项管理措施落实到位，长势良好。

0926　汭丰乡东王村

简　　介：汭丰乡东王村是一个偏僻的小村，位于汭河北岸，共有 2 个村民小组，120 户，482 口人，全村总面积 3139.5 亩，其中耕地面积 1092.7 亩。群众隔汭河依山居住，因过河难问题导致该村交通不便，信息不畅，群众观念落后，经济发展十分困难。为了彻底改善群众居住生活条件，2010 年乡党委、政府调查走访群众、反复讨论研究，经县委、县政府批准，对东王村进行移民搬迁。面对该村经济困难的实际，乡党委、政府决定分两期进行搬迁。经群众自愿报名，确定一期搬迁 50 户。乡党委、政府先后组织群众赴灵台、党原、玉都等地参观学习，借鉴各方优点，决定修建"7 子型"青砖青瓦传统民俗模式。同时新村规划村部和文化广场。至目前工程地基已全部填平，住宅修建已全面完成。

0927　党原乡吊沟村

简　　介：党原乡吊沟村共有 6 个村民小组，218 户，872 人。耕地面积 2258.4 亩，人均 2.6 亩。现有果园面积 970 亩，人均 1.1 亩。

0928　党原乡柳寨村

简　　介：党原乡柳寨村共有 10 个村民小组，478 户，1991 口人，耕地面积 5471 亩，人均耕地 2.7 亩。新修温棚牛舍 130 座，猪舍 96 座，全村饲养肉牛 860 头，生猪 3850 头；大力发展果品产业，集中栽植果园 1130 亩，引导群众间作洋芋 640 亩，瓜菜 320 亩，种植全膜玉米 1200 亩。

0929　玉都镇康家村

简　　介：玉都镇康家村是玉都镇尹家洼—康家新农村建设示范区的中心村。全村共 9 个村民小组，690 户，2941 人。近年来，该村紧紧围绕"生产发展、生活宽裕、乡风文明、村容整洁、管理民主"的二十字要求，按照高点规划稳步推进，持续壮大增收产业，着力改善人居环境，注重完善体制机制的思路，集中实施农民增收、旧村改造、村屯绿化、道路通达、水电保障、垃圾处理、民主管理、机制创新六大工程，持续开发果畜主导产业，不断增加农民收入，加快基础设施建设，尊重民愿，因地制宜，稳步丰富和提升内涵品位，进一步拓宽群众增收渠道，率先走乡村生态休闲旅游新路子。

0930　玉都镇贾洼村

简　　介：玉都镇贾洼村位于玉都镇东部，辖 5 个村民小组 108 户，397 人。全村总耕地面积 2249 亩，其中山地 1195 亩。

0931　王村镇四坡村

简　　介：王村镇四坡村总人口 1139 人。耕地面积 4022.6 亩，其中山地 1337.6 亩，塬地 2685 亩，人均耕地面积 3.53 亩。本村以发展果品产业为主，全村共有果园面积 3900 亩，挂果园 3200 亩，新幼园各项管理措施落实到位，长势良好，亩均收入达到 1.2 万元。

0932　罗汉洞乡景村

简　　介：罗汉洞乡景村位于罗汉洞乡东北部，与荔堡镇比邻，距罗汉洞乡街道 10 公里，共辖 9 个村民小组，358 户，1585 口人，有劳动力 460 人；境内山、川、坪兼有，耕地总面积 2758.3 亩，其中山地 473.8 亩、川地 854.6 亩、坪地 1429.9 亩。全村以果品、零星养殖为主，川地主要种植小麦，山地、坪地基本实现了苹果和柿子全覆盖。共有果园 2660 亩，占总耕地面积的 96.4%，人均达到1.67亩，其中柿子基地1360亩（2003年以来退耕还林新建1300亩），户均3.79亩，人均0.85亩。发展思路及目标：坚持以科学发展观为统领，以党的十八大精神为指导，按照"强化果品产业深度开发、促进畜牧产业扩量提质"的发展思路，强化项目支撑，注重规范管理，以发展果品、畜牧两大主导产业为重点，力争到2020年，建成县级苹果优质样板园1处，柿子样板园1处，组建果品专业合作社1个，肉牛养殖场1处，养鸡场1处，扩大养殖规模，建成畜牧养殖小区1处，组建畜牧养殖专业合作社1个，实现果品收入达到952.1万元，畜牧养殖收入达到476.2万元，全村人均纯收入达到8400元。

0933 高平镇胡家峪村

简　　介：高平镇胡家峪村位于高平镇东部312国道沿线，毗邻高平村、三家村和飞云乡，距高平镇政府驻地1.5公里，是小城镇建设的重点规划区域。全村共有11个村民小组516户，2242人。全村现有耕地5007.5亩，人均2.2亩，全村现有果园3790亩，主导产业以果品为主，群众主要收入来源为果品、农业经营和外出务工，农业经营主要为种植业和养殖业，种植的农作物品种主要有冬小麦、豆类、玉米、油菜等，果品类作物以苹果为主，养殖业以分散养殖牛、猪、羊、鸡等为主，2012年人均纯收入4278元。发展目标：按照全镇"四区一中心三基地一目标"目标定位，坚持以科学发展观为统领，以党的十八大精神为指导，按照"产业发展适宜区全覆盖"的思路和"高产、优质、高效、生态、安全"的要求，抢抓各方发展机遇，以发展劳务、果品、畜牧三大产业为重点，力争到2020年，全村果园面积达到3850亩，全村人均纯收入达到9300元。

0934 高平镇黄家铺村

简　　介：高平镇黄家铺村位于高平镇西部，毗邻上湾村、三十铺村和贾洼村，距镇政府驻地5公里。全村共有11个村民小组415户，1695口人，其中劳动力920人。全村总耕地面积3322亩，其中山地1500亩，塬地1822亩。全村现有果园1060亩，其中丰产园420亩，幼园640亩，人均果园面积0.6亩，果品年产量140吨，全村现猪存栏240头，牛存栏76头。2012年农民人均纯收入3827元。发展思路及目标：坚持以科学发展观为统领，以党的十八大精神为指导，按照"产业发展适宜区全覆盖"的思路和"高产、优质、高效、生态、安全"的要求，抢抓各方发展机遇，以发展劳务、果品、畜牧三大主导产业为重点，力争到2020年，全村果园面积达到2800亩，全村人均纯收入达到9000元。

0935 太平乡朱家沟村

简　　介：太平乡朱家沟村位于黑河川区东端，现有258户，907人。耕地总面积5555.6亩，人均5.1亩，其中山地3732.6亩，川地1822.56亩，主要种植小麦，种植、务工和养殖是本村群众的主要经济来源。

0936 城关镇兰家山村

简　　介：城关镇兰家山村位于县城北，北与党原乡接壤，南至平定高速公路，西平铁路、北大路横穿境内，交通便利，地理位置优越。全村共有11个村民小组，645户，2702人。全村耕地面积为1689亩，其中塬地841亩，山台地477亩，川水地371亩。川水地全部纳入近期城市规划范围。现有果园256亩，种植小麦960亩，玉米130亩，油料210亩，其它粮食作物133亩。全村产业发展以务工、二三产业发展为主，农民收入主要来自劳务、运输、餐饮服务等二、三产业，外出务工120户，运输业30户，餐饮服务业30户，小商贩100多户，从事建筑承包行业20户，现有养殖户12户，鸡存栏5万只，猪存栏1050头，其余人员从事打零工务农。2012年农民人均纯收入为5294元。以大云寺景区和田家沟景区为依托，开发农家乐餐饮服务。

0937 城关镇凤凰村

简　　介：城关镇凤凰村位于城关镇东北角，北与丰台乡毗邻，东接温泉开发区，北大路西平铁路横穿境内，群众大部分居住在山区，交通不便，共有6个村民小组，200户，799人。全村耕地面积2288亩，人均耕地2.86亩，林地面积3400亩，人均林地面积4.25亩。全村现有红富士果园500亩，由于管理水平低下，目前还没有挂果；现有牛存栏130头，规模较小，另外有零散养殖的鸡1400只、肉兔330只。群众主要靠外出进城务工收入，由于技能缺乏，主要从事纯体力劳动，收入较低。2012年全村人均纯收入为4893元。

0938 罗汉洞乡吕家拉村

简　　介：罗汉洞乡吕家拉村位于罗汉洞乡东北部，与荔堡相邻，共辖9个村民小组451户，1738口人，总劳力960人；境内山、坪兼有，耕地总面积4683亩，其中山地3160亩，坪地1523亩。全村以果品、零星养殖为主，山地、坪地基本实现了苹果和柿子全覆盖。共有果园3400亩，占总耕地面积的72.6%，人均达到1.96亩，其中柿子基地900亩（2003年以来退耕还林新建480亩），户均1.99亩，人均0.52亩；1997年在吕家拉组、对坡组、老光咀建成优质红富士苹果园区800亩，1998年在权张优质红富士苹果园区800亩，2011年在麻黄咀建成优质红富士苹果园区900亩，户均5.54亩，人均1.43亩，2012年完成权张、吕家拉坪补植补造300亩。发展思路及目标：坚持以科学发展观为统领，以党的十八大精神为指导，按照"强化果品产业、促进畜牧养殖"的发展思路和"扩量、提质、增效"的发展重点，强化项目支撑，注重规范管理，以发展果品、畜牧两大主导产业为重点，力争到2020年，建成县级苹果样板园3个，柿子样板园1个400亩，组建果品专业合作社1个，权张坪畜牧养殖小区1处，组建畜牧养殖合作社1个，果品收入达到1915.2万元，畜牧养殖收入达到284万元，全村人均纯收入达到8109元。

0939 罗汉洞乡北坡村

简　　介：罗汉洞乡北坡村位于罗汉洞乡东北部，距罗汉洞乡街道15公里，共辖8个村民小组，241户，1064人，有劳动力685人。境内山地、川地兼有，全村总耕地面积3226亩，其中山地2592亩，川地624亩。全村以果品、零星养殖为主，共有柿子园1580亩（2003年以来退耕还林新建620亩），占耕地总面积48.9%，户均6.5亩，人均1.484亩。发展思路及目标：坚持以科学发展观为统领，以党的十八届三中全会精神为指导，按照"扩量、提质、增效"的发展思路，抢抓机遇，强化管理，突出特色，提质扩量，以发展果品、畜牧、劳务三大主导产业为重点，力争到2020年，全村柿子园面积达到1930亩，全村人均纯收入达到8200元。

0940 高平镇三家村

简　　介：高平镇三家村位于高平北部，毗邻高平、胡家峪村和罗汉洞乡土堑坳村，距镇政府驻地7.8公里。全村共有5个村民小组，65户，217人，其中劳动力120人。全村总耕地面积3905亩，均为山地。果品产业是本村重点培育的主导产业，全村现有果园60亩，其中丰产园10亩，幼园50亩，人均0.26亩，果品年产量2吨。2012年人均纯收入3179元。发展思路及目标：坚持以科学发展观为统领，以党的十八大精神为指导，按照"产业发展适宜区全覆盖"的思路和"高产、优质、高效、生态、安全"的要求，抢抓各方发展机遇，以发展劳务、果品、畜牧三大产业为重点，力争到2020年，全村果园面积达到1260亩，全村人均纯收入达到8100元。

0941 汭丰乡龙王村

简　　介：汭丰乡龙王村辖3个村民小组，218户，907人。总耕地面积1477.7亩，其中山地面积385.7亩、川地面积1092亩。全村农民人均纯收入达到2706元，今年以来，在省委宣传部的精心指导和帮扶下，紧紧围绕六大任务，深入调研，科学谋划，创新举措，"双联"行动取得了初步成效。坚持从群众最关心、要求最迫切、见效最容易的工作入手，积极衔接争取项目，硬化村内主干道路1.5公里，新打大口井1眼，衬砌排洪渠4.2公里。大力实施危旧房改造和新农村建设工程，以"安居"促"乐业"，集中连片修建小康屋24户，聘请县规划局专业技术人员进行了统一规划选址；在一、二组进行危旧房屋改造43户，目前已全部完工。完成了村部前院的硬化、绿化、亮化，彻底解决了村级办公条件和文化设施不配套的问题。

0942 红河乡龙王桥村

简　　介：红河乡龙王桥村共有7个村民小组，336户，1473人。耕地总面积5405亩，其中川地890亩，山地4515亩。2011年农民人均纯收入2240元，2012年农民人均纯收入2756元，2013年农民人均纯收入3833元。近年来，该村按照建设红河山区畜禽养殖基地的总体要求，大力发展肉鸡养殖产业，高标准建成养殖小区一处，新建鸡棚4栋，目前鸡存栏3.6万只，2013年共出栏肉鸡4茬14.4万只，实现利润37.44万元，单鸡利润2.6元。全村人均养殖收入1537.72元，占农民人均纯收入的40.1%。

0943 党原乡小徐村

简　　介：党原乡小徐村共有4个村民小组，227户，911口人，耕地2101亩，人均2.3亩。现有果园660亩，全面实施了标准化管理。

0944 荔堡镇高马村

简　　介：荔堡镇高马村地处荔堡镇西北3公里处，与庆阳市接壤。全村共辖4个村民小组，261户，1249口人，以种地务农为主，2011年人均纯收入3811.67元，全村80%的户属于国家贫困户。全村耕地总面积2401.4亩，其中塬地面积2152亩，山地面积249.4亩，塬区面积2152亩，粮田面积3337亩，粮食总产量596.2吨，果园面积2578亩，果品产量1096吨，退耕还林面2538.5亩。

0945 王村镇雷李村

简　　介：王村镇雷李村共有2074人。耕地面积5135亩，其中山地3208亩，川地1927亩，人均耕地面积2.48亩。该村以发展果品产业为主，现有果园1680亩，均为新幼园，全部落实了标准化管理措施。

0946 泾明乡苏家河村

简　　介：泾明乡苏家河村共辖5个村民小组，180户，727口人。总面积5123亩，耕地面积1256亩，人均1.73亩。2011年全村农民人均纯收入2139元。苏家河村现有优质红富士基地1处710亩，其中初挂果园

710 亩，有柿子产业园区 1 处 230 亩，果品产业总产值达到 10 万元，人均 137 元；牛存栏 350 头，猪存栏 356 头，鸡存栏 2800 只，畜牧养殖产业总产值 178 万元，人均 2488 元。

0947 党原乡陈袁村

简　　介：党原乡陈袁村共有 4 个村民小组，176 户，667 人。耕地面积 2341 亩（其中塬地 744 亩，山地 1597 亩），人均现有耕地 1.1 亩，现有果园面积 474 亩，人均 0.7 亩。全村共修建小康住宅 72 户，硬化、柏油村内主干道路 2.9 公里，栽植绿化苗木 4200 株，切实提升农村生活水平，自来水入户率达 160 户，农户通电率达 100%。

0948 玉都镇玉都村

简　　介：玉都镇玉都村是镇政府所在地，是玉都镇政治、经济、文化的中心，是泾镇公路和玉丰公路的枢纽，共有 11 个村民小组，574 户，2307 人，总耕地面积 4795 亩。现有新幼果园 2570 亩，人均 1.1 亩，通过间作蔬菜、豆类、马铃薯等作物，收入 930 元，占全村人均收入的 20.08%；劳务输出和小商品经济收入 1042.9 元，占人均收入的 24.4%；养畜业人均收入 1210 元，占人均收入的 26.13%。目前，全村农业综合生产能力低；特色产业发展滞后，农民增收渠道狭窄，经济收入主要依靠劳务输出和小商品经济；集体经济收入匮乏，发展资金严重不足，公共事务服务比较滞后，全村整体贫困的基本面貌仍然没有得到根本改变。

0949 太平乡里口村

简　　介：太平乡里口村位于太平乡黑河川区，有 5 个村民小组，102 户，378 人，以粮食作物和蔬菜种植为主，林、果、牧用地极少，粮食作物主要有小麦、玉米、洋芋等。里口村依山居住，是典型的农业村，经济收入以种植业和外出务工为主，经济结构以第一产业为主导。

0950 泾明乡雷家沟村

简　　介：泾明乡雷家沟村位于泾明乡西端，全村共有 9 个村民小组，630 户，2633 人，总劳力 1645 人。耕地面积 3580 亩，人均 1.36 亩。2011 年农民人均纯收入 2655 元，属大陆性季风气候，气候温和，光热资源丰富。雷家沟村现有井沟山、吕家台及崔家沟 2 个设施蔬菜产业园区，共有日光温室 20 座，塑料大拱棚 50 座，蔬菜种植面积 480 亩，蔬菜产业总产值达到 312 万元，蔬菜产业年收入 175 万元，人均 664 元；有百头肉牛养殖小区 1 处，肉牛出栏量达到 1130 头；肉鸡出栏量达到 7400 只；生猪出栏量达到 230 口，畜牧养殖产业总产值达到 860 万元，年实现畜牧养殖收入 326 万元。

0951 罗汉洞乡丈八寺村

简　　介：罗汉洞乡丈八寺村位于罗汉洞乡北面山区，共辖 7 个村民小组，318 户，1332 口人，有劳动力 850 人；境内山、川、坪兼有，耕地总面积 2996 亩，其中山坪地 1025.8 亩，川地 1970.2 亩。全村以果品、务工、零星养殖为主，川地主要种植小麦，山坪地基本实现了苹果和柿子全覆盖。共有果园 2945 亩，占总耕地面积的 98.2%，人均达到 2.21 亩，其中柿子基地 2320 亩（2003 年以来退耕还林新建 1234 亩，2005 年新建 786 亩），户均 7.2 亩，人均 1.74 亩。发展思路及目标：坚持以科学发展观为统领，以党的十八大精神为指导，按照"抓产业夯基础、抓规模促带动"的发展思路，强化项目支撑，注重规范管理，以发展果品、畜牧两大主导产业为重点，力争到 2020 年，全村现有的苹果园和柿子园成为县级样板园，果品总产量达到1010.58吨，总收入达到363.022万元，扩大养殖规模，建成畜牧养殖小区1处，实现畜牧养殖收入356.5万元，全村人均纯收入达到8438元。

0952 城关镇东庵村

简　　介：城关镇东庵村共有5个村民小组，364户，1612人，全村占地面积8808.9亩，其中耕地面积3117亩，全村种植小麦850亩，玉米120亩，其他粮食作物147亩，柿子园2000亩。人均耕地面积1.89亩，林地面积为5172亩。村内基础设施落后，群众创新意识不强，经济发展滞后。经济来源以种植业、零散养殖业和劳务输出为主，果品产业还处于起步阶段，经济效益还未凸显。2012年农民人均纯收入为5197元。按照镇党委"建设北山杂果经济林带"的整体思路，结合东庵村产业发展现状，坚持"一村一品，整村突破"的发展方向，以发展山地杂果经济林为重点，建办柿饼加工企业，大力发展劳务输出，提高务工人员整体素质，依托田家沟景区大力发展旅游产业，大力发展物流产业。

0953 太平乡七千关村

简　　介：太平乡七千关村位于我乡黑河川区西端，东西狭长，南北狭窄，双河公路横穿全村。全村共有5个村民小组，147户，559口人，其中劳动力283人，接近50%的人口常年外出务工。近年来，人口呈下降态势。耕地总面积3580亩，人均6.4亩，其中山地2741.5亩，41%为退耕还林工程，川地838.5亩，主要种植小麦和高粱；群众居住以土木结构房屋和窑洞为主，其中纯窑洞39户。全村牛存栏356头，种植、务工和养殖是本村群众的主要经济来源。自来水入户93户，入户率为63%；实施了农村电网改造项目，配备变压器4台，电网覆盖所有农户；有村庄主干道路4条22公里，其中砂化道路1条13公里，土路3条19公里；村小学占地9亩，有砖木结构房屋8间，其中教室2间30平方米，教师宿舍2间30平方米，现有教师2人，学生6人；村卫生所属泾川县农村合作医疗定点机构，用房面积4间86平方米，有统一调配的执业村医1名。村部建于2001年，占地1300平方米，有砖木结构房屋5间146平方米；现有村干部3名、组干部5名。

0954 丰台乡伍冢村

简　　介：传说，明朝末期，闯王李自成带领起义军到达此地时，天降大雨，士兵有得了重病，上吐下泻，死伤无数。闯王就命人将死者埋在军营附近庙宇旁边，闯王前去祭拜，并在庙周围五个坟堆前承诺，如果你们能保佑我们的士兵这次能够转危为安，我将为你们修建庙宇，供万人祭拜。第二天，果然天晴了，士兵的病减轻了许多。闯王就把现在的康家庙搬了过来，并悬挂了钟，大钟的五个角正好指着旁边的五个坟堆，而且在庙前立了碑子。从此，这里就叫伍冢。解放后，1958年，遇上全国大练钢铁，把大钟练了铁，碑子也被砸碎，现在鼓楼还在。伍冢村地处丰台街道向南2.5公里，南接玉都康家，东邻湫池村，北与丰台村毗邻，西壤西头王村。共辖9个村民小组，742户村民，3129口人，总耕地面积6524亩，海拔1200多米，属大陆季风性气候，属以种植为主的产业区域，全村目前已建优质红富士苹果园3400多亩，年农民人均纯收入达到4654元。文教、卫生、社会事业健康发展，建有社区服务中心1处，标准化村卫生所1处，小学教学点1处，基础设施建设向好发展，村、社道路逐年硬化，水、电、网全覆盖，危旧房屋住户116户正在逐年实施改造，近年已改造56户，交通便利，信息畅通。

0955 党原乡高寨村

简　　介：党原乡高寨村共11个村民小组，502户，2139人，耕地面积5432亩，人均耕地2.5亩。集中修建标准化百口及百口以上温棚猪舍30座；分散新修、维修温棚猪舍70座，引进长白、夏洛克等良种猪540头，新增养猪1万口，全村生猪饲养量达到2.3万口。至目前已出栏0.86万口，总收入达到1032万元，实现纯收入344万元，树立养猪科技示范户20户，同时，按照果畜互促的工作思路栽植富士苹果1000亩，成活率达到86%。

0956 窑店镇雷岭村

简　　介：窑店镇雷岭村位于窑店镇东部，距窑店镇政府驻地2公里。全村共有3个村民小组，100户，360人，全村总耕地面积1776亩，其中山地1518亩，塬地面积258亩。果品产业是本村群众增收的主导产业，全村现有果园1660亩，其中丰产园240亩，幼园1420亩。2013年全村果品总产量达到480吨，果品总收入192万元，人均果品收入5304元，农民人均纯收入5150元。

0957 党原乡高丰村

简　　介：党原乡高丰村共有11个村民小组，505户，2076口人。新建农民住宅216户，耕地面积5005亩，人均耕地面积近2.41亩。果园面积1805亩。通村油路5公里，修建水渠2000米。自来水入户率占总户数的80%，建有沼气池150座，太阳灶140个。建有标准化养殖场1处，农户分散修建猪、牛舍共计410座，年猪饲养量20000头。

0958 城关镇水泉寺村

简　　介：城关镇水泉寺村位于泾川县西北部，北与党原乡接壤，西至平定高速公路，距离县城3公里，北大路横穿境内，交通便利，地理位置优越。全村共有4个村民小组，426户，1775人。全村耕地总面积1248亩，其中川水地1038亩。山台地210亩。果园面积228亩，种植小麦871亩，玉米及其他粮食作物149亩。全村共有退耕还林549亩。基础设施不够完善，产业发展制约性大。水利设施建设滞后，能够实现浇水的川地为200亩，仅仅为川地面积的19.5%；农业产业发展缓慢，农民收入不高。全村仅有果园228亩，川地几乎全部种植小麦和玉米。群众缺乏创新意识，对产业发展认识不足。全村产业发展以传统种植业为主，经济结构单一，主要种植小麦，10户农户承包村集体果园228亩，养殖户11户，猪存栏558头，农民收入主要来自劳务、运输、餐饮服务等二、三产业，外出务工人员共有80户，从事运输业15户，餐饮服务业5户，其余人员以务农、打零工为主。

0959 丰台乡张观察村

简　　介：相传有一位张姓农户的儿子，十年苦读，终金榜题名，官拜观察御史。后人为了表示纪念，便将村名更改为张观察。1949年解放后，成立张观察公社，管辖张观察、湫池、盖郭、南堡子、巨家5个村，1958年并入丰台乡人民公社，归丰台乡人民公社管辖。张观察村位于泾川县丰台乡南部，东至盖郭村，西至凤凰沟，南至开发区，北至湫池村，属旱塬区。全村共辖9各村民小组，468户，2092人。耕地面积6256亩。以种植业为主，形成以林果业为主的特色产业，建成果园3500多亩，人均果园面积1.7亩，人均年纯收入4000余元。在各级组织支持下，新修村部1处，占地3亩，新建文化广场1处，并设立了图书室，老年活动室，人大工作室。修建村卫生所，村小学，有师资13人，解决了群众看病难、上学难的问题。集资修建柏油道路2.5公里，剩余村组道路全部砂化。全村家家通上了电、用上了自来水，接通了有线电视。

0960 城关镇杨柳村

简　　介：城关镇杨柳村位于泾川县城城西，属于城市开发的重点区域。共6个村民小组，518户，2310人。全村耕地面积1280亩，人均耕地面积0.55亩。该村目前以蔬菜产业为主，现有日光温室30座，每座棚年收入1.5万元，全村有露地蔬菜340亩，全年蔬菜收入300万元。蔬菜经销户80户，总收入达到400万元，年劳务收入400万元。村内建有泾川一中，招商引资建办的面粉厂1家，目前正在修建泾川四中、正大集团。蔬菜产业作为全村的传统产业发展滞后，群众收入以蔬菜贩运、外出务工为主，村内基础设施落后，环境问题突出。2012年人均纯收入为4997元。

0961 党原乡赵家村

简　　介：党原乡赵家村共有8个村民小组，288户，1336人。耕地面积2885亩，人均2.16亩，大力发展果品产业，现有果园面积1415亩，全村果园间作洋芋650亩，辣椒200亩，西瓜360亩，取得了较好的经济收入。

0962 荔堡镇庙李村

简　　介：荔堡镇庙李村位于荔堡镇边缘地带，处于两区三县交汇处，地理位置优越。全村共有7个村民小组，1275人。耕地面积4000亩，其中川道1700亩，山地300亩，塬地2000亩，林地面积2000亩，占耕地面积的50%。

0963 丰台乡丰台村

简　　介：丰台乡丰台村位于乡驻地东面，地处黄土高原丘陵沟壑区，以塬地为主占丰台村总面积的百分之七十，剩余为山地，山地沟壑纵横，梁峁起伏，塬地较为平坦，土壤以黄土为主，属于典型的黄土丘陵沟壑区。本村东临秋池沟村，东南接秋池村，南临伍家村，西接丰台丰台墩村，北接红河乡界，下辖12个村民小组，共有645户，3078人，其中劳动力1837人，现有耕地面积7262亩，人均占有耕地2.3亩。本村以发展果品产业为主，现有果园3750亩，年果品总收入收入1274多万元，2013年人均纯收入4577元。本村有著名的有太白殿和土龙口文昌宫。太白殿地处丰台白头王庄红丰路坡口处，始建于明朝年间，占地约50亩。此山状如卧虎藏龙之形，由十沟九岭形如九龙，得名九龙山又叫卧虎九龙山。据记载太白殿最迟不次于明朝末年，至今修复五次，太白殿香火鼎盛，山貌渐兴，现有太白大殿、太白拜殿、子孙宫、赵爷殿、白马殿、二圣宫皇阁、山门等殿宇。土龙口文昌宫位于丰台街北，文昌宫建于明代年间，该地山貌如龙，风景秀丽，此处存有明代古城堡1座，古城高10米，城墙总长65米，有城门、炮台，原有老公庙（已毁），新建文昌宫。

0964 党原乡城刘村

简　　介：党原乡城刘村共有9个村民小组，706户，2530人。耕地面积4558亩，人均1.8亩，共有果园1400亩，新建小康屋129户。该村以种植小麦、玉米、养猪、养牛为主，现猪存栏2700头，牛存栏270头，外出务工人员380人，主要经济来源以外出打工、养殖为主。

0965 荔堡镇地庄村

简　　介：荔堡镇地庄村共有1226人，297户，五个村民小组，党员共62名。耕地面积4404亩，人均3.5亩，其中粮田面积3390亩，果园面积2020亩，养猪大户2户，存栏150头，林下养鸡一处5000只。

（二）灵台县

0966 朝那镇西张村
简　　介：朝那镇西张村合作化时归旧集乡。1957年归上良乡，公社化时设两个大队。1963年合并为西张大队，1983年社改乡时设西张村民委员会。位于灵千路沿线，东连上良乡涧沟村，西接土桥与社古村毗邻，南隔涧河与后沟相连，北与小寨毗邻，是朝那镇的东大门，地域宽广，辖10个村民小组，391户，1593人，耕地面积6554亩，其中，塬地4834亩，山地1720亩。产业以林果业为主，全村养牛263头，建办养殖小区1处。

0967 什字镇草脉村
简　　介：什字镇草脉村位于什字镇街道以东，东面与三村林场相邻，西与长坡村相接，南邻梁咀村，北接姚家沟村，海拔高度1390米。合作化时归什字乡，公社化时为一个中队，归丁家沟大队，1962年设草脉大队。1965年与孙家坡合并，1973年分开为草脉大队。1983年社改乡时设草脉村民委员会。2004年撤消孙家坡村民委员会，并入草脉村民委员会。现辖5个村民小组，1326人，流域面积5.68平方公里。村子北靠商铺林立的街道，南依泾渗二级公路，西边是郁郁葱葱的果园，是什字镇名符其实的"微城市"。

0968 朝那镇三里村
简　　介：朝那镇三里村位于朝那镇区西南，距朝那镇中心1.5公里，故名叫"三里村"。东邻社古村，西接盘头村，南与百里乡芦子集毗邻，北接马寨村，全村12个村民小组，393户，1441人。耕地面积4705亩，其中塬地3680亩，山地1025亩。区域面积18.5平方公里。2004年撤销崖湾村民委员会合并三里村民委员会。三里村是晋代名医皇甫谧的出生地，现有遗址皇甫湾，古迹有车头坡、歇马店、旋崞疙瘩等。

0969 上良乡西门村
简　　介：上良乡西门村位于上良街道以西，与街道接壤，人口1735多人，下辖9个村民小组，流域面积7.61平方公里。西门村东与街道毗邻，西邻涧沟村，南隔涧河与星火乡相望，北接旧集村，海拔高度1420米。西门村是上良街道的西大门，"西门"一名由此而来。西门村地理条件优越，灵千公路穿境而过，群众出行方便。耕地以塬地居多，主要粮食作物有小麦、玉米、胡麻、糜子、荞麦、菜籽、荏、各种豆类；村内居民姓氏以景、王、姚、贾、周、秦、张、梁居多。解放初归旧集乡和上良乡，合作化时仍是。1957年归上良乡。公社化时设大队。1983年社改乡时设西门村民委员会。

0970 百里乡蒙家庄村

简　　介：百里乡蒙家庄村位于百里乡以南，东接曹家沟村，西与万宝川农场接壤，北邻古城村，南连路家沟村。1957年归百里公社。1962年设三个大队。1964年合并为蒙家庄大队。1983年社改乡时设蒙家庄村民委员会。下辖7个村民小组，118户，415人。耕地面积4505.8亩，其中川地762.8亩，山地3743亩。

0971 什字镇青岗铺村

简　　介：什字镇青岗铺村位于什字镇的最北端，距什字镇政府以北3.5公里处，南临什字镇庙头村，西隔八条山与北沟村相望，北接泾川县黑河乡，东与什字镇湾里陶村相接。海拔高度1330米。青岗铺村是什字镇的北大门，1962年设两个大队。1963年与遥子坡合并为青岗铺大队，1969年分出遥子坡大队。1983年社改乡时设青岗铺村民委员会。现辖8个村民小组，1648人，区域面积6.38平方公里。

0972 什字镇西郊村

简　　介：什字镇西郊村南与姚家沟村毗邻，北与韩家湾村、赵家沟村相邻，西邻中永村，东接西屯乡大社村，海拔高度1360米。最初归西郊乡，1957年归什字乡，公社化时成立西郊大队。1983年社改乡时设西郊村民委员会。现辖4个村民小组，1115人，区域面积5.8平方公里。境内有放马咀，相传有唐代名将郭子仪现西屯乡屯军时在此放马得来。西郊村地理条件优越，灵千路穿境而过，群众出行方便。耕地面积1900亩，以塬地居多，主要粮食作物有小麦、玉米、胡麻、糜子、荞麦、菜籽、荏、各种豆类，果树面积1245亩，占耕地面积的65.52%，已进入挂果期。

0973 中台镇东王沟村

简　　介：中台镇东王沟村位于中台镇东川，是一个民族聚居村。东连许家沟村，西接下河村，南连新开乡，北接达溪河。最初归下河乡，合作化时为两个农业社，公社化时为跃进大队。1962年设大队时因与本社西面的王家沟重名，故改名为东王沟。1974年与跃进分开，成立东王沟大队。1983年社改乡时设东王沟村民委员会。2004年7月撤销罗家湾村民委员会，并入东王沟村民委员会。全村辖11个村民小组，274个农户，1166人，其中回族群众1003人，占全村总人口的86%。

0974 蒲窝乡新庙村

简　　介：蒲窝乡新庙村位于蒲窝乡西塬最北端，东望郑家洼村，南接蒲窝村，地处偏远山区，距乡政府20公里，县城40公里。全村辖6个村民小组，119户，427人，总耕地面积4370亩。最初归蒲窝乡，合作化时仍是，公社化时为一个中队，归蒲窝大队。1962年设新庙大队。1983年社改乡时改为新庙村民委员会。新庙村地名由来已久，源起十九世纪八九十年代，由于其地北接陕西麟游，荒山绵延、沟壑夹杂，加之自然灾害频发，民生凋敝，百姓为祈福免灾，于山间筑庙一座，以求风调雨顺、聚富去祸、生活和顺。山间居民多于古历八月中旬前往祭献，新庙便由此得名，此礼仪传承百年有余。至1945年前后，由于种种原因，庙宇被毁，废墟之地，仍苍柏翠竹。虽几经沧桑，其名至今沿用。

0975 朝那镇高崖村

简　　介：朝那镇高崖村位于朝那镇西南，东望街子村，西接龙门崾岘村，南邻干涝村，北邻梁原南沟村。全村辖12个村民小组，

342户，1358人，耕地5627亩，其中塬地3545亩，山地2082亩。1955年至1958年归龙门区牛宅乡李何村管，起队名高崖大队管理委员会。1958年11月人民公社划归朝那人民公社，1981年包产到户为高崖村村民委员会。产业以养牛为主。

0976 新开乡梁家庄村

简　　介：新开乡梁家庄村位于新开乡东部川区，北连新开乡寺沟村，西邻新开乡寺沟村李家山社，南接邵寨马家河，东与料子茬接壤。1962年成立梁家庄大队。1983年社改乡时设梁家庄村民委员会。全村共4个村民小组，102户，345口人，总耕地面积2820.55亩。牛、菜产业是全村的支柱产业。

0977 梁原乡付家沟村

简　　介：梁原乡付家沟村位于朝水公路沿线，距乡政府15公里。最初归官村乡，1957年归横渠乡。1962年设付家沟大队，归梁原公社。1983年社改乡时设付家沟村民委员会。全村通水、通电，道路砂化。该村下辖9个村民小组，2237口人，是以汉回民族混居，以农业为主的回汉民族村。

0978 独店镇白峪村

简　　介：独店镇白峪村位于独店镇西南部，西靠西屯乡柳家铺村，东接瓦峪村，南临中台镇，北与泾川县隔沟相望，灵平公路横穿而过，下辖6个村民小组，315户，1174口人，交通便利，经济发达，主要粮食作物有小麦、玉米、胡麻、糜子、荞麦、菜籽、茬籽、各种豆类。因全村地形像山谷形状，贯穿老神庙而得名由来。

0979 西屯乡大王村

简　　介：西屯乡大王村源于清朝末年老庄社有座大王庙，里面供奉有关帝、药王、文昌星，当时香火极为旺盛。随着时间的推移，人们称其附近的村落为大王村。大王村地处西屯乡西北部，南邻北庄村，北扼东湾、上孙、姜家庄三村之"咽喉"。全村主要的姓氏以王、陶、仇、周四大姓为主。其原名大王村，在"文革"中曾更名为新民村，1975年又恢复为原名大王村，经历时代的变迁，分分合合，至目前全村共辖10个村民小组，415户，1602人，耕地面积4460.7亩。村民以种植业和养殖业为主，种植业以果树、小麦、玉米为主，养殖业以牛、羊、猪为主。

0980 蒲窝乡塔贤村

简　　介：蒲窝乡塔贤村位于蒲窝乡西塬，东望五星，南连青山，北接蒲窝。全村共6个村民小组，575人。最初归蒲窝乡，公社化时为中队。1961年设塔岘大队。1983年社改乡时设塔岘村民委员会。经济发展以农业和畜牧养殖为主。相传清末年间，塔贤与其相邻的温家庄，也就是现在的南塬崾岘，两地之间为沟壑所阻断，其间只有东西宽一米的狭路相通。解放后随着社会经济条件的不断改善，这条只够一人行走的路终被加宽，甚至通车，两地终于相搭而通，故起名叫"搭贤"，后谐音为"塔贤"而流传至今。

0981 梁原乡马家沟村

简　　介：梁原乡马家沟村位于梁原乡西川。最初归横渠乡。1958年为中队，归梁原乡。1961年归横渠公社。1962年设马家沟大队。1964年归梁原公社。1983年社改乡时设马家沟村民委员会。辖5个村民小组193个农户，927口人，回汉杂居，回民占85%以上。总耕地面积3616亩，其中山地3260亩，塬地326亩，川地30亩。

0982 朝那镇后沟村

简　　介：朝那镇后沟村位于朝那镇的东南部，1983年后改名为后沟村民委员会，2004年撤销堡子村民委员会合并后沟村民委员会。东隔涧河接上良乡杨家庄村，西邻社古村，南隔涧河接星火乡岘子村，北与西张村毗邻。共辖13个村民小组，557户，2236人。耕地面积8487亩，其中塬地6171亩，山地2316亩。境内有两寺："常灵寺"和"大觉寺"，常灵寺位于后沟组，大觉寺位于沟底组。文化遗产主要有书法、秦腔，牛皮戏、社火等。以发展种植业和牛果产业为主。

0983 上良乡朱堡村

简　　介：上良乡朱堡村位于上良乡西北5公里处，人口925人，下辖7个村民小组，流域面积5.98平方公里。朱堡村东面隔沟与上郑村相望，西与朝那镇小寨村隔沟相望，南邻旧集村，北接梁原乡杜家沟村，海拔高度1360米。古时因社会动荡，为防御匪寇侵袭，翁幼妇儒齐上阵，在村内修筑堡子，作为贮存贵重家什及遇难避险场所，由于村内"朱"姓人家较多，又称"朱家堡子"，后而取名"朱堡"。新修建的上良乡西门村到梁原乡杜家沟村的公路贯穿境内，耕地以山地居多，主要粮食作物有小麦、玉米、胡麻、糜子、荞麦、荏籽、菜籽、各种豆类。

0984 百里乡芦子集村

简　　介：百里乡芦子集村位于百里乡以西，东接柴朝村，南与陕西省接壤，北邻朝那镇，西与龙门乡相接。解放初归柴朝乡，合作化时仍是。1957年归喂马乡，1962年成立芦子集大队。1983年社改乡时设芦子集村民委员会。2004年撤消喂马村民委员会，并入芦子集村民委员会。下辖13个村民小组，132户，370人。耕地面积8222.3亩，其中川地693.3亩，山地7529亩。

0985 中台镇下河村

简　　介：中台镇下河村地处灵台县城城郊，位于县城东出口，达溪河贯穿全境，东连东王沟村，西接县城城区，南连新开乡，北接独店镇。1983年社改乡时设下河村民委员会。辖9个村民小组，445户，2068人，其中回族1720人，占人口总数的85%。现有耕地2926亩，其中川地293.8亩，山地1915亩，人均耕地1.5亩。尽管与县城相连，但由于历史的原因和回族群众比重大，其家庭经济积累基础相对较弱，仍然是全镇的贫困村和经济发展缓慢村。

0986 邵寨镇三联村

简　　介：邵寨镇三联村位于邵寨镇中心位置，人口2300多人，下辖12个村民小组，流域面积10.5平方公里。三联村地处邵寨镇地域中心，东与新民村接壤，南邻吴家什字村毗邻，西面隔沟与黎家河相望，北接三坡村，海拔高度1400米。灵西公路贯穿境内，村内居民姓氏以田、雷、杜、马居多。解放初归邵寨乡。合作化时设三联大队。1983年社改乡时设三联村民委员会。耕地山、塬皆有，均可耕种，主要粮食作物有小麦、玉米、胡麻、糜子、荞麦、菜籽、荏、各种豆类；北方蔬菜均可种植，而且质量上乘，主要产业为苹果。

0987 什字镇水晶村

简　　介：什字镇水晶村位于什字镇正南6公里处，北接瓦咀村，南面连接三村林场，西接沟泉，东接梁咀村，海拔高度1410米。解放初归白草乡，合作化时归什字区，公社化时与瓦咀为水晶中队，归董家村大队什字公社。1961年归水晶公社，1962年设水晶大队。1964年归什字公社。1965年与瓦咀大队分开，1974年分出。1980年归胜利公社（北沟公社），1983年社改乡时设水晶村民委员会。现辖7个村民小组，1422人，流域面积6.8平方公里。耕地以塬地为主，主要粮食作物有小麦、玉米、胡麻、糜子、荞麦、菜籽、荏、各种豆类。

0988 西屯乡南头村

简　　介：西屯乡南头村地处西屯乡最西部，吴凤公路沿线，东至西屯乡穆村，西至什字镇西郊村，以姚、巩两姓为主，相传清乾隆年间从独店镇吊街村、姚李村等地迁涉至此，70年代曾更名红旗大队，南头村全长4公里，耕地面积5243.8亩，全村共有7个村民小组，467户，1814人。以种植业和养殖业的发展为主，种植业以果树、小麦、玉米为主，养殖业以牛、羊、猪为主。现已建成果树示范园380亩，形成规模的养殖基地4处，除上述产业外，还伴有小规模的豆制品生产加工、肉类、副食小作坊加工点11个，私营企业1处。除自然优势外，人文历史文化底蕴深厚，代代人才辈出，据统计，从清代到明国初，南头村就有贡生67人，老书房院遗址3处，近年来考取省内外重点大学的南头学子多不胜举，很多在政府部门和各行业内担任要职。

0989 上良乡合集村

简　　介：上良乡合集村位于上良乡东南2.5公里处，人口1200多人，下辖9个村民小组，流域面积7.6平方公里。合集村东面与什字镇南庄村接壤，南隔涧河与星火乡相望，西面与杨家庄村毗邻，北面与右集、蒋家沟村相邻，海拔高度1410米。在旧集、右集设过集市之后，上良的集市贸易中心设在合集村，故而取名"合集"。耕地以山塬地各半，主要粮食作物有小麦、玉米、胡麻、糜子、荞麦、菜籽、荏、各种豆类；北方蔬菜均可种植，而且质量上乘。村内居民姓氏以姚、白、丁、王居多。解放初归上良乡，合作化时仍之。公社化时设合集大队。1963年与涝池大队合并为合集大队。1978年分开为上塬大队。1982年地名普查时更名为合集大队。1983年社改乡时设合集村民委员会。2004年撤消姚家庄村民委员会，并入合集村民委员会。

0990 朝那镇街子村

简　　介：朝那镇街子村位于朝那镇北段、灵台朝水公路沿线，南接马寨，东接小寨，北接梁原东门村，西与高崖相望，距离朝那镇7.5公里。地域宽广，辖11个村民小组，319户，1319人，耕地面积5230亩，其中，塬地3945亩，山地1285亩。境内有暖山遗址、白马寺、干树塬等文化遗址，产业以果产业为主。

0991 什字镇梁家咀村

简　　介：什字镇梁家咀村与什字镇街道毗邻，南与水晶村相邻，东接草脉村，北面距街道有2公里，西隔八条山与北沟村相望。海拔高度1380米。最初归草脉乡，合作化时归什字乡，公社化时为两个中队，归董家村大队。1961年设梁家咀大队和董家村大队。1983年社改乡时设梁家咀村民委员会。2004年撤消河里村民委员会，并入梁家咀村民委员会。现辖7个村民小组，1684人，流域面积6.5平方公里。耕地以塬地居多，主要粮食作物有小麦、玉米、胡麻、糜子、荞麦、菜籽、荏、各种豆类。吴凤公路贯穿境内，交通便利。

0992 新开乡华掌村

简　　介：新开乡华掌村位于新开乡东南部，

西与新开乡寨坡村相邻，南与新开乡大户村接壤，北连新开乡梁家庄村，东接邵寨镇黎家河村坪家庄社。最初归新开乡，公社化时为华掌中队。1962年成立华掌大队。1983年社改乡时设华掌村民委员会。2004年撤消槐树院村民委员会，并入华掌村民委员会。全村辖12个村民小组，298户，1217人。全村共有耕地面积6317.25亩。牛产业是全村的支柱产业，全村牛存栏量2213头。

0993 邵寨镇新民村

简　　介：邵寨镇新民村为于邵寨镇中心位置，西北5公里处，西面隔街与三联村相望，东与与朝那镇小寨村隔沟相望，南邻旧集村，北接梁原乡杜家沟村。下辖7个村民小组，1341人，流域面积15平方公里。最初归邵寨乡，合作化时仍之，公社化时为一个中队，1983年社改乡时设新民村民委员会。村内居民姓氏以杨、马、孙居多。耕地以塬地居多，主要粮食作物有小麦、玉米、胡麻、糜子、荞麦、荏籽、菜籽、荏、各种豆类。

0994 西屯乡北庄村

简　　介：西屯乡北庄村位于西屯乡街道西北，省道202线北面，距街道2.5公里，系上世纪60年代由原北庄、西坡、邵家庄三个大队合并，现共有陈家庄、西坡、桥南、桥北、沟老、桥村、南沟洼、前头洼、北头、南头、贾北、贾南12个村民小组，600户，2419人。有耕地面积4938.9亩，以农业生产为主，2009年栽植苹果园544.5亩。

0995 梁原乡杜家沟村

简　　介：梁原乡杜家沟村位于梁原乡东部川区，距乡政府所在地7.8公里，距县城50公里，东、西与本乡景家庄村、朱家湾村相邻，南接上良乡朱堡村，北部与崇信县木林乡接壤。最初归干沟桥乡。1957年归梁原乡。公社化时设杜家沟大队。1983年社改乡时设杜家沟村民委员会。2004年撤消干沟桥村民委员会，并入杜家沟村民委员会。辖14个村民小组，433户，2035人。本村地形山、川、源兼有，通村公路贯通辖区东西，电力设施全覆盖，大部分社引入自来水，全村粮食作物主要为小麦、玉米等，经济作物以油料、果树等为主。

0996 中台镇南店子村

简　　介：中台镇南店子村地处中台镇南郊，位于达溪河、蒲城两河川区。泾渗公路穿境而过，交通便利。合作化时设三个农业社归中台乡，公社化时设大队。1983年社改乡时设南店子村民委员会。全村辖5个村民小组，255户，1129人。耕地面积3953.6亩，其中山地面积2279亩，以种植业为主，主要种植小麦、玉米等。

0997 什字镇前进村

简　　介：什字镇前进村位于什字镇东北9公里处，东与泾川县黑河乡接壤，南与西屯乡上孙村相望，西面与北面均与上湾里陶相邻。海拔高度1320米。1958年划归灵台县，归什字乡。1961年成立大队，1965年与枣林、原殿、湾里陶合并。1973年分设前进大队。1983年社改乡时设前进村民委员会。现辖10个村民小组，1360人，流域面积6.3平方公里。耕地以塬地为主，主要粮食作物有小麦、玉米、胡麻、糜子、荞麦、菜籽、荏、各种豆类。

0998 什字镇北沟村

简　　介：什字镇北沟村位于什字镇西北11公里处，北接八条山，南面连接郭家老庄村，西接上良乡，北与曹老庄相望，海拔高度

1340米。最初归北沟乡，合作化时仍是，公社化时设中队。归北沟大队上良公社。1961年归水晶公社，1964年归水晶公社，1965年撤水晶公社归什字公社。1980年归新建的胜利公社（北沟公社），1983年社改乡时设北沟村民委员会。现辖7个村民小组，1463人，流域面积7.3平方公里。耕地以塬地为主，主要粮食作物有小麦、玉米、胡麻、糜子、荞麦、菜籽、荏、各种豆类。

0999 什字镇南庄村

简　　介：什字镇南庄村位于什字镇东南9公里处，东连罗家庄村，南面连接沟泉村，西邻郭家老庄村，北面与上良乡合集村相接，海拔高度1391米。最初归马泉乡，合作化时仍是，公社化时为中队，归新庄大队上良公社。1961年归水晶公社。1962年设丁家沟大队。1964年撤水晶公社，1965年并入宅阳大队。1979年分设南庄大队。1980年归胜利公社（后更名为北沟公社）。1983年社改乡时归设南庄村民委员会。2004年撤消桑园村民委员会，并入南庄村民委员会。现辖9个村民小组，1440人，区域面积7.35平方公里。耕地以塬地为主，主要粮食作物有小麦、玉米、胡麻、糜子、荞麦、菜籽、荏、各种豆类。境内有涧河流过。

1000 中台镇安家庄村

简　　介：中台镇安家庄村位于中台镇东端，东接邵寨镇，西连许家沟村，自然条件较差。合作化时设三个农业社，公社化时设大队。1962年归新设的安岭公社。1964撤安岭公社后复归中台公社。1983年社改乡时设安家庄村民委员会。2004年7月撤销石咀村民委员会，并入安家庄村民委员会。全村辖12个村民小组，334户，1440人，现有耕地总面积3032亩，其中蔬菜作物面积560亩，油料作物面积655亩。

1001 上良乡三村张村

简　　介：上良乡三村张村位于上良乡北部5公里处，人口1309人，下辖7个村民小组，流域面积7.8平方公里。三村张村东与蒋家沟村隔沟相望，南接上郑村，西面隔沟与朱堡村相望，北邻荣旺村，海拔高度1370米。最初归龙王乡。1957年归上良乡。1965年与三村大队分开设药辅大队。1982年地名普查时恢复原三村张大队。1983年社改乡时设三村张村民委员会。2004年村组合并时，将三村及三张村合并为三村张村。由三村杨村、三村张村合并而来，相传由张氏、杨氏、黄氏三个家族组成一个村落，故称之为"三村"。耕地以山地居多，主要粮食作物有小麦、玉米、胡麻、糜子、荞麦、菜籽、荏、各种豆类；北方蔬菜均可种植，而且质量上乘。

1002 独店镇张坡村

简　　介：独店镇张坡村位于独店镇正北3公里处，地处灵凤公路沿线，北靠马家塄，东临东夏，南接冯家堡，西与沟沟王村隔沟相望。流域面积2.36平方公里，下设4个村民小组，201户，739人。相传640多年前明朝，从山西省洪洞县大槐树迁徙一户张氏移民被官方安置在此，与当地一户刘姓人家（八级地震中山体滑坡全家遇难）定居（现刘家咀头）屯耕。该户中有一人名叫张波，此人聪明好学，多才多艺。时逢清朝有名的"仁宣之治"的辉煌时期，"政不扰、民不瑜、各尽其力"。农业经济发展很快，人口增加，社会稳定；此人还设私殿、办学馆，以父亲张峪命名至解放初期（张峪村学）；此人一生勤劳艰苦、为人和善、团结乡邻、德高望重。张坡之名由此人之名的谐音而得沿用至今。张坡村解放前叫张坡庄，住四、五十户人家，有张、王、冯三大姓氏。1969年东夏、张坡、庄子三个大队合并为东夏大队。1979年分出设张家坡大队。1983年社改乡时，设张坡村民委员会。

1003 邵寨镇三坡村

简　　介：邵寨镇三坡村位于邵寨街道以北，与街道接壤，人口1900人，下辖15个村民小组，流域面积9.41平方公里。三坡村东与干槐树村毗邻，西邻光辉村，南与邵寨镇街道相连，北接东郭村，海拔高度1420米。村内居民姓氏以王、郭、马、卫、严、杨居多。1957年归邵寨乡。公社化时设大队。1983年社改乡时设三坡村民委员会。三坡村由三坡村、严家村和早阳庄村合并而来，"三坡"一名由此而来，地理条件优越，群众出行方便。耕地以山地居多，主要粮食作物有小麦、玉米、胡麻、糜子、荞麦、菜籽、荏、各种豆类。

1004 独店镇林王村

简　　介：独店镇林王村位于独店镇东部，东与陕西省长武县枣园乡，西接吊街村，南接崖瑶村，南与泾川县梁河村隔沟相望。传说山西省大槐树底有姓王及姓林两人，来此地落户居住，依姓林和姓王而取名林王，沿用至今。最初归林王乡，1957年归吊街乡，公社化时为中队归东坡大队属独店管辖，1961年归吊街公社，1962年设林王大队，1965年归独店公社，1980年又归新设的吊街公社。1983年社改乡时设林王村民委员会。原为吊街乡政府，2003年撤乡并镇时合并为独店镇吊街村委会。全村9个村民小组，502户，2020人，耕地面积为6889亩，主要粮食作物有小麦、玉米、胡麻、糜子、荞麦、荏籽、菜籽、荏、各种豆类。

1005 什字镇遥子坡村

简　　介：什字镇遥子坡村位于什字镇正北5公里处，东与庙头村相邻，南接长坡村，西邻曹老庄村，北面连接青岗铺村。海拔高度1340米。最初归庙头乡，合作化时归什字乡，公社化时归青岗铺中队，归庙头大队。1962年归青岗铺大队。1971年分设窑子坡大队。1983年社改乡时，设窑子坡村民委员会。现辖6个村民小组，1125人，流域面积5.6平方公里。耕种以塬地为主，主要粮食作物有小麦、玉米、胡麻、糜子、荞麦、菜籽、荏、各种豆类。

1006 独店镇薛家庄村

简　　介：独店镇薛家庄村位于独店镇街道中心，西接何屯坡村，南与景村、姚李相邻，北与东夏村相接，东与庙背村紧靠。传说很久以前有几户姓薛的大户人家在此地居住，随着时间的推移，此地逐渐叫做薛家庄。1962年成立薛家庄大队。1983年社改乡时，改为薛家庄村民委员会。共有10个村民小组，732户，2829口人，主要粮食作物有小麦、玉米、胡麻、糜子、荞麦、荏籽、菜籽、荏、各种豆类。

1007 蒲窝乡任家坡村

简　　介：蒲窝乡任家坡村位于灵台县蒲窝乡东南部，为灵台县与陕西省交界处，东临中台镇，南接韩洼村，西与宁子村结界，北靠郑洼村，灵蒲公路穿村而过，交通便利，距灵台县城15公路。全村现有14村民小组，2215人，是蒲窝乡最大的村。1958年以前称任家坡高级合作社，1958年至1960年更名为先锋中队，1982年行政体制改革，又更名为任家坡村民委员会，生产队更名为农业生产合作社。任家坡村原建有一座舞台，逢年过节村民自编自演秦腔节目，还有耍社火、扭秧歌等多种文化活动。1984年一场大火，舞台及服装俱被焚毁，文化活动自此终结。

1008 什字镇郭家老庄村

简　　介：什字镇郭家老庄村地处什字镇西北10公里处，北接北沟村，南面连接胜利村，西接上良乡，东接瓦咀村。海拔高度1410米。公社化时为中队，归北沟大队上良公社。1961年归水晶公社，1962年设郭家老庄大队，归什字公社。1980年归胜利公社（北沟公社）。1983年社改乡时设郭家老庄村民委员会。现辖9个村民小组，1887人，流域面积8.26平方公里。耕地以塬地为主，主要粮食作物有小麦、玉米、胡麻、糜子、荞麦、菜籽、荏、各种豆类。

1009 百里乡路家沟村

简　　介：百里乡路家沟村位于百里乡以南，东与梨园村相接，南岭陕西省，西连万宝川农场，北与蒙家庄村接壤。最初归侯家桥乡，合作化时仍之，公社化时归侯家桥大队。1962年设路家沟大队。1983年社改乡时设路家沟村民委员会。1985年撤消朱家山村民委员会并入路家沟村民委员会。下辖5个村民小组，175户，770人。耕地面积6206亩，其中川地931亩，山地5275亩。

1010 邵寨镇东坪村

简　　介：邵寨镇东坪村位于邵寨镇东北1.5公里处，人口1600多人，下辖9个村民小组，流域面积7.7平方公里。东坪村西临三坡村，东与陕西种子坳相邻，南邻新民村，北接干槐树村，海拔高度1360米。东坪村在邵寨镇的最东面，95%为平原，最初，东坪村叫东岇村，人民比较珍惜土地，后改为东坪二字，村内有两千年之久的曾经乡火遍绕陕甘的石佛寺。耕地以塬地居多，主要粮食作物有小麦、玉米、胡麻、糜子、荞麦、菜籽、荏、各种豆类；北方蔬菜均可种植，而且质量上乘。今年煤矿相继建成，属于工业型村，村内居民姓氏以卫、马、杨、王居多。解放初归邵寨镇，公社化时设大队。1983年社改乡时设东坪村民委员会。

1011 什字镇庙头村

简　　介：什字镇庙头村位于什字镇正北2.5公里处，东连长坡村，南面隔沟壑与赵家沟相望，西面相邻遥子坡村、李家庄村，北面与青岗铺村相接，海拔高度1360米。最初归庙头乡，合作化时归什字乡。公社化时设庙头大队。1983年社改乡时设庙头村民委员会。现辖7个村民小组，1490人，区域面积6.4平方公里。耕地以塬地为主，主要粮食作物有小麦、玉米、胡麻、糜子、荞麦、菜籽、荏、各种豆类。境内有太白庙，太白庙有文字记载始于商周，唐代建庙宇，明清整修扩建，民国维修，文革期间几经损毁，后经数次修缮，才有今日规模，香火旺盛，远近闻名，历代地方官员、文人名士题诗撰文，具有丰富灿烂的文化。

1012 星火乡王家庄村

简　　介：星火乡王家庄村最初归蔡家塬乡，公社化时归玉皇庙大队，归百里公社。1962年设王家庄大队，归星火公社。1983年社改乡时设王家庄村民委员会。共7个村民小组，共计250户农户，总人口857人，现有果园833亩。区域面积8.9平方公里。耕地面积2156.1亩，森林覆盖率达30%。

1013 什字镇韩家湾村

简　　介：什字镇韩家湾村位于什字镇东北7.5公里处，东与西屯乡大社村接壤，南与西郊村相接，西隔沟壑与赵家沟相望，北面为进殿沟，海拔高度 1350 米。村内居民姓氏以潘、韩、王、陈、李居多。最初归西郊乡，合作化时仍是。1957 归什字乡，公社化时为两个中队，归西郊大队。1962 年设韩家湾、陈家咀大队。1966 年与西郊合并为一个中队。1978 年分为韩家湾、西郊两个大队。1983 年社改乡时设韩家湾村民委员会。现辖 4 个村民小组，783 人，区域面积 5.4 平方公里。耕地以山塬地各半，主要粮食作物有小麦、玉米、胡麻、糜子、荞麦、菜籽、荏、各种豆类。

1014 百里乡梨园村

简　　介：百里乡梨园村位于百里乡以东，东接蒲窝乡，南与上李村接壤，西连路家沟村，北与曹家沟相邻。最初归百里乡，合作化时仍是，公社化时为梨园大队。1962 年为曹家沟大队。1980 年分开设梨园大队。1983 年社改乡时设梨园村民委员会。下辖 5 个村民小组，66 户，221 人，耕地面积 2403.2 亩，其中川地 450.2 亩，山地 1953 亩。

1015 朝那镇马寨村

简　　介：朝那镇马寨村位于朝那镇镇区以北 5 公里处，位于朝水公路沿线，东与老庄相邻，西接盘头村，南与三里接壤，北邻街子村，全村辖 11 个村民小组 291 户，1138 人，耕地面积 4757 亩，其中塬地 3109 亩，山地 1648 亩，以种植小麦、玉米、豆类等作物为主，产业以发展牛果产业为主。

1016 新开乡姚家湾村

简　　介：新开乡姚家湾村地处新开乡南面，西连中台镇胡家店，南接新开乡高岭塬村，东与新开乡大户村接壤，北与新开乡寺底村相邻。最初归寺底乡，公社化时为姚家湾中队，1962 年设姚家湾大队。1983 年社改乡时设姚家湾村民委员会。2004 年撤消魏家官庄村民委员会，并入姚家湾村民委员会。现辖 9 村民小组，234 户，1003 人。全村共有耕地面积 7329.69 亩。牛果产业是全村的支柱产业，全村牛存栏量 1892 头，2012 年定植果树 240 亩。

1017 新开乡冯家山村

简　　介：新开乡冯家山村地处新开乡北面，东与新开乡寺沟村接壤，南与新开乡底庄村相邻，北接中台镇田家塬，西连中台塬山存。最初归新开乡，合作化时仍是，公社化时归底庄中队。1962 年归底庄大队。1979 年分设冯家山大队。1983 年社改乡时设冯家山村民委员会。全村共 4 个村民小组，112 户，402 口人，全村共有耕地面积 3116.31 亩。

1018 龙门乡官庄沟村

简　　介：龙门乡官庄沟村位于龙门乡北部塬区，平均海拔 1427 米。最初归梁原乡，公社化时归坳沟湾和官庄沟大队，1961 年归龙门公社，1963 年合并为官庄沟大队，1983 年社改乡时设官庄沟村民委员会。全村共有 5 村民小组，157 户，606 人，耕地 2656.4 亩。

1019 星火乡上塬村

简　　介：星火乡上塬村最初归蔡家塬乡，合作化时仍是。1937 年归三联乡，公社化时归蔡家塬大队。1962 年设上塬大队。1983 年社改乡时设上塬村民委员会。共 6 个村民小组，共计 316 户，总人口 1231 人。区域面积 8.8 平方公里。耕地面积 2335.1 亩，现有果园 1320 亩。森林覆盖率达 16%。

1020 西屯乡白草坡村

简　　介：西屯乡白草坡村西接桥子村，东邻店子村，北抵小村，距县城 12.5 公里。

最初归小村乡。1957年归西屯乡。1962年设白草坡大队。1964年与塄坎大队分开为白草坡大队。1983年社改乡时设白草坡村民委员会。2004年撤消塄坎村民委员会，并入白草坡村民委员会。下辖11个村民小组，总人口1213人。流域面积9.5平方公里。耕地面积4855.1亩，海拔最高处沟老社870米。2014年，实现农业产值344万元，农民人均纯收入3745元，特色经济势头较强。

1021 独店镇沟沟王村

简　　介：独店镇沟沟王村位于独店镇北部，西与龙翻头村相接，北紧靠泾川县梁河乡，南与冯家堡村相邻，东与张坡村相邻，全村共有7个村民小组，345户，1275口人，耕地面积5890.4亩，主要粮食作物有小麦、玉米、胡麻、糜子、荞麦、荏籽、菜籽、荏、各种豆类。相传很久以前从山西迁徙过来的王氏住在此地的山沟中，长时期发展，人口壮大，后来便命名为沟沟王。

1022 邵寨镇石坊村

简　　介：邵寨镇石坊村与东庄村毗邻，人口700多人，下辖8个村民小组，流域面积5.2平方公里。石坊村东面与东郭隔沟相望，南与东庄接壤，西面为西沟山，北面与雷家河相邻，海拔高度1420米。村内居民姓氏以李、张、姚、郭姓居多。最初归白崖乡，合作化时归邵寨乡，公社化时为石坊大队。1962年设石坊大队。1965年并入东庄大队，1978年分设，恢复原石坊大队。1983年设改乡时设石坊村民委员会。石坊村是邵寨塬面最北面的一个村，境内有文王大殿。由于地处距离街道较远，地里环境条件较差，群众有着无限纯朴的风俗习惯，村民享受着与毫无猜忌的生活；耕地以山地为主，主要粮食作物有小麦、玉米、胡麻、糜子、荞麦、菜籽、荏、各种豆类；北方蔬菜均可种植，而且质量上乘。

1023 蒲窝乡五星村

简　　介：蒲窝乡五星村位于蒲窝乡政治文化中心，东临任家坡村，南接韩洼村，西与塔贤隔沟相望，北连郑家洼村。全村辖14个村民小组，1949人。前身为通气大队，文化大革命后由于破四旧、立四新，从叶坡大队划分出六社并入其管辖范围，更名为五星大队，改革开放后更名为五星村委会。关于通气社，传说汉光武帝刘秀被王莽追赶逃难至当地，无处藏身，但见一农妇正在耕地，情急之下便隐身在犁沟土内，口含一麦杆用以通气，躲过王莽的追杀，此后便有了通气塬。此外五星村的十回社也与刘秀有关，说是刘秀被王莽追赶时，在山边看见远处有一道梁，便跑了过去以便藏身，但跑过去之后梁又不见了，便又折返，但回来又看见确实有道梁，跑过去梁又不见了，如此往返了十个来回，自此便有了十回塬边。

1024 星火乡罗家坡村

简　　介：星火乡罗家坡村最初归火星庙乡，1957年归三联乡。公社化时归玉皇庙大队。1962年设罗家坡大队，归星火公社。1983年社改乡时设罗家坡村民委员会。共6个村民小组，共计171户农户，总人口460人，现有果园742亩。流域面积5.6平方公里。耕地面积1102.2亩，森林覆盖率达18%。

1025 中台镇水泉村

简　　介：中台镇水泉村地处镇西川，泾渗公路、灵百公路穿境而过，东至王那组，西至尹家沟岭组，南接蒲窝乡，北靠西屯乡。全村辖9个村民小组，310户，1258人。最初归城关乡，合作化时设农业社，归中台乡。

1957 年归城关乡，公社化时与西王沟合设水泉大队，1973 年分开。1983 年社改乡时设水泉村民委员会。2004 年撤销西王沟村民委员会，并入水泉村民委员会。种植业以小麦、蔬菜、玉米为主，养殖业以牛、羊、猪为主。

1026 梁原乡横渠村

简　　介：梁原乡横渠村位于乡西部川区，是我县最西边的一个行政村。以位于黑河畔一横玉的沟旁而得名。最初为横渠乡驻地。1958 年归梁原公社。1961 年设横渠上社驻地。1964 年为横渠大队，归梁原公社。1983 年社改乡时设横渠村民委员会。全村共辖 8 村民小组，550 户，2388 人。村域内川、塬、沟壑交错，地势西高东低。朝水公路、黑河、横渠水利渠贯穿全境。农作物种类多样，主要种植小麦、玉米、高粱等。

1027 独店镇东夏村

简　　介：独店镇东夏村位于镇东部，距镇政府 2.5 公里，北靠马家塄，西接冯家堡，南接薛家庄，东与庙背村隔沟相望。1960 年设东夏大队。1983 年社改乡时设东夏村民委员会。全村下设 7 个村民小组，285 户，1077 口人，总耕地面积 1568.6 亩。主要粮食作物有小麦、玉米、胡麻、糜子、荞麦、荏籽、菜籽、荏、各种豆类。

1028 上良乡北张村

简　　介：上良乡北张村位于乡正北 7.5 公里处，人口 505 多人，下辖 6 个村民小组，流域面积 7.1 平方公里。北张村东面为乡域沟壑区，西面隔沟与朱堡村相望，南邻荣旺村，北面与泾川县太平乡七千关村隔河相望，海拔高度 1350 米。北张村位于上良乡最北端，是上良乡北往泾川、平凉的捷径，可谓上良乡的"北大门"，杨北公路直抵村部。北张村民民风淳朴、吃苦耐劳、勤劳善良，耕地以山地居多，主要粮食作物有小麦、玉米、胡麻、糜子、荞麦、菜籽、荏、各种豆类；北方蔬菜均可种植，而且质量上乘。村内居民姓氏以张姓居多，曹、孟、姚次之。最初归龙王乡，合作化时仍之。1957 年归上良乡，公社化时设北张、齐家坡两个大队。1983 年社改乡时设北张村民委员会。

1029 什字镇瓦咀村

简　　介：什字镇瓦咀村位于镇西南 5 公里处，东北部连梁家咀村，南面连接水晶村，西北部邻郭家老庄村，北面与上良乡合集村相接，海拔高度 1400 米。最初归北沟乡，合作化时仍之。公社化时为中队，归董家村大队什字公社。1961 年归水晶公社，1962 年设瓦咀大队，1964 年归什字公社。1965 年并入水晶大队，1974 年与水晶大队分开为瓦咀大队。1980 年归胜利公社（北沟公社），1983 年社改乡时设瓦咀村民委员会。现辖 6 个村民小组，769 人，流域面积 6.2 平方公里。耕地以塬地为主，主要粮食作物有小麦、玉米、胡麻、糜子、荞麦、菜籽、荏、各种豆类。

1030 什字镇赵家沟村

简　　介：什字镇赵家沟村位于镇东北 5 公里处，东隔沟壑与韩家湾村相望，南面与中永村、西郊村接壤，西与中永村相接，海拔高度 1350 米。最初归西郊乡，合作化时归什字乡，公社化时为一个中队，归西郊大队。1962 年设里湾、捷坡、赵家沟 3 个大队。1965 年有合并为赵家沟大队。1974 年又分出中永大队。1983 年社改乡时设赵家沟村民委员会。现辖 7 个村民小组，688 人，区域面积 5.4 平方公里。耕地以山塬地各半，主要粮食作物有小麦、玉米、胡麻、糜子、荞麦、菜籽、荏、各种豆类。

1031 百里乡古城村

简　　介：百里乡古城村位于百里乡，西接李家坡村，南与蒙家庄村相接，西邻李家坡村，东连观音村。最初归百里乡，公社化时设古城大队。1983年社改乡时设古城村民委员会。2004年撤消朱家山村民委员会，并入古城村民委员会。下辖5个村民小组，202户，962人。耕地面积2369.7亩，其中川地631.9亩，山地1738亩。

1032 新开乡寨坡村

简　　介：新开乡寨坡村地处新开乡街区东南部，东接新开乡华掌村，西连新开乡寺底村，南与新开乡姚家湾村相邻，北与新开乡底庄村接壤。最初归新开乡，公社化时为寨坡中队，归新开大队中台公社。1961年归新成立的新开公社。1962年设寨坡大队。1983年社改乡时设寨坡村民委员会。全村共9个村民小组，286户，1128口人，全村共有耕地面积5161.94亩。果产业是全村的支柱产业，果园面积1076亩，人均0.95亩。

1033 独店镇景村

简　　介：独店镇景村位于独店镇南部，西靠张鳌坡村，南与灵台县隔沟相望，东接姚李村，北与薛家庄村相接。早在远古时代，景村就以风景迷人而闻名于外。远古时代，景村有"三柏九庙"之称，且位于独店镇最高处，游人一到独店便可看见，因为有"三柏九庙"这道风景，所以景村的祖先们就以景村而命名，流传至今。辖区内共有8村民小组，360户，1322口人，主要粮食作物有小麦、玉米、胡麻、糜子、荞麦、茌籽、菜籽、苴、各种豆类。

1034 蒲窝乡郑家洼村

简　　介：蒲窝乡郑家洼村位于蒲窝乡的中塬，东邻宁子村，南连五星村，西与新庙相望。全村13个村民小组，1202人。最初归叶家坡乡，1957年归城关乡，公社化时仍为郑家屲中队，归叶家坡大队。1967年设郑家屲大队。1983年社改乡时设郑家屲村民委员会。2004年撤销叶家坡村民委员会，并入郑家洼村民委员会。有传说的密须王墓，俗称天子墓。这里解放前经常受外来武装势力的侵犯，在郑家洼村距塬面不远的山梁上，还有旧时因御敌而留下的用土夯起的堡子。

1035 百里乡秸沟村

简　　介：百里乡秸沟村位于百里乡以东，东接石塘村，西邻观音村，南与曹家沟相接，北与星火乡接壤。最初归蒲窝乡，合作化时归垧台公社。公社化时归蔡家咀大队。1962年设秸沟大队。1983年社改乡知设秸沟村民委员会。辖6个村民小组，152户，646人，耕地面积3838.1亩，其中川地911.1亩，山地2927亩。

1036 朝那镇社古村

简　　介：相传有个古寺院，因而取名社古寺（处），现名社古。位于朝那镇东南部，位于灵千路沿线，毗邻镇区，东连土桥与西张村毗邻，南接凡坝与什字村毗邻，西接三里村，北连老庄村，辖11个村民小组，505户，2017人，耕地面积7522亩，其中塬地5627亩，山地1895亩，主要农作物有小麦、玉米、豆类等，以发展苹果产业为主，有果园1820亩，因毗邻镇区，商贸流通业也比较发达。

1037 西屯乡爱子村

简　　介：西屯乡爱子村地处吴凤公路沿线，西屯乡东部，共辖7个村民小组，264户，946人，总耕地面积3749.4亩。1949年改为爱子高级社，1958变为五星高级社，1962

年变为爱子大队，1982 年至今为爱子村。近年来，大力发展主导产业，引导村民创收致富，特别是运输业也发展壮大，2009 年以来，通过两年时间，完成了村庄整体规划，建成生态家园一处。

1038 什字镇宅阳村

简　　介：什字镇宅阳村位于什字镇西南 6.5 公里处，东北连南沟村，南隔涧河与星火乡相望，西邻南庄村，海拔高度 1380 米。最初归马泉乡，合作化时仍之。公社化时中队，归新庄大队上良公社。1961 年归水晶公社，1962 年成立宅阳大队。1964 年归上良公社。1980 年归新设的胜利公社。1982 年称北沟公社。1983 年社改乡时设宅阳村民委员会。现辖 4 个村民小组，656 人，流域面积 5.2 平方公里。耕地以塬地为主，主要粮食作物有小麦、玉米、胡麻、糜子、荞麦、菜籽、茬、各种豆类。

1039 新开乡梁家庄村

简　　介：新开乡梁家庄村位于新开乡东部川区，北连新开乡寺沟村，西邻新开乡寺沟村李家山社，南接邵寨马家河，东与料子茬接壤。最初归寺沟乡，公社化时为中队。1962 年成立梁家庄大队。1983 年社改乡时设梁家庄村民委员会。全村共 4 个村民小组，102 户，345 口人，总耕地面积 2820.55 亩。牛、菜产业是全村的支柱产业。

1040 独店镇吊街村

简　　介：独店镇吊街村位于独店镇东部，西靠庙背村，北与东夏村隔沟相望，东连崖瑶、林王村，南与中台镇石咀村隔沟相望。最初归林王乡，合作化时归吊街乡，公社化时归东坡大队，1961 年归吊街公社。1962 年分设东坡、吊街两个大队。1964 年撤吊街公社归独店公社。1965 年合并为吊街大队，1980 年归吊街大队。1983 年社改乡时设吊街村民委员会。原为吊街乡政府，2003 年撤乡并镇时合并为独店镇吊街村委会。全村辖 9 个村民小组，2565 人，耕地面积 4509.3 亩，有灵长公路穿境而过，交通便利，经济发达，主要粮食作物有小麦、玉米、胡麻、糜子、荞麦、茬籽、菜籽、茬、各种豆类。

1041 邵寨镇东郭村

简　　介：邵寨镇东郭村位于镇政府以北 3.5 公里处，南临邵寨镇三坡村，东与邵寨镇干槐树村接壤，西接光辉村自洼山，北与陕西省巨家镇上陈村。下辖 8 个村民小组，1296 人，流域面积 16 平方公里，海拔高度 1600 米。"东郭村"是邵寨的北大门，因村中有邵巨公路南北横穿而过，曾在 1600 多年前分为东郭和西郭，后东西合并故而得名"东郭"。公社化时设东郭大队。1983 年社改乡时设东郭村民委员会至今。村内洼边社水坝沟壑险要，坝内水质清澈，以前，常年有鱼养殖。地理条件有山、塬、川，均可耕种。主要的粮食作物有小麦、玉米、胡麻、糜子、荞麦、油麻、菜籽、茬、各种豆类。

1042 百里乡观音村

简　　介：百里乡观音村位于百里乡以东，东邻石塘村，北接星火乡，南与曹家沟接壤，西与严家沟毗邻。最初归百里乡，公社化时设东沟大队。1964 年改为观音大队。1983 年社改乡时设观音村民委员会。下辖 5 个村民小组，134 户，410 人。耕地面积 2930.3 亩，其中川地 724.3 亩，山地 2206 亩。

1043 中台镇许家沟村

简　　介：中台镇许家沟村地处镇东川，灵雷公路沿线，东至中台镇安家庄村，西至中台镇下河村，南连新开乡，西连独店镇。公社化时归安家庄大队，归新设的安家岭公社。1983年社改乡时设许家沟村民委员会。以马、唐两姓为主，全村辖4个村民小组，229户，916人。以种植业和养殖业的发展为主，种植业以果树、小麦、玉米为主，养殖业以牛、羊、猪为主。

1044 蒲窝乡韩家洼村

简　　介：蒲窝乡韩家洼村位于乡东塬临近街道位置，南与青山接壤，西北与五星、任家坡相连。全村共辖10村民小组，236户，936人。最初归叶家坡社，1957年归城关乡，公社化时归任家坡大队。1962年设韩家凸大队。1983年社改乡时设韩家凸村民委员会。2004年撤销阳湾沟村民委员会，将其王洼、崾岘、前湾、香台4个村民小组并入韩家洼村民委员会。塬面多为粮食作物或果树覆盖，塬面虽破碎狭窄，但土质优良，野生资源丰富，林草茂盛。

1045 龙门乡民乐村

简　　介：龙门乡民乐村属龙门乡塬区中心地带，是全乡人口相对最多的村，地处龙门乡街道西侧，自然条件相对较好，平均海拔1438米。最初归牛宅乡，1958年设牛宅大队，1983年社改乡时设为民乐村民委员会，系1958年设大队时的命名，即农民安居乐业之意。全村辖4个村民小组，193户，738人，耕地总面积2778亩。

1046 百里乡李家坡村

简　　介：百里乡李家坡村位于乡以西，东接严家沟村，南邻达溪河，北与星火乡接壤，西与杨新庄村相连。最初归百里乡，合作化时仍之。公社化时成立李家坡村民委员会。1983年社改乡时设李家坡村民委员会。下辖3个村民小组，120户，492人。耕地面积2507亩。

1047 上良乡荣旺村

简　　介：上良乡荣旺村位于乡正北6公里处，人口1237人，下辖9个村民小组，区域面积6.49平方公里。荣旺村东与蒋家沟村隔沟相望，西面隔沟与朱堡村相望，南邻三村张村，北接北张村，海拔高度1370米。公社化时设龙王、仙家堡子两个大队，后取"龙王"谐音"荣旺"。杨北公路穿境而过，耕地山、塬各半，主要粮食作物有小麦、玉米、胡麻、糜子、荞麦、油麻、菜籽、荏、各种豆类；北方蔬菜均可种植，而且质量上乘。村内居民姓氏以杨、曹、王、刘、袁居多。

1048 星火乡程家塬村

简　　介：星火乡程家塬村最初归火星庙乡，合作化时仍是，公社化时属玉皇庙大队，归百里公社。1962年设程家塬大队，归星火公社。1983年社改乡时设程家塬村民委员会。共7个村民小组，233户，983人，区域面积7.5平方公里，耕地面积3445.3亩，森林覆盖率达42.8%，种植小麦1326亩，全膜玉米580亩，果园1596亩，大牲畜78头，村内人畜饮水主要靠自来水，无灌溉设施。

1049 中台镇城关村

简　　介：中台镇城关村地处灵台县城城郊，位于县城西出口，达溪河贯穿全村，东连县城城区，西接水泉村王家那组，南连南店子村，北靠荆山。辖10个村民小组，372户，1243人，总耕地面积2950.43亩。土改时有三个行政村归城关，合作化时为西庄合作社归中台。1957年归城关乡。公社化时设3个大队。1964年合作社时取城关大队。1983年社改乡时设城关村民委员会。

1050 什字镇南沟村

简　　介：什字镇南沟村位于镇东南 8 公里处，东连罗家庄村，南接沟泉村，西邻罗家庄村，北面与上良乡合集村相接。海拔高度 1400 米。合作化时归南沟乡，公社化时为中队，属新庄大队。1961 年归水晶公社，1962 年改南沟大队。1964 年归上良公社。1980 年归新设的胜利公社（后更名为北沟公社），1983 年社改乡时设南沟村民委员会。现辖 8 个村民小组，985 人，区域面积 6.38 平方公里。耕地以塬地为主，主要粮食作物有小麦、玉米、胡麻、糜子、荞麦、菜籽、荏、各种豆类。

1051 蒲窝乡宁子村

简　　介：蒲窝乡宁子村东临中台镇，南接任家坡村，西为郑家洼村，北接关庄村。现有 10 个村民小组，1244 人。相传同治陕甘回乱，人们为了躲避土匪和战乱，在窨窑洼水泉边（今宁子前庄社）上的陡峭山坡上，挖了一条横贯东西的地道，叫做"窨子"。当时以姓苟人家居多，（包含今关庄、宁子、任家坡苟氏家族）便把生活聚居的地方叫做"苟家窨子"，根据各个时代的农村体制、社制生活，以保甲体制最长。五十年代，汉字简化，遂把"窨"写成与读音相近的"宁"；1956 年至 1957 年间，成立了苟家"窨子"农业合作社，1958 年人民公社化后，农村体制实行大队制，当时在今蒲窝中塬一带，关庄、宁子、任家坡、韩家洼、阳湾沟村并成一个大队。窨子成为一个中队，设立党支部，李进堂任第一任党支部书记。1981 年后，实行乡村体制，宁子大队改名为宁子村民委员会。

1052 梁原乡新庄塬村

简　　介：梁原乡新庄塬村位于梁原乡塬区，与崇信县接界，距梁原乡街道 15 公里。全村共 7 个村民小组，228 户，1028 人，耕地面积 5714 亩，以种植粮食作物为主，农民人均纯收入 3489 元。

1053 星火乡和号村

简　　介：星火乡和号村共 10 个村民小组，共计 246 户农户，总人口 1124 人，现有果园 1648 亩。区域面积 10.5 平方公里。耕地面积 3137.5 亩，森林覆盖率 20%。

1054 梁原乡官村

简　　介：梁原乡官村位于乡西部，距梁原乡街道 8 公里，距县城 60 公里，属川区。全村 7 个村民小组，397 个农户，1929 人，共有耕地面积 6528 亩（其中川地 1854.36 亩，山地 4682.64 亩）。该村以地膜辣子和大棚蔬菜为主，地膜辣子种植户 205 户，450 亩，大棚蔬菜种植户 161 户，600 亩，占总户数的 52%。地膜玉米 163 户，3880 亩，主要分布在枣林、姚家沟、马站和巩塘沟 4 个社，占总农户数的 41%。

1055 百里乡崖湾村

简　　介：百里乡崖湾村位于乡以西，东与川口村相接，南连星火乡，西邻新集村，北与万宝川农场相邻。下辖 9 个村民小组，129 户，489 人。耕地面积 4752 亩，其中川地 838 亩，山地 3912 亩。

1056 独店镇冯家堡村

简　　介：独店镇冯家堡村位于镇北部，西接薛家庄村西夏社，南薛家庄村相邻，北与沟沟王、龙翻头村相接，东与东夏村相连，灵长公路和高邵公路横穿而过，全村共有 8 个村民小组，498 户，1963 人，耕地面积 6584 亩，主要粮食作物有小麦、玉米、胡麻、糜子、荞麦、荏籽、菜籽、荏、各种豆类。

相传很久以前从山西迁徙过来的冯氏在此地居住，长时期发展，人口壮大，建成城堡居住，后来称之此地为冯家堡。

1057 邵寨镇光辉村

简　　介：邵寨镇光辉村位于镇西北3.6公里处，人口1500多人，下辖10个村民小组，流域面积7.49平方公里。光辉村东与三坡村隔沟相望，西面隔沟与白崖村相望，南邻三联村，北接石坊村文王山沟，海拔高度1370米。村内居民姓氏以李、郭、孙、刘居多。杨北公路穿境而过，耕地山、塬各半，主要粮食作物有小麦、玉米、胡麻、糜子、荞麦、油麻、菜籽、荏、各种豆类；北方蔬菜均可种植，而且质量上乘。主导产业为果园。

1058 新开乡底庄村

简　　介：新开乡底庄村地处乡北部，东与寺沟李家山、寨坡老庄接壤，南接新开乡下周村，西连中台镇下河，北与新开乡冯家山村相邻。全村辖6个村民小组，372户，1327人，共有耕地面积4834.88亩。果产业是全村的支柱产业。

1059 独店镇马家塄村

简　　介：独店镇马家塄村位于镇北部，距镇政府5公里，北靠秋射，东与陕西省长武县枣元乡隔沟相望，南接张坡、东夏两村，西与张坡村相邻。1962年设马家塄大队。1983年社改乡时设马家塄村民委员会。2004年撤消马家庄村民委员会，并入马家塄村民委员会。全村下设14个村民小组，2013人，全村耕地面积2567.6亩。主要粮食作物有小麦、玉米、胡麻、糜子、荞麦、荏籽、菜籽、荏、各种豆类。

1060 朝那镇郑家什字村

简　　介：朝那镇郑家什字村位于镇南部，灵（台）千（阳）公路、郑（什字）百（里）公路沿线，东接星火蔡家塬村，南邻百里柴朝村，西北与朝那社古村接壤，距离朝那镇街道5公里、星火乡街道15公里、县城65公里，总流域面积18.76平方公里。面积11.8平方公里，全村辖10个村民小组，379户，1469人，耕地面积6118亩，其中塬地4299亩，山地1819亩。本村的特色产业有苹果产业和肉牛养殖业。

1061 西屯乡穆村

简　　介：西屯乡穆村地处乡中南部，吴凤公路沿线，东邻桥子村，西至南头村，以罗、张两姓为主，全村共有11个村民小组，254户，949人。2009年修建小康屋96户，村文化广场1处，极大改善村民的生活水平。

1062 龙门乡高家山村

简　　介：龙门乡高家山村位于乡南部川区，自然条件相对较差，平均海拔1476米。1961年分归雁落山大队和龙门大队。1963年归龙门乡，1979年分开为高家山大队。1983年社改乡时改为高家山村民委员会。全村共有5个村民小组，88户，298人，其中回族21户，73人。全村现有耕地3331.7亩，人均耕地12.4亩。年均降水量700毫米，年日照2540小时。

1063 上良乡旧集村

简　　介：上良乡旧集村位于乡西北1.5公里处，人口1700多人，下辖9个村民小组，区域面积7.7平方公里。旧集村东临上郑村、杨家庄村，西与涧沟村相邻，南邻西门村，北接朱堡村，海拔高度1360米。相传在明朝全盛时期，为节约耕地，防御匪寇扰民，村民组织起来在老虎沟滩修筑城堡，建立集市，"旧集"一名由此而来。村内有两千年之久的曾经香火遍绕陕甘的石佛寺。耕地以塬地居多，主要粮食作物有小麦、玉米、胡麻、糜子、荞麦、菜籽、莛、各种豆类；北方蔬菜均可种植，而且质量上乘。村内居民姓氏以景、曹、杨、王居多。

1064 什字镇李家庄村

简　　介：什字镇李家庄村位于镇西北3公里处，东接遥子坡，南与什字街道毗邻，北邻曹老庄村，西为乡村沟壑。海拔高度1370米。公社化时为一个中队，归董家村大队。1965年归曹家老庄大队。1978年又分设李家庄大队。1983年社改乡时设李家庄村民委员会。现辖5个村民小组，1349人，流域面积6.32平方公里。耕种以塬地为主，主要粮食作物有小麦、玉米、胡麻、糜子、荞麦、菜籽、莛、各种豆类；村内有龙王沟水库，是由自然地质变化形成的死水潭，1974年兴修水利工程以后取名龙王沟，现为水利提灌工程。近年来更是依托龙王沟水库建成了龙王沟生态畜牧养殖场，极大地提升了经济价值。

1065 城区街道西大街社区

简　　介：灵台县城西大街居民委员会成立于2002年8月，隶属中台镇政府管理，2005年8月街道办成立后，划归街道办管理。因地处县城街道西面而得名。位于原建筑公司后院办公（中台学区旁边），辖区总面积1.2平方公里，有11个居民小区，2777户，8252人，承担辖区居民的管理、服务、教育和监督职责，办理社会救助、保障性住房、兵役登记、政策宣传咨询、社会维稳等各项业务。

1066 龙门乡代家庄村

简　　介：龙门乡代家庄村地处乡西部山区，自然条件较差，群众生产生活条件落后，全村经济社会发展缓慢，平均海拔1473米。公社化时成立大队，1983年社改乡时改为代家庄村民委员会。全村辖6个村民小组，63户，219人，共有耕地面积3768.1亩，全部为山地，人均占有耕地20亩，年均降水量700毫米，年日照2540小时。

1067 什字镇湾里陶村

简　　介：什字镇湾里陶村位于镇东北8公里处，东与前进村毗邻，南面与西面均与青岗铺村相邻，北边与泾川县黑河乡相接。海拔高度1320米。1958年三月划归灵台县归什字乡。1962年设湾里陶大队。1965年分出前进大队。1983年社改乡时设湾里陶村民委员会。现辖7个村民小组，1416人，流域面积6.4平方公里。耕地以塬地为主，主要粮食作物有小麦、玉米、胡麻、糜子、荞麦、菜籽、莛、各种豆类。

1068 星火乡老户村

简　　介：星火乡老户村解放初归蔡家塬乡，合作化时仍是。公社化时归玉皇庙大队，属百里公社。1962年设老户大队，归星火公社。1983年社改乡时设老户村民委员会。共8个村民小组，共计346户农户，总人口1215人，现有果园1680亩，粮食作物以种植全膜玉米为主。流域面积9.8平方公里。耕地面积2071.6亩，森林覆盖率达27%。

1069 独店镇告王村

简　　介：独店镇告王村位于镇东部，东与邵寨镇雷家河村相连，西与中台镇相接，北与本镇崖瑶村相邻。相传很久以前此地有一户人家将一位王爷告了"御状"，从此而起名告王。1957年归吊街乡，1967年归吊街公社，1962年设告王大队，1964年归独店公社，1980年又归新设的吊街公社。1983年社改乡时设告王村民委员会。全村下辖4个村民小组，857人，耕地面积5500.7亩，主要粮食作物有小麦、玉米、胡麻，瓜果蔬菜为主。

1070 星火乡小塬村

简　　介：星火乡小塬村共12个村民小组，205户，总人口937人，现有果园1256亩。区域面积11.2平方公里。耕地面积6982.2亩，森林覆盖率达95%。1957年归三联乡，公社化时设小塬大队，归百里公社。1962年设小塬大队。1983年社改乡时设小塬村民委员会。2004年撤消上沟圈村民委员会，并入小塬村民委员会。

1071 龙门乡牛宅村

简　　介：龙门乡牛宅村属龙门乡塬区中心地带，全乡人口相对较多的村，地处龙门乡街道东侧，自然条件相对较好，平均海拔1428米。以牛宅塬而得名，全村辖6个村民小组，174户，652人，耕地总面积3100亩。

1072 新开乡寺沟村

简　　介：新开乡寺沟村位于乡东部川区，东接邵寨三里塬，南与新开乡梁家庄村、华掌村接壤，西与新开乡冯家山村阳山社、底庄村蛟城湾社相邻，北与中台镇安家庄村没水沟接壤。共6个村民小组，145户，484口人。全村共有耕地面积3032.36亩。牛、菜产业是全村的支柱产业。

1073 中台镇康家沟村

简　　介：中台镇康家沟村位于镇南川，距县城中心4公里。泾渗公路纵贯全村，交通便利，蒲河穿境而至，气候宜人，适宜小麦、玉米等经济作物生长。全村辖4个村民小组，240户，954人，耕地面积2639亩，人均耕地3.5亩。本村以牛、菜产业为主。1957年归城关乡。公社化时设大队。1963年并入南店子大队。1974年分设康家沟大队。1983年社改乡时设康家沟村民委员会。

1074 上良乡杨家庄村

简　　介：上良乡杨家庄村与乡街道毗邻，为乡政府所在地，人口1775人，下辖8个村民小组，流域面积7.2平方公里。杨家庄村东面与合集、右集村接壤，南隔涧河与星火乡相望，西面与上良街道毗邻，北面与上郑村、右集村相邻，海拔高度1420米。杨家庄村是上良街道的东大门，故杨家庄村先有东门后有杨家庄之说，该村以杨姓居多，故称之为"杨家庄村"。由于地处街道，又在灵千公路沿线，加之新建的村文化广场、幼儿园、文化活动中心、便民服务中心等公共设施，让村民享受着与城里人一样的生活。耕地以塬地为主，主要粮食作物有小麦、玉米、胡麻、糜子、荞麦、菜籽、荏、各种豆类；北方蔬菜均可种植，而且质量上乘。村内居民姓氏以杨姓为主，并有张、王、郑、贾、邵、姚、景、梁、雷等10余姓氏。解放初归上良乡。合作化时为杨家庄合作农业社。公社化时设大队。1983年社改乡时设杨家庄村民委员会。

1075 百里乡太明沟村

简　　介：百里乡太明沟村位于乡以东，东邻中台镇坷台村，南连蒲窝乡，北接石塘村，西于稔沟村接壤。1961年归坷台，1962年设太明沟大队。1964年归百里公社。1983年社改乡时设太明沟村民委员会。下辖4个村民小组社，105户，368人，耕地面积

2439.6亩，其中川地560.6亩，山地1879亩。

1076 邵寨镇吴家什字村

简　　介：邵寨镇吴家什字村位于镇最南部2公里处，人口1100多人，下辖7个村民小组，流域面积6.8平方公里。吴家什字村东与陕西车家庄村隔沟相望，南接陕西河西乡，西面隔沟与黎家河村相望，北邻新民村，海拔高度1370米。邵西公里贯穿境内，村内居民姓氏以吴、王、田居多。相传最初全由吴氏一个家族组成一个村落，故称之为"吴家"。耕地以山地居多，主要粮食作物有小麦、玉米、胡麻、糜子、荞麦、菜籽、荏、各种豆类；北方蔬菜均可种植，而且质量上乘。主要产业为果树。

1077 梁原乡温家庄村

简　　介：梁原乡温家庄村位于乡西南部的一个小川道，距乡政府7公里。辖9个村民小组，172个农户，734人，总耕地面积6224亩。1962年设温家庄大队。1983年社改乡时设温家庄村民委员会。2004年撤消杜家庵村民委员会，并入温家庄村民委员会。通村公路是一条三轮农用车仅可通行的简易土路，且有四、五处要跨沟过渠；未通自来水，未使用沼气等清洁能源；居住条件简陋，多以窑洞为主，40%的农户兼住砖木或土木结构房屋；种植业以小麦和玉米为主，兼种少量的秋杂粮和油料作物。

1078 百里乡柴朝村

简　　介：百里乡柴朝村位于乡以西，东与新集村相接，南与陕西省接壤，西连芦子集村，北与朝那镇相邻。下辖11个村民小组，126户，389人。耕地面积7851.6亩，其中川地869.6亩，山地6981亩。

1079 独店镇姚李村

简　　介：独店镇姚李村位于镇东南部，西靠景村，南与灵台县隔沟相望，东接庙背村，北与庙背村宋家湾社相接。夏朝的姚李遗址坐落在本村姚李社布子山，并由当时两户姓姚及姓刘的人家在此地落户，由此起名姚李村，延续至今，现存姚李遗址。1961年归吊街公社，1962年设姚李大队，1965年归独店公社，1980年又归吊街公社。1983年社改乡时设村民委员会。现辖7个村民小组，450户，1646人，耕地面积4467亩。西有灵独公路，北有灵长公路，交通便利，经济发达，主要粮食作物有小麦、玉米、胡麻、糜子、荞麦、荏籽、菜籽、荏、各种豆类。

1080 邵寨镇黎家河村

简　　介：邵寨镇黎家河村位于镇正西18公里处，人口700多人，下辖17个村民小组，流域面积14.84平方公里。黎家河村东面与吴家什字村毗邻，南接陕西丈八，西接新开乡寺沟村，北与中台镇安家庄相依，海拔高度1410米。村内居民姓氏以黎、甄、赵、王居多。1983年社改乡时设黎家河村民委员会。由于该村人口复杂，有汉族和回族两个民族人居住，由于生产生活条件影响目前村内人口大部分外出务工，地大人少，耕种以川、山地为主，主要粮食作物有小麦、玉米、胡麻、糜子、荞麦、菜籽、荏、各种豆类。

1081 蒲窝乡青山村

简　　介：蒲窝乡青山村位于乡西塬，距乡政府所在地7公里，东南面与陕西省麟游县天堂乡毗邻，西接百里林场，北邻韩洼村。全村辖12个村民小组，242户，922人。1961年设青山大队。1983年社改乡时设青山村民委员会。2004年撤销阳湾沟村民委员会，将其阳湾沟、张家寺、涝池、张山沟、焦急山 5 个村民小组，并入青阳山村民委员会。该地气候湿润，牧草丰厚，山涧溪流潺潺，山木苍翠，老人们都说，很久以前这里就叫作青山，大概是与村域内狭长青翠而连绵不断的山脉有关。近年来，在乡党委、政府的带领下，借助各级扶贫政策，青山村利用资源优势发展畜牧养殖业，现有优质肉牛存栏 332 头，羊存栏 786 头；2009 年，优质苹果作为第二产业在青山落地生根，现有果园 235 亩。

1082 星火乡星火村

简　　介：星火乡星火村 1957 年归三联乡。1962 年成立庙后大队。1983 年社改乡时设星火村民委员会。2004 年撤消乔家沟村民委员会，并入星火村民委员会。全村共 11 个村民小组，327 户，1330 人，现有果园 1606 亩，耕地面积 6124.3 亩，区域面积 12.2 平方公里。森林覆盖率达 17%。

1083 朝那镇干涝村

简　　介：朝那镇干涝村地处镇西部，东邻盘头村、西与龙门乡崾岘村接壤，南邻百里乡喂马村，北接高崖村，位于朝龙路畔，因境内有四亩大的涝池而取名。共辖 11 个村民小组，327 户，1376 人，耕地面积 5673 亩，其中塬地 4097 亩，山地 1576 亩。以种植小麦，玉米等作物为主，产业以养牛业为主。

1084 星火乡东岭村

简　　介：星火乡东岭村共 8 个村民小组，220 户，总人口 853 人，现有果园 2560 亩。流域面积 7.7 平方公里。耕地面积 4842.4 亩，森林覆盖率达 45%。解放初归火星庙乡，合作化时仍是。1957 年归三联乡。公社化时归小塬公社，1962 年设东岭大队。1983 年社改乡时设东岭村民委员会。

1085 独店镇张鳌坡村

简　　介：独店镇张鳌坡村位于镇西部，西靠中庆村，南与瓦峪村隔沟相望，东接景村，北与薛家庄村相接。张鳌坡村的由来是因灵台县张姓人家的先祖功名显赫而得名。据张姓家谱记载，张鳌，大约生活在明中期，自幼居住在距离现今张鳌坡不远的苟家庙，而苟家庙就处在灵台县城。张鳌自幼聪颖好学，但因家境困难只是略读私塾。但常年目睹街头巷尾的乡间事务的杂陈五味，遂立志为民撑腰，逢集市忙于秉公断直，主持正义，逐渐名声鹊起，后家业分治，易居于附近的新址。当地人就称张鳌居住的地方为张鳌坡，一直沿用至今。1961 年成立张鳌坡大队。1964 年与景村合并为景村大队。1979 年又与景村大队分设张鳌坡大队，1983 年社改乡时设张鳌坡村民委员会。共 6 个村民小组，280 户，1033 口人，耕地面积 1892 亩。张鳌坡也是晋代著名文学家、医学家、世界针灸鼻祖、《针灸甲乙经》编撰者皇甫谧的故里和他的墓冢所在地。当地政府为了纪念这位世界巨匠，于 2011 年修缮了皇甫谧墓冢文化园，已成为当地历史的主要标志。

1086 上良乡右集村

简　　介：上良乡右集村位于乡东北 2.5 公里处，人口 1472 人，下辖 8 个村民小组，流域面积 7.95 平方公里。右集村东面与蒋家沟村毗邻，南邻合集村，西面与杨家庄村、上郑村接壤，北边属乡域沟壑区，海拔高度 1400 米。相传最初上良乡集市设在今旧集村，由于匪寇扰乱，集市迁至右集村，如果以一人为准，背南面北而立，右集位于旧集之右，故而得名"右集"。耕地以塬地为主，主要粮食作物有小麦、玉米、胡麻、糜子、荞麦、菜籽、苻、各种豆类；北方蔬菜均可种植，而且质量上乘。村内居民姓氏以张姓居多。

解放初归马泉乡，合作化时归上良乡。公社化时设右集大队。1983年社改乡时设右集村民委员会。

1087 梁原乡朱家湾村

简　　介：梁原乡朱家湾村位于乡东部川区，属半川半山区。1958年公社化时归东门大队。1961年分为曲阜沟大队。1965年与赵家咀大队合并。1979年与赵家咀大队分开。1983年设朱家湾村民委员会。2004年撤消赵家咀村民委员会并入朱家湾村民委员会。全村共有8个村民小组，260个农户，1161人。耕地面积7327.2亩。

1088 龙门乡王家山村

简　　介：龙门乡王家山村位于乡西北部，平均海拔1462米。1983年社改乡时设王家山村民委员会。全村辖6个村民小组，83户，327人，共有耕地4463亩，人均13.1亩。

1089 上良乡蒋家沟村

简　　介：上良乡蒋家沟村位于乡正东4公里处，人口1268人，下辖10个村民小组，区域面积7.84平方公里。蒋家沟村东面与什字镇罗家庄村毗邻，南接合集村、什字镇南庄村，西邻右集村，北面属沟壑区、与泾川县黑河相依，海拔高度1410米。1983年社改乡时设蒋家沟村民委员会。村内居民姓氏以张、王、于、周居多，由于人口迁徙，目前村内无一蒋姓人家，但是村内的"蒋家沟水库"，作为全县主要的安全饮水工程，盛名远播。耕种以塬地为主，主要粮食作物有小麦、玉米、胡麻、糜子、荞麦、菜籽、荏、各种豆类。

1090 百里乡新集村

简　　介：百里乡新集村位于乡以西，东接崖湾村，西与柴朝村相邻，南连万宝川农场，北与星火乡接壤。1962年设东家坡大队，1972年改名新集大队，1983年社改乡时设新集村民委员会。下辖4个村民小组，148户，584人。耕地面积5166.7亩，其中川地889.7亩，山地4273亩。

1091 独店镇街道社区

简　　介：独店镇街道社区成立于2007年，现有管辖人口2050人。社区办公室原设在独店镇文化广场，后为方便社区居民办理业务，在镇政府设立办公室。

1092 灵台县独店镇瓦峪村

简　　介：灵台县瓦峪村位于镇西部，西靠白峪村，南接中台镇杨村，东挨灵台县，北与大户彭、中庆村相接。全村下设9个村民小组，2016口人，全村耕地面积4159亩，瓦峪村有2条公路横穿而过，一条是灵平公路，一条经独店延至泾川县。唐朝初期，在现在的老庄社内，人们居住在山沟地带，这里有一座庙，因年代久远，庙宇倒塌，山沟也被填平，人们耕种庄稼时发现存在唐朝时期的瓦块，后来村子便以瓦峪命名。解放前归瓦峪，1957年归独店乡。1958年成立瓦峪和楼门两个大队，归饮马公社。1964年撤饮马公社归独店公社。1968年与楼门大队合并为瓦峪大队。1983年社改乡时，改为瓦峪村民委员会。

1093 朝那镇盘头村

简　　介：朝那镇盘头村地处镇西部，东邻三里村，西接干涝村，南与百里芦子集接壤，北望梁原乡，位于朝龙路畔，全村共4个村民小组，156户，583人，耕地面积2884亩，其中塬地1543亩，山地1341亩。民风淳朴，养牛产业基础良好。

1094 新开乡寺底村

简　　介：新开乡寺底村位于新开塬面腹地，地处新开乡街道西南侧，东接新开乡寨坡村里庄社，南连姚家湾岘子沟，西邻苗家岭林场，北与新开乡下周村接壤。解放初归寺底乡，公社化时为寺底中队，1962年设寺底大队。1964年并入胜利大队。1979年与胜利大队分设，恢复寺底大队，1983年社改乡时设村民委员会。是唐代名相牛僧孺的故里，是全乡惟一纯塬面村，也是全乡5个人口过千的村之一。全村共7个村民小组，282户，1327人，均为汉族。

1095 什字镇胜利村

简　　介：什字镇胜利村位于镇西南6.5公里处，东连罗家庄村，南面连接沟泉村，西邻郭家老庄村，北面与瓦咀村相接，海拔高度1370米。解放初归北沟乡，合作化时设胜利中队，归北沟大队。1961年归水晶公社。1962年设胜利大队，1964年归胜利公社。1965年与郭家沟圈合并，1979年分开。1980年归新设的胜利公社（北沟公社）。1983年社改乡时设胜利村民委员会。辖7个村民小组，1513人，流域面积7.34平方公里。耕地以塬地为主，主要粮食作物有小麦、玉米、胡麻、糜子、荞麦、菜籽、荏、各种豆类。

1096 什字镇长坡村

简　　介：什字镇长坡村与镇街道毗邻，为镇政府所在地，东面与中永村接壤，南与草脉村、梁家咀村相接，西面与梁家咀、李家庄相邻，北面与庙头村连接，海拔高度1380米。解放初归庙头乡，合作化时归什字乡，公社化时为长坡中队，归庙头大队，1961年设长坡大队。1983年社改乡时设长坡村民委员会。现辖4个村民小组，1144人，流域面积6.1平方公里。由于地处街道，又在灵千公路和吴凤公路沿线，加之新建的村文化广场、幼儿园、文化活动中心、便民服务中心等公共设施，让村民享受着与城里人一样的生活。

1097 邵寨镇白崖村

简　　介：邵寨镇白崖村位于镇正西3.7公里处，人口1300多人，下辖10个村民小组，流域面积7.1平方公里。白崖村东面与光辉村隔沟相向，西面隔沟与黎家河村相望，南邻三联村，北与东庄村接壤，海拔高度1350米。灵西公路穿村而过，白崖村民民风淳朴、吃苦耐劳、勤劳善良，耕地以山地居多，主要粮食作物有小麦、玉米、胡麻、糜子、荞麦、菜籽、荏、各种豆类；北方蔬菜均可种植，而且质量上乘。村内居民姓氏以张姓赵、李、杜、姚、居多。解放初归邵寨乡，合作化时仍之。1983年社改乡时设白崖村民委员会。

1098 城区街道城东社区

简　　介：灵台县城城东居民委员会成立于2009年4月，隶属街道办，因地处县城东端而得名。辖区总面积1.4平方公里，有11个居民小区，2901户，7353人，单位位于世纪花园B区正门二楼办公。承担着社区党建、精神文明和辖区居民计划生育、居民教育、综治、信访、政策法规宣传咨询、城镇低保申报、保障性住房申报、医疗保险收缴、养老保险收缴、辖区住户摸底登记、兵役登记等业务。

1099 新开乡下周村

简　　介：新开乡下周村地处乡街道北侧，东接乡政府驻地，南连新开乡寺底村，西与中台习家沟村相邻，北与新开乡底庄接壤。解放初归新开乡，合作化时仍是。1958年归寺底中队，1962年设胜利大队。1964年和寺底大队合并，1978年分设，仍为胜利大队，因与北沟公社的胜利大队重名。1982年地名普查时改为下周大队。1983年社改乡时设下周村民委员会。全村共5个村民小组，178户，688人，全村共有耕地面积3153.77亩。果产业是全村的支柱产业。

1100　西屯乡姜家庄村

简　　介：西屯乡姜家庄村地处乡西北部，距乡政府8.7公里。本村下辖6个村民小组，241户，802人。耕地面积4748亩，人均耕地5.9亩。村域内姓氏以姜姓居多而得名，另有任、焦、马、王等姓氏，是一个纯汉族聚居的村落。

1101　梁原乡张家塬村

简　　介：梁原乡张家塬村位于县西北角，全村海拔1100-1300米。村共有4个村民小组，93户，452人。解放初归横渠乡。公社化时归杜家庵大队。1961年归横渠公社。1962年设张家塬大队。1964年与杜家庵合并，归梁原公社。1979年又分设张家塬大队。1983年社改乡时设张家塬村民委员会。

1102　梁原乡王家沟村

简　　介：梁原乡王家沟村地处乡北塬，与崇信县木林乡接壤，距梁原乡政府7.5公里。共有9个村民小组，426户，2041人。解放初归官村乡，1957年归梁原乡。1958年设梁原大队。1983年社改乡时设王家沟村民委员会。粮食作物种植以小麦和玉米为主，经济作物种植比较杂乱，主导产业以苹果业为主。

1103　独店镇崖瑶村

简　　介：独店镇崖瑶村地处镇东部塬区，东与陕西省长武县枣元镇郭村相邻，西与本镇吊街村相邻，南与本县邵寨镇雷佳家河村相邻，北与本镇林王村相邻，距离本镇7.5公里。相传宋朝前期，因别处地方发生洪涝灾害，导致大部分人流离失所，逃亡乞讨到本地，在沟边挖窑洞居住来避风遮雨，当时此地无名，经过时间演变，后取名为崖窑，沿传至今。解放初归林王乡，1957年归吊街乡，公社化时归独店公社。1961年归吊街公社。1962年成为崖窑大队，1956年又归独店公社，1980年又归吊街公社。1983年社改乡时设崖窑村民委员会。2004年撤销前庄村民委员会，并入崖窑村民委员会。现辖10个村民小组，441户，1696人。

1104　什字镇遥子坡村

简　　介：什字镇遥子坡村地处镇正北5公里处，东与庙头村相邻，南接长坡村，西邻曹老庄村，北面连接青岗铺村。海拔高度1340米。解放初归庙头乡，合作化时归什字乡，公社化时归青岗铺中队，归庙头大队。1962年归青岗铺大队。1971年分设窑子坡大队。1983年社改乡时，设窑子坡村民委员会。现辖6个村民小组，户1125人，流域面积5.6平方公里。耕种以塬地为主，主要粮食作物有小麦、玉米、胡麻、糜子、荞麦、菜籽、荏、各种豆类。

1105　中台镇坷台村

简　　介：中台镇坷台村地处镇西川，灵百路沿线，东连杨村，西接百里乡石塘村，南接蒲窝乡，北靠西屯乡。以杨、于两姓为主，全村辖8个村民小组，304户，1336人。解放初归坷台乡，公社化时设坷台大队。1961年归新增的坷台公社。1964年撤坷台公社后复归中台公社。1983年社改乡时设坷台村民委员会。以种植业和养殖业为主，种植业以设施蔬菜、小麦、玉米为主，养殖业以牛、羊、猪的为主。

1106 龙门乡鹦鹉村

简　　介：龙门乡鹦鹉村位于乡南部川区，平均海拔1420米。解放初归鹦鹉乡，合作化时仍是，1957年归龙们乡，1958年设大队，1983年社改乡时设鹦鹉村民委员会，2004年撤消周家岊村民委员会，并入英武村民委员会。全村共有11个村民小组102户，326人，耕地3663亩，人均7.1亩，林地5907亩，人均18.1亩。该村地处偏远，交通不便，距离街道约8公里，基础设施滞后，自然条件较差，生产生活条件极为不便。

1107 朝那镇老庄村

简　　介：朝那镇老庄村位于镇北面，东与西张村接壤，南接朝那镇镇区，西邻马寨村，北与小寨村相邻。村部距朝那2.5公里，东西2公里左右，南北长6.5公里，距县城55公里。总流域面积13.5平方公里，耕地面积4442亩，其中塬地2924亩，山地1518亩，辖11个村民小组，共414户，1734人。2012年以前以玉米、小麦为主。2012年秋季因产业结构调整，定植苹果园，开始发展果产业。

1108 中台镇红崖沟村

简　　介：中台镇红崖沟村位于镇南川，距县城5公里，泾渗公路、蒲河穿境而过村。解放初归南川乡，合作化时设两个农业社，归中台乡。1957年归城关乡，公社化时设红崖沟大队。1983年社改乡时设红崖沟村民委员会。全村辖5个村民小组，181户，786人。以种植业和养殖业的发展为主，种植业以蔬菜、小麦、玉米为主，养殖业以牛、羊、猪为主。

1109 蒲窝乡关庄村

简　　介：蒲窝乡关庄村位于蒲窝东塬，东北与中台镇毗邻，南接宁子村，西与郑家洼村隔沟相望。全村现有5个村民小组，183户，738人。关庄清代以前名为周家官庄，据关庄村的老人讲他们的祖辈是因战乱从山西大槐树底迁到此地。该村以发展苹果产业为主，同时因关庄土地土壤肥沃，种植的西瓜以甘甜可口闻名。

1110 上良乡涧沟村

简　　介：上良乡涧沟村位于乡政府以西3.5公里处，人口1230人。下辖8个村民小组，流域面积5.1平方公里。涧沟位于上良乡的最西端，东临上良乡西门村，南隔涧河与星火乡相望，西接朝那镇西张村，北与上良乡上郑村、朝那镇小寨村隔沟相望。海拔高度1400米。解放初归旧集乡，合作化时仍是。1957年归上良乡。公社化时设涧沟大队。1983年社改乡时设涧沟村民委员会。"涧沟"一名可以追溯到1000多年以前，因村中有涧河流过，故而得名"涧沟"。沟壑内矿泉比比皆是，地理条件有山、塬、川，均可耕种。主要粮食作物有小麦、玉米、胡麻、糜子、荞麦、菜籽、荏、各种豆类；北方蔬菜均可种植，而且质量上乘。村内居民姓氏以张、杨、苏、董、景、郑、杜、王居多，大部分是明朝自山西大槐树移民的后裔，至今还依稀可见与山西相似的生活、语言、耕作、婚丧习俗。

1111 朝那镇小寨村

简　　介：朝那镇小寨村位于镇北面，距镇区8公里，东与上良乡朱堡村接壤，西邻街子，南与西张村相望，北接梁原乡杜家沟村，共辖10个村民小组，297户，1117人，耕地面积4863亩，其中塬地2960亩，山地1903亩，以种植小麦、玉米、豆类等作物为主，产业以果产业为主。

1112 西屯乡小村

简　　介：西屯乡小村地处什字塬中部，灵千公路沿线、西屯乡东部。东西长4公里，南北宽2公里，流域面积8平方公里，下辖7个村民小组，人口913人。小村是灵台地下革命工作的发源地，是灵台第一个地下党支部和灵台工委机关驻地。1949年8月，中台区公署成立，设小村乡，1955年，划归什字区，1956年，成立高级农业合作社——先锋社，1958年9月，成立小村大队，下辖9个中队。1962年5月，设小村公社，1981年，改为小村管委会，1983年5月改称小村村民委员会。

1113 什字镇曹家老庄村

简　　介：什字镇曹老庄村位于镇西北5公里处，东与李家庄村相邻，西隔沟与小别山相望，南隔八条山与北村相望，北面与遥子坡村相邻。海拔高度1340米。解放初归庙头乡，合作化时归什字乡，公社化时设两个中队，归庙头大队。1962年与李家庄合设曹家老庄大队，1979年又分开设李家庄大队。1983年社改乡时设曹家老庄村民委员会。现辖5个村民小组，988人，流域面积5.4平方公里。

1114 城区街道东大街社区

简　　介：灵台县城东大街居民委员会成立于2002年8月，隶属中台镇政府管理，2005年8月街道办成立后，划归街道办管理。因地处县城街道东面而得名。位于环城路国土局楼下办公，辖区总面积1.3平方公里。有10个居民小区，常住居民1522户，4813人，承担辖区居民的管理、服务、教育和监督职责，办理社会救助、保障性住房、兵役登记、政策宣传咨询、社会维稳等各项业务。

1115 独店镇秋射村

简　　介：独店镇秋射村位于镇北部，西与沟沟王村隔沟相望，东与陕西省长武县枣元乡隔沟相望，南接马家塄村，北与泾川县梁河乡隔沟相望，下设14个村民小组，1916口人，耕地面积7547.8亩，陶瓦公路横穿其中，交通便利。相传，身为鲁国史官的左丘明告老还乡后，因洞悉时事，想找一处净土让子孙躲避战乱，但一直没有找到合适的地方。一天，左丘明找来一张巨弓，用松树做箭身，以犁铧为箭头，向西方遥射。箭飞越千山万水，最终落在千里之外的一个小村庄，箭头深深地射进一棵老松树的树干里。之后，左丘明携带家眷千里寻箭，遂在这个村子隐名定居。左丘明去世后，其后人为了纪念"先儒"，遂将这个村子改名"丘射"，后传作"秋射"，在被箭射中的老松树下盖起了"秋射庙"，左丘明就被安葬在"秋射庙"附近，为避盗贼骚扰，墓地被称"秋射墓"。如今，"秋射庙"已成一堆废墟，而"秋射墓"却幸运地保存了下来。

1116 星火乡西村

简　　介：星火乡西村共7个村民小组，共计306户，总人口1122人，耕地面积1746.2亩，全村现有果园835亩。流域面积9.5平方公里，森林覆盖率24.5%。

1117 新开乡下周村

简　　介：新开乡下周村地处乡街道北侧，东接乡政府驻地，南连新开乡寺底村，西与中台习家沟村相邻，北与新开乡底庄接壤。1958年归寺底中队，1962年设胜利大队。1964年和寺底大队合并，1978年分设，仍为胜利大队，因与北沟公社的胜利大队重名。

1982年地名普查时改为下周大队。1983年社改乡时设下周村民委员会。全村共5个村民小组，178户，688口人，全村共有耕地面积3153.77亩。果产业是全村的支柱产业。

1118 独店镇河屯坡村

简　　介：独店镇河屯坡村位于镇西北部，南接中庆村，西接大户彭村，据河屯坡村南头子家李氏家谱记载，何屯坡起名于唐朝，口碑相传。汾阳王郭子仪在本地屯兵储粮，将塬区土地变为军垦地，所产粮食储于西屯（今西屯乡），山川土地归农民耕种，所产粮食储于本村，也叫"东屯"。故起名何屯坡，囤积黑河川粮食之地。解放初除何屯坡自然村归泾川县外，其余归景村乡。1958年将河屯坡划归灵台县后属独店乡。1962年设大队，归饮马公社。1964年撤消饮马公社后归独店公社。1983年社改乡时设河屯坡村民委员会。2004年撤消辛家坡村民委员会，并入河屯坡村民委员会。1957年成立河屯坡村民委员会。全村下辖10个村民小组，620户，2399人，耕地面积3927.3亩。

1119 梁原乡景家庄村

简　　介：梁原乡景家庄村位于乡东部，距乡政府15公里。1957年归梁原乡。1958年设景家庄子、芋园两个大队。1964年合并为景家庄大队。1983年社改乡时设景家庄村民委员会。全村辖6个村民小组，692人，总耕地面积4366亩，山地占80%，主要农作物为小麦、玉米、高粱，经济作物主要是豆类和油菜籽，草畜产业为养牛。解放前归龙王乡。1957年归梁原乡。1958年设景家庄子、芋园两个大队。1964年合并为景家庄大队。1983年社改乡时设景家庄村民委员会。

1120 百里乡二联村

简　　介：百里乡二联村位于乡以西南川，南与陕西省接壤，东邻万宝川农场，西接万宝川农场，北与川口村相连。1962年设二联大队。1983年社改乡时设二联村民委员会。2004年撤消颉岭村民委员会，并入二联村民委员会。下辖5个村民小组，105户，301人。耕地面积4757.5亩，其中川地839.5亩，山地3918亩。

1121 中台镇胡家店村

简　　介：中台镇胡家店村位于镇南川，西与陕西麟游县天堂镇接壤，东至新开姚家湾组，北至五星任家坡组。1957年归城关乡，公社化时设芋园、胡家店两个大队。1965年合并为胡家店大队。1983年社改乡时设胡家店村民委员会。全村辖6个村民小组，298户，1178人。以种植、养殖业为主，种植业以优质核桃树、小麦、玉米为主，养殖以牛产业为主。

1122 中台镇杨村

简　　介：中台镇杨村地处镇西川，灵百路沿线，西至坷台村，东至水泉村，南接蒲窝乡，北靠西屯乡。以孙、张、李三姓为主，全村辖5个村民小组，237户，966口人。1961年归新增的坷台公社。1964年撤坷台公社后复归中台公社。1983年社改乡时设村民委员会。以种植业和养殖业的发展为主，种植业以设施蔬菜种植为主，养殖业以羊、牛、鸡为主。

1123 西屯乡柳家铺村

简　　介：西屯乡柳家铺村地处什字塬腹地，吴风公路以北，西邻西屯乡店子村，东接独店镇瓦玉村。相传在中唐玄宗年代，发生了"安史之乱"，玄宗皇帝派大将郭子仪带兵征番，兵至距柳家铺三华里处安营扎寨，并建"将台"一处，时至六月，天气炎热，士兵、战马因染病而死者众多，郭元帅甚是焦急，当时手下有一人告诉他，在离将台三华里处有一个小镇子，集市贸易繁华，各种店铺都有，其中有一姓柳的药店，叫柳家药铺，店主柳氏医术精湛，能医治各种疑难杂症，郭元帅听后大喜，随后就来到药店，说明来历后，店主欣然从之，配药数十剂，将士服药后病全大愈，郭元帅筹备银两酬谢，柳氏分文未取，消息传开，柳氏药店便人人皆知，久而久之，人们便把"柳家药铺"称为柳家铺子，为了方便人们便去掉了子字，叫柳家铺，直至民国四年发生大地震，小镇其他店铺均被夷为平地，而这家药铺却丝毫未损。公社化时归小村大队。1962年归小村公社。1964年归西屯公社。1983年社改乡时设柳家铺村民委员会。2004年撤消青阳山村民委员会，并入柳家铺村民委员会。该村共辖15个村民小组，446户，1720人，耕地面积8894.3亩。村民多数以种植小麦、果树为主。

1124 星火乡蔡家塬村

简　　介：星火乡蔡家塬村共7个村民小组，共计272户农户，总人口1240人。流域面积8.3平方公里。耕地面积2461.1亩，现有果园303亩。森林覆盖率达95%。

1125 西屯乡大社村

简　　介：西屯乡大社村位于乡西部，东邻南头村，西邻什字镇西郊村，南接吴凤公路，北隔黑河。全村下辖4个村民小组，共有208户，738人。一、二社俗称进殿，是西屯乡共产党发源地之一，社内姓氏都为李，故有"进殿李"的俗称；三、四社为大社，社内姓氏都为姚，故有"大社姚"的说法。全村总面积6平方公里，有耕地1700多亩，村内现从事主要产业为果产业，现有2007年栽植果园624.63亩。合作化之前，大社名为"福进"，合作化之后，又改为大社。

1126 独店镇庙背村

简　　介：独店镇庙背村位于镇东部，西靠姚李、薛家庄村，北与东夏村隔沟相望，东连吊街村，南与中台镇新庄村隔沟相望。庙背村以位于高回庙背后而得名。高回庙建于隋文帝三年，明朝中期香火旺盛，香客日逾万千，故有"先有高回庙，后有灵台县"之说，文革时期，庙内大殿、戏台、僧房被拆，神像被毁。2011年，经高回庙各位会首及村民的号召下，重修大殿3间，耳房2间，重塑神像，四方香客前来进香朝拜。1961年归吊街公社，1962年设庙背大队。1964年归独店公社。1980年恢复吊街公社又归吊街公社，1983年社改乡时设庙背村民委员会。2002年撤去吊街乡后并入独店镇辖区内至今。全村9个村民小组，1958口人，耕地面积4569.9亩，灵长公路横穿全村，交通便利。

1127 龙门乡枣子川村

简　　介：龙门乡枣子川村地处乡南部山区，平均海拔1440米。全村辖7个村民小组，110户，360人，共有耕地面积2623.3亩，以山川地为主，人均占有耕地9.4亩，年均降水量700毫米，年日照2540小时。

1128 西屯乡郭杨村

简　　介：西屯乡郭杨村地处吴凤公路沿线，距西屯乡1.5公路，交通便利。下辖6个村民小组，总人口880人。1962年设后沟大队，因与朝那公社后沟大队重名，1982年地名普查时更名为郭杨大队，1983年社改乡时设郭杨村。

1129 梁原乡安冯村

简　　介：梁原乡安冯村地处乡北塬，与崇信县木林乡接壤，距梁原乡政府9.5公里，交通不便，道路崎岖。共有7个村民小组，265户，1241人。1957年则归灵台县梁原乡。公社化时设堡子、安家庄两个大队。1962年合并为安冯大队。1982年社改乡时设安冯村民委员会。全村耕地面积共6618亩，粮食作物种植以小麦和玉米为主。

1130 什字镇罗家庄村

简　　介：什字镇罗家庄村位于镇向南7.5公里处，东连胜利，南接南沟、南庄村，西邻上良乡蒋沟村，北面与沟泉村相接。海拔高度1410米。1961年归水晶公社。1962年设罗家沟大队。1964年撤水晶公社。1980年归胜利公社。1982年胜利公社更名为北沟公社。1983年社改乡时设罗家庄村民委员会。现辖5个村民小组，1150人，流域面积6.4平方公里。耕地以塬地为主，主要粮食作物有小麦、玉米、胡麻、糜子、荞麦、菜籽、荏、各种豆类。境内有山火烧湾遗址。

1131 独店镇龙翻头村

简　　介：独店镇龙翻头村位于镇北部，南与冯家堡村相连，东与沟沟王村相邻，西与何屯坡村隔沟相望，北与泾川县梁河乡相望，全村6个村民小组，1442口人，全村耕地面积4914.4亩。主要粮食作物有小麦、玉米、胡麻、糜子、荞麦、荏籽、菜籽、荏、各种豆类。龙翻头的地名由来是由于龙翻头全村的地形像一条龙辗转挪移，吞云吐雾，便由此而得名。

1132 百里乡上李村

简　　介：百里乡上李村位于乡以东，东与蒲窝接壤，南邻陕西省，西靠路家沟，北与梨园村相接。1958年归梨园大队，属百里公社。1962年设寺沟大队。因与新集公社的寺沟大队重名，1982年地明普查时改为上李大队。1983年社改乡时设上李村民委员会。下辖4个村民小组，92户，539人。耕地面积3927亩，其中川地1061亩，山地2866亩。

1133 西屯乡店子村

简　　介：西屯乡店子村地处什字塬腹地，吴凤公路沿线。全村共有6个村民小组，222户，787人。文化底蕴丰富，是皇甫松、皇甫竹子兄弟的最后归宿之地，是"和谐五星"的发源地。公社化时归小村大队，1962年成立店子大队，归小村公社。1964年撤小村公社归西屯公社。1983年社改乡时设店子村民委员会。目前已建成生态家园100户，新建二层村委会办公楼、幼儿园、卫生所、农民义化活动中心、便民超市和文化广场各1处。

1134 西屯乡上孙村

简　　介：西屯乡上孙村地处乡北部偏西6.5公里处。本村下辖3个村民小组，人口746人。村名因村域内姓氏以孙姓居多而得名，另有王、姚、马、史等姓氏，是一个纯汉族聚居的村落。

1135 西屯乡东湾村

简　　介：西屯乡东湾村位于省道S202线沿线，西屯乡街道北面，距街道8公里，县城23.5公里。东湾自古以来为周姓大户，沿路分东西为东湾和西湾，全村下辖11个村民小组，1104人，耕地面积3181.4亩，海拔1300米，年均降水量600毫米，年日照2440小时，自然条件相对较好。

1136 独店镇中庆村

简　　介：独店镇中庆村位于镇西部，东连张鳌坡皇甫谧文化园，北接河屯坡，西靠大户彭，南临瓦峪村，为四面环绕地带，皇甫谧大道横穿而过，交通便利。解放初归景村乡，1956年归独店乡。1962年归饮马公社。1964年撤饮马公社时并入大户彭大队，归独店公社，1974年与大户彭大队分开，恢复原中庆大队。1983年社改乡时设中庆村民委员会。全村下辖7个村民小组，1598口人，全村耕地3933亩。

1137 邵寨镇雷家河村

简　　介：邵寨镇雷家河村位于镇最北面25公里处，人口600多人，下辖5个村民小组，流域面积4.6平方公里。雷家河村东面与独店镇告王河村接壤，南与东庄、石坊相望，西面与中台镇安家庄村毗邻，北面独店景村相邻，海拔高度1410米。村内居民姓氏以姚、雷、马居多。1983年社改乡时设雷家河村民委员会。据史书记载："早在公元前11世纪（约1076年）商朝西北候姬昌（后即周文王）率大军西来伐密，战捷归师途经灵台县城，筑"灵台"祭天地，之后沿河东下，途中见一山，其势卓尔，四周八峰围拱，河水自足迂绕，即登峰顶，预演八卦，以卜讨纣大计。自此九峰山始有文王山之名。相传文王演卦之时，忽有电闪雷鸣，后山间有一童哭叫，姬昌命差收养为义子，即后扶佐文王建立周朝的雷振子。文王临走，山民感念其宣扬德化之功，夹道相送，不舍依依，也从此有了雷家河之地名"。耕地以山川地各半，主要粮食作物有小麦、玉米、胡麻、糜子、荞麦、菜籽、荏、各种豆类；北方蔬菜均可种植，而且质量上乘。

1138 龙门乡崾岘村

简　　介：龙门乡崾岘村地处乡东部塬区龙朝公路沿线，平均海拔1476米。因地处两塬相接的狭窄地带而得名。1983年社改乡时设崾岘村民委员会。全村辖5个村民小组，153户，543人，共有耕地面积2610亩，年均降水量700毫米，年日照2540小时。

1139 新开乡大户村

简　　介：新开乡大户村位于乡南部，南接陕西省麟游县丈八镇，东连邵寨镇黎家河村坪家庄社，北与新开乡华掌村相邻，西与新开乡姚家湾村小庄社接壤。1983年社改乡时设大户村民委员会。全村8个村民小组，227户，870人，耕地面积4645亩。牛产业是全村的支柱产业，全村牛存栏量1823头。

1140 西屯乡桥子村

简　　介：西屯乡桥子村位于灵台县乡腹地，吴凤公路沿线。全村辖6个合作社，370个农户，1500个农业人口。桥子村拥有丰富的物产资料和悠久的历史文化传统，桥子村人主要从事农业种植业。桥子村因村内的土桥而得名，土桥自古就是连接什字塬东、西两部分的咽喉要道，地势险要，在交通不便的古代，这里是通道咽喉，向来有重兵把守。

1141 百里乡杨新庄村

简　　介：百里乡杨新庄村位于乡以西，西与川口村相接，南与星火乡接壤，东紧邻李家坡村，北连万宝川农场。1982年地名普查时改为杨新庄大队。1983年社改乡时设杨新庄村民委员会。2004年撤消大华沟村民委员会，并入杨新庄村民委员会。下辖8个村民小组，175户，713人。耕地面积6799.7亩，其中川地1013.7亩，山地5786亩。

1142 新开乡高岭塬村

简　　介：新开乡高岭塬村位于乡南部山区，东连新开乡大户村，南接陕西省麟游县丈八镇，西与陕西省麟游县天堂乡相邻，北与新开乡姚家湾村接壤。公社化时设高岭塬中队。1963年合并为高岭塬大队。1983年社改乡时设高岭塬村民委员会。全村辖6个村民小组，183户，696口人，总耕地面积4160.67亩。牛产业是全村的支柱产业，全村牛存栏量2365头。

1143 蒲窝乡蒲窝村

简　　介：蒲窝乡蒲窝村位于五星西塬，东望五星村，南接塔贤村，北连新庙村。全村辖9个村民小组，686人。1961年设蒲窝大队。1983年社改乡时设蒲窝村民委员会。蒲窝，最早曾被称为崖窑。相传，明末清初之际，连年战乱，民不聊生。当地一股土匪势力趁战乱之际掳掠民众，令民苦不堪言。于无奈中一董姓乡绅领导民众在断崖间修挖窑洞以躲避祸乱，祈得一朝安宁。因此，该地便有了崖窑之名。后又因崖面的窑洞远看甚像蒲鸽之窝（蒲鸽，方言叫法，即鸽子），又当地民众多用蒲草做饭取暖，故口口相传，就成了蒲窝。

1144 百里乡石塘村

简　　介：百里乡石塘村位于乡以东，北邻星火乡小塬村，东接中台镇坷台村，南连太明沟村，西与稔沟村接壤，辖6个村民小组，202户，803人，耕地面积4809.4亩，其中川地1068.4亩，山地3741亩。1961年归坷台公社，1962年设两个大队。1964年又归百里公社。1965年合并为石塘大队。1983年社改乡时设石塘村民委员会。

1145 什字镇中永村

简　　介：什字镇中永村位于镇正东1.5公里处，东与姚家沟村相邻，西邻赵家沟村，南邻长坡村，北接西郊村。海拔高度1390米。1957年归什字乡，公社化时为一个中队，归西郊大队，1962年归赵家沟，为一个大队。1974年与赵家沟大队分开设中永大队。1983年社改乡时设中永村民委员会。现辖4个村民小组，1090人，流域面积5.6平方公里。灵千公路穿境而过，耕地以塬地为主，主要粮食作物有小麦、玉米、胡麻、糜子、荞麦、油麻、菜籽、荏、各种豆类。

1146 什字镇沟泉村

简　　介：什字镇沟泉村位于镇向南6公里处，南面连接罗家庄村，西面相邻胜利村，北面与水晶村相接。海拔高度1410米。1961年归水晶公社。1962年设沟圈大队，归什字公社。1965年并胜利大队，1979年又与胜利大队分开，恢复原沟圈大队，归胜利大队。1983年社改乡时设沟圈村民委员会。现辖3个村民小组，767人，区域面积5.9平方公里，耕地以塬地为主，主要粮食作物有小麦、玉米、胡麻、糜子、荞麦、菜籽、荏、各种豆类。境内有山神庙、山神殿，分别位于剑头山和沟泉山。

1147 百里乡严家沟村

简　　介：百里乡严家沟村位于乡以北，东接观音村，南邻古城村，西与李家坡相接，北靠星火乡。1962年设严家沟大队。1983年社改乡时设严家沟村民委员会。下辖3个村民小组，121户，465人。耕地面积2322.9亩，其中川地629.9亩，山地1693亩。

1148 百里乡川口村

简　　介：百里乡川口村位于乡以西，东与

杨新庄相接，北与星火乡接壤，西连崖湾村，南与二联村相邻。1958年成立川口大队。1983年社改乡时设川口村民委员会。下辖6个村民小组，158户，675人。耕地面积6272.5亩，其中川地915.5亩，山地5357亩。

1149 邵寨镇东庄村

简　　介：邵寨镇东庄村位于镇西北5公里处，人口1100多人，下辖12个村民小组，区域面积8.95平方公里。东庄村东面与光辉村隔沟相望，南邻白崖村，西面与黎家河村接壤，北边与石坊村毗邻，海拔高度1400米，地处东经107°18′，北纬35°08′。村内居民姓氏以李、郭姓居多。相传最初东庄村内匪寇较多，常在聊自岔抢劫过路人的钱财，有"东家"的感觉，所以东庄由此得名。耕地以山地为主，主要粮食作物有小麦、玉米、胡麻、糜子、荞麦、菜籽、荏、各种豆类；北方蔬菜均可种植，而且质量上乘。

1150 什字镇饮马咀村

简　　介：什字镇饮马咀村地处镇东北部，东与三村林场接壤，南邻草脉村，西面北面均与姚家沟村相接。海拔高度1370米。合作化时归西郊乡，公社化时设中队，归丁家沟大队。1962年设三个大队，1964年合并为姚家沟大队。1978年分开设饮马咀大队，1983年社改乡时设饮马咀村民委员会。2004年撤消姚家河村民委员会，并入饮马咀村民委员会。现辖4个村民小组，人口1357人，流域面积5.68平方公里。耕地山、塬皆有，均可耕种，主要粮食作物有小麦、玉米、胡麻、糜子、荞麦、菜籽、荏、各种豆类。泾渗二级公路里贯穿境内，极大地改善了交通条件。

1151 梁原乡东门村

简　　介：梁原乡东门村位于朝水公路沿线，该村下辖7个村民小组，总户数235户，共有1027口人，是以回汉民族混居、以农业为主的回汉民族村，少数民族占全村总人口的三分之一。1958年设东门大队。1983年社改乡时为东门村民委员会。全村总耕地面积4096亩，其中山地3015亩，川地1081亩。粮食作物种植以小麦和玉米为主。

1152 百里乡曹家沟村

简　　介：百里乡曹家沟村位于乡以东，东接稔沟村，南与梨园村相接，西与蒙家庄相邻，北与稔沟村接壤。公社化时为一个中队，归梨园大队。1962年分开设曹家沟大队。1983年社改乡时设曹家沟村民委员会。下辖5个村民小组，65户，208人，耕地面积2992.3亩，其中川地554.3亩，山地2438亩。

1153 独店镇大户彭村

简　　介：独店镇大户彭村位于镇西部，西靠白峪村，南接瓦峪村，东连何屯坡村，北与泾川县隔沟相望。据说以前在现在的大户彭村小户彭社有兄弟两个靠种地为生，后来家里人口多了，便在隔沟相望的另一边（今大户彭社）开荒种地，由于每天来回往返种地都要翻沟，后来兄弟两人商量，便分家耕种，老大在（大户彭社）沟那边种地，后形成大户彭社，老二在原地耕种，形成了如今的小户彭社，后来村子便以大户彭村命名。解放初归瓦峪乡，合作化时归独店乡。1962年设大户彭大队，归饮马公社。1964年撤饮马公社后，归独店公社。1983年社改乡时，设大户彭村民委员会。现辖7个村民小组，1406口人，全村耕地面积4535.2亩。

1154 什字镇姚家沟村

简　　介：什字镇姚家沟村南临饮马咀村，北与中永村、西郊村相邻，西邻草脉村，东接西屯大社村，海拔高度 1300 米。姚家沟村距什字镇东南 3.5 公里处，下辖 7 个村民小组，1927 人，流域面积 7.25 平方公里。耕地以塬地居多，主要粮食作物有小麦、玉米、胡麻、糜子、荞麦、菜籽、荏、各种豆类。解放初归西屯乡，合作化时归西郊乡，公社化时设姚家沟中队，归丁家沟大队。1962 年设姚家沟、寺殿周、文家湾三个大队。1965 年合并为姚家沟大队。1978 年又分出了丁家沟大队，姚家沟大队规模未变。1983 年社改乡时设为姚家沟村民委员会。2004 年撤消丁家沟村民委员会，并入姚家沟村民委员会。

1155 上良乡上郑村

简　　介：上良乡上郑村位于乡北部 2.5 公里处，人口 1480 多人，下辖 6 个村民小组，区域面积 6.5 平方公里。上郑村地处上良乡地域中心，东与右集村接壤，南邻西门村、杨家庄村，西面隔沟与朱堡村相望，北接三村张村，海拔高度 1400 米。耕地山、塬皆有，均可耕种，主要粮食作物有小麦、玉米、胡麻、糜子、荞麦、菜籽、荏、各种豆类；北方蔬菜均可种植，而且质量上乘。杨北公里贯穿境内，村内居民姓氏以郑、贾、张居多。解放初归上良乡。合作化时设上郑大队。1983 年社改乡时设上郑村民委员会。

（三）崇信县

1156 新窑镇西刘村

简　　介：新窑镇西刘村地处镇南部，全村辖4个合作社，165户，698人。村党支部下辖4个党小组，有党员29名，其中：男26名，女党员3名。主导产业为草畜和林果，2013年农民人居纯收入4350元。

1157 黄花乡油府庄村

简　　介：黄花乡油府庄村辖6社，272户，1176人，有耕地5005.2亩，人均4.25亩。村党支部下设6个党小组，有党员61名，主导产业为牛和商贸流通，2013年农民人均纯收入4629元。

1158 柏树乡东风村

简　　介：柏树乡东风村位于乡东部，是乡政府所在地，辖6社，336户，1477，耕地3750亩，主导产业为养殖业，2013年农民人均纯收入4612元。党支部下设党小组6个，有党员60名，其中女党员8名。

1159 木林乡野羊村

简　　介：木林乡野羊村地处乡西部，全村辖3社，153户，749人，耕地面积4587亩。有3个党小组，党员29名，其中：男党员27名，女党员2名。主导产业为草畜、林果、劳务，2013年农民人均纯收入3360元。

1160 锦屏镇杜家沟村

简　　介：锦屏镇杜家沟村辖4社，244户，1044人，有村干部3人，有党员32名，其中女党员6人。耕地面积4938亩，人均4.72亩，2013年农民人均纯收入4851元，较上年增长14%。

1161 柏树乡申家庄村

简　　介：柏树乡申家庄村位于乡东部，辖3社，240户，1017人，总耕地面积4720亩，现有果园516亩，主导产业为果产业，2013年农民人均纯收入4420元。村党支部下设3个党小组，有党员49名，女党员5名。

1162 柏树乡吴家湾村

简　　介：柏树乡吴家湾村位于乡中部，辖4社，203户，837人，耕地2228亩，主导产业为养殖业，2013年农民人均纯收入4120元。村党支部下设4个党小组，党员41名，其中女党员6人。

1163 黄寨乡茜洼村

简　　介：黄寨乡茜洼村共3社，151户，599人，有党员22名，其中女党员1名。全村有耕地面积2954.4亩，有党组织带头人1名，2013年农民人均纯收入4623元，较上年增长6%。

1164 铜城工业园区庙台村

简　　介：铜城工业园区庙台村辖5社，339户，1478人。村党支部下设6个党小组，有党员51名，其中女党员9人。全村有耕地4724.2亩。主导产业是旱作农业技术和劳务输转。2013年农民人均纯收入4683元。

1165 锦屏镇位家沟村

简　　介：锦屏镇位家沟村共4社，164户，693人，有村干部3人。有4个党小组，有党员28名，其中女党员4名。全村有耕地面积2986亩，有党组织带头人1名，2013年农民人均纯收入4856元，较上年增长13.9%。

1166 柏树乡三星村

简　　介：柏树乡三星村位于乡中部，辖4社，220户，980人。有耕地2537亩，主导产业为养殖业和林果业。2013年农民人均纯收入4454元。现有党员45名，其中女党员7名。

1167 锦屏镇平头沟村

简　　介：锦屏镇平头沟村辖5社，289户，1116人，有村干部3人。有5个党小组，有党员37名，其中女党员4人。耕地面积3058亩，有党组织带头人1名，2013年农民人均纯收入5723元，较上年增长12.9%。

1168 锦屏镇薛家湾村

简　　介：锦屏镇薛家湾村辖4社，352户，1286人，有村干部3人，有4个党小组，有党员45名，其中女党员12人。全村有耕地面积3351亩，有党组织带头人1名。2013年人均纯收入5780元，较上年增长14%。

1169 木林乡沟老村

简　　介：木林乡沟老村位于乡南部，共辖5个合作社，343户，1521人，耕地面积6672亩。村党支部辖5个党小组，党员39名，其中女党员5名。主导产业为草畜、林果、劳务，2013年农民人均纯收入3691元。

1170 木林乡东阳寨村

简　　介：木林乡东阳寨村位于乡东部，共辖5个合作社，163户，760人，耕地面积4587亩。村党支部下设5个党小组，党员28名，其中女党员4名，主导产业为草畜、劳务，2013年农民人均纯收入4587元。

1171 柏树乡柏树村

简　　介：柏树乡柏树村位于乡中部，辖7社，438户，1851人。有耕地5642亩，主导产业为养殖业和林果业。2013年农民人均纯收入4753元。村党支部下设7个党小组，现有党员56，其中女党员11人。

1172 黄寨乡北沟村

简　　介：黄寨乡北沟村共5社，204户，898人，有党员31名，其中女党员6名。全村有耕地面积3991.4亩，有党组织带头人1名，2013年农民人均纯收入4796元，较上年增长5.8%。

1173 柏树乡马新庄村

简　　介：柏树乡马新庄村位于乡中部，辖4社，231户，946人。耕地2653亩，主导产业为养殖业。2013年农民人均纯收入4410元。村党支部下设4个党小组，党员46名，其中女党员5名。

1174 锦屏镇东街村

简　　介：锦屏镇东街村地处县城东郊，共

9 社，542 户，2401 人，有村干部 4 人。有 9 个党小组，有党员 56 名，其中女党员 12 名。全村有耕地面积 5434 亩，有党组织带头人 1 名。2013 年农民人纯收入 5816 元，较上年增长 15%。

1175　锦屏镇姚洼村

简　　介：锦屏镇姚洼村共 3 社，156 户，464 人，有村干部 2 人。有 3 个党小组，有党员 20 名，其中女党员 3 名。全村有耕地面积 2499 亩，有党组织带头人 1 名。2013 年农民人均纯收入 4092 元，较上年增长 17.9%。

1176　新窑镇后庄村

简　　介：新窑镇后庄村位于镇西南部，全村辖 3 个合作社，38 户，116 人。村党支部下辖 3 个党小组，有党员 12 名，其中：男 11 名，女党员 1 名。主导产业为草畜和劳务，2013 年农民人居纯收入 4059 元。

1177　锦屏镇于家湾村

简　　介：锦屏镇于家湾村共 7 社，401 户，1655 人，有村干部 3 人。有 7 个党小组，有党员 47 名，其中女党员 6 名。全村有耕地面积 4800 亩，有党组织带头人 2 名，主导产业为蔬菜产业。2013 年人均纯收入 6322 元，较上年增长 15%。

1178　柏树乡信家庄村

简　　介：柏树乡信家庄村位于乡东部，辖 5 社，335 户，1407 人，耕地面积 4009 亩，现有果园 1596 亩，2013 年农民人均纯收入 4712 元。村党支部下设 5 个党小组，有党员 42 名，其中女党员 7 名。

1179　铜城工业园区马沟村

简　　介：铜城工业园区马沟村辖 6 社，372 户，1519 人，村党支部下设 6 个党小组，有党员 51 名，其中女党员 8 人。全村有耕地 4940.6 亩。主导产业为果菜，2012 年果园面积达到 1093 亩，2013 年种植露地蔬菜 325 亩，搭建钢架大棚 40 座。2013 年农民人均纯收入 4753 元。

1180　新窑镇新窑村

简　　介：新窑镇新窑村位于镇西部，全村辖 7 个合作社，303 户，1095 人。村党支部下辖 7 个党小组，有党员 42 名，其中：男 39 名，女党员 3 名。主导产业为劳务，2013 年农民人居纯收入 4678 元。

1181　木林乡金龙村

简　　介：木林乡金龙村位于乡西部，共辖 5 社，240 户，1017 人，耕地面积 5004 亩。有 5 个党小组，党员 33 名，其中：男党员 29 名，女党员 4 名。有党组织带头人 1 名，2013 年农民人纯收入 5748 元。

1182　木林乡马家沟村

简　　介：木林乡马家沟村位于乡西部，共辖 3 社，74 户，358 人，耕地面积 834 亩，有 3 个党小组，党员 21 名，其中：男党员 19 名，女党员 1 名。主导产业草畜、劳务、种植业等，2013 年农民人均纯收入 3296 元。

1183　黄寨乡甘庄村

简　　介：黄寨乡甘庄村共 8 社，490 户，2088 人，有党员 62 名，其中女党员 17 名。全村有耕地面积 9587.2 亩，有党组织带头人 1 名，2013 年农民人均纯收入 4637 元，较上年增长 6%。

1184 锦屏镇文家咀村

简 介：锦屏镇文家咀村共4社，112户，504人，有村干部2人。有4个党小组，有党员26名。全村有耕地面积2179亩，有党组织带头人1名，2013年农民人均纯收入4121元，较上年增长13.9%。

1185 锦屏镇野雀村

简 介：锦屏镇野雀村共4社，271户，1107人，有村干部3人。有4个党小组，有党员28名，其中女党员4名。全村有耕地面积3704亩，有党组织带头人1名，2013年农民人均纯收入5552元，较上年增长14%。

1186 柏树乡木家坡村

简 介：柏树乡木家坡村位于乡中部，辖4社，145户，635人，耕地2076亩，主导产业为林果业、养殖业，2013年农民人均纯收入4532元。党支部下设5个党小组，有党员26名，其中女党员6名。

1187 新窑镇大兴村

简 介：新窑镇大兴村地处镇西部，全村辖6个合作社，170户，740人。村党支部下辖6个党小组，有党员41名，其中：男37名，女党员4名。主导产业为劳务和草畜，2013年农民人居纯收入4316元。

1188 锦屏镇新集村

简 介：锦屏镇新集村共3社，158户，693人，有村干部3人。有3个党小组，有党员24名，其中女党员3名。全村有耕地面积1419亩，有党组织带头人1名，2013年农民人均纯收入5128元，较上年增长14%。

1189 铜城工业园区杜家塬村

简 介：铜城工业园区杜家塬村辖4社，238户，1066人，村党支部下设4个党小组，有党员42名，其中女党员6人。全村有耕地4759亩。主导产业为养牛，2013年农民人均纯收入4710元。

1190 木林乡桃花岭村

简 介：木林乡桃花岭村位于乡东部，辖3社，103户，471人，耕地面积2085亩，人均4.4亩。村党支部下设3个党小组，党员30名，其中：男党员27名，女党员3名。主导产业是草畜、劳务，2013年人均纯收入5051元，较上年增长16%。

1191 黄寨乡大麦沟村

简 介：黄寨乡大麦沟村共6社，220户，919人，有党员33名，其中女党员3名。全村有耕地面积4304.4亩，有党组织带头人2名，2013年农民均纯收入4564元，较上年增长6.2%。

1192 黄寨乡黄土村

简 介：黄寨乡黄土村共4社，172户，749人，有党员30名，其中女党员3名。全村有耕地面积3365.3亩，村域内经济组织1个(黄土养殖小区)，有党组织带头人1名，2013年农民人均纯收入4577元，较上年增长6.2%。

1193 锦屏镇长新村

简 介：锦屏镇长新村共5社，244户，926人，有5个党小组，有党员25名，其中女党员7名。全村有耕地面积3876亩，有党组织带头人1名，2013年人均纯收入5347元，较上年增长14%。

1194 新窑镇赤城村

简　　介：新窑镇赤城村位于镇东面，是镇政府所在地，全村辖8个合作社，386户，1623人。村党支部下辖8个党小组，有党员41名，其中：男34名，女党员7名。主导产业为蔬菜和草畜，2013年农民人居纯收入4291元。

1195 黄花乡杨家沟村

简　　介：黄花乡杨家沟村辖6社，170户，669人，有耕地2188亩，人均3.3亩。有党员44名。主导产业为果和牛，2013年农民人均纯收入4629元。

1196 新窑镇青泥沟村

简　　介：新窑镇青泥沟村地处镇西南部，全村辖4个合作社，96户，401人。村党支部下辖4个党小组，有党员29名，其中：男26名，女党员3名。主导产业为劳务和草畜，2013年农民人居纯收入4324元。

1197 锦屏镇九功村

简　　介：锦屏镇九功村共4社，231户，857人，有村干部3人。有4个党小组，有党员33名，其中女党员6名。全村有耕地面积2670亩，有党组织带头人1名，2013年人均纯收入6006元，较上年增长15.9%。

1198 黄寨乡屈家洼村

简　　介：黄寨乡屈家洼村共3社，65户，247人，有党员17名，其中女党员2名。全村有耕地面积1271.8亩，有党组织带头人1名，2013年农民人均纯收入4464元，较上年增长6.4%。

1199 木林乡木林村

简　　介：木林乡木林村位于乡中部，共辖8社，463户，2034人，耕地面积8340亩。村党支部下设8个党小组，党员56名，其中女党员9名。主导产业为草畜、林果、商贸，2013年农民人纯收入6320元。

1200 锦屏镇刘家沟村

简　　介：锦屏镇刘家沟村共4社，294户，1314人，有村干部3人。有4个党小组，党员32名，其中女党员5名。全村有耕地面积3853亩，有党组织带头人1名，2013年人均纯收入5805元，较上年增长14.9%。

1201 柏树乡闫湾村

简　　介：柏树乡闫湾村位于乡西部，辖7社，318户，1404人，耕地面积5498亩，现有果园1300亩，主导产业为果产业，2013年农民人均纯收入4681元。村党支部下设6个党小组，有党员52名，其中女党员6名。

1202 黄寨乡白新庄村

简　　介：黄寨乡白新庄村共6社，277户，1240人，有党员50名，其中女党员8名。全村有耕地面积5419.7亩，村域内经济组织1个，有党组织带头人86名，2013年人民人均纯收入4778元，较上年增长5.8%。

1203 新窑镇戚家川村

简　　介：窑镇戚家川村地处镇西南部，全村辖4个合作社，281户，1028人。村党支部下辖4个党小组，有党员40名，其中：男35名，女党员5名。主导产业为草畜和劳务，2013年农民人居纯收入4818元。

1204 黄花乡高庄子村

简　　介：黄花乡高庄子村辖5社，147户，624人，耕地面积4243.7亩，人均6.8亩，有党员 36 名。主导产业为种植业和生猪养殖，2013 年农民人均纯收入 4629 元。

1205 黄寨乡黄寨村
简　　介：黄寨乡黄寨村共 5 社，236 户，1081 人，有党员 45 名，其中女党员 7 名。全村有耕地面积 4617.5 亩，有党组织带头人 2 名，2013 年农民人均纯收入 4873 元，较上年增长 6.1%。

1206 锦屏镇李家沟村
简　　介：锦屏镇李家沟村共 2 社，101 户，412 人，有 2 个党小组，有党员 19 名，其中女党员 2 名。全村有耕地面积 1821 亩，有党组织带头人 1 名，2013 年农民人均纯收入 5233 元，较上年增长 14%。

1207 黄花乡凉水泉村
简　　介：黄花乡凉水泉村辖 9 社，337 户，1491 人，有耕地 7611.6 亩，人均 5.1 亩。村党支部下设 9 个党小组，有党员 71 名。主导产业为果产业和养殖业，2013 年农民人均纯收入 4629 元。

1208 锦屏镇东庄村
简　　介：锦屏镇东庄村共辖 4 个社，350 户，1427 人，耕地面积 4110 亩。有村干部 4 人，党员 41 名，其中女党员 4 名。2013 年人均纯收入 5840 元，较上年增长 14.5%。

1209 铜城工业园区铜城村
简　　介：铜城工业园区铜城村辖 9 社，583 户，2508 人，有党员 68 人，其中女党员 14 人。全村有耕地面积 8500 亩，人均耕地 3.98 亩。主导产业为商贸流通和劳务输转。2012 年，投资 1190 万元，实施了铜城农贸市场综合整治暨小城镇建设。2012 年农民人均纯收入 3890 元。

1210 新窑镇宰相村
简　　介：新窑镇宰相村位于镇南部，全村辖 4 个合作社，106 户，402 人。村党支部下辖 4 个党小组，有党员 25 名，其中：男 22 名，女党员 3 名。主导产业为草畜和劳务，2013 年农民人居纯收入 4106 元。

1211 锦屏镇西街村
简　　介：锦屏镇西街村位于县城中部，共 8 社，372 户，1597 人，有村干部 3 人。2013 年 7 月成立了西街村党总支，下设西街村党支部和西锦家园党支部，共有 8 个党小组，有党员 47 名，其中女党员 11 名。全村有耕地面积 4448 亩，有党组织带头人 1 名，2013 年农民人均纯收入 6118 元，较上年增长 15%。

1212 黄寨乡马寨村
简　　介：黄寨乡马寨村共 8 社，420 户，1735 人，有党员 54 名，其中女党员 7 名。全村有耕地面积 8217.6 亩，有党组织带头人 1 名，2013 年农民人均纯收入 4850 元，较上年增长 5.7%。

1213 木林乡大庄村
简　　介：木林乡大庄村位于乡西部，共辖 6 社，240 户，1086 人，全村有耕地 4170 亩，村党支部下设 6 个党小组，党员 31 名，其中女党员 6 人。主导产业为草畜和劳务。

1214 新窑镇黄庄村
简　　介：新窑镇黄庄村位于镇南部，全村辖 4 个合作社，81 户，277 人。村党支部下辖 4 个党小组，有党员 22 名，其中：男 18 名，女 4 名。主导产业为草畜和劳务，2012 年农民人均纯收入 3446 元。

1215 柏树乡党洼村

简　　介：柏树乡党洼村位于乡中部，辖4社，402户，1747人，有耕地5326亩，主导产业为果产业和养殖业，2013年农民人均纯收入4460元。村党支部下设4个党小组，有党员57名，其中女党员6名。

1216 锦屏镇关河村

简　　介：锦屏镇关河村共3社，71户，295人，有村干部2人。有3个党小组，有党员25名，其中女党员3人。全村有耕地面积3175亩，有党组织带头人1名，2013年农民人均纯收入3695元。

1217 木林乡崖窑村

简　　介：木林乡崖窑村位于乡东部，共辖7社，244户，1065口人，耕地面积5421亩，有7个党小组，有党员40名，其中男党员33名，女党员7名。全村有经济组织1个，有党组织带头人2名，主导产业为草畜、林果和劳务。2013年人居纯收入5540元，较上年增长10.3%。

1218 柏树乡张湾村

简　　介：柏树乡张湾村位于乡西部，辖5社，195户，779人，主导产业为养殖业，2013年农民人均纯收入为4331元。现有党员37名，其中女党员7名。

1219 新窑镇周寨村

简　　介：新窑镇周寨村位于镇西部，全村辖7个合作社，363户，1631人。村党支部下辖7个党小组，有党员41名，其中：男37名，女党员4名。主导产业为劳务和林果，2013年农民人居纯收入4970元。

1220 锦屏镇梁坡村

简　　介：锦屏镇梁坡村共4社，195户，830人，有村干部4人。有4个党小组，有党员32名，其中女党员4名。全村有耕地面积2293亩，有党组织带头人1名，2013年农民人均纯收入5948元，较上年增长15%。

1221 黄花乡马寨子村

简　　介：黄花乡马寨子村辖7社，172户，708口人，有7个党小组，有党员44名，其中女党员6名。全村有耕地面积8023.6亩，人均11.9亩，主导产业为劳务输转和种植业，2013年农民人均纯收入4629元。

1222 柏树乡陶坡村

简　　介：柏树乡陶坡村位于乡西部，辖6社，236户，981人，耕地面积3535亩，主导产业为养殖业，2013年农民人均纯收入4232元。村党支部下设6个党小组，有党员43名，其中女党员5名。

1223 黄寨乡张明洼村

简　　介：黄寨乡张明洼村共4社，137户，616人，有党员22名。其中女党员2名。全村有耕地面积2680.5亩，有党组织带头人1名，2013年农民人均纯收入4641元，较上年增长6%。

1224 新窑镇寨子村

简　　介：新窑镇寨子村地处镇西北部，全村辖2个合作社，71户，289人。村党支部下辖2个党小组，有党员21名，其中：男17名，女4名。主导产业为劳务和草畜，2013年农民人均纯收入4358元。

1225　新窑镇柏家沟村

简　　介：新窑镇柏家沟村地处镇西部，全村辖5个合作社，195户，888人。村党支部下辖5个党小组，有党员37名，其中：男28名，女党员9名。主导产业为劳务和草畜，2013年农民人居纯收入5217元。

1226　铜城工业园区赵湾村

简　　介：铜城工业园区赵湾村辖5社，262户，1121人，有党员45人，其中女性党员4人。全村有耕地面积3762.77亩，人均耕地3.36亩。主导产业为肉牛养殖。目前，养牛小区牛饲养量已达到300头，年出栏肉牛达到200头，实现销售收入186万元。2013年农民人均纯收入4553元。

1227　黄花乡水磨村

简　　介：黄花乡水磨村位于黑河川区，全村辖7社，217户，918人，有耕地10460.3亩，人均11.39亩，有党员43名。主导产业为牛、果、菜，2013年农民人均纯收入4629元。

1228　锦屏镇关村

简　　介：锦屏镇关村共8社，515户，1990人，有村干部3人。有8个党小组，有党员43名，其中女党员6名。全村有耕地面积6836亩，有党组织带头人1名，2013年农民人均纯收入5794元，较上年增长15%。

1229　锦屏镇枣林村

简　　介：锦屏镇枣林村共8社，382户，1527人，有村干部3人，有8个党小组，有党员38名，其中女党员4人。全村有耕地面积5538亩，村域内经济组织3个，有党组织带头人2名，2013年人均纯收入5927元，较上年增长14.9%。

1230　黄花乡高年村

简　　介：黄花乡高年村位于南部山区，全村辖4社，147户，629人，有耕地4504.2亩，人均7.16亩，有党员35名。主导产业为果和蔬菜，2013年农民人均纯收入4629元。

1231　黄寨乡水泉洼村

简　　介：黄寨乡水泉洼村共4社，130户，553人，有党员33名，其中女党员3名。全村有耕地面积2543.5亩，有党组织带头人1名，2013年农民人均纯收入4580元，较上年增长6.2%。

1232　新窑镇杨安村

简　　介：新窑镇杨安村地处镇南部，全村辖6个合作社，123户，578人。村党支部下辖6个党小组，有党员25名，其中：男23名，女党员2名。主导产业为劳务和草畜，2013年农民人居纯收入4570元。

1233　黄花乡黄花塬村

简　　介：黄花乡黄花塬村辖8社，275户，1198人，耕地面积6677亩，人均5.6亩，有党员47名。主导产业为果和牛，2013年农民人均纯收入4629元。

1234　锦屏镇冉李村

简　　介：锦屏镇冉李村共6社，294户，1268人，有村干部3人。有6个党小组，有党员46名，其中女党员4名。全村有耕地面积4124亩，有党组织带头人1名。2013年农民人均纯收入5976元，较上年增长15.5%。

（四）华亭县

1235 河西乡建沟村
简　　介：境内山大沟深，林草茂密，有小片天然林和广阔的荒山荒坡。

1236 西华镇王寨村
简　　介：王寨地处黄土残塬区，以姓氏命名。

1237 上关乡陈家河村
简　　介：地处纯山区，以姓氏和地理实体命名。

1238 神峪乡新寨塬村
简　　介：该村地处丘陵残垣区，原以姓氏和地理实体命名，后讹传为新寨塬。

1239 马峡镇双明村
简　　介：双明以愿望为名，取双明。

1240 西华镇西塬村
简　　介：西塬因地处西部得名，以农为产。

1241 安口镇高镇村
简　　介：位于南川河北岸，又叫窑头镇，又名高楼坡村，取高楼坡的"高"字，窑头镇的"镇"字，为高镇。

1242 上关乡王家沟村
简　　介：位于沟壑区，以驻地王家沟得名。

1243 砚峡乡韩河村
简　　介：位于策底河北岸，因南有策底河流过，且村中韩姓人较多，故名韩河。

1244 安口镇石坪村
简　　介：驻地石庙子村，且地势平坦，故名石坪。

1245 砚峡乡土桥村
简　　介：因村南有一崾岘，人们用土填平，因此得名。

1246 西华镇西华村
简　　介：西华位于仙姑山西侧，以境内建筑"西华观"取名。

1247 河西乡新西村
简　　介：位于策底河上游，西北与宁夏回族自治区泾源县交界。以地处策底河上游西部，故名新西。

1248 神峪乡草窝村
简　　介：该村地处丘陵地带，以前该地人烟稀少，野草丛生，开发时取名草窝。

1249 马峡镇马峡村
简　　介：马峡地处峡谷，战略位置重要，以自然实体得名。村东有一石峡，峡东口山形似张开的马嘴，上颚宛然，北河水奔腾而出，得名马嘴峡，简称马峡。

1250 神峪乡下关村
简　　介：该村地处陈家河与邱林河交汇处，古时为陕甘通道要隘，曾叫铜头关，后改为下关，沿用至今。

1251 马峡镇深沟村
简　　介：位于残塬沟壑区，以所属地取名。该村位于一条小溪峡谷中，故名深沟。

1252 东华镇庞磨村
简　　介：庞磨位于北河北岸平地。清光绪年间，庞姓人家在此修水磨一座，称为庞家磨。在群众口语中省去了"家"字，故名庞磨。

1253 策底镇罗蟒村
简　　介：位于丘陵沟壑地区，取罗圈湾和蟒丈沟两个村名第一个名字所得。

1254 上关乡小川村
简　　介：因该地处一条小川，故名小川。

1255 东华镇北河村
简　　介：北河村位于县城北面，北河北岸，以河为名。

1256 安口镇武村铺村
简　　介：地处南川河北岸，依山傍水，居住集中，形成一条东西走向的街道。相传古时有一卖武的居住该村，以卖武为生，且村后建有以御敌碉堡，故名武村堡。后把堡讹传称铺。

1257 河西乡景洼村
简　　介：地处向阳坡，因此地半山曾有水井，得名井洼村，后改名景洼。

1258 安口镇马家堡村
简　　介：位于河谷地带，南北依山，中贯南川河。

1259 神峪乡袁庄村
简　　介：袁庄以所隶属地得名袁家庄，后因口语差异演化为袁庄。

1260 策底镇策底坡村
简　　介：该村位于策底河下游山口，是古时平凉群众来华亭驮运煤炭必经之地，因地处策底河北岸向阳坡地上，故名策底坡。

1261 东华镇东华村
简　　介：东华社区位于县城东部，以境内古筑"东华观"而得名。

1262 马峡镇孟台村
简　　介：地处安庄公路沿线、关山林区，是古今陇东陇西来往重要通道之一。因最早村中有孟姓人居住，且地处山腰一平台上，故名。

1263 河西乡杨庄村
简　　介：位于山寨河下游、野狐峡东北部，村中杨姓人居多，故名杨庄。

1264 西华镇草滩村
简　　介：位于关山林区，溪流河畔，植被良好，开发前草滩得名。

1265 马峡镇寺沟村
简　　介：寺沟位于关山脚下一条小沟中，

相传古时该村建有太子寺一座，且处沟壑地带。

1266 安口镇南山村
简　　介：地处南川河南部山区，因此得名南山。

1267 安口镇大坪村
简　　介：地处丘陵山区，以原驻地得名。宝平公路横穿全境，交通方便。

1268 西华镇麻庵村
简　　介：位于华亭县南。已有蒲塘庵，供奉麻姑得名。

1269 安口镇陶坪村
简　　介：因村中有陶姓人家居住，且地处一个小坪上，故名陶坪。

1270 西华镇裕民村
简　　介：该村地处双凤山北坡。以愿望命名，盼人民尽快富裕起来，取裕民。

1271 西华镇阳关村
简　　介：该村位于丘陵峡谷之中，在麻庵未通公路前，为县城通往麻庵和关山林区的必经之地，人称"阳关"。

1272 安口镇立新村
简　　介：位于南川河谷地带，后所属地发生改变，更名为立新至今。

1273 上关乡碾子沟村
简　　介：位于关山从中。此地古时有一石碾子，故名碾子沟。

1274 安口镇双丰村
简　　介：地处双凤山区而得名，后讹传为双丰。

1275 马峡镇刘店村
简　　介：刘店因过去有一刘姓人家开过店房，为来往行人提供食宿方便，得名刘家店子，简称刘店。

1276 安口镇吴坪村
简　　介：以姓氏和自然地理实体得名，以农为主。

1277 西华镇刘磨村
简　　介：位于双凤山北麓，驻潘家庄村寨。因该村很早以前有一刘姓人家建水磨一座，习称刘磨。

1278 策底镇红旗村
简　　介：位于策底河两岸，属半山半川区，以人民的愿望为名。

1279 上关乡西庄村
简　　介：位于斜洼正西方向，故名西庄。

1280 河西乡新庄村
简　　介：位于牡丹山脚下的河谷平川，原来居民住半山腰，后来逐渐搬迁到川道新址，故名新庄。

1281 山寨乡北阳洼村
简　　介：回民村，因地处阳坡山地，故名北阳洼。

1282 西华镇上亭村
简　　介：上亭位于皇甫山北麓，以上亭有古建筑"上亭庙"（已改建为上亭小学）得名。

1283 策底镇光明村

简　　介：地行为红土丘陵沟壑区，原名八王沟，后因此名不太文雅，改为光明沟。

1284 山寨乡西街村

简　　介：地处河谷平川地带。因在该村东面有个村庄，地处斜坡，赶集往上走，习称下街。

1285 安口镇晨光村

简　　介：地处南川河北岸，因办社较早而取名晨光。

1286 马峡镇燕麦河村

简　　介：位于关山丛林之中，以林、药为主，特产药材，境内森林资源丰富。

1287 东华镇东峡村

简　　介：位于东峡口，以驻地东峡闻名。境内煤炭资源丰富。

1288 安口镇阳安村

简　　介：地处丘陵地区，因所处东山村阳面，故名阳安。

1289 神峪乡吉家河村

简　　介：吉家河村地处黑河河谷，回民村。相传清朝有吉姓人居住，又有黑河从该村南面流过，故名吉家河。

1290 上关乡半川村

简　　介：位于上官河中段，故名半川。

1291 东华镇前岭村

简　　介：前岭位于雨山梁顶向阳坡上，地势较陡，居住分散。

1292 神峪乡寇家河村

简　　介：该村地处丘陵沟壑地带，交通不便，因最早有寇姓人家居住且村前有一小溪流过，得名寇家河。

1293 砚峡乡砚峡村

简　　介：处于峡谷之间，土石山区，附近的山峡谷曾出现砚石台，故名砚峡。

1294 东华镇刘家沟村

简　　介：刘家沟位于双凤山北坡，以姓氏和自然地理实体得名。

1295 山寨乡东街村

简　　介：以方位命名，地处河谷平川。

1296 东华镇王峡口村

简　　介：王峡口地处马嘴峡东口，村中多数人姓王，以此得名王峡口。

1297 砚峡乡麻池村

简　　介：地处丘陵山坡，北高南低，居住集中，因村东头有一水池，人们用来沤麻，故名麻池。

1298 上关乡磨坪村

简　　介：位于关山脚下，以所属磨坪村得名。

1299 东华镇月元村

简　　介：月元村位于东华镇以东，驻月元村，因此得名。

1300 马峡镇赵庄村

简　　介：赵庄以姓氏命名，驻下磨上，位于西部。

1301 安口镇吴家堡村
简　　介：位于南川河北岸，以姓氏和人工建筑得名。

1302 马峡镇蒋庄村
简　　介：蒋庄以姓氏命名。

1303 西华镇什民村
简　　介：什民村位于双凤山西端，原名什字路，是西华通往上关、南川通往麻庵大路的十字路口，故名什字路。

1304 东华镇裕光村
简　　介：裕光位于朝那山脚下，以反映人们愿望得名。

1305 山寨乡南阳洼村
简　　介：原名辛家阳洼，因最早有辛姓的人居住，且地处溪流北岸阳坡地，故名辛家阳洼，后改为南阳洼。

1306 神峪乡西沟门村
简　　介：该村因地处西沟沟口得名。境内有小片天然次生林。

1307 安口镇关庄村
简　　介：地处河谷地带、安庄公路沿线，古时，因该村是通往华亭、麻庵、上关等地的交通要道，俗称官道，以后讹传为关庄。

1308 砚峡乡东沟村
简　　介：地处沟壑区，因村东头有大沟通往韩家河，故名东沟。

1309 马峡镇罗马寺村
简　　介：相传古时此地曾建寺院一处，原名龙蟒寺，后人们误传为罗马寺，得名。

1310 砚峡乡曹家沟村
简　　介：地处丘陵沟壑区，以姓氏和自然地理实体得名。

1311 西华镇青林村
简　　介：地处河谷平川地带，为当地较大的一个自然村。原名青杠树，以此地一颗有名的大青树命名，后建道观，改名为青林。

1312 安口镇胡尧村
简　　介：地处峡谷之中，据传古时有一胡姓人在此开过煤窑，故名胡家窑，后逐渐简化为胡尧。

1313 马峡镇大岭村
简　　介：大岭位于关山向东延伸的一条山岭上，故名大岭。

1314 马峡镇腰崖村
简　　介：腰崖地处马嘴峡谷河滩地带，以古遗址为名，相传古代曾在此北山腰，建寺庙一座，故名腰崖。

1315 上关乡上关村
简　　介：上关以古上三乡关取名。驻地巷子，地处河谷平川。

1316 东华镇南村沟村
简　　介：南村沟村位于皇甫山北麓。以位于北河南岸以小沟中，故名南村沟。

1317 河西乡河西村
简　　介：地处策底河西岸，故名。策底河、建沟河交与此。

1318 策底镇策底村
简　　介：坐落在河谷平川地带，地势平坦，原名叫柴坻，传说古代此地漫山遍野都是灌木丛，群众称柴禾很多，山下大部分是水滩，因该村独居于柴山之下，水滩之上，故名柴坻。后讹传为策底。

1319 河西乡河南村
简　　介：地处山川各区，地势平坦，因地处底河上游南岸，故名河南村。

1320 安口镇前峰村
简　　介：地处丘陵山区，以其所处梁峁顶峰，故名前峰。

1321 东华镇黎明村
简　　介：黎明村位于东华镇西北、北河北岸，以驻地黎家庄和愿望命名。

1322 上关乡旱阳村
简　　介：位于陈家河河谷地带，以驻地命名。原名糟阳，后改名旱阳。

1323 东华镇西关村
简　　介：南起南河桥，北至北河桥，呈南北走向，因驻地闻名。

1324 上关乡塄坎村
简　　介：该村居住地，层层塄坎，名为塄坎。

1325 策底镇关梁村
简　　介：位于涧沟河西岸，是华亭去平凉的古要道，实属关卡要口，故名关梁。

1326 山寨乡峡滩村
简　　介：位于野狐峡口，因地处野狐峡西侧的河谷平滩，故名峡滩。

1327 策底镇盘坡村
简　　介：地处羊圈河谷，因有羊圈河与小南峪河流下，汇流于村前，故名。

1328 马峡镇车厂沟村
简　　介：车厂沟位于关山林区，相传古时此地曾设过车场，伐木造车，故名车厂沟。

1329 安口镇三山村
简　　介：地处山区，此地有三座小山丘，相传唐代有三姐妹，在此处遭遇土匪侮辱被害于此，成为烈女，为纪念她们，当地群众逐年加高坟头，二十里即见此坟，故名三女峰，简称三山。

1330 山寨乡甘河村
简　　介：地处甘河河谷，依山傍水，地势起伏大，因村前有一条小河，遇涝有水，遇旱干涸，故名干河，后将干改为甘。

1331 上关乡水联村
简　　介：地处半山半川区，原名水沟门，后与周围村庄联合名水联。

1332 西华镇新庄村
简　　介：该村地处关山脚下一小沟中。以地貌特征命名，因该村低洼潮湿，且开发较迟，故名新庄洼，后简化为新庄。

1333 神峪乡南梁村
简　　介：该村处于丘陵地带，交通方便，因地处南部的山梁上，故名南梁。

1334 山寨乡刘河村
简　　介：位于小河谷中，集中居住，以刘姓人居多，故名刘河。

1335 马峡镇苍沟村

简　　介：位于关山林区，以地貌特征取名，因周围山脉一片绿色得名。

1336 神峪乡张家磨村

简　　介：该村山丘起伏，沟壑纵横，清时一张姓书生在此安家并建有石磨一台，人称张家磨。

（五）静宁县

1337 灵芝乡长塬村
简　　介：2010年将长塬、宋岔两村合并为长塬村。

1338 原安乡荞岔村
简　　介：2010年将荞岔、水股两村合并为荞岔村。

1339 甘沟乡圪垯村
简　　介：2010年将圪垯、崖湾两村合并为圪垯村。

1340 四河镇田堡村
简　　介：2010年将田堡、马岔两村合并为田堡村。

1341 原安乡齐埂村
简　　介：2010年将齐埂、姚化两村合并为齐埂村。

1342 仁大乡阳坡村
简　　介：2010年将王马、阳坡两村合并成阳坡村。

1343 雷大镇后梁村
简　　介：2010年将后梁、程峡两村合并为后梁村。

1344 治平乡柳沟村
简　　介：2010年将吴湾、柳沟两村合并为柳沟村。

1345 四河镇周岔村
简　　介：2010年将周岔、郭岔两村合并为周岔村。

1346 双岘乡李咀村
简　　介：2010年将甘峡、李咀两村合并为李咀村。

1347 界石铺镇邢岔村
简　　介：2010年将新合、刑岔两村合并为刑岔村。

1348 司桥乡牟沟村
简　　介：2010年将牟沟、小曲两村合并为牟沟村。

1349 四河镇上芦村
简　　介：2010年将上芦和码坪两村合并为上芦村。

1350 灵芝乡前湾村
简　　介：2010将前湾和前桃两村合并为前湾村。

1351 李店镇徐岔村
简　　介：2010年将老山林和徐岔两村合并为徐岔村。

1352 双岘乡双岘村
简　　介：2010年将井沟和双岘两村合并为双岘村。

1353 余湾乡阴屲村
简　　介：2010年将阴屲、深沟两村合并为阴屲村。

1354 仁大乡西张村
简　　介：2010年将王山西张两村合并为西张村。

1355 甘沟乡屯堡村
简　　介：2010年将屯堡和后湾两村合并为屯堡村。

1356 原安乡原头村
简　　介：2010年将原头和陈岔两村合并为原头村。

1357 雷大镇陈局村
简　　介：2010将马湾、陈局两村合并为陈局村。

1358 红寺乡张硖村
简　　介：2010年将张硖、八梭两村合并为张硖村。

1359 灵芝乡杨岔村
简　　介：2010年将杨岔、剡庄两村合并为杨岔村。

1360 甘沟乡杨咀村
简　　介：2010年杨咀和刘杨两村合并为杨咀村。

1361 古城乡余湾村
简　　介：2010年将大梁和余湾两村合并为余湾村。

1362 仁大乡故坪村
简　　介：2010年将李河、故坪两村合并为故坪一村。

1363 界石铺镇四福村
简　　介：2010年将韩岔、四福两村合并为四福村。

1364 甘沟乡马坡村
简　　介：2010将马坡、靳马、小河三村合并为马坡村。

1365 司桥乡上马村
简　　介：2010年将杨川、上马两村合并为上马村。

1366 四河镇四河村
简　　介：2010年将四河、贾岔两村合并为四河村。

1367 灵芝乡杨渠村
简　　介：2010年将杨渠、秦懂两村合并为杨渠村。

1368 贾河乡剪岔村
简　　介：2010年将剪岔、王坪两村合并为剪岔村。

1369 余湾乡韩马村
简　　介：2010年将程马、韩马两村合并为韩马村。

1370 甘沟乡雷黄村
简　　介：2010年将雷黄和东岔两村合并为雷黄村。

1371 雷大镇张局村
简　　介：2010年将杨沟、张局两村合并为张局村。

1372 雷大镇黎沟村
简　　介：2010年将赵沟、黎沟两村合并为黎沟村。

1373 古城乡朱川村
简　　介：2010年将朱川、翟局两村合并为朱川村。

1374 仁大乡解放村
简　　介：2010年将窑庄、解放两村合并为解放村。

1375 灵芝乡水流村
简　　介：2010年将水流，何杜两村合并为水流村。

1376 仁大乡高峡村
简　　介：2010年将陈坪、高峡两村合并为高峡村。

1377 灵芝乡高义村
简　　介：2010年将高义、魏岔两村合并为高义村。

1378 甘沟乡牡丹村
简　　介：2010年将牡丹和张岔两村合并为牡丹村。

1379 仁大乡海湾村
简　　介：2010年将魏坡村和海湾两村合并为海湾村。

1380 三合乡光华村
简　　介：2010年将光华、南岔两村合并为光华村。

1381 甘沟乡响河村
简　　介：2010年将响河、闫湾两村合并为响河村。

1382 细巷镇文坪村
简　　介：2010年将上庄、文坪两村合并为文坪村。

1383 四河镇张尤村
简　　介：2010年将张尤与尚塞两村合并为张尤村。

后 记

在甘肃进行全面性的文化资源普查属于首次,将普查成果汇编成大型的文化资源名录在国内也属于前列。《甘肃省文化资源名录》是按照《甘肃省文化提升行动协调推进领导小组工作方案》和《甘肃省文化资源普查和分类分级评估工作实施方案》要求推出的重要成果。经过甘肃省文化资源普查和分类分级评估工作领导小组办公室组织40多名专家学者,在甘肃省文化资源普查平台数据库基础上,历时两年精心编排,终于完成书稿,这是参与全省文化资源普查的所有工作人员集体智慧的结晶。

甘肃省委原常委、省委宣传部原部长连辑,甘肃省委常委、省委组织部部长梁言顺,甘肃省委常委、省委宣传部部长陈青,先后领导和部署了本名录的编辑出版工作。省委宣传部原副部长、省社科院原院长范鹏研究员协调推进了本名录的编写。甘肃省社科院院长王福生研究员组织实施了本名录的策划设计、内容编排、审定并最终定稿。甘肃省社科院副院长马廷旭研究员负责了审稿、统稿和出版发行事宜。刘玉顺同志全程负责了书稿编排工作。

在《甘肃省文化资源名录》面世之际,感谢甘肃省文化提升行动协调推进领导小组各位领导的大力支持与关心,感谢参与普查工作的各市(州)县(区)、有关省直厅局的鼎力相助,感谢参与普查的专家学者和基层工作人员的辛勤付出,感谢中国书籍出版社为本名录的出版所做的努力,感谢所有关心关注本名录的人们。《甘肃省文化资源名录》是从盘清全省文化资源家底的角度入手,收录范围极其宽泛,有部分内容还存在缺项,有的资源没有资源简介,有的资源缺图片等等,给该书的出版留下了遗憾(该套丛书普查数据截至2012年12月31日)。同时,由于我们的水平有限,可能还有错讹疏漏之处,恳请读者随时批评指正,以便在将来进一步完善和修订。

甘肃省社会科学院

2017年7月

甘肃省文化资源名录
总书目

第 一 卷	可移动文物Ⅰ（金银器、铜器）
第 二 卷	可移动文物Ⅱ（铜器）
第 三 卷	可移动文物Ⅲ（铜器、铁器）
第 四 卷	可移动文物Ⅳ（陶泥器）
第 五 卷	可移动文物Ⅴ（陶泥器）
第 六 卷	可移动文物Ⅵ（陶泥器）
第 七 卷	可移动文物Ⅶ（陶泥器）
第 八 卷	可移动文物Ⅷ（陶泥器）
第 九 卷	可移动文物Ⅸ（砖瓦、瓷器）
第 十 卷	可移动文物Ⅹ（瓷器）
第十一卷	可移动文物Ⅺ（宝、玉石器，石器、石刻）
第十二卷	可移动文物Ⅻ（纺织品、皮革、漆木竹器、珐琅器、玻璃器、骨角牙器、文具乐器法器、绘画）
第十三卷	可移动文物ⅩⅢ（书法、拓片、玺印、货币、雕塑、造像）
第十四卷	可移动文物ⅩⅣ（文献图书、徽章、证件、票据、邮品、度量衡器、交通运输工具、武器装备、航天装备、古脊椎动物化石、人类化石、其他）
第十五卷	不可移动文物Ⅰ（古墓葬、古遗址）
第十六卷	不可移动文物Ⅱ（古建筑、石窟寺及石刻、其他）
第十七卷	红色文化（故居、旧址、纪念地、纪念设施、烈士墓、其他）
第十八卷	历史事件与人物Ⅰ（历史事件、历史人物）
第十九卷	历史事件与人物Ⅱ（历史人物）
第二十卷	历史文献Ⅰ（古籍）
第二十一卷	历史文献Ⅱ（古籍、志书、档案、其他）
第二十二卷	非物质文化遗产Ⅰ（民间文学、民间音乐、民间舞蹈、民间戏剧、曲艺）
第二十三卷	非物质文化遗产Ⅱ（民间杂技、游艺传统体育与竞技、民间美术、民间技艺）
第二十四卷	非物质文化遗产Ⅲ（民间技艺、民间医药、民间信仰、岁时节令、生产商贸习俗、消费习俗、民间知识、人生礼俗）
第二十五卷	建筑、自然景观文化（建筑文化、自然景观文化）

甘肃省文化资源名录
总书目

第二十六卷	文学艺术Ⅰ（文学、艺术）
第二十七卷	文学艺术Ⅱ（艺术）
第二十八卷	饮食文化（酒、茶、饮料、特色饮食、饮食器皿）
第二十九卷	节庆、赛事、文化之乡（节庆、赛事、文化之乡）
第三十卷	地名文化Ⅰ（特色自然地理地名、市州、市县区、乡镇街道、村、社区）
第三十一卷	地名文化Ⅱ（村、社区）
第三十二卷	地名文化Ⅲ（村、社区）
第三十三卷	地名文化Ⅳ（村、社区）
第三十四卷	地名文化Ⅴ（村、社区）
第三十五卷	地名文化Ⅵ（村、社区）
第三十六卷	文化产业、传媒Ⅰ（新闻出版发行服务、广播电视电影服务、文化用品的生产、文化产品生产的辅助生产）
第三十七卷	文化产业、传媒Ⅱ（文化艺术服务、文化信息传输服务、文化休闲娱乐服务、工艺美术品的生产）
第三十八卷	文化产业、传媒Ⅲ（文化创意和艺术服务、文化专用设备的生产、传媒）
第三十九卷	社科研究Ⅰ（机构和团体、著作类、研究报告、学术活动、社科刊物、获奖成果）
第四十卷	社科研究Ⅱ（论文）
第四十一卷	社科研究Ⅲ（论文）
第四十二卷	文化类高等教育、文化艺术机构团体Ⅰ（文化类高等教育、文化艺术机构、文艺团体、文艺表演团体、文艺场馆）
第四十三卷	文化类高等教育、文化艺术机构团体Ⅱ（群众文化艺术馆）
第四十四卷	文化人才Ⅰ（社科人才）
第四十五卷	文化人才Ⅱ（社科人才）
第四十六卷	文化人才Ⅲ（图书情报人才、档案人才、文博人才、新闻人才、出版人才、文艺人才）
第四十七卷	文化人才Ⅳ（体育人才、网络文化人才、动漫人才、民间文化人才）
第四十八卷	宗教文化、民族语言文字Ⅰ（教职人员、宗教经卷）
第四十九卷	宗教文化、民族语言文字Ⅱ（宗教活动场所）
第五十卷	宗教文化、民族语言文字Ⅲ（宗教活动场所、民族语言文字）